Joachim Lehrmann

Kreuzzüge Heidenkampf und Ketzerverfolgung

unter regionalem Aspekt

Hildesheimer
und Braunschweiger
Bezüge im Kampf gegen die Ungläubigen
im hohen Mittelalter

Herstellung:
Lehrmann – Verlag – Lehrte
Sander-Druck-Hämelerwald

ISBN 3-9803642-2-4

INHALTSVERZEICHNIS

VORWORT

„Als Barbarossa lobesam ins Heilge Land gezogen kam..." Wer erinnert sich nicht dieser Verse Uhlands aus der ungemein faszinierenden Epoche der Kreuzzüge – aus jener vergangenen Zeit einer mystisch-religiös geprägten Welt des mittelalterlichen Rittertums, als noch Schlachten mit dem Schwert entschieden wurden?

Wie viel packender muss eine solche Geschichte sein, wenn man sie anhand regionaler Bezüge vermittelt bekommt? – und die sind, wider Erwarten der Meisten von uns, sehr beachtlich! Dabei zeichnen wir nicht nur die bekannten Kreuzzüge Barbarossas oder Heinrichs des Löwen nach, sondern wir setzen immer den Akzent auf den regionalen Bezug. Wenigstens begleiten wir dann den heimischen Adel auf den Zügen der Großen.

Aber wer weiß schon, dass der Bischof Konrad I. von Hildesheim einen Kreuzzug nach Palästina geführt hat – und dass der sogar noch größer und erfolgreicher war als derjenige Barbarossas? Er fand nur nicht die gleiche Beachtung – wurde nicht einmal gezählt.

Haben wir einst in der Schule gelernt, dass es sieben Kreuzzüge gab, so ist der Unterschied dieser offiziellen Zählung zur Wirklichkeit schlicht gravierend. Diese wird insofern der umfassenden Bedeutung dieses einzigartigen Phänomens des Hochmittelalters in keinster Weise gerecht. Zwar schlug die religiöse Begeisterung im kühleren Norden nicht solche Kapriolen wie beispielsweise im Rheinland, doch gerade für große Bereiche „Niedersachsens" fanden Kreuzzüge, und zwar zum „Heidenkampf", über Jahrhunderte beinahe jährlich statt – die Zählung solcher Kriegszüge (mit päpstlicher Sanktionsbulle und Sündenablass) wird dann bald dreistellig... Die Hauptlast dieser Kreuzzüge trugen die Bewohner unserer (nieder-) sächsischen Region!

Wer weiß schon, dass auch ein anderer Hildesheimer Bischof (Konrad II.) in großem Stil und überregional Kreuzzüge in päpstlicher Sondermission organisierte – ebenso war er einer der wenigen [236]großen Vorkämpfer der irrwitzigen Ketzerverfolgung und bemüht, die unsägliche Inquisition über die Alpen zu holen...

Wer weiß schon, dass selbst in „Niedersachsen" Kreuzzüge ***stattfanden***, und dass es sich dabei gar noch um deren grausame Steigerung so genannter „Ketzerkreuzzüge" handelte, wie man von solchen vielleicht einmal bezüglich der in Südfrankreich tobenden Vernichtungskriege gegen die Albigenser gehört hat?

Zu all den Aspekten hat unsere Region, wie angedeutet, Persönlichkeiten und Ereignisse von außerordentlich überregionaler Bedeutung aufzuweisen.

Dennoch führt diese zweifellos großartige Geschichte, gerade in der Geschichtsschreibung der Kirche, immer noch ein Schattendasein, wenngleich sie das Leben unserer Vorfahren in hohem Maße bestimmte. Dass man aber jene Zeit der „Heiligen Kriege" nicht wahrnehmen will oder „darf", weil sich damit naturgegeben auch Religionskritik verbindet, sollte ja wohl nicht mehr in unsere angeblich doch so aufgeklärte Zeit gehören.

Dem Leser wird anhand dieser maßgeschneiderten Darstellung die Möglichkeit dargeboten, eine an Dramatik wohl kaum zu überbietende abendländische Geschichte anhand beinahe „persönlicher" Bezugspunkte hautnah nachzuvollziehen.

Weltuntergang und Seelenheil

Hauptantrieb für die gesamte Kreuzzugsbewegung

Karl der Große brachte den alten Sachsen die Religion der Bruderliebe bekanntlich „mit der Schärfe seines Schwertes".[1] Dreißig Jahre eines erbitterten und höchst grausamen Kriegs, der ihre Unterwerfung oder Ausrottung vorsah sowie zahlreiche, zumeist verlorene Schlachten[2] waren notwendig, um unsere Altvorderen vom rechten Glauben zu überzeugen und davon, dass der Siegergott Christus der stärkere Gott sei.

Die Besiegelung (von einer „Bekehrung" kann natürlich keine Rede sein) erfolgte für gewöhnlich auch umgehend in den oft gewaltsamen Massentaufen.

Ein auf uns überkommenes Taufgelöbnis bezeugt, dass der alte Kultus unserer Vorfahren sofort verteufelt wurde. Es ist dies ein Wechselspiel zwischen dem Priester und dem Täufling – ohne alle Bibelkenntnisse: Entsagst du dem Teufel?– ich entsage dem Teufel!– ich entsage allen Teufelsdiensten, -werken und -worten, Donar, Wodan, Saxnot und allen Unholden, die ihre Genossen sind...[3] Glaubst du an Gott, den allmächtigen Vater? –, an Christ, Gottes Sohn?–, an den Heiligen Geist?

An eine solche Massentaufe (Massenvereinnahmung) erinnert noch ein Flurstück westlich von **Wolfenbüttel**, bei Ohrum, mit dem bezeichnenden Namen „Vaddernloch" (Patenloch), wo die Taufe wohl in einem Altarm der Oker stattfand. Die Ostfalen stellten sich hier, den Jahrbüchern Einhards gemäß, 779/780 in Scharen zur Taufe, um dem Strafgericht des großen Königs zu entgehen. Sinnfälligerweise liegt gleich daneben „der Heiden Kirchhof", denn im Falle der Verweigerung erfolgte die Todesstrafe: Tod oder Taufe!

---

[1] Swinarski (275) zeigt, wie gerade vom Christentum entscheidende Impulse für die fränkische Expansion ausgingen – Karls Kampfgefährten waren oft Bischöfe. Der Franke, der den „Gottesstaat" im Auge hatte, brachte den Sachsen entsprechend das „Gottesgnadentum", wonach gemäß Paulus „keine Obrigkeit ohne von Gott" ist (Römer, 13). Der Apostel sagt darin zudem gleich – auch dies in Umkehrung des Gedankengutes eines Jesus Christus, der bekanntlich jede Hierarchie ablehnte, jetzt aber als Gottkönig, dem unbedingte Gefolgschaft zu leisten sei, eingeführt wird –, dass diese (letztlich beliebige) Obrigkeit das Schwert nicht umsonst trägt; sie sei Gottes Dienerin, eine Rächerin zur Strafe über den, der Böses tut (sich z. B. gegen „seine" Obrigkeit erhebt...).
Die freiheitsliebenden Sachsen wurden bei der Gelegenheit zu „Untertanen", die schwer an der Last zu tragen hatten, die ihnen diese Obrigkeit auftrug. Im Gegensatz zum Inhalt der Bergpredigt Christi stellt sich die Kirche nach ihrem Pakt mit den Reichen und Mächtigen dem Volk als übergeordnete Hierarchie dar, die Gebote erläßt und Übertretungen (nunmehr vom Satan selbst angestiftet) ahndet.
Knechtschaft wurde als Barmherzigkeit Gottes vermittelt: Es verbleibe jeder in seinem Stand – Hierarchie, wie im Himmel, so auf Erden...

[2] Die „Eisenmänner" Karls waren den leicht gewappneten Sachsen technologisch im Vorteil.

[3] Trotz dieser Teufelsentsagung spielt der Teufel im Christentum der folgenden mehr als tausend Jahre, latent selbst noch heute, eine unübersehbare Rolle. Auch dieser „Herr der Finsternis" war ein Geschenk des Christentums und diente den Priestern dazu, alles Böse in der Welt zu erklären, das man dem allmächtigen Gott als letztlich einzigem Urheber aller Dinge nicht so unmittelbar anlasten mochte. Satan wartete nun darauf, all jene zu verschlingen, die Gottes Gesetze übertreten würden.

Missionare vermittelten sodann, nachdem es auch den Bemühungen eines Widukind nicht gelang, das fränkische und staatliche Joch abzuschütteln und Karl selbst noch Deportationen der Bevölkerung nötig hatte, in den befriedeten Gebieten den neuen Glauben. Dabei versäumten sie es auch keineswegs, gelegentlich einer gewonnenen Schlacht darauf hinzuweisen, dass es nicht Wodan war, der die Feinde mit der Keule zu Boden schlug, sondern dass diese Leistung den neuen Heiligen und Kirchenpatronen zu verdanken sei.[4]

Der namhafteste dieser Verkünder des Herrn war bekanntlich der heilige Bonifatius, der „Apostel der Deutschen". Er durchstreifte auch den Süden des **Bistums Hildesheim**, Heidengötzen zermalmend, Bäume fällend, Germanengötter verteufelnd, Wunder vollbringend, Bethütten errichtend und vor allem den germanischen Glauben ausrottend.

Eine germanische Kultstätte, in Form eines Quellheiligtums auf dem „Hildesheimer Domhügel", wurde denn auch von den Missionaren mit einer Taufkapelle überbaut – was den alten Gott lähmen sollte –, und gab den Ausschlag, den Bischofssitz von Elze nach hierher zu verlegen.

Dabei mühten sich die neuen Glaubensboten ferner, ein neues Seelenheil (die ewige Seligkeit) zu verkünden, aber auch das kommende *Ende aller Zeiten* (vgl. Eschatologie, Parusie, Chiliasmus...). Die Germanen hingegen glaubten nicht an das ewige Leben, sondern gar an das Ende ihrer Götter – selbst die Götterburg Walhall würde dereinst in den Fluten versinken.

Um die Jahrtausendwende erfolgte nun eine Literaturschwemme, das Bild vermittelnd, dass das angeblich so *dumpfe Weltbild der Germanen* mit ihren sterblichen Göttern und den „Riesen, die gegen die Weltschlange kämpfen und doch irgendwann einmal unterliegen", nun durch die hoffnungsfrohe Liebes- und Glücksbotschaft mit dem unsterblichen Gott, der sogar Hölle, Tod und Teufel überwand, ersetzt würde. Die hiesige, bisher heidnische Gegend, wurde bald in weitem Umkreis von der 815 fundierten und rasch aufblühenden Hildesheimer Kirche erleuchtet.

Dennoch geriet das Christentum nicht etwa zum Quell immer währender Freude, sondern mit der nun übernommenen christlichen Zukunftshoffnung bzw. dem neu erworbenen Seelenheil, aufgefasst als „Endzeithoffnung", war auch der Glaube an das nahe Ende aller Zeiten und Dinge (Eschatologie) verbunden.

In jenem mystisch-asketischen Geist, welcher die folgende Zeit noch lange erfüllen sollte, lag nun die **Haupttriebfeder der großartigen Kreuzzugsbewegung begründet**.

Die einsamen Stunden des Gebets und der Selbstbeschauung führten dabei in das tiefe Tal der Zerknirschung über die Sünde und ihre furchtbare Macht[5], aber auch auf die sonnige Höhe der Entzückung und öffneten durch Visionen, wie sie die Apokalyptik in reicher Fülle lehrt, den Blick in die angsterfüllten Abgründe der Hölle und auf die wonnigen Gefilde des Paradieses.

Da infolge des erregten Seelenlebens das religiöse Empfinden das irdische Dasein stets mit der Ewigkeit verbunden betrachtete, führte die auch immer wieder erzeugte schwere Seelenangst zu einem Bußdrang, der zu Klostergründungen und

[4] vgl. Schmidt, K. D. Kirchengeschichte, 1960, S. 7

[5] ...ohne die kein Christentum denkbar ist.

anderen frommen Vermächtnissen führte, auch zur eigenen Weltflucht durch den Gang ins Kloster (so man denn entsprechend edlen Geblüts war).[6]

Insbesondere war es also die ständig wiederkehrende **Angst vor dem Ende der Welt**, das seit dem Bußprediger Johannes dem Täufer[7] mit Christi Einzug in das Christentum gehalten hatte und auch von dem Gottessohn als unmittelbar bevorstehend verkündet wurde: „Siehe ich bin bei euch alle Tage, bis an das Ende der Welt". Der Evangelist Lucas wollte „von jetzt an nicht" einmal mehr „vom Gewächs des Weinstocks trinken, bis das Reich Gottes kommt" – ein Glaube, von dem seinerzeit die Masse des Volkes beseelt war und welcher seltsamerweise auch heute noch nicht ausgestorben ist.

Wie sich die frühen Seher diese mit dem „**Letzten Gericht**" verbundenen Weltuntergangshoffnungen vorstellten, das übermitteln die beeindruckenden **Apokalypsen**, wovon das Buch Daniel immerhin Eingang in den Kanon der Bibel und diejenige des 4. Evangelisten Johannes aus dem Jahre 96 n. Chr. gar ins Neue Testament gefunden hat, während aus der großen Zahl derartiger Produkte einige, durch ihre Entstehungszeit und vor allem die jeweils vermittelnde Person, Christus sehr viel näher stehen!

Entsprechend schwer tat man sich viele Jahrzehnte mit der Veröffentlichung der Funde der Schriftrollen von Nag-Hammadi und Qumran, zumal es sich nicht nur um Schriften anderer Frühchristen (Gnostiker) mit ihrem immens aufgefächerten Glaubensspektrum handelte, sondern eben um solche der Religionsbegründer des Katholizismus! Sie ergänzten noch die auf uns überkommen Apokalypsen.

Darunter die Apokalypse des Jacob, eines der sieben Brüder Christi, der diesen, seinen Bruder, zwar als Rabbi erwähnt, nicht aber als Gottes Sohn. Beeindruckend, schon wegen ihrer beinahe kein Ende nehmenden Schilderungen der grausamsten Höllenqualen, ist auch die Apokalypse des Apostels Petrus, des wahren Nachfolgers Christi, der die erste Christengemeinde um sich scharte, allein schon deshalb, weil sie in wesentlichen Dingen in krassem Gegensatz zur offiziellen Kirchendoktrin steht (s. S. 193).

Keineswegs anders sieht es mit der in Nag Hammadi aufgefundenen Apokalypse des Apostels Paulus aus – immerhin des allgemein anerkannten Begründers der katholischen Christenheit.

Darin gewinnen wir schon einmal Einblick in „unser Leben nach dem Tode", indem er seinen Aufstieg nacheinander in zehn Himmel beschreibt. Seinen Leib hatte er derweil in Jericho zurückgelassen: Da hat man zunächst das „Reich der Fürsten, der Erzengel, der Mächte und aller Dämonen" zu passieren. Vorbei führt der Weg an einem Wesen, das Seelen abfängt, um sie zur Wiedergeburt in neue Körper einzusetzen. Engel sind dort damit befasst, Seelen aus dem Land der Toten zu holen, um sie wiederzubeleben und dann über diese zu Gericht sitzen zu können. Dabei schaut das entsetzte Auge Engel bei der Arbeit, wie sie mit Ruten und Eisenstab Seelen auspeitschen, um zu erkunden, in welchem der vorangegangenen Körper die Seele ungesetzlich gehandelt habe. Mit Erstaunen erfahren wir, dass auch im Falle so ermittelter schwerster Verbrechen nicht etwa die erwartete Höllenstrafe

---

[6] vgl. Röhricht, Kr. 14f.

[7] Der taufte Erwachsene – keine unmündigen Kinder...

verhängt wird, sondern dass diese Seele dann in einen anderen Körper zwecks dessen Wiedererweckung und Besserung geschickt wird...[8]

„Weh, weh, weh denen, die auf Erden wohnen“

Aber lassen wir diesen Text des Apostels Paulus einmal für sich dastehen, Widersprüche Widersprüche sein, und bleiben wir ganz auf dem Boden des in der Heiligen Schrift dokumentierten und abgesegneten Glaubens. Indem wir aus allem Schrifttum dieser Literaturgattung uns nur auf den Hergang des **Weltendes gemäß der Apokalypse** des neutestamentlichen Johannes und Lieblingsschülers des Herrn stützen, werden wir feststellen, dass diese „Zukunftshoffnung“ allein schon einer gewissen Dramatik nicht entbehrt:

> Der Seher hatte dabei die Vision (stets gesehen und bezeichnet als göttliche Offenbarung), dass ein Lamm mit sieben Augen und sieben Hörnern, das übrigens aussah wie wenn es erwürgt wäre, vor dem Thron das Buch mit den sieben Siegeln erbricht. Jedes Mal löste es damit die verschiedensten Schrecknisse aus, die den Menschen den Frieden nahmen, dass sie sich untereinander erwürgten, bestenfalls aber vor Angst die Zungen zerbissen.
> Es folgten die apokalyptischen Reiter (Pest, Krieg, Hungersnot und Tod), darunter der Tod auf fahlem Pferd und später die Hölle etc. Da das 5. Siegel aufgetan ward, fällt unser Blick auf die Seelen derer, die um des Wortes Gottes willen erwürgt waren (Märtyrer bzw. Heilige). Sie waren auf Grund ihrer herausragenden Verdienste als „Bekenner“ unter dem Altar begraben und schrien nach Rache (!) und wurden damit beruhigt, dass sie nur noch eine kleine Zeit ruhen müssten, bis ihre Mitknechte und Brüder getötet seien.
>
> Nach übernatürlichen Erdbeben, Sonnenfinsternis und vom Himmel fallenden Sternen erfolgte die Kennzeichnung derjenigen, die gerettet werden sollten – vornehmlich Kinder Israels, während der Rest der Erdenbewohner fortan große Trübsal zu erleiden hatte:
>
> Sieben Posaunenengel entfesselten die ganze himmlischen Engelsarmeen und ließen Hagel, Blut und Feuer regnen etc. Darauf sprach ein Engel mit großer Stimme: „Weh, weh, weh denen, die auf Erden wohnen“, denn jetzt führte der **Engel des Abgrunds** sein Heer sonderbarer gepanzerter und gekrönter Heuschrecken mit menschlichem Antlitz und dem Schwanz des Skorpions heran, die Menschen derart zu quälen, dass sie den Tod begehrten, während dieser aber vor ihnen entfloh.
>
> Sodann war es an den Feuerreitern, ihre Unheilsrolle zu spielen, und übrig blieben nur diejenigen, welche *nicht* die Teufel anbeteten und die goldenen, silbernen, steinernen und hölzernen Götzen... und die nicht für ihre Morde, Zauberei, Hurerei und Dieberei zu büßen hatten.
>
> Darauf schrie der starke Engel, mit Füßen wie Feuersäulen, nach dem siebenten Posaunenengel. Und wir lesen davon, wie die Leichen der Menschen auf der Gasse der großen Stadt liegen werden, die da heißt Sodom und Ägypten (Gomorrha), da auch ihr Herr gekreuzigt ist.

---

[8] Immerhin handelt es sich um einen fundamentalen Widerspruch zu den Lehren der röm.-kathol. Kirche. / vgl. Skinner, 59 f.

Im 12. Kap. erfolgt sodann der **Auswurf des großen Drachen**, der da heißt Teufel und Satanas, samt seiner Heerscharen aus dem Himmel, durch den Erzengel Michael und dessen himmlischer Schar – überwunden durch des Lammes Blut ward er auf die Erde geworfen. Darum, weh denen, die auf Erden wohnen, denn der Teufel kommt zu euch hinab und hat einen großen Zorn, und er weiß, dass er wenig Zeit (!) hat.

Auch dies ein von den Predigern immer wieder gern in Szene gesetztes Thema – z. B. später, zur Förderung des Hexenwahns.[9]

Nun stieg das „gotteslästerliche Tier" mit sieben Häuptern und zehn Hörnern aus dem Meer sowie ein Mischwesen aus Lamm und Drache aus der Erde und ließ Feuer vom Himmel fallen.

Das Lamm versammelte alle diejenigen um sich, die mit Weibern nicht befleckt waren, während das Gericht Gottes verkündet wird, worauf Gottes Zorn die Menschen mit bösen Geschwüren überdeckte und alle lebendigen Seelen im Meer sterben mussten, sodass alle Wasserströme zu Blut wurden, während ein Engel sprach: „Ja Herr, allmächtiger Gott, deine Gerichte sind wahrhaftig und gerecht."[10] Alsdann wurden Menschen in Feuersäulen verwandelt.[11]

Der Fall Babylons infolge übergroßer Erdbeben, Blitz und Feuer löste nun Begeisterung bei den Himmelsbewohnern (Engel, Heilige, Apostel, Propheten...) aus – „Halleluja"!

Kap. 19 beschreibt nun, dass die Königreiche dieser Welt nunmehr zu Königreichen des Herrn werden – „lasset uns freuen und fröhlich sein, denn die Hochzeit des Lamms (immer gedacht als Jesus Christ) ist gekommen."

Darauf rief ein Engel alle Vögel zum „Abendmahl des großen Gottes, dass ihr esset das Fleisch der Könige und der Hauptleute und das Fleisch der Starken und der Pferde und derer, die daraufsitzen, und das Fleisch aller Freien und Knechte..." (Off. 19.18).

In Kap. 20 ergreift nun ein Engel mit Kette Satan, die alte Schlange, welche ist der Teufel, wirft ihn in den Abgrund und verschließt ihn – **bis dass vollendet würden 1000 Jahr**, und danach muss er los werden eine kleine Zeit.

Hiernach erfolgt die erste Auferstehung der „Gerechten", also des rechtgläubigen Teils der Menschheit, während der andere noch 1000 Jahre zu warten hat.

Dann wird Satan los werden aus seinem Gefängnis und wird ausgehen, zu verführen die Heiden (!) an den vier Enden der Erde (Off. 20.7).

Darauf aber ward er geworfen in den feurigen Pfuhl von Schwefel, da auch das Tier und der falsche Prophet war; **und sie werden gequält von Ewigkeit zu Ewigkeit** (hier hatte man die höchsten Todesqualen auszustehen, ohne jedoch selbst sterben zu können). Nun ist es Zeit, die Toten zu richten – und so jemand nicht ward gefunden, geschrieben in dem Buch des Lebens, der ward geworfen in den feurigen Pfuhl.

Für diejenigen aber, deren Namen im Buche stehen, erfolgt nun die Vision vom neuen Himmel und der neuen Erde und des neuen Jerusalems, erbaut aus Gold und Edelsteinen..., wie es von Gott aus dem Himmel herabfährt. (Es fehlt, das sei

---

[9] vgl. Lehrmann: Hexen, 119

[10] Derartige Impressionen werden uns u. a. bei der Einnahme Jerusalems wiederbegegnen.

[11] Ein im realen Christentum bald vertrautes Bild – s. Lehrmann, Hexen.

nebenbei bemerkt, keineswegs an Augenzeugenberichten, die die Stadt vierzig Tage lang aus dem Himmel herabhängen sahen.)

Auch bedarf es jetzt keiner Sonne, noch des Mondes, denn die Herrlichkeit Gottes erleuchtet alle – und ihre Leuchte ist das Lamm...[12]

Und auch hier wird betont, dass „die Zeit nahe ist" (Off. 22.10); Gott hat seinen Engel gesandt, zu zeigen seinen Knechten was bald geschehen muss (22.6)! Ich, Jesus, habe gesandt meinen Engel, solches euch zu bezeugen (22.16). **Ja, ich komme bald...** (22.20).[13]

Solche in der Bibel verbürgten und daher geglaubten Gruselgeschichten mussten zu einem dramatischen Anstieg der Angst vor dem großen Tag des Zorns und vor der ewigen Verdammnis führen – Religion der Angst?

Die apokalyptischen Szenarien wurden nun keineswegs nur in archaischer Sprachgewalt dargeboten: In der Christenheit finden sich auch aus weit jüngeren Zeiten zahlreiche Kunstobjekte in Form von Bildern und Plastiken, die jene vermittelten Inhalte den des Lesens zumeist unfähigen Gläubigen vermittelten.

Als Beispiele sei auf die apokalyptischen Zyklen Dürers hingewiesen oder unter heimischem Aspekt auf eine imposante Ausmalung des 16. Jh. in der Kirche zu **Dassel bei Einbeck**, die eine verschämte Nachwelt mit einer dicken Kalkschicht übertüncht hatte. In drastischer Anschaulichkeit stellt auch dieses Wandgemälde dar, wie elend doch die Feinde des rechten Glaubens einmal büßen müssten (Abb. des Ausschnitts mit Höllenschlund in Form eines zähnestrotzenden Drachenkopfes und mit Teufeln und armen Sündern in Lehrmann, Hexen).

Zwar für die Ewigkeit gedacht, reflektierte der neue Glaube schon damals vergangene Zeiten[14] und war voller Widersprüche. Ein solcher lag in der Erlösung der Welt bzw. der Menschen durch Jesus Christus und deren stattdessen oft trostlosem Zustand. Erlösung und Leid passten augenfällig nicht zusammen.

Und wenn Paulus das von Jesus noch unmittelbar bevorstehende Ende der Welt, verbunden mit der Erlösung, jetzt nur noch auf das „Seelenheil" beschränkte, so wurde damit ein neuerliches Erscheinen Christi notwendig – im Zusammenhang mit dem Weltende, der göttlichen Gerechtigkeit und dem **Jüngsten Gericht**.

Infolge stetiger Verkündung der Endzeittheorien, mit einer heute kaum mehr vorstellbaren Intensität, sahen sich zu allen Zeiten des Hoch- und Spätmittelalters – nicht erst seit Augustinus – Generationen am Ende aller Tage angelangt (vgl. Graus, 70 u. 142).

---

[12] Vgl. im Sinne des Dualismus mit dem „leuchtenden Meister" der Luziferianer (S. 206).

[13] Weitere Zeugnisse der Naherwartung Jesu: „Wahrlich ich sage euch, dieses Geschlecht wird nicht vergehen, bis dies alles geschehen ist" (Mk. 13,30, auch Mt. 10,23 und Lk. 11,51). Indem seinerzeit **Lessing** die bedeutenden Reimarus-Manuskripte in den **Wolfenbütteler Fragmenten** veröffentlichte, die die offensichtliche Eigenschaft Jesu als Endzeitpropheten aufzeigten, hatte er die turbulente Zeit der späteren „Aufklärung" mit zusätzlichem Wirbel befrachtet. / Immer noch aktuelle Elemente dieser nun nicht mehr ganz so nahen Erwartung haben sich beispielsweise im „Vater unser" erhalten, indem es dort heißt, „Dein Reich komme, wie im Himmel also auch auf Erden".

[14] Er ist aus dem griechisch-orientalischen „Heidentum" zusammengeschmolzen (Mythos und Magie aus den Kindertagen der Menschheit) und nahm dann auch germanische Elemente in sich auf.

Die Grundlage dieser Visionen war nicht anzuzweifeln, sofern man nicht zum Ketzer werden wollte und stand (und steht) felsenfest in den heiligen Schriften, bzw. wie obiges Beispiel zeigt, im Neuen Testament. Nicht viel anders lesen sich die Visionen gemäß Daniel 8.7-27.

Man sah diese Szenarien als **vorausbedachte Teile des göttlichen Weltplans**, dessen letztes Ziel in einer demnächst anbrechenden Herrschaft des Volkes Gottes auf Erden und dessen ewiger Seligkeit im reinen Jenseits bestehen würde. Insofern lag selbst den späteren Päpsten in der Zeit der Kreuzzüge sehr entschieden daran, Jerusalem zu befreien, weil nur dann Gottes Heilsplan in Erfüllung gehen könne:

Die oft umwerfenden Zeugnisse einer heute nicht mehr nachvollziehbaren Frömmigkeit, die uns gerade während der Kreuzzüge auf Schritt und Tritt begegnen, zeigen, dass auch den Gottesstreitern dieses Motiv nicht unbekannt geblieben war.

Bevor aber das „Reich Gottes" kommen konnte, musste Satan eine Zeit lang von der Kette. Man erkannte in dieser Aussage der johanneischen Offenbarung die Bedrohung durch die Völker der Endzeit (Normannen, Ungarn[15], Sarazenen...) bzw. durch aller Feinde der Christenheit, die als Vorläufer des Antichrist (Satan) mordend und würgend über das Christenvolk herfallen würden.

Eschatologische Anzeichen (Verfolgungszeiten, Unglücksfälle...) genug sah man, als das gerade erst errichtete fränkische Reich wieder dem Verfall entgegenging. Das gesamte 9. Jh. war insofern voll der Antichristerwartung.

Die biblischen Endzeitprognosen, in ständig wiederholten und rhetorisch überzeugend vorgetragenen Predigten, führten immer wieder einmal zu volksbeunruhigenden Weltuntergangsängsten und entsprechenden Handlungen.

Bekannt ist beispielsweise, dass die Christenheit, besonders in den letzten Monaten vor dem Jahr 1000, nur noch die zweite Wiederkehr Christi bewegte. Mit dem Ende des Millenniums war schließlich die magischste aller magischen Zahlen verbunden.

In den Mittelmeerländern wartete man auf den gewaltigen Ton aus Gabriels Trompete und in der germanischen Welt sah man dem **Weltende** in Form einer gewaltigen Feuersbrunst entgegen.

In ganz Europa breitete sich eine Massenhysterie[16] aus, in welcher die Priester dem Ansturm der Bevölkerung, die sich in panischer Angst auf das Leben nach dem Tod vorbereitete, nicht mehr gewachsen waren. Man beichtete sich gegenseitig seine Fehltritte, hörte auf den Acker zu bestellen, ließ sein Vieh frei oder schenkte seine Habe der Kirche...[17]

---

[15] Die fromme **Gandersheimer Nonne** Hroswitha nannte diese apokalyptischen Steppenreiter „Ungeziefer der Menschheit" und bedauerte, dass es kein Mittel gebe, sie auszurotten.

[16] Zur Jahrtausendwende saß Papst Sylvester (Gerbert von Aurillac) im überfüllten Petersdom auf seinem Heiligen Stuhl (auf den ihn Kaiser Otto III. gesetzt hatte) und wartete auf das Ereignis. Stärker als bei uns waren diese Effekte im mittelmeerischen-, lothringischen- bzw. westfränkischen Raum ausgeprägt.
Offenbar war auch der mit Gerbert befreundete Kaiser Otto III. beeinflusst von der Endkaiservorstellung. Er soll beabsichtigt haben, nach Jerusalem zu pilgern und sich darauf als Mönch in eine Einsiedelei zurückzuziehen. Sein Erzieher war übrigens der heilige Bischof **Bernward von Hildesheim**...

[17] Interessant würde hier eine quantitative Untersuchung sein. In dieser Zeit wuchsen in Europa überall die Dome und Kathedralen empor, fast für die Ewigkeit gebaut, die wir als

Riesige Pilgerscharen zogen büßend und sich blutig geißelnd (weil ja auch Christi gegeißelt worden sein soll) ins Gelobte Land, rechtzeitig genug, um Jesus in Jerusalem noch selbst anzutreffen. Die Höhepunkte des Fanatismus brachten es dann mit sich, dass Banden von Flagellanten (Geißler) das Land durchstreiften, auch ganze Gemeinden sich auf die Suche nach Gottlosen, Hexenmeistern, Juden, unliebsamen Zeitgenossen... machten, zwecks deren Exekution, um so dem Engel der Gerechtigkeit die Arbeit zu erleichtern und sich für ihre gottgefällige Tat einen besseren Platz im Himmel zu sichern.[18]

Nachdem es mit den Naherwartungen denn doch über lange Zeit immer und immer wieder nicht klappte, hatte man sich terminlich, wie schon bemerkt, an dem Jahr 1000 festgemacht, dann an 1010, 1011..., zumal man unter Berufung auf den Propheten Daniel (Kap. 7) glaubte, das „Tausendjährige Reich" sei mit dem Christentum gekommen – der heilige Augustin erhob diese Auffassung zur herrschenden Lehre.

Daneben kamen tausenderlei weitere wunderbare Berechnungsweisen des bevorstehenden Untergangstermins auf und selbst die Reformatoren teilten noch den Glauben an die Nähe des Weltendes.

Schrecken in der Heimat und heimische Asketen

Entsprechend zahlreich sind auch **Beispiele aus unserer Region**, die zeigen, wie sehr Weltuntergangsängste auch hier bis in die Neuzeit die Volksseele beherrschten, wie man sich auch hier auf den Tag der Tage vorbereitete:

Mit derartigen Erwartungen waren stets ungewöhnliche Naturerscheinungen (nicht nur) am Himmel verbunden, etwa wenn sich einmal ein Komet zeigte, dann verbreitete er argen Schrecken. Nicht anders sah dies aus, wenn eine Sonnenfinsternis[19] oder auch nur besonders schwarze oder feurige Wolken zu schauen waren.

Man war davon überzeugt, dass solche Ereignisse Schlimmes „prognostizieren" würden. 1567 wurde etwa ein „grausam wütend Feuer am Himmel gesehen" oder

---

großartige Kulturleistungen bewundern. Der heilige Bernward baute seit 1001 bzw. 1010 (in gewissem Maße „aus eigenen Mitteln") an der bedeutenden Michaelskirche, die 1022 vollendet wurde. War man von offizieller Seite weniger gläubig und legte den gewonnenen Reichtum gottgefällig an?

Im Falle Bernwards wird man dies schon aufgrund seines eschatologisch „sprechenden" Grabdenkmals verneinen müssen. Vermutlich war man der Überzeugung, dass die dem Allmächtigen geweihten Kultobjekte die Apokalypse überstehen würden, wie dies ja sogar mit einem kleinen Teil der Auserwählten der Fall sein sollte.

Um die Jahrtausendwende erlebte auch das Bistum Hildesheim eine enorme wirtschaftliche Blüte. So etwas wird immer gern an den positiven Aspekten festgemacht, die „klösterliche Keimzellen" mit sich brachten – wo die Mönche Hörige bzw. „Leibeigene" in einem sklavenartigen Frondienst und „Laienbrüder" etc. arbeiten ließen.

Sieht man zudem, in welchem Maße die Einnahmen durch den Verkauf von Seelenheil infolge des erzeugten Drucks flossen, und wie die Bevölkerung insofern „für Gotteslohn" schuftete, dann erscheinen die vielgerühmten Kulturleistungen schon in einem anderen Licht.

[18] vgl. Skinner, 65f.

[19] Nach nordischem Germanenglauben eilten „Herr" Mond und „Frau" Sonne am Firmament einher und im Falle einer Sonnenfinsternis schliefen sie miteinander – kein Anlass zur Panik...

aber „ein schrecklich feuerzeichen am himmel von roten feurigen strahlen und widerschein. Was recht boven den Hohenwege und ward von 6 slegen an bis umme 8 slegen. O Herr, hilf und kum mit gnaden umme Jesu Christi dines lieben sohnes unsers heren willen! Amen“ (L. Zeppenfeld i. Hildesh. Kal.).

Mit dem gleichen Entsetzen berichteten die Chronisten von „schrecklichen Chasmata und Feuerstrahlen am Himmel“, als sich am 10. Sept. 1580 Nordlichter am Himmel Niedersachsens zeigten.

In Gandersheim vernahm zu Beginn des 18. Jh. der dortige Superintendent auf dem Friedhof einen Ton, welches Ereignis ihm zum Anlass gereichte, seiner Gemeinde des folgenden Sonntags vorzustellen, dass die Toten in den Gräbern winselten. Man müsse daher von Sünden abstehen, um die Toten in ihren Gräbern nicht ferner zu beunruhigen, da sonst die Welt bald untergehen müsse...[20]

Auch mögen einfältige Herzen vor Gottes Strafgericht gezittert haben, als ein „junger Prophet“ (vermutlich ein „Wiedertäufer“), dem die Leute „wie dem Herrgott“ zuströmten, im bei Hildesheim belegenen Dorf Hönze für den 29. April 1652 den Untergang immerhin der Stadt Hildesheim verkündete (Gebauer II).

Klar, dass im Falle echter Katastrophen die Panik noch größer ausfiel, etwa im Falle eines Erdbebens, das seit alters her zu den Zeichen gezählt wurde, welches die Ankunft des Antichrist und das nahe Weltende ankündigt.

Nicht anders sah es 1338/1346 aus als Heuschreckenschwärme, wie sie hier noch nie erlebt wurden, vom Balkan her, alles verwüstend auftauchten. Sie wurden selbstverständlich als eine der apokalyptischen Plagen angesehen. Und als Mitte des 14. Jh. die Beulenpest in Europa wütete, war man anfangs der Überzeugung, dass schon unzählige Heiden hingerafft worden seien...

Den meisten der angeführten Symptome kam auch deswegen eine so gewichtige Bedeutung zu, weil sie ferner bei Christi Hinrichtung beobachtet wurden, denn gem. dem Markusevangelium (27.45) breitete sich zunächst eine Finsternis über das ganze Land aus.[21] Als Jesus dann abermals laut schrie und darauf verschied (Mark. 27.50ff.), da „erbebte die Erde, und die Felsen zerrissen, und die Gräber taten sich auf, und standen auf viele Leiber der Heiligen, die da schliefen..., und zogen durch die Straßen und Gassen der Heiligen Stadt (Jerusalem!).[22]

Die angeführten Textpassagen ließen sich in reichem Maße mehren und prägten das Denken des oft im Übermaß frommen Volkes, dessen soziales Leben stets im Rahmen der göttlichen Weltordnung (ein abermals großes und dankbares Thema, welches wir hier jedoch nur gelegentlich streifen können) verlief.

Selbstverständlich hatte der Glaube an die Inhalte der Apokalypse(n) auch in Hildesheim seinen hohen Stellenwert, wovon beispielsweise das Grabmonument des heiligen **Bischofs Bernward** (gest. 1022, heiliggespr. 1193), des bedeutendsten Hildesheimer Hirten, beredtes Zeugnis ablegt. „Von heiliger Frömmigkeit beseelt“, gestaltete er es, mit eigenen Händen in seiner Kirche des heiligen Erzengels

---

[20] vgl. Lehrmann: Hexen, 152f.

[21] In den infragekommenden Jahren hat es nachweislich keine Sonnenfinsternis gegeben...

[22]Trotz all dieser beachtlichen Ereignisse nahmen außerkirchliche Geschichtsschreiber davon keine nennenswerte Notiz.
Nicht anders verhält es sich mit allen unglaublichen Wundertaten des Erstgeborenen der ewigen Jungfrau...

Michael[23], absichtsvoll mit in apokalyptischen Zyklen immer wiederkehrenden, zumeist geflügelten Hauptfiguren (Lamm Gottes, Löwe, Adler, Engel, Ochs), wie mit den sieben Flammen, himmlischen Geistern sowie mit weiteren diesbezüglichen Symbolen. Auch die wertvolle eherne Taufe im Dom aus dem 13. Jh. und zahlreiche Epitaphien, Reliquienbehälter etc. zeigen die vier apokalyptischen Köpfe.

In einer Zeit, in welcher die Kirche eine Macht über das Volk ausübte, dass die himmlischen Dinge ebenso real wie die irdischen vermittelt wurden, hatte ein Großteil der Bevölkerung stets das Weltende und das Jüngste Gericht vor Augen und litt unter drückender Seelenangst (Röhricht, 14 f.) bzw. einer ausgeprägten „Angstfrömmigkeit", wenn man nicht nach dem Vorbild der Heiligen gar von einer „Todessehnsucht" erfüllt war (vgl. S. 49f., 182 u. 231).

Die Moraltheologen gaben sich zudem die größte Mühe, das einmal entwickelte **Sündenbewusstsein** im Volke zu schärfen, wozu sich besonders auch das Beichtwesen nutzen ließ. Es erlahmte dabei keinesfalls die Erinnerung allein an die Erbsünde (den Sündenfall Adams und Evas, der sich immer weiter forterbt, weshalb man mit diesem Makel schon geboren wurde bzw. wird) und an die Drohungen wegen entsprechender Sünden der Fleischeslust etc.[24] Allein eine mangelnde Heiligenverehrung wurde bereits als schwere Sünde ausgelegt.

Überhaupt durfte man das neuerworbene Seelenheil erst im Jenseits erwarten, welches umso sicherer erlangt werden konnte, je entbehrungsreicher das eigene Leben in den Dienst der neuen Lehre (und der neuen Herren)[25] gestellt wurde.

Mit dem Gewinn der „Endzeithoffnung"[26] generierte das Leben zum irdischen „Jammertal". Für die Menschen galt es, ihr Schicksal geduldig zu ertragen, ja, das Leiden war der eigentliche Zweck des Daseins, und so galt das reale Leben nur als Vorbereitung auf das jenseitige, das man sich mit Leid und Buße zu erringen hatte. All dies gereichte zum Vorteil für die Obrigkeit, die sich weltlich wie kirchlich längst homogen aus derselben sozialen Schicht zusammensetzte...

Es war und ist eben das Geschäft der Religion, Gott und den Menschen gegeneinander auszuspielen.

---

[23] Oberster der Kriegs-, Würge-, Rache- und Todesengel. Als Begleiter der Toten ins Paradies hält er die „Seelenwage" zum Zwecke der Schuldbemessung (oder –befreiung) an der Pforte zum Jenseits. Als Anführer der himmlischen Heerscharen verbreitete gerade er den heiligen Schrecken. Mit Flammenschwert und Speer bewaffnet, hatte er den Teufel aus dem Himmel gestürzt, weshalb er auch gern als Kriegsheiliger verehrt wird: In nur einer einzigen Nacht metzelte er allein nicht weniger als 185 000 Assyrer dahin.

[24] Infolge der nebenher produzierten Minderwertigkeitsgefühle erzeugte man unterwürfige Knechtschaftsverhältnisse (zum Vorteil der Obrigkeit) und eine Drückung des Volkes (der „Zwangs-Glaubensgemeinschaft").

[25] nachdem sich die Religionsvertreter einmal mit der Macht verbündet hatten – Bündnis von Kirche und Staat

[26] Die Erwartung eines göttlichen Wunderlandes auf Erden übte insbesondere auf die völlig verarmten und einfältigen Bevölkerungsschichten eine gewaltige Suggestivkraft aus. Breite Kreise sahen nur noch so eine Errettung aus wirtschaftlicher Not.
Ihnen hinwiederum kam aus gleichem Antrieb das im Mittelalter ausgeprägte Almosenspenden zugute. Auch in dieser „christlichen Tugend" sah man einen sündentilgenden Akt zur um so sichereren und schnelleren Erlangung der Seligkeit. Mithin ist dies eine auf den eigenen Nutzen gerichtete Einstellung – wie die gesamte Heiligenverehrung an sich?–, Religion der Heuchler, wie böse Zungen behaupten?

Niemand verstand und versteht es so wie die christlichen Kirchen, den Menschen mit Schuldgefühlen unter Spannung zu bringen. Ist der Druck auf einen kaum noch erträglichen Höhepunkt getrieben, konnten und können die Kirchen mit dem Gnadenmittel der Sündenvergebung zur Stelle sein.[27] Und die wurde teuer – ein äußerst wichtiger Aspekt!

Vor allem aber quälte viele Christen die Frage, ob sie denn überhaupt dazugehören würden, zu der, wie es ja in der Bibel nachzulesen ist (Matth. 20.16), nur kleinen Zahl der Auserwählten. Wer wollte schon zum Gros der Verdammten zählen und in den Feuerpfuhl geworfen werden?

Derart unter Pression geraten, suchte man sich auf vielfältige Weise von seinen Sünden zu befreien und tat alles, um vor dem Jüngsten Gericht möglichst gut dazustehen. Es galt, der ewigen Höllenqual zu entgehen oder im Himmel einen besseren Platz zu gewinnen[28], etwa getreu der Devise, so wie man sich selbst erniedrigt, so werde man im Himmel erhöht werden...

Der katholischen Kirche traute man oftmals ihre Funktion als Heilsbringer nicht mehr zu, da sie sich schon frühzeitig weit von den christlichen Idealen entfernt hatte. So wurden vielfältig auch eigene Wege beschritten, wobei man sich oft bemühte, dem Leben und vor allem Leiden Christi, zuweilen auch übersteigert, nachzueifern. Außergewöhnliche Leiden galten als Kriterien der Heiligkeit (s. S. 110f. u. 231f.).

Erwähnt immerhin seien die Säulenheiligen (Styliten) Syriens und Palästinas während des 5. bis 12. Jahrhunderts. Der bekannteste dieser Eremiten ist Simeon, der Sohn eines ägyptischen Schafhirten. Er aß nur alle Sonntage (seine karge Nahrung zog er sich an einem Seil hoch), zumal er sich seinen Leib mit Schnüren derart zusammengezogen hatte, dass überall stinkende Geschwüre ausbrachen. 35 Jahre soll er auf einer 15 Meter hohen Säule gestanden haben. Er wurde sofort als Heiliger verehrt und fand zahlreiche Nachahmer.

Als ein mit unserer Regionalgeschichte verbundenes Beispiel ähnlichen Asketentums gehen wir auf S. 231f. auf die heilige Elisabeth ein, eine geborene Königstochter, der auch das einfachste Leben als noch zu üppig erschien.

Erinnert sei auch an eine deutsche Kaiserin (Kunigunde, Gemahlin Heinrichs II.), die nach dem Ableben des Kaisers ihr Leben als Pförtnerin in einem Kloster beschloss.

Andere suchten ihr entbehrungsreiches Leben als Einsiedler in einsamer Höhle, und derartige Fälle haben wir auch verhältnismäßig zahlreich in und um **Hildesheim**: Hier lebten Klausner, zumeist wohl aber Klausnerinnen, die sich unter bestimmten Feierlichkeiten förmlich einmauern ließen und sich nur ihre Nahrung durch eine kleine Öffnung reichen ließen – heimische Beispiele einer religiös begründeten Selbstentäußerung. Gebauer (246) führt allein für Hildesheim ein halbes Dutzend solcher Beispiele seit dem 12. Jh. an, wobei bis zum Anfang des 17. Jahrhundert die eine oder die andere dieser Klausen noch besetzt geblieben ist.

---

[27] R. Augstein in „Der Spiegel“, 21 / 1999. Diese Gnadenmittel brachten die Leute dazu, in den Heiligen Krieg zu ziehen oder trieben sie zu umfangreichen Schenkungen, beispielsweise auf dem Sterbebett. Diese Gnadenmittel ließ die Kirche einen ungeheuren Reichtum anhäufen – und das mit Berufung auf denjenigen, der sagte: „Mein Reich ist nicht von dieser Welt“.

[28] Das erklärt die auffällige Großzügigkeit gegenüber der Kirche und die große Bereitschaft zu Pilgerfahrten.

Fromme Christen hielten sich nicht für wert, dass sie auch nur die Sonne beschien! Selbst Lachen galt als sündig und verboten. Sie fühlten sich als sündige Satansbraten und betrachteten die Welt wie den eigenen Körper als Verbündete des Antichrists. Folglich zogen sie ein Leben unter möglichst äußerster Entbehrung und selbstauferlegter Not dem Dasein als verstockter Sünder mit den angedeuteten und zu behandelnden Auswüchsen und Folgen vor.

Schließlich haben wir das Beispiel des heiligen Hildesheimer **Bischofs Godehard**, der in seiner Jugend Jesus nacheiferte, der bekanntlich nach Markus vom Geist in die Wüste hinaus getrieben wurde.[29] Also ging auch Godehard „in die Wüste", wo er eine Zeit lang von Wurzeln lebte (s. S. 123f.).

In eben diesem Sinne fühlte sich auch Bonifatius auf seiner Mission[30] fern seiner angelsächsischen Heimat bei uns stets „in der Wüste": Nach christlicher Tradition stellte das Leben selbst eine Pilgerschaft dar, denn die Christen sind Fremde in der Welt –, weit entfernt von ihrer himmlischen Heimat...

Hier müsste man nun näher auf die „Peregrinatio" zu sprechen kommen, die den Antrieb der Missionare, aber ebenso der Kreuzfahrer (die sich als „peregrini Christi" sahen) darstellte: In Form einer asketischen Heimatlosigkeit erfolgte ein bewusstes Herumirren in der Fremde als Bestandteil einer gewollten Bußzeremonie, verbunden mit dem christlichen Wunsch, allem zu entsagen (Familie, Erbe, in der Heimat gewonnenem Ansehen...) und sich nur Gott zu weihen – nicht zuletzt aber erfolgte dies zum erwähnten Selbstzweck.

> Hierin liegt großenteils das Pilgerwesen begründet, das noch in späteren Zeiten auch in **Hildesheim** mit den beliebten Aachenfahrten seinen besonderen Ausdruck fand. Wenn in Aachen die berühmten Reliquien gezeigt wurden und dort die Scharen zu Hunderttausenden zusammenströmten, dann zogen auch einige Hundert durch Hildesheim, und so mancher Hildesheimer schloss sich ihnen an.
>
> Der 1574 verstorbene Hildesheimer Dechant Oldecop schreibt von ihnen: Sie verließen Haus und Hof, Weib und Kind und... machten sich bereit, wenn es Gott gefallen sollte, an jedem Orte in der Fremde zu sterben – aber sie zogen weg von den Ihrigen, machten sich arm und fremd sowohl an weltlichen Gütern als an der Seele und bewiesen sich darin als gehorsame und fromme Christen... Es ist eine sonderliche und große Demut eines Christen, wenn er sich von seinem Eigentum eine Zeit lang fern hält und wegbegibt in fremdes Land, Hunger leidet und Kummer, Hitze und Kälte, in der Herberge übel empfangen wird und schlecht bedient in Speise und Trank und Lager.
>
> Das alles nimmt er willig hin und bekennt dadurch, dass sein Schöpfer, Herr, Gott und Seligmacher dergleichen Unbequemlichkeit und Armut viel mehr auf dieser elenden Welt um unseretwillen gelitten hat."

Diesen Themenkreis hatte ebenfalls die fromme Nonne Hroswitha von **Gandersheim** (938 bis nach 973) schon früh aufgegriffen, als sie die biblischen Legenden ausschmückte und neben Bekehrungswundern etc. Jesus Leben in der

---

[29] Als Jesus dort ein karges, demütiges und vor allem gottgeweihtes Leben führte, muss er sich schon im Sinne der Dreifaltigkeit selbst angebetet haben...

[30] Nicht anders Luther auf der Wartburg.

Wüste und unter wilden Tieren, sowie den Pakt mit dem Teufel, ausmalte und über die Sehnsucht nach dem Martyrium schrieb.

All die genannten Momente, die das Volk noch immer in fieberhafter Spannung hielten, ließen sich nun in geradezu genialer Weise zielgerichtet in der großartigen Kreuzzugsbewegung fokussieren!

Ein gewisses Bußmotiv muss wohl auch der **Hildesheimer Domherr** Wilbrand von Oldenburg (s. S. 70 f., 100, 156) auf seiner Fahrt ins Gelobte Land vor Augen gehabt haben, wenn er anlässlich seiner Planung zu der Pilgerfahrt zuallererst an „den alten Feind, den brüllenden Löwen, der da suchet welchen er verschlinge", denkt und erwähnt, dass er auch mit „nicht verwerflichen Werken umgehe".

Selbst bei einem Friedrich Barbarossa ist der Bußcharakter seiner Wallfahrt (III. Kreuzzug) unverkennbar, berücksichtigt man, dass er königlicher Pracht und allen Annehmlichkeiten in seiner Heimat entsagte, um viele der Mühseligkeiten mit den Christen zu teilen, die nach Palästina zogen für den Namen Christi und die Ehre des heiligen, dem menschlichen Geschlecht Leben verleihenden Grabes (vgl. Wilken).

Auf ihm lastete schließlich die Verpflichtung, dem „Kreuzritter" Karl dem Großen nachzueifern, der der ja geglaubten Legende nach schon dazumal die Sarazenen aus Jerusalem vertrieben haben sollte. In dieser Legende spielte ein Brief mit der Androhung des göttlichen Gerichts über all jene eine nicht unerhebliche Rolle, die dem Kreuzzug ihre Hilfe verweigern würden.

Der königliche Haudegen Richard Löwenherz disputierte auf seinem Kreuzzug, während seiner Überwinterung (1190) auf Sizilien ausführlich, im Beisein vieler Erzbischöfe, mit dem berühmten Seher und Apokalyptiker Joachim von Floris (Fiore) über das Kommen des Antichrists.

Beide waren dabei der Ansicht, er sei so nahe, dass man seinen Atem spüren könne. Sodann wurde erörtert, auf welche verschiedenen Weisen dieser sich seiner Opfer bemächtigen werde: nämlich durch die angeführten Schrecken, die in einen grausamen Tod münden würden, oder er suche ebenso auch durch Geschenke (etwa auf die Weise, die nach seinem Kreuzzug unserem Hildesheimer Bischof Konrad I. zum Vorwurf gemacht wurden – s. S. 84) zu verführen oder durch Wunder irrezuführen.

Die Zeit unerträglicher Trübsal, in der die meisten Menschen umkommen würden, werde genau dreieinhalb Jahre betragen, dann werde das Reich Gottes errichtet werden. Im Heiligen Land würden die Christen die letzte Schlacht mit dem Antichrist schlagen und ihn besiegen.

In fünfzehn Jahren würde dann ein Zustand vollkommenen Glücks über die Erde kommen. Richard würde bei alledem eine wichtige Rolle zukommen – zunächst der Sieg über Saladin, den sechsten der sieben Könige.[31]

Die große Anhängerschar oder besser apokalyptische Gemeinschaft des Joachim von Floris erwartete später den Termin für den Anbruch des „Zeitalters des Geistes" zum Jahr 1260, das sich denn auch durch große Geißlerwallfahrten auszeichnete.

Motive gab es also reichlich. Nicht selten wurde offen vermerkt, dass man den Kreuzzug geradezu „aus Furcht vor Gott" antrat – Triebfedern der gesamten Kreuzzugsbewegung.[32]

---

[31] vgl. Payne, 238

[32] ...ebenso der späteren Geißlerzüge

Selbst Walther von der Vogelweide stand so weit unter dem Eindruck des nahen Jüngsten Gerichts, dass er seinen Lauschern riet: „Lasst uns zu Gottes Grab flüchten!“[33] So wird es nicht verwundern, wenn schon sehr früh ein Pilgerstrom zur Heiligen Stadt einsetzte.

Ein Pilgrim aus dem norddeutschen Raum war der Bischof Egilmar von Osnabrück, der von seiner Reise im 9. Jh. (!) den Kopf der hl. Christina mitbrachte.

Erwähnt sei als früher Pilger ferner der Erzbischof Siegfried von Mainz (bedeutendster Erzsitz in Deutschland und Hildesheims Primas), der im Jahre 1064 in Begleitung der Bischöfe von Bamberg, Utrecht, Regensburg etc., insgesamt über 30 geistlichen und weltlichen Herren, mit beachtlichen 7 000 Mann nach Jerusalem pilgerte, wobei er unendliche Mühsalen und Gefahren auszustehen hatte. Er und seine Begleiter glaubten, nach einer wunderbaren kalendarischen Rechnung, im folgenden Jahr den **Weltuntergang** zu erleben.[34]

Die in der Heimat verbreiteten Berichte der Pilger, zumal zu Zeiten, da die heiligen Stätten von den Sarazenen besetzt waren, waren der Entstehung des Kreuzzugsgedankens als „Heiliger Krieg“[35] zweifellos recht förderlich.

Die politische Ausgangslage

Kreuzzugsaufrufe weit vor dem Beginn der Kreuzzüge

Zeitlich weit vor dem Beginn der Kreuzzüge riefen Päpste bereits zu solchen auf. Anlässe dazu fanden sich immer, wie beispielsweise nach der Zerstörung der hl. Grabeskirche im Jahre 1010 durch den ägyptischen Kalifen. Papst Sergius IV. plante seinerzeit mit den Römern und den großen Seestädten den Rachefeldzug, den er selbst mitzumachen beabsichtigte, um mit den Anderen die Ägypter totzuschlagen.[36] Sein Aufruf erging immerhin auch schon bis nach Frankreich.

Als nach der Schlacht bei Manzikert (1071) das Byzantinische Kaiserreich in Schwierigkeiten geriet, bot Papst Gregor VII. im selben Jahr dem Kaiser Michael VII. Hilfe in Form eines von ihm selbst angeführten Feldzugs an.

Dabei war es zweifellos die Absicht dieses kriegerischen Papstes[37], wieder Einfluss auf das 1054 exkommunizierte Byzanz zu gewinnen (s. S. 39). Auch zu diesem Kriegszug kam es nicht, da ihn der Kampf um die weltliche Macht im Westen zu sehr im Bann hielt.

Papst Urban II. hingegen, kaum im Amt, griff offenbar den Gedanken seines Vorgängers auf und fädelte wieder Beziehungen zu Byzanz ein, in dessen Folge Gesandte des byzantinischen Hofs bei seinen berühmten Reden in Piacenza und Clermont zugegen waren. „Verkauft“ wurde seinen Zuhörern nun die Geschichte von den Drangsalen der Christen im Heiligen Land – das ja nicht eben identisch mit Byzanz ist.

---

[33] Dieser bedeutendste Vertreter lyrisch-politischer Dichtung deutscher Zunge fand Mitte des 13. Jh. ein heimisches Gegenstück in dem Hildesheimer Ritter Berthold von Holle, dessen Vorbild widerum Wolfram von Eschenbach ist.

[34] Röhricht, 11 / ebd., Deutsche, 5

[35] Der Verfasser hält angesichts der geschichtlichen Bedeutung dieses Begriffs in der Historie an der noch kürzlich gültigen Großschreibung fest.

[36] Erdmann, 103

[37] Lieblingsgleichnis: „Verflucht sei, wer seinem Schwert das Blut missgönnt.“

Dort war die Situation die, dass Jerusalem seit der Eroberung durch die Perser 485 Jahre zuvor nicht mehr in christlicher Hand war und dass die Einnahme der Hl. Stadt durch die türkischen Seldschuken auch schon vor 25 Jahren stattfand.

Damit war der Anlass der eindrucksvollen Papstrede, von Vorstellungen eigener Machterweiterungen einmal abgesehen, nicht übermäßig aktuell.

Für das gläubige Volk hingegen existierte sofort eine ganz andere Motivation, wie vorangehend dargelegt: Es wurde stets im Sündenbewusstsein gehalten und hatte das Leben nach dem Tode mit den angedrohten Höllenqualen vor Augen – suchte nach jeder Möglichkeit, sich von den aufgehäuften und eingeredeten Sünden zu befreien.

Die Zukunft der Welt mit all den Schrecknissen war nicht anzuzweifeln, sondern stand sogar in der Bibel. Das einzige Problem war die Ermittlung des Zeitpunkts für die Wiederkehr Christi.

Die 1 000 Jahre waren auch längst um, und schlimmer noch, die Offenbarung des Johannes schien sich gerade zu erfüllen. Denn wenn dort steht, dass Satan wieder los sein würde, die Völker zu verführen, und dass diese heraufziehen würden auf die Breite der Erde, um das Heerlager der Heiligen (der Christen!), nämlich die geliebte Stadt zu umringen (Off. 20.7 ff.), so war nun eben dies der Fall!

So gesehen lag nichts näher, als die heiligen Stätten Palästinas vom Joch der Ungläubigen zu befreien, und es wurde zunehmend wichtiger, eben das gute Werk einer Kreuzfahrt zu unternehmen und sich dadurch von seiner drückenden Schuldenlast zu befreien! Das alles noch unter den sichersten Garantien, denn der Sieg der Christen über Satan (den „Antichrist“) war ja aus der Heiligen Schrift gewiss (Offenbarung).

In einem Zeitgeist alles durchdringender und geradezu inbrünstiger Religiosität bedurfte es nur eines Anstoßes, und so war es wohl nur eine Frage der Zeit, bis es einem Prediger gelingen würde, die Volksmassen hinreichend aufzuputschen und zu fanatischem Tun zu veranlassen – ein Verdienst, welches kein Geringerer als Papst Urban II. mit seinen berühmten, die Seelen der Gläubigen aufrührenden Reden auf den Konzilien von Piacenza und Clermont im Jahre 1095 für sich beanspruchen darf.

Mit „höchlichst beredtem Munde“ schilderte er die Bedrängtheit der christlichen Kirche des Ostens, wo die heiligen Stätten gesperrt, wenn nicht gar frevelhaft besudelt und verwüstet seien und das Blut der erschlagenen Christen laut schreie.

In der vorhandenen hysterisch-religiösen Atmosphäre verstand es der Stellvertreter Gottes, vermittels seiner mit theatralischen Einlagen angereicherten charismatischen Rede, die Emotionen der Gläubigen zu seinen Gunsten zu wecken. So schilderte er, wie die „Perser“ sich ein Vergnügen daraus machten Christen zu töten, denen sie die Bäuche aufschlitzten, das Ende der Gedärme herausrissen und es dann an einem Pfahl befestigten; darauf schlügen sie auf ihre Opfer ein und würden sie zwingen, um den Pfahl herumzulaufen, bis die ganzen Gedärme aufgewickelt sein würden und die Opfer tot zu Boden fielen.

Das nur als Kostprobe. Besonders schmerzhaft musste es jedoch sein, dass sich das Heilige Grab in den Händen unreiner Völker befand, und daher jedermann aufgerufen sei, seine „Christenpflicht zu erfüllen“ und sein Kreuz auf sich zu nehmen. Also „gürte jeder sein Schwert um“ (Psalm 45,4), um der „Zertretung Jerusalems“ ein Ende zu machen. Gott würde die Streiter des Herrn darauf als „treue

Arbeiter in seinem Weinberge belohnen", aber auch ganz weltlich würden diejenigen, wenngleich auch bisher „arm und bedrückt", die Länder und Reichtümer ihrer Feinde gewinnen und zudem in der Ewigkeit „den unverwelklichen Kranz der Ehre und Herrlichkeit" (I. Petr. 5.4 / Röhricht, 19f.).

Selbst im Falle des Sieges der Feinde „verdient ihr euch den Ruhm, am gleichen Ort zu sterben wie Jesus Christus, und Gott wird nie vergessen, dass er euch in den heiligen Schlachtreihen gesehen hat." [38]

Nach solch eindrucksvoller Verkündung des göttlichen Willens[39] erscholl frenetisch und unter heißen Tränen der tausendstimmige Ruf: „Gott will es!"–, der vom Papst dazu bestimmte Schlachtruf des Kreuzzugs!

Nun also galt es, das Abendland und die Rechte Gottes gegen die unrechtmäßige Macht des Teufels zu verteidigen, wozu den Kreuzfahrern alle weltlichen Strafen und Sünden erlassen wurden. Der „Pilger in Waffen" hatte darüberhinaus noch die schöne Möglichkeit, sich einen bevorzugten Platz im Himmel zu sichern, wenn er nur einen blutrünstigen „Heiden" zur Hölle schickte... Der Kampf für höhere Ziele galt in der Zeit des christlichen Rittertums ohnehin als besonders tugendhaft.

Und Urban vergaß auch nicht, über alle, die ihr Kreuzzugsgelübde nicht erfüllen würden, seinen Fluch auszusprechen.

Der Hintergrund der Papstrede war mit dem Vordringen der „verruchten, Gott entfremdeten Rasse" der türkischen Seldschuken gegeben, besonders seit 1071 in Gebiete, die bis dahin zum (griechisch orthodoxen) Byzantinischen Reich in Kleinasien gehörten. Betroffen waren damit auch „altchristliche Gebiete"...

Kreuzzüge der Armen

Wenn der Papst erhofft hatte eine Armee aufzustellen, dann bekam er zunächst eine Völkerwanderung – Ausdruck des Massenwahns, den die religiösen Endzeitspekulationen im Volke ausgelöst hatten.

Während mehrere Fürsten noch zum Kreuzzug rüsteten, wälzten sich bereits Volksmassen im Gefolge Peters des Einsiedlers (dem Christus zuvor bei seinem angeblichen Jerusalembesuch persönlich in der Grabeskirche erschienen gewesen sein sollte) über den Balkan. Zehntausende, die bisher kaum je aus ihrem Dorf hinausgekommen waren, verließen Haus und Hof, oft Hab und Gut und zogen voller Begeisterung los in ein fernes Land, von dem sie kaum etwas ahnen konnten und eben nur von der Kanzel herab gehört hatten.

Selbstverständlich konnten sich solche Völkerschaften unterwegs nicht ernähren. Also zogen sie in verschiedenen Scharen alles plündernd, raubend und mordend dahin –, ihnen fiel beispielsweise Belgrad zum Opfer.

Schlecht bewaffnet, wurde dieser **Kreuzzug der Armen** bereits auf dem Balkan aufgerieben, von jenem Rest abgesehen, der noch die Überfahrt über den Bosporus geschafft hatte, um darauf in der „Vertilgungsschlacht" bei Nicäa im Oktober 1096 von den Türken erschlagen zu werden.

Peters nicht gezählter Kreuzzug hatte zur Folge, dass sich einige zehntausend Pilger aus dem deutschen Rheinland beteiligten und nur mit einigen Tagen Abstand des Einsiedlers Heer folgten.

---

[38] Payne, 31 / Mit derartigen Verheißungen lockte auch noch Innocenz III.

[39] ...für den Papst ein geradezu himmlischer Schachzug auf seinem Weg zur Weltherrschaft.

Erinnert sei insofern an jene frühen Haufen übelster Abenteurer[40], die unter dem Oberbefehl des Priesters Gottschalk standen, oder unter demjenigen des Edelmanns Walther ohne Habe, oder unter dem berüchtigten Grafen Emich, die die vom Klerus entfachte Volkswut gegen die „Feinde Gottes", die Juden, auch gleich in der Heimat umzusetzen wussten.

Als guter Christ konnte Emich den Ausspruch des Abtes Peter von Cluny zitieren, der im selben Jahr die Frage aufwarf, was es denn nütze, die Feinde des christlichen Glaubens in fernen Ländern aufzusuchen und zu bekämpfen, wenn die weitaus übleren Juden, die *Ihn* umgebracht haben, hier in unserer Mitte ungeschoren davonkommen würden...

Natürlich war der Abt dieses berühmten Reformklosters nicht dafür, die Juden umzubringen, denn das verbot ihm die christliche Nächstenliebe. Wohl aber gönnte er ihnen ein Leben, das schlimmer sein würde als der Tod: „Gott will nämlich nicht, dass sie ganz getötet werden..., sondern dass sie zur größeren Qual und Schmach..., wie dereinst Kain, zu einem Leben schlimmer als der Tod bewahrt werden..."

Der Abt appellierte ferner daran, dass ihnen ihr Geld weggenommen werden solle, damit es zur Unterstützung der christlichen Armeen im Kampf gegen die Verwegenheit der ungläubigen Sarazenen diene.[41]

Es sind dies Thesen, die zwar nicht die allgemeine Meinung des Klerus widerspiegeln, doch war das kommende Geschehen zumeist der Gipfel vorangegangener klerikaler Hetze: Sogleich ging es „zur höheren Ehre Gottes" gegen die „Christusmörder" (Matth. 27.25)[42] in Form der allerschlimmsten Pogrome – vor allem im Rheinland und an der Donau.[43] Bestenfalls hieß es dann „Tod oder Taufe". Und es handelte sich dabei nicht einfach nur um eine Spontanreaktion fanatisierter und somit haltloser Volksmassen. Der Zeitgeist war nicht anders als ca. 100 Jahre später, als der Erzbischof Balduin von Canterbury gegenüber einem Juden, der mittels des erpressten Glaubensübertritts sein Leben zu retten suchte, vernehmen ließ, es würde, wenn er nicht ein Mann Gottes sein wolle, besser sein, er sei ein Mann des Teufels...[44]

10 000 Juden soll der 1. Kreuzzug das Leben gekostet haben. Nur wenige konnten sich retten – wurden z. T. an den Haaren zum Taufbecken gezerrt. Im

---

[40] Der Papst hatte sich mit seinem Aufruf ausdrücklich auch an die Räuber gewandt.

[41] Lehmann, 51 / Diese Finanzierungsform wusste auch Peter der Einsiedler, bald als Heiliger verehrt, zu nutzten.

[42] Entsprechend der Schilderung in der Bibel stellte der Richter Pontius Pilatus die Frage an das Volk, „was soll ich denn mit Jesus tun?"– da erscholl es vom Mob (dem Judenvolk): „ans Kreuz!" Nach Joh. 8.44 galten sie als Söhne des Teufels. Über die religiösen Diskrepanzen hinaus waren besonders die Fremdartigkeit und der Wucher der Juden verhasst.

[43] Besonders schlimm in Worms, Speyer, Mainz – hier wurde die größte jüdische Gemeinde Europas vernichtet –, Trier, Neuss, Xanten, Regensburg, Prag..., wo sich die Opfer aus Furcht nicht selten selber „schlachteten" (s. Lehmann, 50ff.).
Auch wenn einige Bischöfe (oft gegen massive Bezahlung und zumeist schließlich erfolglos) versuchten, Juden in Schutz zu nehmen, so handelt es sich dennoch (wie dies über viele Jahrhunderte nachweisbar ist) in aller Regel um klerikal gesteuerte Aktionen, die oft genug „so nebenbei" auch weltlich materiellen Zielen dienten (u. a. Graus, 387).

[44] Runciman, 8 / Im Johannesevangelium 8.44 werden Juden bereits als Inbegriff der Schlechtigkeit dargestellt – schon dort werden sie zu Söhnen des Teufels, und auch im Lucas-Evangelium bezeichnet Jesus Juden laufend als Kinder des Teufels.

Namen des Kreuzes sind hier bereits die „Untermenschen“ geschaffen worden, von denen künftig ganze Kontinente (z. B. Lateinamerika[45]) befreit wurden, und die auch im 20. Jahrhundert noch eine erhebliche Rolle spielen sollten...

Möglicherweise hat ein angeblich 12 000 Köpfe zählender Haufen besagter Coleur unter dem Priester Volkmar, vom Rhein her kommend, auf seinem Zug in Richtung Prag (Ende Mai 1096) auch **Süd-Niedersachsen** berührt.[46]

Keine dieser Unternehmungen erreichte das Heilige Land, und die ersten 100000 Toten (auf allen Seiten) waren schon zu beklagen, als der erste gezählte und von Urban regulär eingesetzte Kreuzzug die Szenerie betrat.

Kreuzzüge der Ritterheere

Der folgende **Kreuzzug eines hochkarätigen Ritterheeres** bestand vornehmlich aus Niederländern, Flamen, Franken und Normannen. Doch unter den Teilnehmern befand sich auch ein noch nicht identifizierter ***sächsischer Graf*** („comes de Saxonia“) mit seinen Mannen und eine größere Anzahl Friesen.

Nicht ganz einfach gestaltete sich die Frage nach der Führerschaft des Kriegszugs. Die Synode von Clermont hatte den Papst vorgeschlagen, der jedoch ablehnte, um weiter für den Kreuzzug werben und sich dem Kampf um die Vorherrschaft im Abendland widmen zu können – eine Auseinandersetzung, die übrigens zur Folge hatte, dass die deutsche Beteiligung eine Geringe war: Der deutsche, aber auch der französische König schieden als Anführer der Christenheit aus – sie waren derzeit gebannt...[47] Um das gesamte Unternehmen jedoch deutlich unter den Segen, Auftrag und die Führung der Kirche zu stellen, ernannte der Initiator den Bischof Adhemar von Le Puy als seinen Stellvertreter und „Kommandanten“ (Payne, 33) des Kreuzzugs.

Dennoch führte er nur einen Teilzug, während andere Heere weltlichen Fürsten unterstanden: Graf Raimund von Toulouse führte die südfranzösischen Provenzalen, Graf Bohemund von Tarent die sizilianischen und Herzog Robert von der Normandie die nordfranzösischen Normannen. Andere bedeutende Führer waren Gottfried von Bouillon (Boulogne), Herzog in Lothringen und sein Bruder Balduin, Robert von Flandern u. a.

„Wohl diszipliniert und geführt von den edelsten Helden der Zeit“[48], gelangten diese, unterwegs tw. vom Papst gesegnet[49], nicht ohne Schwierigkeiten nach

---

[45] Die Europäer „machten sich“, wie sie es gelernt hatten, „die Welt untertan“. Erwähnt seien ferner die unglaublichen Greuel des Sklavenhandels (20 Millionen „Sklaven“ wurden aus Afrika importiert). Nicht viel anders wird es nach der Entdeckung Indiens gegangen sein: Eine arabische Quelle beschreibt diese Personengruppe als „eine Horde von Teufeln, die Götzenbilder aus Holz anbeteten, die Einheimischen mordeten wenn diese im Wege waren, und mit List und Betrug handelten. Die Japaner vermochten sich zu retten, nachdem es ihnen gelungen war, die Musketen der Europäer 1:1 nachzubauen...

[46] Ruedebusch, 6

[47] Der auch als Intrigant meisterhafte Stellvertreter Gottes hatte Heinrich IV. gebannt und dessen Sohn Heinrich V. von seinem dem Vater gegenüber geleisteten heiligen Treueeid gelöst, und zwar mit den Worten: „Hat nicht der Heiland selbst gesagt, dass nur der sein Jünger sein könne, der bereit sei, selbst Vater und Mutter zu hassen?“ Mit Freuden unterstützte er somit den Kampf des Sohnes gegen den Vater.

[48] Meyers Konvers.-Lex., 1890 „Kreuzzug“.

Konstantinopel, wo ihnen angesichts all des Glanzes und der Prachtbauten die Augen übergingen. Der Kaiser des Ostens beeilte sich, sie über das Marmarameer überzusetzen, damit sich ihre bis dahin getrennt geführten Heere erst dort vereinigen konnten.

Hier glaubten sich viele fromme Waller ihrem Ziel schon nahe und gelobten zu Tausenden, dem Heer barfuß, ohne Waffen und Geld voranzuziehen, dabei nur von Wurzeln und einfachster Nahrung lebend, während sie schwere Lasten schleppten.

Es ließen sich die andauernden Strapazen des langen Marsches übrigens nur ertragen, indem ständig das Gemeinschaftsgefühl bestärkende Riten, wie Gesänge und Gebete, Fasten und Prozessionen eingebunden wurden.

Solch wahre Pilgerimpressionen erfuhren zuweilen eine Unterbrechung, beispielsweise im Falle feindlicher Angriffe, oder als man in der Nähe **Nicäas**[50], einer Stadt unweit von Konstantinopel, mit Grausen die Gebeine der ein halbes Jahr zuvor Erschlagenen des Kreuzzugs Peters des Einsiedlers gewahrte.

Bei der Belagerung zeigte sich, dass sich die Herolde Christi auch hinsichtlich psychologischer Kriegsführung recht gut auskannten, denn mit Hilfe großer Steinschleudern warfen sie die abgeschlagenen Köpfe der Muselmanen, die sie zuvor attackiert hatten, Schrecken verbreitend in die Stadt.

---

[49] Als Herzog Robert von der Normandie mit seinem Heer 1096 über die Alpen zog und mit Urban II. zusammentraf (der sich gerade auf der Flucht vor einem Gegenpapst befand), empfingen sie den Segen des Papstes. In Rom aber, als sie demütig niedergeworfen in der St. Peters-Basilika beteten, warfen die Anhänger des Gegenpapstes Steine von den Dachbalken auf sie herab (vgl. Lehmann, 81 / Roscher, 29). Das taten sie mit jedem, der Urban zugetan war, denn sie brannten darauf, diesen möglichst zu erwürgen.

[50] Hier beschloss i. J. 325 n. Chr. ein berühmtes Konzil unter dem noch nicht getauften, mithin also „heidnischen" Kaiser Konstantin, dass Christus und Gott wesensgleich seien. Konstantin hatte diesen zwischen Arianern und Katholiken umstrittenen Glaubensinhalt kurzum „bestimmt", nachdem er sich die integrierenden Kräfte des Christenglaubens, der ja auf der jüdischen Gehorsamsethik aufbaute, nutzbar machen wollte. Damit wurden die Anhänger des Arius zu Häretikern (Ketzern) abgestempelt; die meisten Germanenvölker waren zu jener Zeit Arianer... Bereits auf diesem Konzil wurden ihre Schriften verbrannt und Arius verflucht.

Die Schilderung der näheren Todesumstände des Letzteren verdanken wir übrigens seinem erbitterten Glaubensgegner, dem Bischof Athanasius von Alexandria: Er ist übrigens auch der Gewährsmann für die Überlieferung seines Ketzertodes – in Form eines wunderbaren Gottesgerichts: In Konstantinopel befiel den Arius nämlich eine plötzliche Übelkeit, weshalb er einen öffentlichen Abort aufsuchte. Hier barst er, wie einst der Verräter Judas nach einer biblischen Version, mitten entzwei. Unter grauenvollen Qualen lösten sich Mastdarm, Leber und Ketzerherz von ihm, und endlich schrumpfte Arius immer mehr zusammen, bis er durch die Öffnung des Abortes mit einem Plumps in der Jauche verschwand (Deschner – Hahn, 456). / Der Bund mit Konstantin (mit der Macht) bedeutete einen Verrat an den ja wohl eigentlich christlichen Lehren und begründete die geschichtliche Wirkung des Christentums – eine religiöse Idee, geboren aus einer anderen Religion, verwandelte sich beinahe in ihr Gegenteil... (vgl. R. Augstein, „Was bleibt von Jesus Christus?"– in „Der Spiegel" Nr.21/1999. Entsprechend werden seit Nicäa beispielsweise die Kriege der Franken gegen die Westgoten nicht als machtgierige Eroberungskriege dargestellt (z. B. von Gregor von Tours), sondern es kämpften die Gottesstreiter den gerechten Glaubenskrieg gegen die ketzerischen Arianer (etwa die Westgoten / s. Swinarski, 276).

Nach mehreren siegreichen Schlachten – ein Misslingen schien ja, da man im Auftrag des Allmächtigen kämpfte, auch kaum denkbar –, und unter den größten Strapazen (Dürre, Hitze, Durst, feindliche Pfeilregen der auf ihren flinken Pferden kaum fassbaren Seldschuken) erreichten die „Kinder des Lichts" schließlich die Hauptstadt des seinerzeitigen Syrien: **Antiochia,** eine der größten Städte der damals bekannten Welt, gehörte nur einige Jahre zuvor noch zu Byzanz.

Unterwegs nutzte man die Gelegenheit auch so manches christliche Gotteshaus zu plündern, wobei man sich darüber verwunderte, dass sie nicht in Schutt und Asche lagen wie das die heimischen Prediger in ihren apokalyptischen Horrorszenarien ausgemalt hatten.

Man hatte in solchen Fällen bezüglich der Plünderungen wohl den Feldprediger zu sehr beim Wort genommen, wenn dieser den erschöpften Helden aufmunternd verkündet hatte: „Steht fest zusammen, vertraut in Christus und den Sieg des heiligen Kreuzes. Heute wird euch, wenn Gott es gefällt, große Beute zuteil."

Auch der päpstliche Legat hob geschickt die Moral der Recken: „Erhebt euch gegen diese bissigen Hunde. Denn seht, heute wird Gott für euch kämpfen," oder aber er gemahnt die Mannen, „wegen ihrer Liebe zu Christus in den Tod zu gehen[51] – schließlich fand bekanntlich der Gottesstreiter im Kampf für den Glauben auf dem Schlachtfeld „den schönsten Tod", etwa den Märtyrertod...[52]

Mit der Bestimmung des Bischofs von Le Puy als seinen Stellvertreter hatte der Papst eine recht glückliche Wahl getroffen, denn dieser ließ seinen Truppenteil häufig fromme Lieder singen, und er selbst ging auch mit gutem Beispiel voran; so sah man ihn oft elegant zu Pferde und in Rüstung in den Schlachten mitkämpfen.[53]

---

[51] Milger, 80, 82, 87

[52] Grundsätzlich bestand auch auf deutschem Boden die schöne Alternative, sich vor seinem natürlichen Tode mit dem Betttuch erwürgen zu lassen, oder man konnte auch durch Hunger und Durst zu Grunde gehen, um als „Bekenner" den begehrten Märtyrertod zu sterben.

[53] Zwar hatte bereits das Reichskonzil von 742 das Verbot des Waffentragens für Geistliche erneuert. Die Praxis sah oft anders aus, wie sich auch anhand der Hildesheimer Prälaten gut aufzeigen ließe: Beispielsweise sehen wir 1367 den Abt von St. Michael (Bodo v. Oberg) zu Pferde, „in vollem Waffenschmuck" und ganz nach Kreuzritter-Manier in der Schlacht bei Dinklar. Mit wehendem Benediktiner-Skapulier über dem schimmernden Panzer und unter begeisterten Ausrufen seines Bischofs stürzte er sich in das dichteste Kampfgetümmel (s. S. 129). Dabei kämpfte er „wie ein Löwe, und Mancher sank dahin vor seinem Schwerte" (Gebauer, 346).

In einem anderen Falle hielt der kriegsfreudige Bischof Johann, nach großartig gewonnener Schlacht auf der Soltauer Heide (mit 3500 Toten fast nur unter seinen Gegnern), einen triumphalen Einzug in seine Landeshauptstadt, den er in vollem Harnisch genoss; ein „Te deus laudamus" und Militärmusik gaben diesem Freudentag die kirchliche Weihe. Auch wurde das Schwert des gefangengenommenen Herzogs Erich in der St. Andreaskirche ausgestellt. Der Hildesheimer Bischof hatte 1519 den Krieg, die „Hildesheimer Stiftsfehde" (bis 1523) begonnenen, den er nach solchen Erfolgen gern bis zur Vernichtung des Gegners hätte fortsetzen wollen. Aus politischen Gründen trug ihm sein Unterfangen jedoch die Zerschlagung des großen Stifts ein (u. a. Gebauer, 151f.).

Heroische Bischöfe (teils mit Hildesheimer Tradition) finden auch in den norddeutschen Kreuzzügen Erwähnung (s. S. 154).

Vorbildlich ist in diesem Punkt auch der Ex-Hildesheimer und Kölner Erzbischof Rainald von Dassel (s. S. 128).

Der Theologe Roscher betont hingegen in seiner Dissertation (S. 28 u. 60) die „rein geistlichen Aufgaben“ der päpstlichen Legaten. Nur der Bischof Adhemar von Le Puy würde auch gelegentlich bei militärischen Beratungen eine Rolle gespielt haben...

Auch gab der Bischof einen Erlass heraus und ließ ihn im ganzen Heer publizieren, wonach er befahl, dass derjenige eine sofort auszuzahlende Belohnung erhalte, der den Kopf eines Türken brächte. Zu diesem Zweck wurden selbst die Leichen aus ihren Gräbern gerissen, die zuvor von den Türken bestattet waren, nicht ohne sie dabei auf etwa verschlucktes Gold hin zu untersuchen.

Als der Prälat sodann einige Köpfe erhalten hatte, ließ er sie am Ende sehr langer Stangen vor den Mauern der Stadt aufpflanzen, gerade unter den Augen des Feindes, um diesen auf die heftigste Weise zu erregen (Lehmann, 121). Weitere Exemplare steckte man auf Pfähle rund um das Lager herum – so dienten sie der Abschreckung des Feindes, dessen „Stolz“ zugleich gebrochen wurde.[54]

Es war die Zeit, in der sich durch Spionage erlittene Unbill bei den Christen bemerkbar machte. Um dieses Problem einzudämmen, ließ der angehende Fürst von Antiochia Bohemund einige Türken am Spieß knusprig gelbbraun rösten und die Losung ausgeben, dass er dies künftig jeden Tag tun wolle. Übrigens sah man am Hals seines Pferdes für gewöhnlich ein paar Sarazenenköpfe baumeln .

Als sich die Belagerung weiterhin als langwierig und verlustreich erwies, ordnete der Bischof von Le Puy an, dass das Volk Gottes von Sünden zu reinigen sei. Zur Besserung des ganzen Heeres wurden nun viele gebrandmarkt und gegeißelt, und das Würfelspiel verboten. Die Frauen aber, über deren Anwesenheit im Pilgerzug Kirchenmänner stets entsetzt waren, wurden aus dem Lager vertrieben.

Nachdem Antiochia nach neunmonatlicher Belagerung endlich (durch Verrat) genommen werden konnte, und innerhalb nur eines Tages sämtliche Einwohner umgebracht waren – niemand vermochte in den engen Gassen zu laufen, außer über die Kadaver der Toten –, wurde die Stadt schon wieder von einem großen türkischen Heer eingeschlossen. Aus der nun anbrechenden allergrößten Not half sodann die Erzeugung eines Wunders. Denn in seiner unendlichen Güte, um sein auserwähltes Volk wieder aufzurichten, erwählte der Schöpfer den Fund der **heiligen Lanze.** Und vornehmlich deswegen, weil unser heiliger Hildesheimer Bischof Bernward bekanntlich die heilige Lanze um die Jahrtausendwende wider seine Feinde geführt hatte[55], sei etwas näher auf diesen Vorgang eingegangen:

Zuvor war dem Kleriker Stephan in der Kirche St. Maria der Heiland (der Herr der Heerscharen) mit der Gottesmutter und zudem auch noch St. Petrus erschienen, die versprochen hätten, in fünf Tagen Hilfe zu bringen. In dem Zustand, in dem sich die

---

[54] Nach solchem Erfolg preisten die Pilger „unseren Herrn Gott“, dem Ehre und Ruhm gebühre bis an das Ende der Zeiten. Amen" (Milger, 88).

[55] Während seines Italienaufenthalts im Jahre 1001 bewährte sich der spätere Heilige als Kriegsheld, indem bei der Belagerung Tivolis in Rom durch Kaiser Otto III. diese Maßnahme auf sein Anraten hin verstärkt wurde, bis dieser die Bürger zur bedingungslosen Übergabe veranlassen konnte.
Später trat er noch entschiedener militärisch in Aktion als er einen Ausfall gegen die aufständischen Römer mit der heiligen Lanze (der Reichsinsignie) in der Hand anführte: „in vorderster Reihe der Bischof selbst. Schrecken erregend funkelte die heilige Lanze in seiner Hand.“

Kreuzfahrer seinerzeit befanden, gab es überall erschöpfte und ausgehungerte Männer, die sich in einen Zustand religiöser Erregung steigerten und ihre Träume – nicht anders als im Falle der „großen Seher" – für göttliche Offenbarungen hielten, zumal Gott bekanntlich durch die armseligsten Kreaturen „sprach".

Von Offenbarungen, die er zum ersten Hahnenschrei mehrmals von Christus und St. Andreas persönlich erhalten habe, berichtet auch der Priester Petrus Bartholomäus. Der Heilige habe ihm unter schweren Androhungen den Befehl gegeben, in der St. Peterskirche nach der heiligen Lanze zu suchen.[56] Durch Mauern hindurchschreitend hatte er ihn in die Kirche des Apostels geführt Dort zeigte der Heilige dem späteren glücklichen Finder das wertvolle Requisit unter dem Schein zweier Lampen, die ein Licht wie am hellen Mittag verbreiteten, und sprach: „Hier ist die Lanze, die die Seite geöffnet hat, aus der das Heil der ganzen Welt kam."

Obwohl mit Wundern vertraut, war es gerade der Bischof von Le Puy, der diesen Fingerzeig Gottes ablehnte, denn in Konstantinopel hatte man ihm schon einmal die einzige, wahre und echte heilige Lanze (des römischen Zenturio) gezeigt.

Das ist nun also bereits das dritte Exemplar neben jenem alten Herrschaftssymbol der Langobarden, welches der Sachse Heinrich I. dereinst gegen ein Stück Reichsland mit der Stadt Basel erworben hatte, und die unser Hildesheimer Bischof vorübergehend in Besitz hatte!

Aller Bedenken zum Trotz wurde gegraben, und man fand dieses Objekt unter Ausschluss der Öffentlichkeit, natürlich unter dem Altar.

Die Authentizität der beschworenen Erscheinung und mithin die Echtheit dieses siegverleihenden Herrschaftssymbols wurde darüberhinaus durch ein wunderbares Himmelszeichen bekräftigt. Denn es schien ein großer Stern über der Stadt, der sich in drei Teile aufspaltete und sodann auf das Lager der Türken fiel... Wenn das kein wunderbares Omen war![57]

Darauf fasteten die Kämpfer drei Tage lang, was ihnen nicht gar so schwer gefallen sein wird, denn zumindest die Armen unter ihnen waren eh schon gezwungen, aufgeweichtes Schuhwerk und Sattelzeug zu verschlingen oder gar auch mittels Spezereien veredelten Kot.[58]

Die Ritter lebten derweil vom Blut ihrer Pferde. Während die Armen blutegelverseuchtes Schlammwasser erst erkämpfen mussten, schwelgten die Fürsten im Überfluss und genossen süße Trauben – Beispiele christlicher Brüderlichkeit...

Ansonsten prozessierte man von einer Kirche zur anderen, die die Türken nicht angetastet hatten. Derart moralisch aufgerüstet, stellte man sich zur Schlacht. Und sofort war augenscheinlich, wie sich das Mitführen der heiligen Lanze auszahlte, denn als alle Kämpfer die Stadt verlassen hatten, zeigte es sich, dass jetzt fünf Abteilungen Soldaten mehr vorhanden waren – statt deren acht waren es plötzlich dreizehn! Nicht weniger wunderbar ist eine andere Darstellung, wonach unzählbare Legionen mit weißen Rossen und Fahnen (das Heer ihrer eigenen Toten!), unter Führung der Heiligen Georg, Merkur und Demetrius „in ihren Rüstungen", den

---

[56] Röhricht, 43 / Payne, 85

[57] Ein biblisches zumal, denn gem. Offenb. (Apokalypse!) 20.9 umringten auch die Heiden das Heerlager der Heiligen in der geliebten Stadt. Und es fiel Feuer von Gott aus dem Himmel und verzehrte sie...

[58] Ähnlich erging es den Kreuzfahrern in Maarrat, wo die Einwohner trotz ihrer Kapitulation niedergehauen wurden. Ihre stinkenden Körper halfen später noch die Hungersnot der Gottesstreiter zu lindern, indem sie zerschnitten, gekocht, gebraten und verzehrt wurden...

Christen zu Hilfe eilten.[59] Und diejenigen, die unter dem Bischof kämpften, waren der starken Feindberührung zum Trotz unverletzlich geworden (Pernoud, 88f) – dank der heiligen Lanze![60] Solch göttlicher Fügung war es zu verdanken, wenn es unsere ausgemergelten Recken vermochten, die Mohammedaner zurückzuschlagen. Der heilige Bischof verfolgte sie noch eine Weile... Selbst das gegnerische Lager wurde erobert – jämmerlich zerfetzte Leichen füllten die Felder..., „doch was die Frauen in den Zelten des Feindes betrifft", so vermeldet der Chronist und Bischof Fulcher von Chartres, „so taten die Franken ihnen nichts Schlimmes an, sondern stießen Lanzen in ihre Bäuche".

Nach solch großartigen Siegen – die übrig gebliebenen armenischen Christen wurden verjagt – errichtete Gottes Volk das erste lateinische Bistum infolge des päpstlichen Kreuzzugsaufrufs.

Doch bei allem geradezu übermenschlichen Einsatz war man sich doch der Beschränktheit in seinem Tun bewusst, wie aus der Mitteilung dieses Sieges an den Papst hervorgeht. Denn darin wird der heilige Vater gebeten, sich möglichst selbst an die Spitze des Kreuzzugs zu stellen: Zwar habe man Türken und Heiden unterworfen, doch für die „Überwindung" auch der Häretiker, Griechen, Armenier, Syrer und Jakobiter reichten die Möglichkeiten, aller Anstrengungen zum Trotz, nicht aus.[61] Tatsächlich hatte Urban, in der Freude über diesen Sieg, in Bari eine Synode abgehalten und beabsichtigt, selbst ins Heilige Land sich zu begeben (Röhricht, 44), was jedoch durch sein alsbaldiges Ableben verhindert wurde.

Die Befreiung Jerusalems – „größter Triumph der Christenheit"

Dank der heiligen Lanze war nun also der Weg nach Jerusalem endgültig frei. Und als nun im Jahre 1099 nach der Fleischwerdung Christi[62] die Pilger unter Gottfried von Bouillon am Ende ihrer vierjährigen Wallfahrt im Lande ihrer Hoffnung angekommen waren, in dem bekanntlich Milch und Honig fließen würde, wie es die Prediger ja immer wieder verheißen hatten, und von einem Hügel herab der heiligen Stadt angesichtig wurden, da waren sie ergriffen, wenngleich auch nicht die Engel des Herrn über derselben schwebten. Überglücklich knieten sie sich hin, küssten den Erdboden und lobpreisten schluchzend und tränenüberströmt Gott. Laut

---

[59] Röhricht, 44 / Noch Thomas Müntzer war sich sicher, dass ihm bei der Schlacht des Bauernheers gegen die Unterdrücker (weltliche und geistliche Fürsten) bei Frankenhausen himmlische Heerscharen zu Hilfe kommen würden.

[60] Ein Jahr darauf wurde der Streit über die Echtheit der Lanze folgendermaßen zum Austrag gebracht: Ihr Finder hatte am Karfreitag des Jahres 1099, mit der Lanze in der Hand und nur mit einem Hemd bekleidet, zwischen nur einen Fuß voneinander entfernten Scheiterhaufen hindurchzugehen.
Als er 12 Tage darauf verstarb behaupteten die Normannen, er sei an den Brandwunden gestorben, während die Provencalen meinten, dies sei infolge der Verletzungen geschehen, die das Volk ihm in frommer Wut und unbändiger Verehrung beigebracht habe. Somit war also die Echtheit und die Unechtheit der Lanze bewiesen (vgl. Röhricht).

[61] Milger, 95 / Laut Wilhelm von Tyrus fand Bohemund von Tarent (einer der Führer des Kreuzzugs) große Gebiete in Macedonien, Thracien und um Konstantinopel in hohem Maße von Häretikern bewohnt...

[62] ...der allerdings mit einiger Wahrscheinlichkeit in den Jahren 3 bis 7 vor Christi geboren wurde, so er denn überhaupt geschichtlich fassbar wird...

erschollen Hymnen und Lobgesänge. Wie auch schon vor Bethlehem pilgerten nicht wenige die letzten zwei Meilen barfuß und palmwedelschwingend weiter.

Zum Beginn der Belagerung werden endlich auch unsere Landsleute einmal erwähnt, indem der Herzog Gottfried, weil er an Rat und Kräften mächtig war, sich mit seinen kriegswilden und ungestümen Deutschen[63] gegenüber dem stark befestigten Davidsturm aufstellte.

Im Handstreich war die mächtig armierte Großstadt allerdings nicht zu nehmen, zumal das einst angeblich über 100 000 Mann starke Heer auf nur 12 000 Kämpen zusammengeschmolzen war – ein Umstand, der freilich auch wieder ein gutes Stück ausgeglichen werden konnte: Zwar hören wir weniger von himmlischen Mitstreitern, die die Reihen verstärkten, stattdessen aber, wie Erzbischof Wilhelm von Tyrus es beschreibt (Milger, 114), waren alle, auch Greise, Kranke, Junge, die keine Waffen führen konnten, und selbst „gebrechliche Weiber", von „frommer Kampfeslust" entbrannt.

Von den glorreichen Kriegstaten des päpstlichen Legaten, des Erzbischofs von Le Puy hören wir jetzt leider nichts mehr, denn der war kurz nach seinen militärischen Erfolgen zu Antiochia (s. S. 24f.) einer Seuche erlegen.[64] Dennoch spielt der fromme Kirchenmann auch hier noch seine Rolle, indem er einem Kleriker „erschienen" war. In dessen Vision forderte er die Christen zu Prozessionen auf; Jerusalem würde dann neun Tage später fallen.

Die Türken werden daraufhin nicht schlecht gestaunt haben, als sie von ihren Mauern herabschauend, das ganze Heer mit bloßen Füßen, Kreuze und Reliquien tragend, in feierlichen Umzügen um die Stadt herumdefilieren sahen – wie dereinst die Kinder Israel unter Josua, als sie dabei waren einen Teil Palästinas (das Land Kanaan) zu erobern. Auch sie hatten bei der Belagerung der Stadt Jericho zuvor etliche Prozessionen um die Mauern der Stadt veranstaltet.

In ihrer Verdutzung vermochten die „Diener des Teufels" diesen strategischen Vorteil nicht einmal zu einem Überraschungsausfall zu nutzen...

Daraufhin war die Verwunderung wieder mehr auf Seiten der Christen, die ihren Augen nicht trauten, als sie vom Ölberg herabsahen und feststellen mussten, dass trotz allen Flehens zu Gott die Mauern Jerusalems dennoch nicht wie einst diejenigen Jerichos von selbst in sich zusammenfielen... Aber vermutlich war einfach ihr Glaube nicht stark genug.

Als es den Edlen im Juli 1099 nun aber doch endlich gelang, auch den Allerhöchsten, durch mehrmaliges Fasten, für den Angriff günstig zu stimmen und mit dem Schlachtruf „Gott will es, Gott hilft!" in die Stadt einzudringen, kam es zu der Hinschlachtung von 40-70 000 Einwohnern jeden Alters und jeden Geschlechts, wobei die Pilger gem. Albert von Aachen bis zum Knöchel im Blut wateten. Raimund von Aguilers schreibt zu den Vorgängen in und um den „Tempel Salomos" (al-Aksa-Moschee / Felsen-Moschee[65]), wohin sich die „Sarazenen" vornehmlich

---

[63] Es dürfte sich um Rheinländer, Friesen und angeblich auch Bremer Bürger handeln (Röhricht, Dt., S. 11).

[64] Sein Nachfolger, der Erzbischof Dagobert von Pisa, fuhr mit einem nicht gezählten Kreuzzug von immerhin 120 pisanischen Schiffen (eigentlich Seeräubern) ins östliche Mittelmeer und belagerte zusammen mit Bohemund v. Antiochia die christliche Stadt Laodicea.

[65] von der einst Mohammed, sogar mitsamt seinem Pferd, zum Himmel aufgefahren war

geflüchtet hatten: „Wenn ich die Wahrheit sage, wird man mir nicht glauben. Es mag genügen, dass sie bis zu den Knien und Zügeln ihrer Pferde im Blut ritten.“ Die jüdische Bevölkerung wurde mitsamt den Synagogen verbrannt.

Bei all dem frommen Morden fehlt auch nicht der Bericht eines christlichen Chronisten über den Patriarchen, der die Straßen entlangzog und auf seinem Weg alle Ungläubigen niedermetzelte. An der Kirche des heiligen Grabes angekommen, die Hände blutverkrustet am Griff seines Schwertes, wusch er sich mit den Worten des Psalms: „Der Gerechte freut sich in dem Herrn, wenn er solche Rache sieht, die er ausführt. Er wird seine Hände baden im Blute der Gottlosen.“[66] Dann feierte er die heilige Messe und sagte, er habe niemals ein Gott wohlgefälligeres Opfer gebracht.“[67]

Überhaupt konnte man „Wunderbares erblicken“, denn man sah „Haufen von Köpfen, Händen und Füßen in den Häusern und Gassen. Überall liefen Menschen und Pferde auf den Leichen hin und her.“

Nachdem man also drei Tage lang fortfuhr, Moslems, Juden[68] und heimische Christen[69], die hier friedlich zusammengelebt hatten – hinzu kam noch die angesprochene große Zahl frommer moslemischer Pilger, die sich in die al-Aksa-Moschee geflüchtet hatte –, dahinzuschlachten, wusch man sich das Blut ab, von dem man von Kopf bis Fuß triefte, zog reine Kleider an und lobpreiste mit dem Klerus zusammen in inbrünstiger Andacht und das Herz mit frommer Lust erfüllt, den Herrn.

Sie küssten glücklich und vor Freude weinend die heiligen Örter, wo einst der Erlöser gelitten – natürlich gerade in der „**Grabeskirche**“[70] Christi, die nun entgegen den Beteuerungen der heimatlichen Kreuzprediger von den „Söhnen des Satans“ unversehrt vorgefunden wurde.

Laut dem Chronisten Wilhelm von Tyrus sang man sodann „mit Freuden vom Sieg der Gerechten“, und Raimund von Aguilers konstatiert mit Genugtuung: „Wahrlich ein gerechtes Gericht, dass der Ort das Blut derjenigen empfing (und dadurch gereinigt wurde)[71], deren Gotteslästerung er so lange erdulden musste“.

Ihm werden dabei die Schauergeschichten der heimischen Kreuzprediger vorgeschwebt haben, deren Vorstellung mit den Realitäten vor Ort ja kaum etwas zu tun hatten.

---

[66] Es ist dies ein Gleichnis, das auch Luther nach seinem Thesenanschlag gegen „das ganze römische Sodom“ verwandte.
Ähnlich klingen die Verheißungen bei Jesaja 11.4 vom „Messias und seinem Friedensreich“: „Er wird mit Gerechtigkeit richten... und wird mit dem Stabe seines Mundes die Erde schlagen und mit dem Odem seiner Lippen den Gottlosen töten.“

[67] Bei Waas I, 24 ist insofern von einer religiösen Übersteigerung die Rede, wenngleich ja auch der Papst in seiner berühmten Rede ausgerufen hatte: „Badet euch im Blut der Ungläubigen“!

[68] Sie glaubten sich in ihre Synagoge retten zu können, die die Katholiken jedoch über ihren Köpfen abbrannten.

[69] Ein Teil von ihnen war von den Moslems zuvor ausgewiesen worden.

[70] ...die nicht einmal 300 Jahre nach dem Tod Christi angeblich von der heiligen Helena, der Gattin des byzantinischen Kaisers Konstantius, als solche „bestimmt“ worden war.

[71] Nicht anders sieht das der Erzbischof Wilhelm von Tyrus, als dass so der Wille Gottes erfüllt wurde.

Dass das ganz allgemeine Morden übrigens keineswegs in einem Blutrausch erfolgte ist daraus zu ersehen, dass der Vorgang mehrere Tage andauerte, und dass auch nach Tagen noch Bewohner, die sich bis dahin versteckt gehalten hatten, umgebracht wurden.

Mit der „Befreiung der heiligen Stadt vom Joch der Heiden" war eben letztlich beabsichtigt, sich des Eigentums der bisherigen Bewohner zu bemächtigen, um es künftig genießen zu können.

Bei der Gelegenheit wurden bisher arme Christen durch die Gnade Gottes plötzlich reich, aber dennoch wurden auch hiesigen Orts die Leichname der Erschlagenen nach verschluckten Goldstücken durchsucht...

> Es hat den Anschein, als habe man auch in dieser Angelegenheit die Apokalypse oder aber das biblische Beispiel der Einnahme Jerichos (s. S. 142) vor Augen gehabt. Denn gem. Josua 6 hatte Gott geboten, nachdem er den Kindern Israel die Stadt gegeben haben würde, alles was darin sei, solle dem Herrn „verbannt" sein, aber alles Silber und Gold samt dem ehernen und eisernen Gerät solle dem Herrn geheiligt sein, dass es zu des Herrn Schatz komme; da „verbannten" sie alles was in der Stadt war mit der Schärfe des Schwertes: Mann und Weib, Jung und Alt, Ochsen, Schafe und Esel... Und bevor sie dann auch noch die Stadt verbrannten, befolgten sie das Gebot des Herrn und „taten" Gold und Silber etc. zum Schatz des Herrn... (Josua 6/7).
>
> Noch allgemeiner steht ein entsprechender Verhaltenskodex ebenfalls in der Bibel, nämlich in den Kriegsgesetzen 5 Mose 20: „Wenn du vor eine Stadt ziehst, um gegen sie zu kämpfen, so sollst du ihr zuerst Frieden anbieten." Will sich diese Stadt aber nicht unterwerfen und „fronpflichtig" sein, und gibt sie aber „der Herr, dein Gott dir in die Hand, so sollst du alles, was männlich darin ist, mit der Schärfe des Schwertes erschlagen." Weiber, Kinder, Vieh und aller Raub sollen gemäß des göttlichen Gebots als Beute ausgeteilt werden. „Also sollst du allen Städten tun, die sehr ferne... liegen... Aber in den Städten dieser Völker, die dir der Herr, dein Gott, zum Erbe geben wird, **sollst du nichts leben lassen, was Odem hat**".

Allem Anschein nach hat man wohl die päpstlichen und göttlichen Gebote befolgt – die Priester waren´s ja auch zufrieden.

Unseren Edlen erwuchs zudem wohl die Überzeugung, die Prophezeiungen und Berichte auf sich anwenden zu können, also selbst auserwähltes Volk zu sein und quasi ins Gelobte Land geführt worden zu sein. Viele der Ritter werden sich real für die Werkzeuge Gottes im Sinne des eingangs behandelten Jüngsten Gerichts angesehen haben, wie denn überhaupt zumindest die ersten Kreuzzüge von einer ausgesprochenen eschatologisch-apokalyptischen Hochstimmung getragen wurden.

Die Befreiung der Stadt Jerusalem von ihren bisherigen Bewohnern war aber auch der inneren Sicherheit dienlich, denn auf diese Weise vermied man es, potenzielle Feinde innerhalb der Stadtmauern zu beherbergen.

Sollte nun, trotz aller kirchlicher Propaganda, jemanden von den Pilgern das Gefühl, etwa doch eine Sünde begangen zu haben, beschlichen haben – wenngleich auch gegen die Feinde Gottes und eben seelenlose Untermenschen –, so war die Möglichkeit, sich davon zu befreien, ja nirgendwo so optimal gegeben, wie gerade in Jerusalem. Hier war es leicht, den „höchsten Grad der Tugenden" zu erreichen!

Noch vor der Einnahme Jerusalems war die Frage, wer denn Herr der Heiligen Stadt werden solle, „wenn Gott sie den Pilgern gegeben haben würde", angeregt worden.

Die hier mitwirkende Geistlichkeit – wenn wir dem Chronisten und Erzbischof Wilhelm von Tyrus Glauben schenken, „aufgeblasene Menschen, denen nicht die Sache Christi am Herzen lag, sondern ihre eigene" (vgl. Milger, 129) –, geschwächt durch das Fehlen des päpstlichen Legaten, vermochte sich mit ihrem Anspruch, die „ewigen Angelegenheiten" hätten Vorrang vor den weltlichen, nicht mehr durchzusetzen.

So wurde zunächst Graf Raymund von St. Gilles zum „König von Jerusalem" vorgeschlagen, der aber mit der tugendhaften Äußerung ablehnte, er wolle nicht in Jerusalem eine goldene Krone tragen, wo der Heiland unter einer Dornenkrone geblutet habe.

Also wurde Gottfried von Bouillon gewählt, der aber, um in christlicher Demut nicht von Raymund übertroffen zu werden, den Königstitel nicht annahm, sondern sich nur Herzog, Fürst und Beschützer des heiligen Grabes[72] nannte.

War die Grabeskirche von den Moslems nicht angetastet gewesen, so bot nun die Schändung und Umwandlung der al-Aksa-Moschee in ein christliches Gotteshaus für die arabische Welt ein dauerhaftes Motiv für die Rückeroberung...

Traf es nun schon nicht zu, dass die heiligen Stätten unter den „Ungläubigen" geschändet und zerstört waren, wie dies die Kreuzzugsprediger in Europa stets grotesk auszumalen pflegten, wie verhielt es sich dann mit dem Argument der Kirche, der bedrohten Christenheit Palästinas helfen zu wollen?

Wir hatten es schon anklingen lassen, dass beim allgemeinen Dahinschlachten der Bewohner Jerusalems kein Unterschied bezüglich deren Religionszugehörigkeit gemacht wurde... Später zurückkehrende Vertreter der Ostkirchen, also orthodoxe oder jakobitische Priester, fanden sich ihrer Kirchen und Altäre enteignet und in solche des römischen bzw. lateinischen Ritus umgewandelt.

Kriegsgewinnler war der Papst, und überhaupt brachten die Kreuzzüge eine sehr erhebliche Stärkung des Papsttums mit sich!

Als Heiliger Vater nutzte man fortan die schöne Möglichkeit, in dem größten Teil der damals bekannten Welt und an vielen Fronten gleichzeitig Eroberungskriege zu führen, und das, ohne eigene Truppen ins Feld führen zu müssen – eine zusätzliche Möglichkeit, die aber keineswegs ungenutzt gelassen wurde.

Materiellen Forderungen der Kirche kam Gottfried weit entgegen, zumal dieselbe für den Heiligen Krieg die Heere gesammelt, durch sie gesiegt und erobert hatte... [73]

---

[72] Hier ist seine Grablege nebst Inschrift noch heute zu schauen.

[73] Es war das Werk des erwähnten neuen Legaten, die neuen Kreuzfahrerstaaten für die Kirche als Lehen einzuziehen.
Um seine Forderungen durchzusetzen scheute er sich auch nicht davor, den christlichen Fürsten von Antiochia aufzufordern, gegen denjenigen von Edessa den Krieg zu erklären.
Schließlich bedurfte es 12 Jahre Auseinandersetzung, um den Anspruch der Kirche, wonach Jerusalem eine Theokratie (also ein von der Kirche regierter Staat, in dem der König von der

Bis hierher, also nach dreieinhalb Jahren Kreuzzugsbewegungen, hatten nach heutigen vorsichtigen Schätzungen mehr als 137 000 Menschen ihr Leben verloren; infolge von Seuchen und Entbehrungen mehr Christen als „Ungläubige".

Zugegebenermaßen sind die regionalen Aspekte bislang dürftig zu nennen. Nicht einmal der „sächsische Graf" ist namentlich bekannt...

Lediglich eine Gemeinsamkeit sei immerhin angemerkt: Wie den Hildesheimern auf den Kriegszügen ihrer Bischöfe, so wehte auch den Gottesstreitern dieses Kreuzzugs das siegreiche Banner der heiligen Jungfrau Maria[74] voran, wie denn überhaupt die Gottesmutter über tausend Jahre lang als die „Schutzherrin" der christlichen Kriegsführung und als Garant des Schlachtenglücks schlechthin anzusehen ist.[75]

Da dieser „erste Kreuzzug", weitgehend im Gegensatz zu den nachfolgenden, „erfolgreich" verlief, es anderenfalls vielleicht auch keine weiteren Kreuzzüge gegeben hätte, ist das bisher Geschilderte unerlässlicher Bestandteil der Geschichte der Kreuzzugsbewegung schlechthin und somit notwendig, das Wesen der Kreuzzugsbewegung, deren Ursache und Hintergründe zu veranschaulichen; nicht zuletzt auch, um mit der „Befreiung Jerusalems" den **„größten Triumph der Christenheit"** darzustellen, auf dessen Kunde hin sich die Menschen im Abendland jubelnd und mit Tränen in den Augen in die Arme fielen.

Es war dies eine Nachricht, die in Europa sogleich wieder einen Kreuzzugsaufruf des Papstes Paschalis II. (Dez. 1099) und eine neuerliche Völkerwanderung ins Heilige Land auslöste: Etwa 200 000 Menschen (nach zumeist zu hoch angesetzter zeitgenössischer Schätzung) brachen auf – gemessen an der damaligen Bevölkerungszahl jedenfalls ein ganzes Volk.

Es hat sein Ziel nie erreicht, sondern endete im namenlosen Desaster eines der vielen ungezählten Kreuzzüge.

Um diese Zeit pilgerte auch der Abt Otto von Ilsenburg. Er verstarb im Winterquartier der Pilgrime in oder bei Adrianopel im Dezember des Jahres 1100 – nur 17 Monate nach dem großen Erfolg.[76]

Vom Abt Erkenbert von Corvey hören wir (u. a. Milger, 182 f.), dass er, evtl. in Folge der furchtbaren Naturwunder und Erdbeben, welche 1117 in Europa Entsetzen verbreiteten, mit vielen Sachsen nach dem Heiligen Lande pilgerte.

In derartigen Schrecknissen sahen Viele Vorzeichen der nahenden Herrschaft des Antichrist.

Diese Pilger schlossen sich wahrscheinlich dem Kreuzzug der Kölner an, der am 15. Mai 1117 abging.

Kirche als Beschützer eingesetzt worden wäre) hätte werden sollen, in die Bahnen der üblichen Gewaltenteilung zu bringen.

[74] Es wird auch die Kreuzesfahne und die vom Papst geweihte und verliehene Fahne Petri nicht gefehlt haben.

Der Papst sicherte sich mit diesen Insignien, als Unterpfand des göttlichen Schutzes für die anstehenden Kämpfe, das Patronatsrecht des Heerzuges.

[75] Näheres bietet Deschners Artikel „Morden mit Maria" / Röhricht, Dt., 21

[76] Herzog Welf IV., der Anfang April 1101aufgebrochen war, besuchte nach dem Untergang des Kreuzfahrerheers Jerusalem und weitere heilige Stätten, verstarb aber auf der Rückreise.

Der „Zweite Kreuzzug“

Die Sachsen ziehen lieber gegen die Feinde Christi im Osten

Zu einem neuen Kreuzzug kam es nach der Eroberung der Stadt Edessa und eines Teils der zugehörigen Kreuzfahrergrafschaft durch die Muslime im Jahre 1144. Zwar verhallte der Aufruf des Papstes Eugen III. mehr oder weniger ungehört, doch der im politischen und religiösen Leben seiner Zeit überragende und heilige Bernhard von Clairvaux, Abt einer bedeutenden Benediktinerabtei in Frankreich, vermochte, vom Papst beauftragt, dank seiner außerordentlichen, „honigsüßen“ Beredsamkeit auch die Kreuzzugsbegeisterung der Massen erneut zu entfachen.

Er wies darauf hin, dass wegen „unserer Sünden die Feinde des Kreuzes ihr gottloses Haupt erhoben“ hätten und mit der Schärfe ihres Schwertes das gesegnete Land verwüsteten“, und er stellte die Frage, was die „Diener des Kreuzes“ (die insbesondere waffenfähigen Christen) dagegen tun wollten, dass nicht länger „das Heilige den Hunden und die Perlen den Säuen vorgeworfen“ würde? Bernhard sah in diesem Umstand eine Versuchung Gottes...

Er wusste auch die Antwort auf die Fragestellung, warum Gott die Eroberung der heiligsten Stätten zuließ und wieso es angesichts seiner Allmacht überhaupt menschlicher Unterstützung bedarf, indem er sagte: „Wohl könnte der Allmächtige mehr als zwölf Legionen Engel senden, doch er gibt euch die Gelegenheit“ – die galt es nunmehr zu nutzen, indem man „im Eifer für den christlichen Namen die Glück bringenden Waffen ergriff“.

Als er sodann ins Rheinland reiste, um einen Zisterziensermönch zu stoppen (!), der die Kreuzzugsaufrufe einmal mehr nutzte, die Bevölkerung zu Massenmorden an den Juden aufzuputschen, nahm er hier sogleich die Gelegenheit wahr, nach dem ohnehin bereiten französischen König Ludwig XII. nun auch den deutschen Herrscher zum Heiligen Krieg zu gewinnen.

Letzterer hingegen hatte sich beharrlich geweigert, bis ihn Bernhard am Weihnachtstage 1146 auf dem Reichstage zu Speyer von der Kanzel herab direkt fragte, wie er denn am Jüngsten Tage nachweisen wolle, dass er seine Christenpflicht getan habe, und ihn darauf wie der Auferstandene selbst andonnerte: „Mann, was noch hätte ich für dich tun sollen, das ich nicht bereits getan habe!“–, da war der Bann gebrochen; der König nahm tränenüberströmt das Kreuz, und mit ihm ein Großteil des Adels.

Nicht so derjenige **Norddeutschlands**, der auf dem folgenden Reichstag zu Frankfurt 1147 vertreten war durch u. a. Heinrich von Sachsen, „den Löwen“, den Reichsabt Wibald von Corvey, die Grafen Adolf II. von Holstein-Schaumburg, Sigebodo von Scharzfeld und Ludolf von Wöltingerode. Diese kühleren Nordländer ließen sich weniger leicht fanatisieren und empfanden es im wahrsten Sinne des Wortes als „nahe liegender“, die Heiden Pommerns und Brandenburgs zu domestizieren (s. S. 181).

Dem Welfenherzog wird es zudem wichtig gewesen sein, nicht zu sehr die Unternehmung des Staufers zu fördern. Denn nur ein paar Jahre zuvor hatte dieser als Nachfolger des Sachsenkaisers Lothar von Süpplingenburg (Grafschaft bei Königslutter) in einer Eilaktion bei der Königswahl den Vorzug erhalten – zur Abwehr welfischer Machtfülle, nämlich anstelle des bedeutenderen und als Nachfolger des Kaisers bereits vorgesehenen Welfen Heinrich „der Stolze“. Zudem tobte derzeit der Kampf um das welfische Stammesherzogtum Bayern; eine Auseinandersetzung, die von Heinrich des Löwen Onkel Welf VI. sogleich verschärft wurde, als der Staufer den Kreuzzug angetreten hatte.

Nach modernen Schätzungen mögen sich knapp 20 000 Teilnehmer Ende Mai 1147 von Regensburg auf den Weg gemacht haben. Darunter auch die „Totschläger, Räuber, Ehebrecher, Meineidige und Verbrecher aller Art", an die sich der berühmte und heilige Abt hinsichtlich der Sündenvergebung besonders gewandt hatte, denn „gütig ist der Herr". So zogen die Deutschen also plündernd, brandschatzend und jeder Sündenvergebung gewiss, die Donau abwärts nach Byzanz, wo sich Kaiser Manuel rasch und vorsichtshalber mit den Seldschuken verbündete, denn mit derartiger Hilfe hatte man hier schon Erfahrungen gesammelt.

Als der Zug Byzanz einige Tage hinter sich gelassen hatte, litt man Mangel, besonders am Wasser. Und als die erschöpften Kreuzfahrer am 25. Oktober 1147 in der Nähe von Doryläon an den kleinen Fluss Bathys kamen und sich alles an das Wasser drängte, erfolgte plötzlich der vorbereitete Überfall des seldschukischen Reiterheeres und überschüttete in blitzschnellen und wechselnden Angriffswellen die Deutschen, die wieder einmal einen kaum fassbaren Feind vor sich hatten.

Als der Tag sich neigte, waren nach der niedrigsten Schätzung 18 000 deutsche Kreuzfahrer tot.[77] Selbst das gesamte Feldlager war in die Hände des Feindes geraten.

Fromme Geister sahen sich jetzt in ihren Endzeiterwartungen bestätigt und erblickten in der Situation einen Hinweis auf die bevorstehenden Gräuel der apokalyptischen Verwüstungen...

Der König selbst hatte sich retten können, ebenfalls Herzog Friedrich von Staufen, der spätere Kaiser Barbarossa.

Die restlichen Deutschen vereinigten sich nun mit den bisher parallel ziehenden Franzosen auf nun gemeinsamem Leidensweg. Sie zogen weiter unter dem beständigen Beschuss des „unreinen Volkes", das übrigens nicht selten in byzantinischen Burgen Zuflucht fand...

Zunehmend machte sich auch der Einfluss des Winterwetters hinsichtlich der Gesundheit der Kämpen bemerkbar, und am Berg Cadamus entging das gemeinsame Heer abermals nur knapp der Vernichtung...

Für die Kreuzfahrerstaaten war die Lage, nach der Eroberung Edessas durch Zengi, den Atabeg von Aleppo und Mossul (die diesen Kreuzzug eigentlich ausgelöst hatte), wirklich ernst, zumal auch dessen Sohn Nur-ed-Din (Licht des Glaubens) die väterliche Politik fortführte und weiter in den christlichen Territorien eroberte.

Entsprechend hohe Erwartungen hatten die Fürsten der bedrohten Kreuzfahrerstaaten Edessa und Antiochia an das groß angelegte Unternehmen dieses Kreuzzugs geknüpft und verstanden die Welt nicht mehr als sie vernahmen, dass König Philipp von Frankreich (nicht viel anders verhielt sich Konrad III.) zunächst eine Pilgerfahrt nach Jerusalem zu unternehmen gedachte...[78]

---

[77] Man berücksichtige bei allen Zahlen die seinerzeit weitaus geringere Bevölkerungsdichte.

[78] Unter den Reliquien, die er vom Kreuzzug mitgebracht hatte, befanden sich an hervorragendster Stelle ein großes Stück vom Hl. Kreuz, Haare des Jesuskindes, ein Stück

Und darauf begingen die Gottesstreiter den schweren Fehler, das den Kreuzfahrerstaaten gegenüber bisher beinah freundlich gesinnte Damaskus[79] anzugreifen – ein Angriff, der ganze vier Tage währte und unter abermals hohen Verlusten endigte. Damaskus aber schloss sich fortan dem heiligen Krieg des Sultans Nur-ed-Din an, womit der Kreuzzug der Könige für die Situation der Kreuzfahrerstaaten eine dramatische Verschlechterung ihrer ohnehin labilen Lage gebracht hatte.

Die einzigen militärischen Erfolge des gesamten Kreuzzugs erzielten unsere **sächsischen** (niedersächsischen!) **Seefahrer** – mehr als 1 000 km vom Hl. Land entfernt. Zusammen mit englischen und flandrischen Verbänden hatten sie erst noch auf der iberischen Halbinsel Station gemacht und dort in die „Reconquista" eingegriffen: 164 Koggen steuerten im Jahre 1147 mit 13 000 Gewappneten, verstärkt durch die erwähnten friesischen und englischen Kontingente, zunächst das Heiligtum in Santiago an, worauf sie sich vom Bischof (!) von Oporto zur Belagerung der 200 000 Einwohner zählenden Stadt Lissabon überreden ließen.

Die Eroberung der seit 400 Jahren mohammedanischen Stadt gelang nach vier Monaten am 24. Oktober infolge einer Hungersnot unter den Eingeschlossenen, worauf Gott eine außerordentlich reiche Beute bescherte. Vornehmlich die Ausdauer und Tüchtigkeit der Deutschen hatte die Übergabe herbeigeführt – sie erhielten den Vortritt beim Einzug in die Stadt (Bernhardi, 590)! Lissabon wurde sogleich Mittelpunkt einer christlichen Diözese...[80]

Daraufhin ging es im Frühjahr 1148 weiter nach Palästina, wo sie gerade noch rechtzeitig aufkreuzten, um an der blamablen Belagerung von Damaskus teilzunehmen und dem damit verbundenen verlustreichen Abzug der Kreuzfahrer; denn die Sarazenen verfolgten sie tagelang und bedeckten sie mit ihrem gefürchteten Pfeilhagel, der die Wegstrecke in ein Blutbad mit den Leichen getöteter Kreuzfahrer und Pferde verwandelte.

Als die Heere gerade losgezogen waren, hatte der heilige Bernhard freudig an den Papst berichtet: „Burgen und Städte sind leer, so dass kaum sieben Weiber einen Mann finden. So gewahrt man überall Witwen, deren Ehemänner noch unter den Lebenden sind..." Er hatte damit eine sehr treffende Formulierung gewählt, zumal auch das Heer der Franzosen etwa halbiert wurde.

18 000 Pilgern soll dieses Unternehmen das Leben gekostet haben.

Der „Gottesfriede" war nun auf andere Weise erreicht worden: „Schwaben und Franken" beispielsweise waren nun „fast entvölkert".

Die Vorwürfe, die ihm daraus als „falschem Propheten", der die Christenheit ins Verderben gelockt habe, erwuchsen, wusste er zu parieren: Er führte den Misserfolg auf die Strafe Gottes für das sündhafte Leben der Kreuzfahrer zurück, welches den gerechten Zorn Gottes herausgefordert habe. Für den König aber, der an Kirche und

---

Leinen, mit dem dasselbe in der Krippe eingewickelt war, ein Stück seines Purpurgewands und ein Dorn aus der Dornenkrone.

[79] Die Wahl erfolgte wohl, weil es gute Beute versprach und von der Bibel her bekannter war als Edessa oder gar Aleppo. In Damaskus wandelte bekanntlich Saulus zum Paulus...

[80] Diese Maurenkreuzzüge, als Verteidigungskriege deklariert, führten die Päpste, bzw. die Kreuzzugsligen unter Beteiligung päpstlicher Galeeren, bald auf afrikanischem Boden weiter.

Gott verzweifelnd, als gebrochener Mann heimgekehrt war, hatte er den tröstlichen Bibelspruch, wonach der Herr denjenigen strafe, den er liebe. Dem Papst gegenüber rechtfertigte er sich damit, einem höheren Willen gedient zu haben: „Wir eilten dorthin auf deinen, ja auf Gottes Befehl..."

Bernhard setzte daraufhin seine Gaben für die Werbung zu einem neuen Kreuzzug ein, und zwar gegen den Kaiser von Byzanz, der jetzt als Verräter dastand. Nach den soeben gemachten Erfahrungen blieb ihm der Erfolg verwehrt.

Hildesheimer Oberhirten
und die Verlockungen des Heiligen Grabes

Auch für Hildesheims Bischöfe war damals schon die sündentilgende Wirkung einer Pilgerfahrt ins Heilige Land verlockend. Als besserer Mensch konnte man darauf dem Jüngsten Gericht beruhigter entgegensehen. Hinzu kam die enorme Verehrung und Bewunderung, die dem vom Heiligen Grab wieder Heimgekehrten entgegengebracht wurde. Gerade unsere Hildesheimer hatten jedoch auch andere Beweggründe.

Allem Anschein nach ist es zu der geplanten Jerusalemfahrt des **Hildesheimer Bischofs Bruno** (1153-61) auch gekommen. Denn der ordnete seine Verhältnisse und brachte aus seiner Privatbibliothek, von einem für die damalige Zeit wahrhaft ansehnlichen Ausmaß, eine stattliche Anzahl wertvoller biblischer, theologischer, philosophischer und medizinischer Bücher sowie einige Grundbesitzungen der heiligen Maria (dem Mariendom zu Hildesheim) dar, zum Heil seiner Seele, falls er von der Wallfahrt nach Jerusalem nicht zurückkehren sollte. Zumindest ein mit entsprechender Inschrift versehenes und mithin verifizierbares Exemplar dieser Bücher erwähnt Bertram als noch vorhanden.

Im Falle Brunos wird zu den frommen Erwägungen, die zu der Wallfahrt führten, noch eine politische hinzugekommen sein: Denn nachdem er sich ein wiederholtes Mal nicht bereit fand, dem Kaiser Barbarossa auf seine Mailand-Expedition zu folgen, gab es für ihn schließlich keinen anderen Ausweg mehr, als sich auf eine Pilgerreise zu begeben, um auf diese Weise politischen Konflikten und Verwicklungen zu entfliehen.

Die Verantwortung für sein Bistum überließ er somit jenem, der auch bisher die politischen Fäden gezogen hatte – Rainald von Dassel.[81]

---

[81] **Rainald von Dassel**, der bedeutendste Vertreter der gleichnamigen Grafen, mit ihrem Burgsitz bei Einbeck (die Grafschaft Dassel wurde im Jahre 1310 vom Hildesheimer Bischof gekauft), war in Hildesheim seit 1146 Domherr, 1149–59 Dompropst und 1156 bereits Kanzler Barbarossas.

Er selbst hatte den erblindeten Bischof Bernhard auf verschiedenen Konzilien vertreten und war auch anstelle Brunos als Bischof von Hildesheim vorgesehen, doch schlug er die Wahl aus und setzte stattdessen lieber dessen Wahl durch.

Offenbar fühlte er sich zu Höherem berufen. Schon in Hildesheim verfocht er in mächtiger Position eine königstreue Politik, die ihn (1164) Erzkanzler von Italien werden ließ.

Seit 1159 wurde er Elekt und 1165 Erzbischof von Köln (vgl. Heinemann, 247 / Goetting, 391). In diesem Jahr nahm er in gegenpäpstlichem Auftrag die Heiligsprechung Karls d. Gr. im Münster zu Aachen vor. Er schrieb gar als Königs- und zweifacher Papstmacher Geschichte.

Nach einer für die Fahrt ins Hl. Land hinreichenden Pause urkundet Bruno seit dem 8. Juli 1158 wieder am 21. Febr. 1160 in der Heimat. Er starb im Jahr darauf, am 18. Oktober 1161, in seiner Bischofsstadt.[82]

Ebenso trachtete der **Hildesheimer Bischof Hermann** (1161-70) danach, dem frommen Drange des Herzens folgend, wie u. a. Wildefuers Chronik (1538 verfasst / s. auch Bertram) zu entnehmen ist, „die heilige Stätte unserer Erlösung heimzusuchen“.

Aber Bischof Hermann, aus der Familie der Hildesheimer Grafen von Wassel (Burgsitz bei Lehrte), hatte auch politische Motive, die ihn, genau wie sein Vorgänger, im Strudel unlösbarer Konflikte resignieren ließen: Sein Hervortreten als einer der Hauptanführer der sächsischen Großen im Krieg gegen Heinrich den Löwen hatte gerade bewirkt, dass dieser 1167 das Bistum Hildesheim derart verwüstete, dass so ziemlich das gesamte Gebiet dem Raub und Brand zum Opfer gefallen war.

In einer Phase also, in der sich der Krieg gerade einmal im Zustand einer Scheinruhe befand, versammelte er am 21. Dezember 1169 seinen Klerus und seine Dienstbeauftragten um sich, um seinen Entschluss kundzutun, dass er beabsichtige, sich auf eine Reise zum Heiligen Grab zu begeben. Da sich der Ordinarius zuvor noch die ausdrückliche Zustimmung seines Domkapitels eingeholt hatte, liegt die Vermutung nahe, dass ihn sein eigenes Kapitel veranlasst hat, von der politischen Bühne abzutreten (u. a. Heinemann, 270 / Götting, 408).

So war er denn doppelt motiviert, als er sich auf die Wallfahrt machte und in die große Zahl der Pilgrime einreihte, die es seit vielen Jahrhunderten schon als besonders verdienstlich ansahen, zur „peregrinatio in terram sanctam“, also zur Pilgerfahrt ins Hl. Land aufzubrechen.

Noch Ende des Jahres 1169 muss er losgezogen sein. Was er darauf an „schwerer Arbeit und großer Mühe, auch an Sorge und Angst litt, und was ihm alles unterwegs begegnet und widerfahren, besonders nachdem er auf das Meer kam, würde lang zu erzählen sein. Darunter war es nicht eben das Geringste, dass sich zu einer Zeit „ain fortun und ain solliche treffenliche ungestim erhub“ (ein solch schicksalhaft treffliches Ungestüm erhob), wodurch nicht allein seine Diener und sein Hofgesinde, sondern alle Menschen so bei ihm waren, samt dem Schiff, mit allem Hab und Gut verderbend und jämmerlich untergingen.

Allein aus sonderlicher Gnade Gottes und Schickung des Glücks kam er wunderbarlicher Weise „nackend und bloß“ auf einem Brett davon...

Es ist leichtlich zu denken, dass er nun voller Kummer, Schrecken und überflüssigem Leid beladen war.

Dennoch, so elend und verlassen er sich auch vorfand, so „vollstreckte“ er doch seine vorgenommene Fahrt durch die Hilfe Gottes mit großer, inniger Andacht, wobei es doch wohl erbärmlich war, dass sich ein Herr von edler Geburt und edlem Stand in fremden Landen verlassen und verarmt, nun quasi im Stand des heiligen Armseins (!), durch Betteln von Haus zu Haus durchschlagen musste. Wenn allerdings Lauenstein schreibt, dass er sich vom Ufer der Insel Sizilien bis nach Jerusalem durchbetteln musste, so dürfte das doch etwas übertrieben sein.

[82] Zeitlich ist hier ein Pilger namens Lüder, aus Goslar, einzureihen, der 1163 genannt wird.

Schließlich jedoch wurde er vom Patriarchen von Jerusalem und anderen geistlichen Personen gütlich aufgenommen und selbst bei seinem Abschied noch mit Gaben bedacht.

Wie er nun seine Andacht verbracht und keine heilige Stätte unbesucht gelassen hatte, setzte er sich wieder auf das Meer, doch mit mehr Glück als zuvor und kam nach vielen Tagereisen in das Welschland (Italien), wohl nach Susa.

Gar nicht einmal so fern der Stätte, wo kurz zuvor Hildesheims berühmtester Dompropst, Rainald von Dassel, auf der Höhe seines Ruhms elendiglich einer Seuche erlegen war, fand auch unser Bischof sein Grab: Er erkrankte, und allein und ohne die gewohnte „Wartung“ verstarb er schließlich am 10. Juli 1170 – betend bis zu seinem letzten Atemzug. Dort bestattet, begann auch sogleich die Heiligenverehrung, und an seinem Grab geschahen zahlreiche Wunder...

Der Kreuzzug Heinrichs des Löwen

Bewaffnete Wallfahrt, Abenteuer und orientalischer Glanz

Chronikalisch hier einzureihen ist zunächst die Pilgerreise des Onkels Heinrichs des Löwen, Welf VI. 1167 nach Jerusalem, die den Braunschweiger auf der Höhe seiner königgleichen Macht ebenfalls motiviert haben mag.

Er war Schwiegersohn des Königs von England und herrschte über Sachsen und Bayern, große Gebiete östlich der Elbe inklusive Mecklenburg sowie zahlreiche Grafschaften (darunter Winzenburg).

Als stärkster Herrscher im Reich waren seine Machtmittel bedeutender als die des Kaisers selbst und bildeten die Hauptstütze der kaiserlichen Politik Barbarossas.

Im Unterschied zur Pilgerreise seines welfischen Verwandten ist Heinrichs, des „Herzogs von Sachsen“, Zug hingegen, den er mit großem Gepränge im Jahre 1172 von Braunschweig aus unternahm, gewiss als Kreuzzug einzustufen: Immerhin verfügte er mit 500 Panzerreitern und 700 Knappen sowie weiteren Zuzügen im süddeutschen Raum – fürgewöhnlich ist von 2 000 Mann die Rede – über eine beachtliche Heerschar.

Begleitet wurde Heinrich vom Erzbischof Balduin von Bremen, Bischof Konrad von Lübeck, Abt Berthold von Lüneburg (starb in Akkon), dem Obodritenfürst Pribislav, dem Grafen Gunzelin von Schwerin etc.

Unter regionalem Aspekt ist vor allem ein stattliches Aufgebot heimischer „Harzgrafen“ hervorzuheben: An der Spitze der herzoglichen Ministerialität standen Siegfried I. von Blankenburg, der Truchsess Jordan von Blankenburg und der Marschall Heinrich. Siboto von Scartfeld (Scharzfeld), Helger von Hohenstein (Hohnstein) und Rudolf von Wöltingerode werden in einer von Heinrich dem Löwen in Jerusalem ausgestellten Urkunde genannt.

Ferner tritt im Laufe des Zugs mehrfach der Abt Heinrich von St. Aegidien in Braunschweig hervor. Sein Name lautet ausführlich Heinrich (I.) Woltorf und er kommt aus dem gleichnamigen Dorf bei Peine[83]. Im Alter von zwanzig Jahren war er Leiter einer Schule in Hildesheim, zog es dann aber vor in der Welfenresidenz tätig zu sein, wo er wohl noch vor 1162 zum Abt von St. Ägidien gewählt wurde. Er war übrigens der Gewährsmann für den Chronisten Arnold von Lübeck, der noch

---

[83] Für diese freundliche Mitteilung danke ich Herrn Karl Ziegler in Peine-Woltorf

am ausführlichsten von der Pilgerfahrt berichtet (s. S. 85) und der Nachfolger im Amt des genannten Lübecker Bischofs, der auf dem Zug zu Tyrus verstarb.

Auch Heinrichs Zug führte über den alten Sammelplatz der landfahrenden Kreuzfahrer Regensburg, das im Februar erreicht wurde.

Nachdem sich auch die Markgrafen von Steiermark und von Sulzbach sowie die beiden Pfalzgrafen von Wittelsbach und Siboto von Falkenstein dem Zug angeschlossen hatten, ging es über Wien, wo noch der Bischof von Worms hinzustieß, die Donau abwärts.

Während das Heer den Landweg nahm, fuhr Heinrich „mit den Seinen zu Wasser", begleitet von einer Flotte des Herzogs von Österreich. Abends traf man zum gemeinsamen Lager mit dem Heer zusammen. Jedenfalls ging das so, bis das Schiff Heinrichs an der Grenze zum Byzantinischen Reich in den Stromschnellen und Klippen bei Mohacs zerschellte. Tote immerhin waren nicht zu beklagen, zumal sich Gunzelin, der Truchsess Jordan und andere schwimmend retten konnten.

Das Schiff des Herzogs wurde zwar wieder hergestellt, doch bald war die Donau zu seicht. Da betraten sie den „ungeheuren" und berüchtigten Bulgarenwald. Dort mussten die Wagen zurückgelassen werden, denn wegen der sumpfigen Verhältnisse war alles auf die Packtiere umzuladen. Dennoch geriet der Zug in einige Not.

Bald kamen sie in eine Gegend, die von „Serven" (Serben) bewohnt wurde und insbesondere an eine Burg, deren Inhaber offenbar nicht freundlich gesinnt waren. Arnold von Lübeck spricht hier von „Söhnen des Belial (des Teufels), ohne alle Gottesfurcht, den Lüsten des Fleisches und des Bauches ergeben..., allen unreinen Trieben dienend, auch nach Beschaffenheit des Orts wie das Vieh lebend, wilder als die wilden Tiere."

Den „Frieden verschmähend", brachen sie „mitten in der Nacht aus dem ganzen Walde in hellen Haufen hervor" und über das Lager der Pilger herein, worauf der Herzog mit den Seinen „zu den Waffen eilte". Zwar vermochten die Serben das Lager des Wormser Bischofs zu nehmen, doch Heinrichs Ritter hieben tapfer auf sie ein und drängten sie zurück. Bei der Gelegenheit wurde ihr Anführer „nach Gottes Willen" von einem Wurfgeschütz durchbohrt, was das Gefecht entschied. Die Zahl der eigenen Toten war wohl dennoch nicht allzu hoch. Da die Serben aber mit vergifteten Pfeilen schossen, starben auch diejenigen, die nur wenig verwundet waren.

Erst als sich am nächsten Morgen die Nebel verzogen hatten, befahl der Herzog den Aufbruch; und den ganzen Tag sah man in der Ferne die Feinde lauern, die danach trachteten, möglichst einen der Pilgrims wegschleppen zu können.

Anfang April, am Karfreitag, trafen sie vor Konstantinopel ein. Der Herzog hatte schon viele herrliche Geschenke vorausgeschickt, nämlich sehr schöne, völlig gesattelte und bekleidete Rosse, Harnische, Schwerter, Scharlachkleider und die feinsten Leinengewänder.[84]

Der byzantinische „König" gab einen glänzenden Staatsempfang. Viele Große seines Reichs residierten zu diesem Anlass vorübergehend im Tiergarten. Man sah hier teils purpurne, mit Edelsteinen und Gemmen geschmückte und mit seidenen Decken, goldenen Lampen und Kronleuchtern und anderen Dingen reich

---

[84] Gerade Letztere werden an diesem Hof mit orientalischer Pracht und angesichts der gerade hier bevorzugten Seidenkleider, sicher Eindruck gemacht haben.

ausgestattete Prunkzelte, die je nach Stand ihres Besitzers noch mit goldenen Kuppeln geziert waren. „König“ und Herzog nahmen jetzt an einer Osterprozession und Messe teil. Das ganze Hofzeremoniell galt einem königlichen Gast.

Einen gewissen Höhepunkt stellte sodann eine theologische Disputation zwischen Geistlichen der Ostkirche und den Bischöfen von Lübeck, Worms und dem Abt Heinrich von Braunschweig – einem „trefflichen Säemann des Wortes Gottes“– dar. Nach Arnold von Lübeck war dabei wohl der Hauptstreitpunkt, ob der Heilige Geist nur vom Vater ausgehe, wie die Griechen behaupteten, oder nicht vielmehr vom Vater und vom Sohne, was zu leugnen „Ketzerei“ wäre, wie vor allen Anderen der Braunschweiger Abt, höchst gelehrt, aus den Legenden selbst der griechischen Kirchenväter erwies. Für wie bedeutend dieses Thema damals angesehen wurde zeigt, dass sich der Papst zu Rom und der Patriarch zu Konstantinopel im Jahre 1054 wegen genau dieser Streitpunkte gegenseitig verketzert, exkommuniziert und in Acht und Bann getan hatten. Die bis dahin einheitliche Kirche zerfiel damals in eine west- und eine oströmische – eine Teilung, die bis heute andauert (s. S. 18).

Der „König“ stellte dem Herzog nun ein großes und wohlausgerüstetes Schiff zur Verfügung. Während der Tross in Byzanz zurückblieb, setzte der Herzog mit den Seinen die Fahrt fort, wobei aber das Meer gar sehr in Bewegung geriet. Alle, auch die Seeleute fürchteten sich sehr, zumal noch spitze Felsen aus dem Wasser hervorragten. Der Held der Situation war, wie es unser Chronist wahrscheinlich macht, der Braunschweiger Abt Heinrich. Denn während offenbar Alles aufgeregt das Schiff zu retten suchte, verfiel ein sehr frommer Mann in tiefen Schlaf, in welchem ihm die allerglorreichste Mutter Gottes versicherte, dass sie wegen des ständigen Gebets eines Anderen auf dem Schiff (womit wohl unser Abt gemeint sein wird[85]) nicht untergehen würden.

Nach einem glänzenden Einzug in Akkon ging es per Pferd und tw. selbst Esel, von Templern und Johannitern begleitet, weiter nach Jerusalem, wo der Herzog vom König nicht weniger glanzvoll empfangen wurde.

Da nun mal Frieden herrschte, betätigte sich der Braunschweiger als Stifter umfangreicher Schenkungen zum Besten des heiligen Grabes: Eine große Summe Geldes, Mosaiken, auch zwei Türen dieser Basilika ließ er mit Silber belegen. Hinzu kamen jährliche Renten zum Unterhalt von drei „ewigen“ Leuchtern. Ebenso begabte er die Templer und Johanniter mit Geld und Waffen.

Selbstverständlich wurden hier und in der Umgebung die heiligen Stätten aufgesucht. Hier nutzte er auch die Gelegenheit zum Erwerb der nach Braunschweig mitgebrachten Hauptreliquie – „etwas vom Heiligen Blut“.

Über Akkon reiste der Herzog nach Antiochia, von wo aus er, um feindliche Gebiete zu umgehen, zunächst nach Tarsus per Schiff fuhr. Darauf folgte eine abenteuerliche Reise auf dem Landweg, die durch „ein wüstes, unwegsames und wasserloses Land voller Schrecken“ führte – „eine weite Einöde welche die Rumenische Wüste heißt“. Hier hatten sie auf mehreren Tagesmärschen große Drangsale zu bestehen, bis ihnen zu ihrer größten Überraschung von Seldschuken ein großartiger Empfang bereitet wurde.

---

[85] Der trug übrigens auf der gesamten Pilgerfahrt sein härenes, die Haut peinigendes Bußgewand.

Der Sultan Kilidj Arslan empfing sie in seiner Residenz Ikonium (s. S. 45 u. 225) und überdeckte den Herzog mit Geschenken von orientalischer Pracht, geradezu sinnenbetäubenden Ausmaßes: Nachdem der Welfe vorzügliche seidene Prachtgewänder, bestickt mit Edelsteinen und Perlen, erhalten hatte, wurden ihm 1.800 Pferde vorgeführt, um aus denselben nach Belieben für all seine Ritter eine Auswahl zu treffen. Darauf brachte man 30 sehr starke Rosse, versehen mit silbernem Zaumzeug und aus Tuch und Elfenbein verfertigten vortrefflichen Sätteln. Hinzu kamen sechs Zelte aus Filz mitsamt sechs Kamelen, diese zu tragen und die zugehörigen Sklaven.

Einen Höhepunkt dürfte es nach all der Großartigkeit bedeutet haben, wenn der Sultan zu alledem noch zwei **Jagdleoparden** hinzufügte, nebst Pferden und Sklaven, denn die Raubkatzen waren abgerichtet auf Pferden zu sitzen. Heinrich ließ sich später mit ihnen zusammen auf einer Münze abbilden.[86]

Wie Arnold von Lübeck nun berichtet, behandelte Kilidj Arslan den Herzog also „auf das Liebreichste", während dieser ihn des heidnischen Aberglaubens beschuldigte und ihm vieles über die Fleischwerdung Christi mitteilte. Der Sultan zeigte sogar Einsicht und folgerte mit einigem Scharfsinn und nicht ohne Logik, es sei nicht schwer zu glauben, dass Gott in einer unbefleckten Jungfrau Fleisch geworden sei, wenn er dies nur gewollt habe, zumal es ungleich schwerer sei den ersten Menschen aus Ton gebildet zu haben.

Weiter ging es durch jene fürchterliche Wüste, in welcher vor gar nicht langer Zeit König Konrad III. mit dem deutschen Heer seinen Untergang gefunden hatte, über Nicäa nach Konstantinopel. Dort wartete der Kaiser mit dem großartigen Geschenk von 14 mit Gold, Silber und seidenen Gewändern beladenen Maultieren auf. Heinrich schlug es jedoch aus, ließ sich stattdessen aber wertvolle Reliquien und eine prächtige Auswahl kostbarer Steine verehren.

In Byzanz vereinigte sich der Herzog wieder mit dem hier verbliebenen Tross. Auch nahmen die Ritter ihre wegen der seinerzeitigen Seereise zurückgelassenen Pferde wieder in Empfang, und offenbar ohne größere Probleme erfolgte der Rückweg über Ungarn nach Deutschland.

Unmittelbar nach seiner Orientreise im Dezember 1172 suchte der Herzog den Kaiser auf, der sich gerade in Augsburg aufhielt; ein Umstand, der Veranlassung gab, über des Löwen hochpolitische Mission zu mutmaßen.

Mit einiger Wahrscheinlichkeit ist immerhin anzunehmen, dass das Bündnis mit Byzanz, nach all den während des zweiten Kreuzzugs gemachten Erfahrungen, erörtert worden sein wird. Die Vorwürfe gegenüber Byzanz seitens des Westens waren sehr erheblich; Arnold von Lübeck spricht sogar davon, dass „die Griechen

---

[86] Das Außergewöhnliche der mit viel Glanz verbundenen „Pilgerfahrt" Heinrichs des Löwen, und nicht eben zuletzt dieses Aufsehen erregende Ereignis, gaben den Anlass für eine ausgeprägte Legendengeschichtsschreibung.

Darin hatte Heinrich die tollsten Abenteuer zu bestreiten: So wurde er von einem Greif aus Seenot gerettet, fährt durch einen hohlen Berg, stritt gegen Schnabelleute und gewinnt, als er gegen einen Drachen kämpft, einen Löwen zum Freund. Letzterer liegt ihm noch heute zu seinen Füßen im St. Blasien-Dom zu Braunschweig.

Dass aber der einst vergoldet gewesene Braunschweiger Löwe (der „Burglöwe") auf dem Domplatz, infolge dieses „treuen Löwen" errichtet wurde, ist auch Legende: den ließ Heinrich schon 1166 als herrscherliches Symbol im Hof seiner Burg Dankwarderode errichten.

(damals) zu Verrätern am ganzen Heere der Kreuzfahrer wurden, indem sie ihnen die Quellen vergifteten und sie auf Irrwegen in jene fürchterliche Einöde führten."

Anfang 1173 kehrte Heinrich aber nach Sachsen und Braunschweig zurück. Dort beschenkte er insbesondere den Dom St. Blasius, seine spätere Grablege, mit einem Großteil der mitgebrachten Reliquien, die er mit Gold, Silber und Edelsteinen verzieren ließ (die Grundlage des „Welfenschatzes").

Darunter befanden sich mehrere Apostelarme, wie derjenige des hl. Blasius, welcher zum „Palladium" der Welfenfürsten wurde.

Wie die Kaiser die hl. Lanze in den Schlachten des Reichs, so führten sie auf ihren Kriegszügen den Arm dieses Märtyrers[87] mit sich, um über seinen Reliquien im Lager Messe zu hören und sich in der Schlacht an der sichtbaren Gegenwart des Schutzpatrons ihres Hauses und dessen „starken Armes"[88] zu stärken.

Im von Heinrich unmittelbar nach seiner Wallfahrt gestifteten (und vom Hildesheimer Bischof geweihten) Blasiusdom veranschaulicht ein Wandbild die Auffindung des hl. Kreuzes, von welchem Heinrich Partikel mitbrachte, und wovon er ebenfalls dem Kreuzstift zu Hildesheim etwas verehrte.

Ein Glanzstück seiner Reliquienausbeute war der Daumen des hl. Markus, für welchen die Venetianer vergebens 100 000 Dukaten boten!

Dass des Löwen Zug als Kreuzzug einzustufen ist, hatten wir auf Grund der mitgeführten Streitmacht bereits festgestellt, wobei es nur eher zufällig nicht nennenswert zum „Heidenkampf" gekommen ist – im Nahen Osten herrschte gerade Friede und somit war kaum Gelegenheit für Heldentaten.

Dass der „mächtigste aller Herzöge und stolzeste und grausamste fast aller Menschen"[89] zum Kampf entschlossen war, meldet der Abt Robert de Monte in seiner Chronik 1186.[90]

Sein in Jerusalem gemachter Vorschlag zu einem Kampfeinsatz soll, nach demselben Chronisten, beim König und den Templern keine Zustimmung gefunden haben; man war von dieser Seite darauf bedacht, dass der ohnehin ja nur temporäre Friede nicht voreilig gebrochen werde. Hinzu kommt, dass Heinrich gefürchtet war wie der Teufel, weshalb ihn wohl auch die Sarazenen nicht anzugreifen wagten.

Übrigens wurde der Erfolg so manchen Kriegszugs an der Ausbeute der heimgebrachten Reliquien gemessen.

Und noch eine Besonderheit zeichnet den Kreuzzug des Welfen aus: Er führte wohl den einzigen Kreuzzug, bei dem mehr Teilnehmer zurückkamen, als zuvor losgezogen waren! Dieses Paradoxon erklärt sich dadurch, dass der Sultan von Konya, um seinen hohen Gast zu ehren, zu all den genannten Wohltaten auch noch seinen zahlreichen christlichen Gefangenen die Freiheit geschenkt hatte, die jetzt mit Heinrich heimgekehrt waren.

---

[87] Bei seinem Martyrium wurde der Heilige furchtbar mit eisernen Haken und Kämmen zerfleischt, rächte sich aber, indem ca. 60 bis 85 „Heiden" elend ertranken, nachdem sie der Märtyrer, unter dessen Schritt das Wasser fest wurde, auf einen Fluss gelockt hatte.

[88] Arme dieses Heiligen befinden sich an mindestens vier weiteren Orten.

[89] Gislebert v. Mons (gest. 1224) / Braunschw. Stadtlex.

[90] Hucker, 106f.

„Als Barbarossa lobesam...“
Starke regionale Beteiligung

Im „Jahre des Fleisch gewordenen Wortes 1187... wurde verheert das Land der Verheißung...“
So beginnt ein Papstbrief nach der Rückeroberung Jerusalems durch Saladin. Von der so gottlosen Hinopferung der Knechte Gottes und dem Verlust des „Wahren Kreuzes“ – dem bedeutendsten Heiligtum aller Christgläubigen – ist da die Rede.

In der abendländischen Christenheit herrschte allenthalben Entsetzen, Fassungslosigkeit und Empörung. Arnold von Lübeck fasst diese Katastrophe derart in Worte: „... zum Himmel erschallt die Stimme der Klage und des Jammers. Von ungewöhnlicher Furcht (Weltuntergangsangst) wird das Innere der Menschen ergriffen und erschüttert, die Herzen zittern, die Blume des Geistes welkt dahin, des Schreibenden Hand ist erlahmt.“

Klar, dass der „Feind“, und zwar Satan, dahinter steckte, der „wucherndes Dornengestrüpp säte, um die Saat Christi zu ersticken“.

Mit einem Schlag beendete dieses Ereignis alle inneren Streitigkeiten diesseits und jenseits der Alpen – vor allem zwischen „den Trägern des Weltalls“ (Kaiser Friedrich Barbarossa und Papst Urban). „Alle Söhne der Kirche klagten einstimmig: Die Heiligtümer sind entweiht, das Kreuz des Herrn ist in fremden Händen, und stets werden wir, seine Verehrer, voll Sehnsucht nach der Wiedererlangung desselben schmachten.“[91]

Papst Gregor VIII. schickte in höchstem Eifer Briefe in alle Welt, sodass er, lt. A. v. Lübeck, „alle aufregte, zum Zorn über die Gottlosen und zur Rache um das vergossene heilige Blut. Allerorten entflammte daraufhin die Kreuzzugspropaganda, jedoch keineswegs in sachlicher Form: „Sie bereiteten ein Blutbad unter den Unsrigen“ u. ä. verlautete es. Doch im Gegensatz zur seinerzeitigen Eroberung der Heiligen Stadt durch die Christen war eher das genaue Gegenteil richtig, denn Saladin beschützte die abziehenden Christen – noch vor ihren Glaubensgenossen...

Wie bei seinem staufischen Vorgänger stießen mehrere sprachgewaltige Aufrufe der päpstlichen Legaten beim Kaiser zunächst auf taube Ohren. Infolge der aufwühlenden Predigten und des so herbeigeführten öffentlichen Drucks nahmen schließlich die bedeutendsten Herrscher des Abendlandes das Kreuz – für Gott und Papst focht jetzt eine Superarmee.

Auf dem Hoftag zu Goslar 1188 wurde der Kreuzzug beschlossen (vergeblich hatte hier der Kaiser Heinrich den Löwen zum Kreuzzug zu gewinnen gesucht), und am 27. März desselben Jahres, auf dem „Hoftag Christi“, dem größten aller Feste, hatte der Kaiser das Kreuz genommen, wozu ein päpstlicher Legat aufforderte.

Diese Fürstenversammlung stand ganz unter dem Vorsitz Jesu, dem man als eigentlichem Leiter der Veranstaltung einen eigenen Thronsessel aufgestellt hatte.

Noch vor den Königen von England und Frankreich, Richard Löwenherz und Philipp August, zog Kaiser Friedrich von Hohenstaufen, als der von Gott eingesetzte Beschützer der Christenheit, zuerst los.

---

[91] Ein ähnlicher Aufschrei dürfte die islamische Welt aufgerüttelt haben, als ein paar Jahre zuvor (1183) Kreuzfahrer einen Angriff gegen Mekka unternommen hatten...

Fast siebzigjährig war der Monarch zwar hochbetagt, aber kreuzzugserfahren, denn er hatte seinen Onkel, den König Konrad III. auf dessen unglückseligem Zweiten Kreuzzug begleitet gehabt.

Als größter Machthaber des Westens war vorgesehen, dass Friedrich das abendländische Heer im Orient leiten sollte. Mit großer Umsicht und aufwändiger Vorplanung bereitete er das Unternehmen vor. Von Deutschland aus hatte er selbst Botschaften an Saladin gesandt und die Rückgabe des Heiligen Landes sowie die Herausgabe der heiligen Lanze an die Christenheit gefordert.

Da der nicht daran dachte, blieb dem Kaiser nichts anderes übrig als dem Sultan die „Fehde des ganzen Erdkreises" anzukündigen.

Am 11. Mai 1189 zu Regensburg also umgürtete Friedrich, wie es der Papst gefordert hatte, seine Lenden mit dem weltlichen Schwert für die Pilgerschaft zur Ehre Gottes und übertrug die oberste Leitung des Staates seinem Sohn, König Heinrich (VI.).

In Begleitung von einem Erzbischof (v. Mainz), acht Bischöfen, Herzog Friedrich von Schwaben (seinem Sohn), drei Markgrafen und 29 Grafen begann jener verhängnisvolle Zug auf dem stets verlustreichen Landweg und benötigte ein Jahr bis in jene bewusste Unglücksebene jenseits des Taurusgebirges.

Chronikalisch hier einzureihen findet sich nun eine Nachricht in der Hildesheimer Bischofschronik des Hans Wildefuer (von 1538), wonach der Hildesheimer **Bischof Adelog** (von Goslar aus – hier war er der zuständige Diözesanbischof) „mit mer ernampten kaiser" als ein gehorsamer Fürst auszog, in der Hoffnung und Meinung, Jerusalem, die heilige Stadt und das ganze gelobte Land, den Ungläubigen wiederum helfen abzugewinnen..." Um das zu erreichen, muss er den Monarchen schon mit stattlicher Kriegsmacht begleitet haben! Und dann heißt es weiter, „...welches aber durch den kläglichen, auch schädlichen, tödlichen Abgang des löblichen Kaisers alles verhindert und zu keinem wirklichen Austrag" kam. Deshalb habe sich der gute und fromme Bischof mit nicht geringer Mühe und „arbait" wiederum heim verfügt.[92]

Ebenso gemäß Lauenstein[93] „reisete Bischof Adelogi mit Kayser Friderico Barbarossa ins gelobte Land; wie aber dieser Herr elendiglich ums Leben kam, reisete er A. C. 1190 wieder nach Hildesheim zu".

Dennoch entsprechen diese Angaben offenbar dem Wunsch der Berichterstatter, an Glanz und Ehre einer solchen „Pilgerfahrt" teilzuhaben. Wenngleich der Bischof auch bei der Kreuznahme des Kaisers auf dem Hoftag Jesu Christi im März 1188 in Mainz weilte, wo der Aufbruch auf das Frühjahr 1189 festgelegt wurde, so treffen wir ihn jedenfalls schon am 25. Januar wieder in seinem Bistum[94] (Adelog starb dort am 20. September 1190).

Eine stattliche Zahl namenlosen Fußvolks aus hiesiger Region ist zweifellos mitgezogen, zumal auch einige angesehene **Hildesheimer Dynasten** namentlich urkundeten!– unter ihnen die Grafen Wilbrand und Ludolf von Hallermund. Wie viele Kreuzfahrer, so hatten auch sie zuvor Güter der Kirche verpfändet, um die

[92] Chron. Script. Hild. VII., 857f.

[93] Hildesheimische Kirchenhistorie, 1734

[94] Es sei denn, man zieht die Möglichkeit in Betracht, dass in seinem Namen geurkundet wurde.

Reisekosten bestreiten zu können; immerhin handelt es sich dabei neben den hohen eigentlichen Reisekosten auch um die Ausrüstung des Adligen und seines oft zahlreichen Gefolges, sowie um dessen Unterhalt.[95]

Ebenfalls dabei sind die Grafen Burchard I. von Wöltingerode-Wohldenberg und deren Neffe Ludiger III. Vor Akkon wird uns ferner Graf Adalbert von Poppenburg wieder begegnen. Ludolf von Gadenstedt soll ebenfalls als Hildesheimer Vasall zusammen mit drei Söhnen das Hildesheimer Kontingent gestärkt haben (s. S. 49).

Unter **regionalem Aspekt** von Interesse ist zweifellos die Teilnahme des Grafen Ludolf II. von Dassel. Ein Graf von Blankenburg wird in einem Gedicht genannt. Als Zeugen vor Antritt der Heerfahrt in Neuburg/Donau (7. Mai) urkunden Graf Bernhard von Wernigerode und Conrad, Propst von Goslar. Ebenfalls „Pilger" ist Graf Gerhard von Roden. Hinsichtlich des folgenden, vom Hildesheimer Bischof Konrad von Querfurt geführten Kreuzzug, sei auch die Teilnahme des Burggrafen von Magdeburg, Burchard von Querfurt sowie dessen Bruders Gebhard erwähnt.

Friedrichs wohldiszipliniertes Heer erfocht eine Anzahl respektabler Siege („zur Rechten wie zur Linken...") und musste sich ganz unplanmäßig gar erst noch den Kaiser von Byzanz – der sich ebenso als obersten Herrn der Christenheit betrachtete – gefügig machen. An die 10 000 christliche Griechen sollen dabei ihr Leben unter dem Zeichen des „Leben spendenden Kreuzes" verloren haben.

Jenseits des Bosporus lernten die Pilger Christi riesige wasserlose und heiße Gebiete kennen, wie sie in Europa unbekannt waren. Tag und Nacht wurden sie von zahllosen berittenen Bogenschützen umschwärmt, sodass das Volk Gottes sang: „Ach Herr, wie ist meiner Feinde so viel..." Dabei wurden ihre Brotsäcke leer, sodass sie „von Hunger bis auf den Tod gequält" wurden. Es „gebrach ihnen an Kraft" auch nur zu gehen, und viele fielen mit dem Antlitz zu Boden, um in Gottes Namen als Märtyrer zu sterben".

So gelangten die Übrigen nach Iconium, der Hauptstadt des gefürchteten Türkensultans Kilidsch Arslan (der kurz zuvor erst Heinrich den Löwen so überaus großartig beschenkt hatte), wo an zwei Fronten zugleich zu kämpfen war. Barbarossas Sohn Friedrich von Schwaben eroberte die Stadt, während der Vater gegen das riesige Türkenheer focht.

Der Chronist Arnold von Lübeck: „Allein der, der einst die Märtyrer zum Dulden stark machte[96], erhielt" die Christen „in beharrlicher Ausdauer. Die Feinde fielen rechts und links, und die Toten waren nicht zu zählen; so groß waren die Haufen der Leichen. Zuletzt sperrte die Menge der Leichname sogar den Zugang zur Stadt selbst." Hier erleben wir eine frühe Form der Arbeitsteilung, denn „während die Einen die Feinde erschlugen, schafften die Anderen die Erschlagenen weg. So brachen sie mit Gewalt in die Tore hinein und töteten alle die in der Stadt waren mit der Schärfe des Schwertes."

Auch das Türkenheer wurde vollständig geschlagen...[97]
Nach der Wüstentour und der Schlacht fühlten sich die Kämpen in Iconium zwar wie in einem Lustgarten, doch die durch die Leichname bald allzu verpestete Luft

---

[95] Die gräflichen Brüder hatten ihre Burg Hallermund dem Bischof Adelog für 60 Mark Silbers verpfändet.

[96] Märtyrerbeispiele auf Seite 42, 106, 110f., 117.

[97] Nach K. D. Schmidt, Grundriss z. Kirchengesch 1967, S. 35 ein „glänzender Sieg".

erleichterte ihnen nach einigen Tagen den Entschluss weiterzuziehen. Der Weg ins Heilige Land lag nun offen vor ihnen, und „die Streiter Christi zogen fröhlich ihres Wegs“.

Allerdings, nachdem Papst Gregor XIII. den Fall Jerusalems mit Nachdruck auf die vielfältigen Sünden der gesamten Christenheit, vor allem aber auch der Pilger, zurückgeführt hatte, die sich somit den „Zorn des Herrn zugezogen“ hätten, galt es diesen nun zu besänftigen.

Der Papst hatte deshalb zu frommen Werken wie öffentlichen Gebeten und zu freiwilliger Züchtigung aufgerufen, auch ein allgemeines Fasten an bestimmten Tagen während der nächsten fünf Jahre verordnet und dafür kraft apostolischer Machtvollkommenheit Sündenablass gewährt. Also nutzten auch unsere kaiserlichen Wallbrüder die sich bietenden Gelegenheiten zur Buße und nahmen den Kampf gegen Sünden und Versuchung auf, zumal ihnen oft genug vor Augen gehalten wurde, dass sie nicht durch die Tüchtigkeit ihrer Waffen siegen würden, sondern weil Gott es so fügt.

Und sie erwarben sich gar großen Ruhm – nicht nur wegen ihrer Standhaftigkeit wider ihre „verschlagenen und bösartigen Feinde“, sondern auch wegen der Reinheit ihres Wandels: „Unter diesen Leuten“, schrieb der cilicische Fürst Bar Gregorius an Saladin, „ist eine strenge Zucht, sodass, wer bei ihnen einen Frevel begeht, ohne Rede und Antwort wie ein Schaf geschlachtet wird.“ Er berichtet auch davon, wie die Priester zusammentraten und einen Vornehmen, der einen Knecht übermäßig geschlagen hatte, zum Tode verdammten. Die Ursache dieser Strenge sei ihre Betrübnis um Jerusalem (Wilken).

Doch letztlich half es auch nicht, wenn die Bischöfe (die Garanten des Heils und des ewigen Lebens) die Pilgrime mit ihren Kreuzen und Reliquien gegen jedes Unglück gefeit und die Krieger unter dem Segen der Prälaten[98] an den Kirchen ihre Schwerter geschärft hatten, wovon die Wetzscharten und Schleifspuren neben den Hauptportalen mittelalterlicher Gotteshäuser (z. B. am Braunschweiger Dom oder am Alexandermünster in Einbeck) noch heute überall zeugen[99].

Es half auch nicht, dass der heilige Georg mit weißgewandeten Schlachtreihen dem Heer Christi zu Hilfe kam: Der Kaiser ertrank schlicht beim Bad (10. Juni 1190). Vielen, die den Monarchen begleiteten, musste es zu denken gegeben haben, dass Gott ausgerechnet den erhabensten Lenker des Heeres Christi, als dieser ihm gegen seine Feinde zu Hilfe eilte, in seinem nun wirklich unerforschlichen Ratschluss dahinraffte.

Das widersprach vollkommen der Erwartung: Gott und die Heiligen würden in den gerechten Kampf eingreifen und letztlich den Ausgang entscheiden – Gottesurteil.

Also erschütterte dieses Ereignis die Mitstreiter so heftig, dass „die einen zwischen Furcht und Hoffnung schwebend ihr Leben mit ihm endigten, andere aber verzweifelt und im Wahne, Gott kümmere sich nicht mehr um sie, den christlichen Glauben verleugneten und zu den Heiden übergingen“ (Röhricht, 152).

---

[98] Wie solcher Waffensegen eine lange christliche Tradition aufweist („Gott mit uns“! / s. S. 127f.).

[99] Diese sind allerdings in zahlreichen anderen Kriegen weiter vertieft worden.

Viele Fürsten suchten nun die Heimat wieder zu gewinnen, während ein Teil des Heeres unter Führung Herzogs Friedrich von Schwaben weiterzog, doch „viel Steine gab's und wenig Brot..."

Wie auch vorangehend in den sonnendurchglühten und wasserlosen Gebieten, stets dem Hitzschlag nahe, unverpflegt und immer wieder unter dem Pfeilregen der Seldschuken, legte sich manch einer der Recken in völliger Erschöpfung, mit ausgebreiteten Armen (in Kreuzform!) auf den Boden – die nachfolgenden Türken enthaupteten sie und ermöglichten ihnen so den begehrten Märtyrertod.

Solche „Blutzeugen" wurden bekanntlich im Augenblick ihres Todes „wieder geboren zum ewigen Leben". Es war dies der garantiert direkte Weg ins Paradies, ohne zuvor das Fegefeuer passieren zu müssen. Indem man gegen die Feinde Christi ausgezogen war, hatte man längst himmlische Schätze angehäuft und konnte sich des ewigen Lebens sicher sein, wie ja auch Gregor VIII. in seinem Rundschreiben an alle Gläubigen versichert hatte.

Als das ausgemergelte Heer den ersten Kreuzfahrerstaat **Antiochia** erreichte und von dem Fürsten ehrenvoll aufgenommen wurde, schreibt Abt Arnold von Lübeck, „begann das ausgehungerte Kriegsvolk sich mit Wein und anderen Genüssen der Stadt ohne alles Maß zu überfüllen, und so entstand eine große Sterblichkeit..."

Zweifellos hatte der Islam in großer Gefahr geschwebt, und mit Recht hatte Saladin im Tod des Kaisers seine Rettung erblickt. Als nun aber der klägliche Rest von 1 000 ausgezehrten und abgekämpften Kriegern – nach Zehntausenden von Toten auf beiden Seiten – unter Führung Herzog Friedrichs im Oktober 1190 vor **Akkon** erschien, sorgte dies für ausgelassene Erheiterung bei den in dieser Stadt eingeschlossenen Türken.

Akkon, der bedeutendste Militärhafen Palästinas, bald auch als „Friedhof der Christenheit" bekannt, wurde gerade (seit Aug.1189) von einem christlichen Heerhaufen der verschiedensten Nationen unter Führung Guidos von Lusignan belagert. Dieser unfähige König war nach seiner vernichtenden Niederlage von Hittin/Hattin in die Gefangenschaft Saladins geraten, der erleben musste, dass niemand bereit war, einen Heller für seinen König zu bezahlen. So hatte er ihn gegen das Versprechen, den Nahen Osten zu verlassen und nicht wieder gegen ihn zu kämpfen, laufen lassen – ein Vertrag, den Guido auf Anraten seiner Geistlichen sofort brach.

Sein kleines Heer, welches Akkon auf der Landseite beinahe umschloss, war wiederum von Saladins Armee eingekreist. Es beinhaltete ein Potenzial deutscher Streiter, unter welchen der Graf **Adalbert von Poppenburg** aus dem Bistum Hildesheim einer der Vornehmsten war. Und schon nach kurzer Belagerung erfolgte Verstärkung aus Deutschland!– denn eine Abteilung des Kreuzzugs Barbarossas pilgerte zur See, wobei sie lt. Arnold von Lübeck „der Herr durch die beschwerlichsten Krümmungen und Wendungen der verschiedensten Küsten und durch die ausgedehntesten Meere unverletzt hindurch gelenkt hatte; nie hatte es ihnen an günstigem Winde gefehlt und keines der Schiffe hatte irgend einen Menschen oder auch nur ein Gerät eingebüßt." Der Herr ist eben mit den Seinen – hier also mit den „Kindern Gottes".

Dennoch muss dieser Umstand erstaunen, bedenkt man, dass dieser Trupp zuvor auf der Iberischen Halbinsel gegen die Mauren gekämpft und eine Stadt erobert hatte (s. S. 63).

Doch trotz dieser Verstärkung von 55 Schiffen vermochten die Belagerer Saladin nicht zu hindern, mit Kamelkarawanen die Stadt zu versorgen.

So bedeutete es eine große Hilfe, als der in der Nähe weilende Landgraf Ludwig von Thüringen – in dessen Begleitung sich auch ein Graf von Blankenburg befand[100] – mit seinem Heer dem Hilferuf Folge leistete.
Arnold von Lübeck schildert nun, wie, nachdem der Patriarch den Gottesstreitern Mut eingeflößt hatte, Saladins Heeresmacht in die Flucht geschlagen wurde, worauf den Christen durch einen Hinterhalt dennoch wieder große Verluste zugefügt wurden.
Diese führten nach innen wie nach außen den angedeuteten Zweifrontenkrieg, ständig von der Überzahl der Türken attackiert, sodass sie sich eingraben mussten. Ihre drei hölzernen Belagerungstürme wurden zudem durch das gefürchtete und mit Wasser nicht löschbare „griechische Feuer"[101] zerstört. In dieser ohnehin schwierigen Lage erkrankte auch noch der Landgraf und reiste ab – er verstarb auf der Heimreise bereits auf Zypern (Okt. 1190).

Auf diese Situation trafen nunmehr die Deutschen als sie im Oktober 1190 unter Friedrich von Schwaben hier eintrafen –, und sie mussten es erleben, dass auch dieser, ihr Führer, im Januar des folgenden Jahres einer Seuche zum Opfer fiel...

Zu obigem seefahrenden Kontingent ist noch folgendes nachzutragen: Zur Pflege der Kranken und Verwundeten, deren es ja reichlich gab, und nachdem sich die Hospitaliter bzw. Johanniter geweigert hatten, die Deutschen aufzunehmen, errichtete man aus den Materialien einer Kogge vor Akkon ein Spital, aus welchem einige Jahre darauf, unter Federführung des Bischofs Konrad I. von Hildesheim, der Deutsche Ritterorden hervorgehen sollte (s. S. 85)!

Die Rettung brachte sodann die Anlandung der Heere zunächst des französischen und sodann des englischen Königs...

Richard Löwenherz räumt auf – mit ihm der Rest des Kreuzzugs Barbarossas

Sechs Monate nach Barbarossas Tod befanden sich Philipp von Frankreich und Richard Löwenherz auf dem Kreuzzug und überwinterten auf Sizilien.
Philipp erreichte im Frühjahr (20. April 1191) vor allem deshalb als erster Akkon, weil Richard erst noch das byzantinische und mithin christliche Zypern als fünften Kreuzfahrerstaat eroberte.

Palästina aber, bis auf die Hafenstädte Tyrus und Tripolis sowie einige Kastelle, stand seit einigen Jahren[102] wieder unter türkischer Herrschaft.

Als Richards Armada vor Akkon auftauchte, dauerte die Pattsituation des Belagerungszustands der Stadt nunmehr seit zwei Jahren an.

---

[100] Sie waren über Sizilien gereist.

[101] Seit etwa 675 beherrschten die Byzantiner das Mittelmeer dank ihrer Erfindung einer Art von Flammenwerfer: Eine Mischung aus Schwefel, Werg, Kienspan, gebranntem Kalk und Erdöl wurde in Brand gesetzt und aus Rohren abgefeuert.
Hinter die Geheimnisse der Bereitung dieses unlöschbaren Feuers, das selbst auf dem Wasser brannte, kamen im 9. Jh. auch die Araber, auf welchem Weg diese Waffe nun gegen die Kreuzfahrer Verwendung fand.

[102] Vor vier Jahren hatte Saladin Jerusalem und darauf einen Teil dieses Königreichs zurückerobert.

Doch Richards Kämpen waren ausgeruht, voll frischen Grimms, hatten eine den Pfeilen der Türken höchst widerstandsfähige Panzerung und eine überlegene Waffentechnik.

So schafften sie schon nach einem Monat (12. Juli 1191) die Wende: 2 500 Christen waren freizulassen und ein Lösegeld von 200 000 Goldstücken wurde vereinbart. Als Saladin nicht schnell genug zahlte, ließ Richard 3 000 noch in seiner Hand befindliche Türken öffentlich köpfen...

Akkon wurde nun zur Hauptstadt des „Königreichs Jerusalem". Nach diesem Erfolg, aber wohl eher infolge des Zerwürfnisses mit Richard, reisten Philipp von Frankreich, aber auch Herzog Leopold von Oesterreich, wieder ab und traten die Heimreise an. Es verblieb zwar ein Teil der Armeen, doch bedeutete dies schon eine Schwächung der vereinigten Streitmacht, in der sich ja auch „viel Tiutschen" befanden – eben die Reste des Kreuzzugs Barbarossas.[103]

Mit dem Schlachtruf „sanctum sepulchrum adiuva!"– „hilf uns Heiliges Grab!"– wurde nun, auf dem Zug nach Süden, an der Küste entlang, eine Stadt nach der anderen erobert, wobei die Verluste durch Hitzschlag und Ohnmacht infolge der Tatsache, dass die Eisenmänner in ihren Rüstungen fast gebraten wurden, nicht zu vernachlässigen waren.

Richard ließ Saladin nicht eine Küstenstadt, doch obgleich er nicht nur einmal vor Jerusalem lag, sah er nicht die Möglichkeit deren Einnahme.

Dürre, Hitze und all die Verluste und Entbehrungen wirkten sich nun auch in seinem Heer derart aus, dass er sich genötigt sah, mit Saladin einen Waffenstillstandsvertrag abzuschließen.

Auch wurde er in Frankreich von seinem „Verbündeten" Philipp August bedrängt, weshalb sich die Heimreise empfahl – die ihm allerdings zu einer folgenschweren Katastrophe geraten sollte, worauf noch zurückzukommen ist.

Zu dem Schicksal, welches einigen unserer **regionalen Kreuzzugsteilnehmer** beschieden war, folgendes: Vom Hildesheimer Bischof Adelog hatten wir schon gehört, dass er sich mit viel „Mühe und Arbeit" heimverfügen konnte, wobei sein Fuß allerdings kein heiliges Land betreten haben wird.

Von den vier erwähnten Teilnehmern der Familie v. Gadenstedt scheint nur der jüngste Sohn Conrad nach Jahren wieder zurückgekehrt zu sein und hatte sogleich einige Mühe, seine Güter, die einem Kloster verpfändet waren, zurück zu erlangen; das Hildesheimer Michaeliskloster sowie das Kloster St. Blasius zu Braunschweig hatten noch lange in Gadenstedt Besitzungen...

Eine ähnliche Geschichte wird in der Familie v. Wallmoden überliefert.[104] Zurückgekehrt sind auch die Grafen Hermann von Hardenberg und Hermann von Lippe, während die Grafen von Hallermund die Heimat nicht wieder sehen sollten; ihr Mannesstamm erlosch und ihr vom Bistum zu Lehen gehendes Schloss fiel an

---

[103] Die anwesende Geistlichkeit wird nach dem Tod Barbarossas schon über Mittel verfügt haben, einen Teil der Kreuzfahrer bei der Stange zu halten – erst musste noch das Gelübde erfüllt werden...
Im Gedicht wird dabei auch ein „Herzog von Sachsen" sowie „der Herzog von Braunschweig-Lüneburg" genannt / Röhricht, Dt., 74

[104] Familiengesch. v. Gadenstedt (ungedruckt), mitgeteilt von Herrn Roland Hiller, Abbensen.

den Bischof zurück.[105] Wilbrand II. von Hallermund starb am 21. August 1190 in Antiochien.

Bis hierher hatte übrigens das kleine deutsche Heer auch die sterblichen Überreste Barbarossas mitgeführt – in einem Essigfass –, denn es war beabsichtigt, den Kaiser in die geweihte Erde des Heiligen Landes zu betten. Stattdessen hatte man sich wohl beeilen müssen, die Weichteile im Petersdom zu Antiochia (vor dem Altar) beizusetzen, während man seine Gebeine aufhob, um wenigstens diese in Jerusalem zu bestatten. Sie fanden in der Kathedrale zu Tyrus ihre letzte Ruhe.

In Antiochia aber wurden auch der Graf von Hallermund, der erwähnte Burggraf Burchard IV. v. Querfurt und Oger d. J. von Wohldenberg beigesetzt (s. S. 104). Graf Ludolf von Hallermund hingegen starb 1191 auf der Heimreise – seine „ossa“ (Knochen) wurden in Loccum begraben. Vermutlich ging es ihm nicht anders als dem auf Zypern verstorbenen Landgrafen Ludwig „der Fromme“ von Thüringen, den sein Bruder in der üblichen Weise so lange in Wasser kochen ließ, bis ihm das Fleisch von den Knochen fiel und man die Gebeine und das pulverisierte Herz in die Heimat schicken konnte.

Graf Adalbert/Albert von Poppenburg hatte es noch bis Apulien geschafft, als es ihn (1191) ereilte und auch der Graf von Wöltingerode-Wohldenberg kehrte mit großer Wahrscheinlichkeit nicht vom Kreuzzug heim.[106]

So bleibt abschließend nur der Trost des Klerikers Arnold von Lübeck, wonach die meisten, die diese Pilgerfahrt unternommen hatten, *von solcher Andacht getrieben wurden, dass sie es vorzogen als Bekenner des Herrn zu erliegen, als heimkehren zu wollen.* So sei anzunehmen, auch wenn der Kreuzzug das erwünschte Ziel nicht erreicht habe, dass sie die ersehnte Krone erlangt haben würden, denn kostbar sei vor dem Herrn der Tod seiner Heiligen!

Der Kreuzzug des Bischofs von Hildesheim

Unter regionalem Aspekt ist es natürlich besonders reizvoll, nun auf Konrad I. zu sprechen zu kommen, der sich auf dem behandelten Gebiet besondere Verdienste erwerben sollte, indem er sich „der großartigsten Idee stellte, welche der mittelalterlichen Weltanschauung entsprossen ist“: Er predigte nicht nur das Kreuz, er nahm nicht nur an einem Kreuzzug persönlich teil, sondern er leitete an Stelle des Kaisers das deutsche Heer – fungierte also quasi als Heerführer eines großen Teils der Christenheit gegen die Ungläubigen.

Die Rede ist von Konrad von Querfurt, dem Sohn des Burggrafen von Magdeburg, Burchard II.

Schon früh wurde er Domherr in Hildesheim. Die Bischofschronik nennt ihn „frater noster“. Nach dem Besuch der Hildesheimer Domschule, wo er ein Domkanonikat erhielt, das er wohl bis zu seinem Tode behielt, studierte er in Paris,

---

[105] Allein dieser Akt gereichte dem Bischof zum Ruhm, denn er wurde gelobt, aus der Wiederverlehnung der „heimgefallenen“ Burg nicht nur dem Bistum weiteren Besitzzuwachs, sondern auch den Domkanonikerpräbenden zusätzliche Einkünfte verschafft zu haben (vgl. Götting, 455).
Auch NDB berichtet von dem Bischof, dass er durch Vorschüsse, welche er zu Kreuzzügen leistete, mancherlei Güter in Pfandbesitz erhielt, „die nachher der Kirche verblieben“.

[106] Rüdebusch, 28

möglicherweise zusammen mit dem späteren Papst Innocenz III. 1188 wird er Mitglied der Hofkapelle[107] (Hofkaplan) Barbarossas, von welchem Posten er sich zu einer Vertrauensperson des staufischen Herrscherhauses entwickelte. Konrad diente drei deutschen Kaisern als Kanzler.

Als Barbarossa 1188/89 am Harz weilte, begleitete er[108] den Monarchen nach Regensburg (10. Mai 1188), von wo aus sich der Kaiser auf den Kreuzzug begab und wo sich Konrad auch von seinem Bruder Burchard III. verabschiedet haben wird, den er nie wieder sehen sollte.

In Abwesenheit Barbarossas verwaltete also dessen ältester Sohn **Heinrich VI.** das Königreich Italien und wurde nach dem Tod des Vaters auf dem Kreuzzug auch dessen Nachfolger.

Der Papst hatte es schon bald verspürt, was die Krönung Heinrichs als König von Italien für ihn bedeutete, denn der kühnste aller Hohenstaufen durchzog plündernd und brennend die päpstlichen Besitzungen. Papst Innocenz formuliert dies später mit den Worten[109]: „Die Wut des Nordsturms durchfuhr die kalabrischen Berge wie ein neues Erdbeben."

Die charakterlichen Qualitäten des machtbesessenen Herrschers fanden bei seinem ersten Italienzug beispielsweise ihren Ausdruck darin, dass er nicht zögerte, eine ihm treu ergebene Stadt zu opfern, wenn ihm durch solches Geschäft nur die Kaiserkrone verschafft würde:

Er beabsichtigte, das beherrschend vor den Toren der Ewigen Stadt liegende Städtchen Tusculum den Römern zu opfern, wenn sie als Gegenleistung den Papst zwingen würden, ihn zum Kaiser zu krönen.

Ebenso geschah es; die Krönung erfolgte Ostern 1191 durch Coelestin III. unweit der rauchenden Ruinen, wo Tausende den Tod fanden...

So sah man es als eine Strafe Gottes an, dass sein Feldzug statt in Siziliens Hauptstadt Palermo bereits in den fieberverseuchten Sümpfen Neapels kläglich endete; dabei war eigentlich beabsichtigt gewesen, nach dem plötzlichen Tod des normannischen Königs Wilhelm II., das reiche Königreich Sizilien quasi als Erbe seiner Gemahlin Konstanze zu erobern.

Dazu bedurfte es nun eines zweiten Zuges und eines besonders glücklichen Zufalls. Und der bot sich tatsächlich mit der unerwarteten Gefangennahme eines berühmten und erfolgreichen Kreuzfahrers – der als solcher eigentlich als unantastbar, als „sakrosankt" hätte gelten müssen!

> **Richard Löwenherz**, der englische König, hatte noch einmal eine Wende in die schon recht verloren aussehende Sache des Gottesvolkes gebracht.
>
> Wenn ihm zum Schluss die Einnahme der Heiligen Stadt nicht mehr gelang, so möglicherweise deshalb, weil ihm die Unterstützung der vorzeitig in die Heimat zurückgekehrten „Bundesgenossen" Philipps von Frankreich und Leopolds von

[107] Kein Musikkorps, sondern eher ein Sekretariat / Notariat, welches die Reichsurkunden, aber auch wertvolle Reliquien verwaltete. Der Name ist von der Reliquie des Mantels („cappa") des St. Martin hergeleitet, welcher auf Feldzügen von dem Kaplan als Fahne vorangetragen wurde. Die „Kapelläne" waren für die Gottesdienste bei Hofe und auf den Feldzügen (!) zuständig.

[108] Von diesem Jahr an ist er Propst des Domstifts St. Simon und Judas zu Goslar.

[109] Epistolae Innoc. I, 413

Oesterreich fehlte, die er sich allerdings auf Grund seiner nicht eben rühmlichen Charaktereigenschaften[110] selbst verleidet hatte.

Der „Deutschenfresser“ Löwenherz hatte sich also im Heiligen Land durch seine Anmaßungen den Hass Leopolds[111] zugezogen und war nun auf seiner Heimreise – inkognito und verkleidet – von Letzterem bei Wien aufgegriffen worden.

Der wiederum verschacherte sogleich seinen kostbaren Fang an Heinrich VI., dem es gelang, ein ungeheures Lösegeld seinem Opfer abzupressen[112]– Verhandlungen, an welchen auch unser Konrad von Querfurt teilnahm.

Auf derart ehrenvolle Weise war also die finanzielle Möglichkeit für einen erneuten stattlichen Heereszug gen Sizilien herbeigeführt worden, zu dem Richard auch noch 50 Kriegsschiffe und 20 Ritter auf ein Jahr zu stellen hatte. Dem Kaiser trug die Freveltat[113] den päpstlichen Bannfluch ein.

Im Sommer 1194 überschritt Heinrich die Alpen. Ganz Unteritalien wurde unterworfen, Salerno dabei „schwer gezüchtigt“, d. h. völlig zerstört.

In diesem Jahr kam es auch zur Ernennung des Hofkaplans **Konrad von Querfurt** – des späteren **Bischofs von Hildesheim** – zum Kanzler, der nun den Einzug in das süditalienische Normannenreich mitmachte. Heinrich ließ sich hier krönen (25. Dez. 1194) und alsdann den Kronschatz ausliefern – jenen von überall zusammengeraubten sagenhaften Schatz der Normannen, zu dessen Abtransport 160 Packpferde erforderlich waren. Jetzt wurden auch die einheimischen Amts- und Machtinhaber gegen genehme aus den eigenen Reihen ausgetauscht; für die nötigen freien Stellen sorgte das Beil des Scharfrichters...[114]

Andere Mitglieder des sizilianischen Widerstands schmachteten in deutschen Verliesen, während Heinrich die Verwaltung Siziliens und Mittelitaliens neu ordnete. Auch die Verbannung von Bischöfen vermochte die Beziehung zur Kurie nicht eben zu verbessern.

Konrad blieb derweil im Süden in der Umgebung des Kaisers.

---

[110] Er nutzte durchaus die auch in England als Begleiterscheinung der Kreuzzugspredigten auftretenden Judenpogrome, um mit dem Gut der Opfer sein Kreuzzugsvorhaben zu fördern.

[111] Nach der Eroberung Akkons ließ er die österreichische Flagge herunterreißen und in den Mauergraben werfen.

[112] Der es, anstatt einige seiner vornehmsten Besitzungen zu entäußern, lieber vorzog, mit der Einführung einer besonderen Landsteuer (etwa einem Viertel der Jahresabgaben!) die englische Bevölkerung an seiner Auslösung zu beteiligen. Man muss dabei berücksichtigen, dass er das Land erst kürzlich zur Finanzierung seines Kreuzzugs arg ausgeplündert hatte.

[113] Gern demütigte der Kaiser nebenbei Richards Schwager, den unversöhnlichen Reichsfeind Heinrich den Löwen, der 1192 abermals den Krieg begonnen hatte, um die alte Welfenmacht wiederherzustellen, sich 1193 aber unterwarf, um Richard Löwenherz′ (der sein Wappen mit dem des Welfen verschmolz) Freilassung zu erlangen.

Einen Hauptteil der dem Löwen entgegengestellten Macht bildeten, wie schon 1181 bischöfliche (kaisertreue!) Heere. An vorderer Front kämpften lagebedingt diejenigen des Bischofs von Hildesheim (Berno nahm an der Belagerung Braunschweigs teil), der seine Territorialpolitik betrieb und seit Bischof Bernward jede Gelegenheit nutzte, sein Bistum aus dem welfischen Stammland herauszulösen. Aus dem ursprünglich „geistlichen“ Einflussgebiet generierte so (den Vorstellungen eines Jesus Christus allemal konträr), im Rahmen der allgemeinen und seit den Ottonen geförderten Entwicklung, ein immer gefestigteres (auch sehr weltliches) monarchisches Fürstentum.

[114] vgl. Fischer - Fabian, 109

In jener Zeit der Blüte des Kaisertums der Staufer gehörten neben dem deutschen Kerngebiet noch Böhmen, Mähren, Lothringen, Elsass, Burgund, die Dauphiné, Sizilien, Italien (bis auf den Kirchenstaat) zum Reichsverband, in welchen ferner die Könige von Armenien und Zypern untertänigst um Aufnahme nachsuchten. England, Pommern und Schlesien waren lehensabhängig, Byzanz zahlte hohe Tribute und auch die Almohaden in Nordafrika und Spanien erkannten des Kaisers Oberhoheit an.

Ob Heinrich, ein kalt und „realpolitisch" ausgerichteter, strategisch denkender Mensch, die „Weltherrschaft" anstrebte, indem er das oströmische- mit dem weströmischen Kaiserreich unter seiner Herrschaft zu vereinigen gedachte, wie dies speziell in älterer Literatur häufig vertreten wird, wollen wir hier nicht beurteilen – mit dem Gedanken an dieses letztendliche Ziel mag er schon gespielt haben.

Auch zeitgenössische Chronisten, wie der Byzantiner Niketas, äußern sich in dieser Weise. Und dazu würde ein Kreuzzug ins Heilige Land – also dieses Mal nicht nur zur Vergewisserung des Lohnes Gottes – auch eine günstige Ausgangslage, nämlich zur Eroberung des (einst) sagenhaft reichen, wenngleich auch christlichen Byzanz, darstellen.

Auch wenn er seinen jüngeren Bruder Philipp von Schwaben mit Irene, der Tochter des byzantinischen Kaisers Isaak II., verlobt hatte, war mit Erbansprüchen in Ostrom zu rechnen: Auf die in Palermo lebende byzantinische Prinzessin war Heinrich bei seiner Eroberung des dortigen Normannenreichs gestoßen und zögerte keinen Augenblick, sich diesen günstigen Umstand nutzbar zu machen – eine Verbindung, die in der Geschichte der Kreuzzüge noch ihre Folgen haben sollte.

Darüber hinaus übernahm er mit dem Normannenreich auch als politisches Erbe die Expansion im östlichen Mittelmeer. Und schließlich war es ihm ein wichtiges Ziel, das gescheiterte Vorhaben seines Vaters doch noch zum Erfolg zu führen.

Hier mussten sich seine Interessen mit denen des Papstes vereinen, denn nachdem mit dem Dritten Kreuzzug die Rückgewinnung Jerusalems nicht erreicht war, hatte sich auch dieser weiter um Hilfe für das Heilige Land bemüht, während genau dies die Pflicht eines „allerchristlichsten Herrschers" sein musste.

Die „Aussaat von Gottes Wort"

Am 31. März (Karfreitag!) 1195 hatte Heinrich VI., in Anwesenheit dreier Hofkapläne sowie des Bischofs Radulf von Sutri, zu Bari das Kreuz genommen. Zwei Tage darauf, am Ostersonntag, wurde in Bari öffentlich das Kreuz gepredigt und einige Tage darauf, auf seinem Rückweg gen Norden, erließ der Kaiser Kreuzzugsaufrufe.

Darin kündigte er die Ausrüstung des Heeres auf eigene Kosten an, mit geradezu immensen finanziellen Verpflichtungen: 1500 Ritter und ebenso viele Fußsoldaten versprach er ins Heilige Land zu entsenden. Jeder Ritter sollte 30 Unzen Gold und jeder Soldat deren 10 erhalten und zusammen mit zwei Knappen pro Ritter sollen alle für ein Jahr verpflegt werden.

Eine derartige Verpflichtung stellte zweifellos eine außerordentliche Vorleistung des Kaisers gegenüber der Kirche dar. Dabei ging es ihm neben den religiösen Motiven – eben der guten Sache des Kreuzzugs – darum, die lehensrechtliche Anerkennung der staufischen Herrschaft im Königreich Sizilien vom Papst gewährt zu bekommen.

Das bisherige Normannenreich war nämlich ein Lehen aus der Hand des Papstes[115], der in Heinrich, trotz dessen Erbansprüchen durch seine Gemahlin Konstanze, immer noch nur den Usurpator, also quasi den Thronräuber, sah. Wenigstens aber sollte der Pontifex Heinrichs kaum dreijährigen Sohn Friedrich (den späteren Kaiser Friedrich II.) taufen und zum sizilianischen König salben.

Der Papst indes fürchtete die drohende Umklammerung des Vatikanstaates durch ein Großreich bzw. gar durch einen übermächtigen Gegner.

Seit Urban II. (dem Kreuzzugsbegründer) hatten sich die Päpste dieser Übermacht gefügt, dabei aber das Ziel verfolgt, diese Macht möglichst fern der Heimat und zum eigenen Vorteil einzusetzen...

Derzeit schien ein Kreuzzug durchaus erfolgversprechend, denn erst kürzlich (am 4.3.1193) war der große Sultan Saladin verstorben und seine siebzehn Söhne, seine 35 Neffen und die Gatten seiner Töchter stritten sich um sein riesiges Erbe.

Da sah man in christlichen Kreisen abermals die Chance einer Rückeroberung der Heiligen Stadt.

Zwar hatte Richard Löwenherz einen wichtigen Küstenstreifen Palästinas den Sarazenen abnehmen können, der auch „Königreich Jerusalem" genannt wurde, doch die namengebende Stadt lag weiter im Landesinneren, und eben die galt es weiterhin „zu befreien"...

Die Geistlichkeit wies stets mit Nachdruck darauf hin, dass „Sion" (Zion) sich noch immer „in der Knechtschaft der Heiden" befinde und von diesen misshandelt werde, und dass dies „um unserer Sünden willen" geschehe, welche „täglich höher über uns zusammenwachsen" würden. Deshalb also „sei noch nicht kommen die Zeit des Erbarmens". [116]

Nun standen Zeiten und Zeichen, wie eben angedeutet, also durchaus günstig[117], und Papst wie Kaiser hegten die Überzeugung, dass nichts für die Befreiung des Heiligen Landes wie für die Ausrottung der durch unterschiedliche ketzerische Lehren über den Erdkreis weit verbreiteten Haeresie, im gegenwärtigen Zeitlauf und zum gemeinsamen Besten der ganzen Christenheit, heilsamer sei, als einen unerschütterlichen Frieden zwischen Kaiser- und Papsttum zu begründen.

Die näheren Details sind aus einem Antwortschreiben des Kaisers ersichtlich und zeigen deutlich, dass sie den vorangegangenen Ausführungen Seiner Heiligkeit entlehnt sind. Ein Themenschwerpunkt liegt dabei in der Verderbtheit der Ketzerei und es knüpft sich an Heinrichs Ausführungen die Aufforderung an den Papst, das Schwert Petri gegen die Häresie zu ziehen und Boten zur Aussaat von Gottes Wort (diese Art von Saat sollte oft genug aufgehen) auszusenden. Der Kaiser wolle Coelestin dabei mit dem weltlichen Schwert zu Hilfe eilen.[118]

---

[115] Papst Leo IX. hatte seine Truppen in einem heiligen Krieg gegen die christlichen Normannen (die Süditalien erobert hatten) nach Apulien geführt, der 1053 mit der Vernichtung seines Heeres und seiner persönlichen Gefangennahme (!) endete.
Dennoch huldigten die Sieger dem Pontifex (der sogar heilig gesprochen wurde) als Lehnsherrn. Der Normannenstaat erstreckte sich von Sizilien fast bis Rom.

[116] Arnold v. Lübeck, 230

[117] Für den Kaiser kam der begünstigende Umstand hinzu, dass er, mit dem am 6. Aug. 1195 erfolgten Tod Heinrichs des Löwen, in Deutschland keinen Aufstand mehr zu befürchten hatte, sich somit umso zielgerichteter der Planung seines Kreuzzugs hingeben konnte.

[118] vgl. Jericke, 135f.

Der Papst erbat sich daraufhin eine Bedenkzeit bis zum „Erscheinungsfest", lehnte dann aber, aller Vorleistungen Heinrichs zum Trotz, dessen eigentliches Ersuchen ab. Dem im Eigeninteresse der Kurie und in den Traditionen der Kirche stehenden Kreuzzug aber ließ er die öffentliche Unterstützung zukommen.

Und da die geniale, das Papsttum stärkende Kreuzzugsidee diejenige eines universellen Abendlandes ist, welche die Völker auch zum gemeinsamen Handeln bei der Durchführung religiös motivierter Kriegszüge auffordert, bemühte sich Coelestin durch mehrfache und dringende Appelle in Frankreich und England mit großem Eifer um eine noch breitere Basis für das heilige Unterfangen.[119]

In seinem Brief an den englischen Klerus äußerte er dabei die Hoffnung, dass durch einen neuen Kreuzzug die Schande des Misslingens der vorigen allgemeinen Bewaffnung der Christen für das gelobte Land würde getilgt werden können, wenn die vielfältigen Sünden, welche den letzten Kreuzfahrern die Ungnade Gottes zugezogen hätten, vermieden würden und die inneren Streitigkeiten der christlichen Völker und Fürsten, wovon alles Unglück der vorigen „Wallfahrten" ausgegangen sei, unterdrückt werden könnten. Coelestin erneuerte alle bisherigen Vorrechte der Kreuzfahrer, „zum Kampf für den Heiland" und verhieß ihnen die ewige Seligkeit.

Doch in England und Frankreich scheiterten die päpstlichen Bemühungen, weil die dortigen Regenten und Kontrahenten Philipp August und Richard Löwenherz es vorzogen – wie schon vor und während ihres gemeinsamen Kreuzzuges –, sich wieder der Pflege ihrer Feindseligkeiten hinzugeben.

Da hier auch Drohungen und kirchliche Zwangsmittel nicht fruchteten, Kämpfer ins gelobte Land abzuberufen, „wo im heilsamen Kampfe die Kraft des Körpers und der Seele erprobt werden könne", wurde aus dem Unternehmen der Christenheit vornehmlich ein Kreuzzug der Deutschen.

„Von seinem Eifer ergriffen" nahmen viele Große das Kreuz

Also unterstützte der Heilige Vater die Kreuzzugswerbung in Deutschland durch seine Kreuzzugsenzyklika[120] und die Übersendung zweier Kardinallegaten als Kreuzzugsprediger. Diese urkundeten, soweit dies überliefert ist, 1195/96 außer in Gelnhausen und Worms u. a. auch in Höxter, Corvey, Minden und Magdeburg.[121]

Auf dem eigens zur feierlichen Eröffnung der Kreuzzugswerbung einberufenen Reichstag von Gelnhausen (28. Oktober 1195) richtete der Legat Johannes von St. Stephan, unterstützt durch den Erzbischof Konrad von Mainz, seine engagierte (vermutlich aber eher flammende) Rede an die Anwesenden, sich dem Heilande zu weihen, woraufhin sich zahlreiche Fürsten, insbesondere Sachsens und Thüringens, das Kreuz anheften[122] ließen.

---

[119] Ganz und gar nicht im Sinne Heinrichs VI., der bei „seinem Kreuzzug" das Heft in der Hand behalten wollte. Mit Leonard (Kreuzzugsplan) können wir feststellen, dass kaum je ein Kreuzzug so wenig dem frommen Drang entsprungen ist, wie derjenige Heinrichs, dem man also keinen frommen Glaubenseifer nachrühmen muss, denn dieser stellt sich als kühler Stratege nicht in erster Linie der Christenheit zum Kampf gegen die Ungläubigen zur Verfügung, sondern zieht vielmehr die religiöse Bewegung, Klerus, Fürsten und Volk in den Dienst seiner Interessen.

[120] Rundschreiben an die Bischöfe etc.

[121] Jericke, 79

[122] Rote Kreuze aus Stoff wurden auf die Schulter des Gewandes genäht.

Unter diesen befand sich auch der kaiserliche Kanzler und erwählte Bischof von Hildesheim („electus Hildeshemensis ecclesiae") Konrad I. Er war extra aus Apulien angereist gekommen, wo er als Legat für ganz Italien und Sizilien als Statthalter des Kaisers alle Hoheitsrechte des Reichs ausübte, und wo er bereits seit Anfang August damit beschäftigt war, im kaiserlichen Auftrag die Organisation und Durchführung dieses Kreuzzugs zu betreiben.

Übrigens brach in der Stauferpfalz Gelnhausen während der Kreuzpredigt des päpstlichen Legaten ein Brand aus, sodass ein Teil der Bekreuzten während der „Andacht" die Kirche verlassen musste.
In diesem Vorfall erblickte der Chronist der Reinhardsbrunner Chronik ein Werk des „alten Feindes, der sich über die Entziehung so vieler Seelen ärgere". Denn wenn man feierlich gelobt, für Gott gottlose Heiden zu erschlagen, dann kann man nur in den Himmel kommen – und Satan geht leer aus...

Um auch die westlichen Reichsfürsten zu erfassen, wurde ein gleich gearteter Reichstag Anfang Dezember zu Worms abgehalten, wo der Hildesheimer Bischof ebenfalls anwesend war.

Die folgenden Hoftage zu Mainz und Würzburg hatten ebenso ihren Kreuzzugsschwerpunkt, die Ermahnungen zur Bewaffnung für das Heilige Grab beinhaltend, und es waren gerade der Erzbischof von Mainz (Deutschlands mächtigster Kirchenfürst und Hildesheims Metropolit) und der Kanzler Konrad und Bischof von Hildesheim, die sich in nachhaltiger Weise an der Kreuzzugspredigt und Propaganda beteiligten.[123]

Arnold von Lübeck erwähnt es ausdrücklich, dass damals „*von seinem Eifer* (des Hildesheimer Bischofs) *ergriffen,* viele Große und Ritter das Zeichen des Leidens des Herrn zur Sühne ihrer Sünden" nahmen, nämlich „Heinrich, Pfalzgraf vom Rheine (der Sohn Heinrichs des Löwen), Markgraf Otto von Brandenburg (der die Reise jedoch nicht antrat), Herzog Heinrich von Brabant, Landgraf Hermann von Thüringen, Graf Walrave von Limburg, Graf Adolf von Schaumburg, auch Erzbischof Hartwig von Bremen, Bischof Rudolph von Verden, der Herzog von Österreich und mehrere andere".

Man wird zu Recht annehmen dürfen, dass die beachtlich zahlreichen niedersächsischen Teilnehmer unter den Großen von dem Hildesheimer geworben wurden.

Ferner wurde die Zahl der Streiter gemehrt durch die „gar vielen Aufforderungen des Herrn Papstes an sehr viele Städte und Pfarreien, nach deren Empfang gar manche, von himmlischer Glut entflammt, zur Verteidigung des Heiligen Landes das triumphgekrönte Zeichen des Leidens Christi... anlegten".

Auch die „Priester brachten durch ihre Dienstleistungen und Ermahnungen dem Herrn heilsame Opfer dar und stärkten, vereint mit der zahlreichen Schar der Domherren, das Volk Gottes mit dem größten Eifer".[124]

Diese oft ja speziell geschulten Seelenfänger verstanden es, die Leute „mit honigsüßen Reden und bitterbösen Drohungen", in ihren Bann zu schlagen – und

---

[123] vgl. Csendes, 169

[124] A. v. Lübeck, 232 / Zum Vergleich sollen mehr als eintausend Kleriker den Kreuzzug Richard Löwenherz' begleitet haben.

gerade von der Gelehrsamkeit und „Redekunst“ Konrads von Hildesheim war später Innocenz III. angetan.

Dennoch muss es erstaunen, dass nach den schweren Lücken, die der eben zurückliegende missglückte Kreuzzug Barbarossas in die Reihen (nicht nur) des Adels gerissen hatte, sich doch wieder eine religiöse Kreuzzugsbegeisterung entfachen ließ: Fast alle namhaften Großen des Reichs nahmen das Kreuz, wie dies in hiesigen Landen nie zuvor erreicht wurde!

Dem Chronisten gemäß „rüsteten alle, „von heißester Glut christlicher Frömmigkeit ergriffen, ...zur Kreuzfahrt des folgenden Jahres“.

Auch der Kaiser hatte beabsichtigt, persönlich am Zug nach Jerusalem teilzunehmen, doch er wurde im Lande gebraucht, wie wir noch sehen werden.

Konrad von Hildesheim bereitet die Reichsheerfahrt vor

Angesichts der enormen Belastungen, die aus diesem kostspieligen Unternehmen erwuchsen, bemühte sich Heinrich um die Erschließung weiterer Einnahmen: Zum einen führte er eine Kreuzzugssondersteuer ein und zum anderen „pochte (Weihnachten 1195/96) in Byzanz“ eine Delegation deutscher Gesandter, unter Führung des Reichsmarschalls Heinrich von Kalden, „mit eherner Faust an die Pforte des Thronsaals und presste dem geängstigten Kaiser des Ostens einen ungeheuren Tribut ab“.[125]

Heinrich VI. machte sich dabei nicht unberechtigt auch die byzantinischen Interessen zu Eigen, sich gegen „Satan und Ungläubige“ zu verteidigen.

Vor allem aber hatte er mit dem byzantinischen Hof noch eine Rechnung zu begleichen. Entsprechend verwies er gerade auf den Verrat, den die Byzantiner an seinem Vater begangen hatten (s. S. 45).

Steckten den Byzantinern Barbarossas Zwangsmaßnahmen gegen ihr.Reich noch in frischer Erinnerung und quasi in den Knochen, so hatten sie es jetzt mit dem noch viel gefährlicheren Sohn dieses Staufers zu tun, der als gleichzeitiger König des immer noch gefürchteten Normannenreichs weitaus mächtiger als jener war.[126]

Die kühnen und trotzigen Ritter Heinrichs stellten den in Seide, Purpur und Gold glänzenden Alexios vor die Alternative, jährlich 5 000 Pfund Gold zu zahlen und das Unternehmen mit byzantinischen Schiffen zu unterstützen oder einen Feldzug gegen sein Reich zu riskieren...

Dem entsetzten Kaiser, der ein schon seit längerem marodes Reich, mit sich stetig verkleinernden Grenzen, kaum zusammenzuhalten vermochte, blieb, auch nach einer ausgehandelten Reduzierung auf die Summe von 1600 Pfd., nichts anderes übrig – obwohl er als Sondersteuer das sog. Alemanikon eingezogen hatte – als selbst die Goldgegenstände der kostbaren Grabbeigaben seiner Vorfahren zusammenzuschmelzen...

Nur die später erfolgende Nachricht von Heinrichs plötzlichem Tod ließ die Auslieferung als nicht mehr notwendig erscheinen.

---

[125] vgl. ADB „Heinrich“

[126] Indem sich die Normannen in Süditalien etabliert hatten, raubten sie Byzanz große italienische Gebiete und dehnten ihre Angriffe noch auf die ostadriatische Küste aus, wobei der zum Entsatz herbeigeeilte Kaiser mehrfach geschlagen wurde...

Der Feldzug nach Palästina war auf *Weihnachten* 1196 festgelegt – man liebte die Verknüpfung militärischer Aktionen[127] mit möglichst hohen kirchlichen Feier- und Festtagen, denn man focht ja an der Seite Christi und erflehte die Hilfe der himmlischen Mächte.

Der beliebteste Termin war insofern Mariä Himmelfahrt (15. Aug.), an welchem dann das sprichwörtlich gewordene „Himmelfahrtskommando" stattfand. Im Falle eines Kreuzzugs hatte man den unbestreitbaren Vorteil, dass Kriegszug und Pilgerfahrt sowie Kriegsziel und Pilgerziel zusammenfielen.

Zurückkommend auf „unseren" Konrad von Querfurt, urkundete dieser bis zum Herbst 1196 als „Hildesheimensis electus et imperialis aule cancellarius". Als „Hildesheimensis episcopus" (Bischof) ist er urkundlich seit dem 20. März 1197 nachweisbar. Im Jahr 1196 hatte ihn Heinrich VI., wie bereits bemerkt, zudem als „Legatus totius Italiae et regni Siciliae" ernannt, was bedeutet, dass Konrad in ganz Italien und im Königreich Sizilien als Stellvertreter des Kaisers fungierte!

Seine vielfältigen Aufgaben veranlassten ihn denn auch zu einer abermaligen Reise nach Italien, wobei er diesmal die Alpen gar im Winter überquerte! Von dieser Reise ist ein ausführlicher Bericht auf uns überkommen (s. S. 101).

Der also schon um die Jahreswende 1195/96 aufgebrochene Konrad I. hatte, nachdem er, wie er selbst schreibt, „in mühsamer Fahrt den Schnee der Alpen (über den Brenner ziehend) überwand", zunächst einmal zwischen den sich befehdenden oberitalienischen Städten Mailand und Cremona sowie deren Bundesgenossen zu vermitteln, damit sie nach Ankunft des Kaisers für dreißig Tage die Waffen ruhen lassen würden,[128] und sodann die Aufgabe zu erfüllen, alle Kräfte Apuliens für den Kreuzzug zu mobilisieren.

Für die Rüstungen waren große Summen Geldes erforderlich, weshalb Konrad seine besondere Aufmerksamkeit dem Steuerwesen widmete. Insbesondere galt es, die Überfahrt und Versorgung eines stattlichen Söldnerheeres zu koordinieren und zu sichern.

Noch der Chronist des Kreuzzugs Barbarossas hatte gegen die Seereise, die zu bequem und unritterlich sei, polemisiert und den gefahrvollen Landweg hingegen als verdienstlicher gepriesen.

In diesem Punkt aber hatte man doch aus den Katastrophen gelernt, den Gotteslohn zurückgestellt und sich für den Erfolg versprechenderen Seeweg entschieden.

Konrad überprüfte also die Häfen und Schiffe Apuliens und verpflichtete die Seestädte zur Überprüfung geeigneter Sammelplätze für die Flottenverbände und zur Stellung von Schiffen. Und besonders galt natürlich sein Augenmerk der Ausrüstung der großen Flotte. Darauf zog er über Kalabrien nach Sizilien weiter, wo er unter demselben Aspekt Messina und Syrakus inspizierte.

Die Leistung unseres Hildesheimer Bischofs kann dabei kaum hoch genug eingeschätzt werden! Zwar schien zunächst einmal die Ausgangslage angesichts der Werftenkapazität des in Besitz genommenen Normannenreichs günstig, zumal

---

[127] in anderem Zusammenhang auch das Foltern von Hexen und Ketzern sowie deren Verbrennung

[128] Vertrag v. 20. Jan. 1196 zu Borgo San Donnino.

dieses Seefahrervolk schon mehrfach als Schiffslieferant für Kreuzzüge hervorgetreten ist.[129]

Doch auf die große Normannenflotte konnte nicht zurückgegriffen werden, denn die hatte Richard Löwenherz bei seiner Durchreise ins Heilige Land im Hafen von Messina verbrannt. Auch eine Unterstützung durch so wichtige Seestädte wie Genua und Pisa schied aus, zumal Heinrich VI. ihnen gegenüber Zusagen für frühere Hilfeleistungen bei der Eroberung Siziliens nicht eingehalten hatte.

An diese Verbindung war aber auch aus der Wahrung handelspolitischer Interessen der eigenen sizilianischen Seestädte heraus nicht zu denken, die die in Aussicht befindlichen Handelsbasen zu den „überseeischen" Gebieten gern selbst beanspruchten: Handel mit den Muselmanen war durch Richard Löwenherz und Saladin vertraglich geregelt, wenngleich die streng kirchliche Auffassung die Christenheit in beständigem Kriegszustand mit den Sarazenen befindlich sah...[130]

Kein Wunder also, wenn auch byzantinische Schiffsunterstützung eingefordert wurde.

Für Konrad galt es also, Kapazitäten in den vorhandenen Werften zu realisieren und überhaupt den erforderlichen Schiffsraum für die Überfahrt eines mehr als 16.000 Köpfe zählenden Heeres zu beschaffen und in Bereitschaft zu setzen, wobei zu berücksichtigen ist, dass jeder der insgesamt 4.000 Ritter ca. drei Rosse mit sich führte!

> Vom darauf folgenden, von Innocenz III. (1213) vorbereiteten Kreuzzug, hören wir, wie er Fürsten, Städten und Gemeinden für die Bereitstellung von Schiffsraum Plenarablass gewährt. Aber er lässt auch alle wissen, die sich der Hilfe versagen, dass sie dem Gekreuzigten den Dienst verweigern, wofür sie im Jüngsten Gericht würden Rechenschaft ablegen müssen...

Konrad jedenfalls ließ nachweislich auch Galeeren bauen[131], also Kriegsschiffe, die dank ihres durch Sklaven besorgten Ruderantriebs windunabhängig operieren konnten und zum Angriff auf Seestädte und gegnerische Schiffe erforderlich waren. Anders als im Falle eines Zugs über Land, boten Schiffe die Möglichkeit, allerhand Kriegsgerät und -material mitzunehmen, beispielsweise in Form von Holz für Belagerungstürme, Rammböcke, Sturmleitern, ballistisches Gerät, Pech, Schwefel, Minierwerkzeug etc.

Aber eins der Hauptprobleme stellte ja zudem allein die Versorgung eines so großen Heeres dar, und auch dafür war Konrad zuständig. Dem Chronisten Arnold von Lübeck zufolge hatte er vom Kaiser den Auftrag erhalten, mit möglichster Anstrengung zum Zwecke des Kreuzzuges Vorbereitungen zu treffen und Gold, Wein, Getreide sowie Schiffe in großer Menge zu sammeln und all dasjenige zu tun, was sonst das heilige Unternehmen fördern könnte.

Für seine Leistungen, in nur einem Jahr dies alles bewältigt zu haben, wurde Konrad von Hildesheim gem. v. Lübeck „reich belohnt" – wohl, indem er das volle

---

[129] Nach dem Fall Jerusalems war es Wilhelm II. von Sizilien, der noch 1187 als erste spontan helfende Reaktion eines christlichen Fürsten fünfzig Galeeren mit achthundert Rittern entsandt hatte.

[130] vgl. C. Naumann, 65 / Schaube, Handelsgesch. 179

[131] UB Hochstift Hildesh. 1, Nr. 527 / Es wurde auch eine Galeerensteuer erhoben.

Vertrauen und die Gunst des Kaisers genießen durfte, wie ja gerade der weitere Verlauf des Kreuzzugs verdeutlicht!

Nebenher fand der „germanische Bischof und Generallegat in Begleitung Einheimischer und Teutonen auch die Gelegenheit, das kaiserliche Mandat zu erfüllen, die Mauern Neapels und Capuas von Grund auf zu zerstören.[132]

> Neapel hatte, wie vorangehend angedeutet, 1191 den Wendepunkt im Feldzug Heinrichs VI. bedeutet; neun Zehntel seines Heeres soll vor diesen Mauern damals den Tod gefunden haben... Kaum war das Heer weitergezogen, da fiel Capua durch Verrat an den Grafen von Acerra, der viele Städte zurückeroberte und die deutschen Besatzungen ermordete.

Ebenso vermittelte er zwischen den lombardischen Städten. Hier musste Frieden herrschen – eine vornehmliche Aufgabe eines Bischofs, wie man meinen möchte –, allein hier ging es darum, den Durchzug der Kreuzheere nicht zu gefährden... Da lag neben Regierungstätigkeiten ja Konrads Hauptaufgabe, die ihn 1197 in Apulien (Barletta) festhielt.

In diesem Jahr strömten bereits von überall her die Kreuzfahrer zusammen, denen die Häfen Unteritaliens (Apulien, Kalabrien, Sizilien) zu Sammelplätzen bestimmt waren.

Konrad von Mainz, der Erzhirte und Erzkanzler des Kaisers aus dem Hause Wittelsbach, päpstlicher Legat und geistliches Oberhaupt des Kreuzzuges, stach von hier als Erster mit einer Vorausabteilung von 30 Schiffen in See, deren Führer er war.

Andere Scharen wurden vom Reichstruchsess Marquard von Annweiler nach Süditalien geführt oder von den Bischöfen Wolfger von Passau und Rudolph von Verden oder von den Herzögen Ludwig von Bayern und Friedrich von Österreich. Weitere Teilnehmer waren der Bischof Gardolf von Halberstadt, Graf Adolf III. von Schaumburg sowie der Graf Burchard von Lauterberg-Scharzfeld, jeweils mit ihren Mannen etc. Teilweise lichteten sie schon im Sommer gen Palästina die Anker.

Aber neben jenen nicht selten gewalttätigen und gefürchteten Rittern wurde das Land von Beutemachern und lichtscheuen Gestalten überschwemmt, obwohl die Bischöfe, auf den Wunsch des Kaisers hin, in ihren Diözesen anlässlich ihrer Kreuzzugsaufrufe (ganz im Gegensatz zum seinerzeitigen Aufruf des Papstes Urban II. und späterer Päpste) nur bei Rittern und ehrbaren Männern werben sollten.

So hörten die durch die Kreuzzugsvorbereitungen ohnehin gebeutelten Sizilianos nicht auf den Kreuzfahrern zu schaden, und sie warfen ihnen wohl nicht immer zu Unrecht vor, dass sie nicht durch dieses Land zögen, um dem himmlischen Herrscher zu helfen, sondern um für den irdischen zu kämpfen[133] und ganz Apulien und Sizilien unter ihm zu plündern.

Der allenthalben vorhandene Widerstand gegen die „Barbarenhorden“ aus dem Norden, bzw. je nach Sichtweise gegen „das heilige Christenvolk“, begünstigte naturgemäß die mit Rom (dem Papst als Lehensherrn Siziliens) konspirierende gewaltsam unterdrückte sizilianisch-normannische Opposition, deren Macht-

[132] Richard v. S. Germano / Bach, 25

[133] Vom Landgrafen Hermann von Thüringen wissen wir, dass er zu Gelnhausen „um des himmlischen Lohns willen“ das Kreuz genommen hatte.

ergreifung über die Ermordung des Kaisers (was Papst und Gemahlin Konstanze gewusst haben sollen) geplant war.

Nach Arnold von Lübeck war dies naturgemäß das Werk „Leviathans", der „vermöge der Kraft seiner Lenden" den Kreuzzug zu verhindern suchte. Indes, „die List des Versuchers hemmte" der Pilger „Schritte nicht", denn der Verrat wurde ruchbar:

Das viehische Blutgericht von Palermo

Gerade hielten sich der Reichstruchsess Markward von Annweiler und Marschall Heinrich von Kalden – eben aus Byzanz zurückgekommen – mit ihren Kreuzrittern in Messina auf, und sofort zogen sie den Rebellen entgegen.

Bei Catania wurde das Heer der Aufständischen nach blutiger Schlacht niedergehauen. Einige der Anführer konnten jedoch entkommen, weshalb es notwendig wurde, erst noch deren Burgen zu brechen. Darauf ließ Heinrich seinen Widersachern, wie Abt Arnold es bezeichnet, die „verdienten Strafen" angedeihen:

Auf dem dortigen Reichstag im Juli 1197 vollzog Heinrich an den Aufständischen einen Katalog beeindruckender Grausamkeiten. So ließ er die Rädelsführer mit einer Säge in Stücke schneiden, auf Pfähle spießen, lebendig begraben, mit Pech bestreichen und anzünden...

Der Graf Richard von Acerra (König Tankreds Schwager) wurde von einem Ross durch die Straßen geschleift, anschließend mit dem Kopf nach unten aufgehängt, und da er nach zwei Tagen noch nicht sterben wollte, band ihm der Hofnarr, um den Kaiser zu belustigen, einen schweren Stein an die Zunge.

Seinem „Gegenkönig", dem Burgherrn von Castrogiovanni, der beabsichtigt haben soll Konstanze nach der Ermordung Heinrichs zu ehelichen, ließ er eine Eisenkrone anfertigen, die ihm der Henker glühend aufsetzte und mit Nägeln in den Schädel trieb.[134]

Insofern wird es sicher kein Zufall sein, wenn der Kaiser seine Gattin als Augenzeuge daran persönlich teilhaben ließ.

Den Schilderungen entsprechend schreibt ADB („Heinr."): „Seiner Rache entging keiner, ohne Erbarmen, ohne Schonung tötete er sie ohne Unterschied. Was irgend jenes Zeitalter an grausamen Martern ersonnen hatte, fand hier seine Anwendung[135]– Taten, die Heinrich den Ruf eines grausamen Despoten eintrugen.

Massenhafte Konfiskationen gaben die Mittel, um noch mehr deutsche Mannen dauernd in das Land zu ziehen. Nach der Niederwerfung der großen Verschwörung herrschten Willkür und Grausamkeit im Normannenreich. Auf solche Weise hat sich der „Hammer der Erde, die Halsstarrigen zu zermalmen", eine Befestigung seiner Herrschaft versprochen.

In dieser Zeit größter Unruhe weilte Bischof und Kanzler Konrad I. noch in unmittelbarer Nähe des Kaisers, ja es war seine Gegenwart notwendig,[136] wie allerhand Urkundenausstellungen – darunter umfangreiche Schenkungen an den Marschall Heinrich von Kalden – bezeugen...

---

[134] Fischer- Fabian, 111

[135] Die christliche Hexenverfolgung und überhaupt die kuriale Inquisitionspraxis konnte bei dieser Beurteilung naturgemäß noch nicht berücksichtigt werden...

[136] vgl. Bach, 32 / 33 und v. Borch, 21

Konrad I. von Hildesheim an der Spitze des „Pilgerheeres“

Am 22. Juni 1197 wurde von Konrad, umgeben von den erlauchtesten Kreuzfahrern, gemäß dem Auftrag des Papstes Coelestin III. die wichtige Basilika von **S. Nicola zu Bari** festlich geweiht, und das in Anwesenheit von nicht weniger als fünf Erzbischöfen, 28 Bischöfen und zahlreichen Äbten!

Dieser feierliche Akt geschah, wie einer noch heute neben dem Hauptportal der Kirche vorhandenen Inschrift zu entnehmen ist, zur Regierungszeit des allerchristlichsten Kaisers und unbesiegten Königs Heinrich VI.

Weiterhin wurde diese Weihe gemäß der Gedenktafel vorgenommen, durch Konrad, den **heiligen Hildesheimer Bischof** und berühmten Kanzler des kaiserlichen Hofes...

Es war dies ein Festakt, der natürlich einen großartigen Auftakt für die bevorstehende Kreuzfahrt bot, denn diese für die Region und die Kreuzfahrten bedeutende Kirche und Pilgerstätte[137], in welcher die Gebeine des hl. Nikolaus, des „Wundertäters“ aufbewahrt wurden, lag nahe am Meer. St. Nikolaus war zudem auch der Schutzpatron der Seefahrer, und von hier aus dürfte so manch einer seine Einschiffung vorgenommen haben.

Überhaupt sehen wir bald darauf Konrad von Hildesheim als Führer des kaiserlichen Kreuzzugs!

Zuvor traf im August nun auch, unter dem großen Jubel der hier versammelten Pilgerschaft, die letzte Abteilung des Kreuzheeres in Messina ein – welche sich bereits erfolgreich geschlagen hatte: Vornehmlich norddeutsche und **welfentreue Seefahrer**, darunter der älteste Sohn Heinrichs des Löwen, der Pfalzgraf bei Rhein, Heinrich von Braunschweig und der Erzbischof Hartwig II. von Bremen, befanden sich unter diesem maritimen Zug der „Saxones“, der sich im Juni in einem unbekannten Hafen Norddeutschlands eingeschifft hatte.

Unter regionalem Aspekt sei die Teilnahme eines Konrad (Dietrich?) von Alten an diesem Zug erwähnt, wohl aus jenem Geschlecht der Herren von Alten, welches seit dem 13. Jh. auf der Wilkenburg bei Hannover ansässig ist.[138]

Eine starke Teilnehmerschar stellten 400 Lübecker Bürger, und die später vor Toron in Aktion tretenden Harzer Bergleute werden sich samt ihrem Gerät ebenfalls in diesem Zug befunden haben, dessen Führung der Herzog Heinrich von Brabant und Lothringen übernahm.

Diese Seefahrer waren mit ihren 44 Koggen um Europa herumgesegelt, nicht ohne jedoch noch eine Zwischenstation in Lissabon einzulegen. Sie folgten dabei geradezu kreuzritterlichen Traditionen und unterstützten erst noch die bedrängte Christenheit auf der iberischen Halbinsel – sehr zur Freude des Papstes, denn die hier entstandenen Kreuzfahrerstaaten Portugal und Aragon waren nur der päpstlichen Kurie untertan und zahlten einen hohen Lehenszins in die päpstliche Kammer...

Unsere norddeutschen Sachsen halfen also vor Ort dem portugiesischen König Sancho I. in seinem Kampf gegen die Sarazenen und eroberten die Stadt Silves von

---

[137] Sie wurde schon im Jahre 1096 im Rahmen des Ersten Kreuzzugs von einem Teil des Heeres der französischen Kreuzfahrer unter Herzog Robert v. d. Normandie aufgesucht.
[138] vgl. C. Naumann, 235

den Mohammedanern zurück. Silves wurde daraufhin zerstört, weil man befürchtete, die Stadt wieder an die Almohaden zu verlieren. In diesem Punkt hatte man schon Erfahrung gesammelt, denn erst vor ein paar Jahren, im Frühjahr 1189, waren in gleicher Mission zwei See-Expeditionen zur Unterstützung des *Kreuzzugs Friedrich Barbarossas* aufgebrochen:

Deren Erste, bestehend aus deutschen, dänischen, friesischen und flandrischen Schiffen, beabsichtigte, zunächst in Galizien zum Nationalheiligtum in Santiago de Compostela zu wallfahrten.

Dort wurden die Pilger allerdings von dessen Einwohnern überfallen, die befürchteten, man wolle ihnen den Kopf des Apostels Jacob rauben, und damit ihren Ruhm und ihre Haupteinnahmequelle...

Nach diesem Akt wurde die Stadt Alvor für die Portugiesen erobert, bevor man mit 55 Segeln am 1. September vor Akkon erschien.

Das zweite angesprochene Geschwader mit über 1000 gut bewaffneten Sachsen, Friesen und bremischen Kreuzfahrern brach mit elf Schiffen am 23. April vom Nordseehafen Blexen auf.

Verstärkt durch 24 Kreuzfahrerschiffe aus Flandern und England fuhr man nach schweren Stürmen in den Tejo ein. Im Anschluss an die Wallfahrt nach Santiago wurden den „Ungläubigen" die Städte Silves[139] und Albufeira abgenommen. Nachdem auch noch Cadiz geplündert wurde, lenkten sie ihre Koggen durch die Meerenge von Gibraltar weiter nach Akkon (s. S. 85).

Dass sich die **seefahrenden norddeutschen Kreuzfahrer** im Kampf gegen die westeuropäischen Mauren in tradierten Bahnen bewegten, zeigt auch der Blick auf den gescheiterten Kreuzzug des deutschen Königs Konrad III., dessen einzige militärische Erfolge durch einen maritimen Trupp niederdeutscher, englischer und flandrischer Kreuzfahrer errungen wurden, deren Flottenverband ebenfalls in die „Reconquista" eingegriffen hatte (s. S. 35).

Doch zurück zum Kreuzzug Heinrichs VI. bzw. unseres Hildesheimer Bischofs Konrad:

Nachdem die Verhandlungen mit dem Papst auf Grund dessen unnachgiebiger Haltung letztlich doch gescheitert waren, hütete sich der Kaiser davor, sich selbst an die Spitze der Heerfahrt des Heiligen Römischen Reichs zu setzen, wie dies noch unlängst sein Vater getan hatte – Heinrich hatte in Sizilien während der Zeit seiner Abwesenheit ein Wiedererstarken der „Rebellen" zu erwarten und gar militärische Aktionen der päpstlichen Kurie.

So zeigte er in seinem Reich beider Sizilien, das als dauernde Basis des Kreuzzugsunternehmens vorgesehen war, auch weiterhin Präsenz und setzte unseren **Hildesheimer Bischof an die Spitze des gesamten Kreuzzugs!** Die Person des Kaisers wurde auf dem Kreuzzug von Kaiser und Reich vertreten durch Konrad I.!

Hier sei nochmals an den zumindest in älterer Literatur[140] mehrfach vertretenen Plan des Kaisers, sich mittels dieses Kreuzzugs die Weltherrschaft (um die sich ja seit Generationen Kaiser und Päpste heftigst stritten) zu sichern, erinnert. Danach sei es seine vermutete Absicht gewesen Palästina zu erobern, die umliegenden oströmischen Lehnreiche zum Anschluss zu nötigen (wie dies mit

---

[139] Silves wurde von den Almohaden im Jahre 1191 zurückerobert.
[140] vgl. Münster, 13

Zypern und Armenien ja aktuell geschah) und sodann Byzanz vom Westen, Süden und Osten her in die Zange zu nehmen.

Der Kreuzzug unseres Bischofs wäre dann der Weg gewesen, diesen Plan zu verwirklichen, den der ungeahnt frühe Tod des Monarchen hinderte. Es sollte dies mit ein ausschlaggebender Grund dafür gewesen sein, dass dem Kaiser daran lag, einen Kreuzzug mit einem wesentlichen Kern deutscher Ritter zu entsenden. Konrad von Hildesheim, *die* Vertrauensperson des Kaisers, müsste in diese politischen Pläne voll eingeweiht gewesen sein.

Und eben dies könnte dann auch der Grund dafür gewesen sein, dass die Leitung des Zuges unserem Bischof anvertraut wurde, obwohl eben der Erzbischof Konrad von Mainz der vornehmste unter den geistlichen Würdenträgern war und zum offiziellen Oberhaupt im Fürstenrat gesetzt wurde. Dennoch, der Hildesheimer agierte im Namen des Kaisers – an seinen Rat und seine Zustimmung waren die Fürsten gebunden!

Neben dem auf S. 62 angesprochenen glorreichen Seefahrerkontingent von 44 Schiffen – ca. **4 000 norddeutsche „Pilger“** –, einem stattlichen Fürstenheer[141] und deren Ritterschar verließ jetzt auch die kaiserliche Söldnertruppe der 3 000 Ritter, die Heinrich von Kalden befehligte, Italien. Hinzuzurechnen sind noch die Knappen und Dienstmannen der Ritter sowie gut bewaffnete Freie und Bürger – ca. 16 000 Mann!

Am 1. September des Jahres 1197 brach **Konrad an der Spitze der kaiserlichen Flotte** als Anführer so vieler kampffreudiger Fürsten und Herrn von Messina aus zu seiner Expedition ins Heilige Land auf, um auch hier die Hoheit des Kaisers zu begründen.

Der Abt Arnold von Lübeck (S. 233) formuliert diesen Tatbestand so, dass „das heilige, namentlich das Christenvolk, das königliche Geschlecht und die fürstliche Priesterschaft die Kreuzfahrt oder den Pilgerzug gegen die Legion des Satans voll frommen Eifers unternahm“. Dabei war der Kreuzzug unseres Bischofs stattlicher als derjenige Barbarossas!

Einen Eindruck dessen, wie es sicherlich auch bei dem Aufbruch der Flotte Konrads zugegangen sein wird, gibt eine Schilderung des entsprechenden Vorgangs, als die Kreuzfahrer ein paar Jahre später zum geringeren 4. Kreuzzug (dem Byzanz zum Opfer fiel) in See stachen: „Wenigstens hundert Paare von Silber- und Blechtrompeten, die das Signal zur Abfahrt gaben, und viele Trommeln, Tamburine und andere Instrumente waren zu sehen, sodass es ein wunderbarer Anblick war. Als die Schiffe auf See, die Segel gesetzt und die Banner und Flaggen hoch auf den Schiffsmasten gehisst waren, schien es als ob die See selbst vor Furcht erschauerte und in Flammen stand.“[142]

Nicht anders beim seinerzeitigen Einlaufen der Flotte des Richard Löwenherz in Messina: Seine Seeleute und Soldaten sollen mit ihren Hörnern und Trompeten einen solchen Lärm veranstaltet haben, dass die Mauern der Stadt wie bei einem Erdbeben erzitterten.

---

[141] Mit der sog. „kaiserlichen Familie“ bzw. dem „ganzen Haus des Kaisers“ sind dessen Ministerialen gemeint.

[142] Riley-Smith, 69

Übrigens wurde Konrad auf seinem Kreuzzug von mehreren Verwandten begleitet. Unter ihnen befanden sich seine beiden jüngeren Brüder Gebhard und Gerhard von Querfurt, der Burggraf von Magdeburg. Letzterer hatte den Kaiser nach Italien begleitet, war aber zwischenzeitlich zur Gemahnung der Fürsten zu deren Tag in Erfurt (sie mögen sich beeilen, um den Termin in Messina nicht zu verpassen) wieder nach Deutschland zurückgeschickt worden.

Ebenso an Bord war der Schwager des Kanzlers, Graf Adolf von Schaumburg-Holstein, der als weniger welfentreu den beschwerlicheren Landweg bis Messina vorgezogen hatte.

Auch der Bischof Gardolf von Halberstadt, der schon bei der Kirchweihe in Bari zugegen war, zählt zur Verwandtschaft Konrads.

Aus regionalem Interesse sei auch die Anwesenheit eines Grafen von Lauterberg/Harz erwähnt, dessen Identifikation tw. in einem der Grafen von Lauterberg-Scharzfeld (Burchard III.) gesehen wird, teils aber auch in Sigibold II., dem Vogt von Hilwartshausen.[143]

Der Chronist Arnold von Lübeck weiß zu berichten, dass Konrad einen großen Schatz – nicht weniger als die Mittel zur Finanzierung des kaiserlichen Heeres – mit sich geführt habe. Hinzu kamen jene Schätze, die der Kaiser für die Krieger bestimmt hatte, welche „die Kämpfe des Herrn mannhaft bestehen würden“.

Schließlich erregte noch wertvolles Tafelgerät Aufsehen: Der Chronist spricht bewundernd von der Last des goldenen und silbernen Geräts, welches seine Tafel schmückte – darunter goldene und silberne Gefäße, Speise- und Trinkpokale für seinen persönlichen Gebrauch, die ca. 1 000 Mark wert waren.

Zweifellos war dies prunkvollstes Tafelgeschirr, welches ein Stellvertreter der höchsten Autorität im Reich für herrscherliche Repräsentationen (Empfänge, Gelage...) benötigte, und dies gerade eingedenk dessen, dass man ja gerade im Orient die Macht eines Herrschers am zur Schau getragenen Reichtum festmachte.

Kein Wunder, wenn die Entfaltung solchen Prunks und solcher Pracht dem Hildesheimer Bischof den Beinamen Konrad „der Erlauchte“ eintrug.

Noch mehr als diese äußerlich zur Schau gestellte Macht ließen jedoch die Taten des Kaisers bzw. der Deutschen (bei der Eroberung Italiens, bei der Erpressung des englischen Königs Löwenherz, bei der Erpressung des byzantinischen Kaisers etc.) und die Größe dessen Herrschaftsbereichs den Feind erzittern...

Königskrönung auf Zypern

Konrad hatte auch noch gleich deren zwei Königskronen an Bord, denn durch ihn sollten im Namen des Deutschen Reichs Krönungen auf Zypern und in Armenien, welches größer war als alle fünf Kreuzfahrerstaaten zusammen, vorgenommen werden!

Entsprechend legten einige Schiffe des Flottenverbands auf Zypern eine Zwischenstation ein.

Nur einige Jahre ist es her, dass Richard Löwenherz quasi im Vorübergehen 1191 das byzantinische Zypern erobert hatte. Hier hatte er am Ende seiner Kreuzfahrt noch den unfähigen und glücklosen König von Jerusalem Guido von

[143] vgl. C. Naumann, 248

Lusignan als Herrscher eingesetzt. Nach dessen 1194 erfolgten Tod folgte ihm sein Bruder Amalrich in der Regentschaft.

Konrad, in seiner Begleitung auch sein Schwager Adolf von Schaumburg-Holstein und einige Magnaten, wurden hier von Amalrich von Lusignan mit großem Gepränge empfangen.

Auf dem Reichstag zu Gelnhausen, im Oktober 1195, hatte bereits der Botschafter Amalrichs dem deutschen Kaiser gehuldigt.

Nun verstand es Konrad, die Majestät des Reichs auf das Glänzendste zu repräsentieren, und in der Kathedrale von Nikosia vollzog er die Krönung Amalrichs/Aimerichs II. von Lusignan zum König von Zypern und investierte ihn mit Zepter und Schwert. Amalrich huldigte ihm.

Konrad nahm ferner den Lehnseid entgegen.

Damit gehörte das Königreich Zypern offiziell dem Lehnsverband des Römischen Imperiums Deutscher Nation an.

So kam es, dass das Hauptheer am 22. September in Akkon anlandete, während Konrad, „mit den auserlesensten Geschenken“ bereichert, etwas später nachkam.

Die Ereignisse im Orient

Schon unmittelbar nach Weihnachten 1196 waren, wie zuvor berichtet, erste Kontingente deutscher Fürsten aufgebrochen. Unter vielen der Bekreuzten auch der für die heilige Sache besonders begeisterte mächtigste deutsche Kleriker, der Erzbischof und Kardinal Konrad von Mainz.

Vor und nach diesem Kreuzzug war er in Deutschland die treibende Kraft der Kreuzzugswerbung, und nun entsprechend bemüht, den Inhalt seiner Predigten in Taten zu verwandeln. Anfang April befand er sich mit 30 Seglern bereits auf hoher See, wo am 9. April zwei seiner Schiffe in einem schweren Sturm sanken.

Im Morgenland tat er sich durch seine „glänzenden Kriegstaten“ hervor.[144] Auch er war kreuzzugserfahren, denn auf dem Kreuzzug Barbarossas hatte sein Voraustrupp den Durchzug in den unteren Donauländern vorbereitet.

Nun erfüllte er sich trotz seines hohen Alters einen Herzenswunsch und zog, nach dem ja gescheiterten Zug Friedrichs, an der Spitze eines kampflustigen Pilgerheers nach Palästina.

Erstes Ziel war das erst durch Richard Löwenherz und Philipp August von Frankreich zurückeroberte **Akkon**, das zum Zentrum des von Heinrich von Champagne regierten „Königreichs Jerusalem“ geworden war.

Die ersten Aktivitäten der deutschen Voraustruppe unter Konrad von Mainz im Heiligen Land waren, das sofort akut werdende Wohnungsproblem in Akkon derart zu lösen, dass man die einheimischen Christen aus ihren Wohnungen vertrieb, sofern dies etwa wegen temporärer Abwesenheit des Hausherrn eben möglich war (vgl. C. Naumann, 169).

Die betroffenen Frauen und Kinder mussten bei den Templern in eine Art Sicherheitsgewahrsam genommen werden, bis es gelang, die Deutschen zu überreden, am Strand in Zelten zu kampieren.

Als Nächstes erregten sie Aufsehen bei ihren überseeischen Glaubensbrüdern, indem sie allerlei Raubzüge in die Umgebung von Akkon verübten, ja sie drangen

---

[144] Meyers Konversations-Lex. 1890, „Konrad“.

unverzüglich in mohammedanische Gebiete in Galiläa vor und provozierten also die Muslime.

Dabei hatten es die Deutschen, nach all dem Misstrauen, das ihnen entgegenschlug, keineswegs für nötig erachtet, ihr Verhalten mit den einheimischen Baronen abzustimmen... Letztere fürchteten ohnedies in die Abhängigkeit zum deutschen Kaiser zu geraten, der die größte Macht am Mittelmeer repräsentierte! Entsprechend verhalten fiel von dieser Seite die Freude über ihr Kommen und eigenmächtiges Handeln aus.

Hier hielt man mittlerweile mehr von einer ausgewogenen Diplomatie, die die Söhne und Brüder Saladins gegeneinander ausspielte und seit längerem zu einer Erholung und zu Frieden im Königreich geführt hatte.

Der Chronist Otto von St. Blasien[145] bringt die unseren Pilgern entgegengebrachte Stimmung auf den Punkt: „Es fürchteten die Einheimischen den Eifer der Kreuzfahrer mehr als die Bosheit der Heiden; deshalb suchten sie ihr Tun zu sabotieren und erwogen in einer Verschwörung mit den Heiden, wie man alle töten könne. Dabei soll ihr König Heinrich mit ihnen gemeinsame Sache gemacht haben."[146] Insofern hielt es Heinrich von Champagne für eine Torheit, einen unnötigen Krieg heraufzubeschwören[147].

Ganz anders die Eistellung der Deutschen, die selbstverständlich ebenso mit Misstrauen erfüllt waren gegen alle, die nicht zu ihrer Nation gehörten! Von ihren Predigern fanatisiert („jagt sie aus den Zelten des Herrn" etc.), waren sie mit dem festen Entschluss hierher gekommen zu kämpfen. In frischem Eifer drängten sie nach einer Waffentat... Und sie handelten umso mehr nach eigenen Stücken, als sie sich über die genossene kalte Aufnahme ärgerten und über den nicht erwarteten vertrauten Umgang, den die hiesigen Barone und Ritterorden mit den Ungläubigen führten.

Also, kaum im Heiligen Land angelandet, waren es mehrere deutsche Adlige mit ihren Kriegsmannen, die in verschiedenen Gefechten sogleich jenseits des Jordan in Galiläa hervorgetreten sind. Darunter besonders Walram von Brabant, Graf von Limburg, der schon früh hier eingetroffene Bruder des Herzogs Heinrich, der durch seine Aufkündigung des Waffenstillstands und seinen leichtsinnigen Kriegsbeginn „zur Unzeit" einen großen Verlust für die christliche Herrschaft in Syrien und den Untergang einer nicht eben geringen Zahl seiner Waffenbrüder hervorgerufen haben soll – geschehen bei Gaza, nahe der ägyptischen Grenze.[148]

Es ist dies natürlich ein Ergebnis dessen, dass die Neuankömmlinge mit dem menschenverachtenden Weltbild der heimischen Kleriker geimpft waren. Immer wieder erleben wir solche Situationen, in welchen manchmal nur wenige Ritter sich auf eine klare Übermacht stürzten. Wir bewundern dann ihren Mut und staunen über den gezeigten Leichtsinn und Wagemut.

Doch man hat dabei jenen Aspekt zu berücksichtigen, dass sie mit der Gewissheit in das Gefecht zogen, in einem gerechten, ja heiligen Krieg, auf der richtigen Seite zu stehen. Insofern vertrauten sie weniger auf ihre eigene, als auf

---

[145] Er neigt zuweilen zu überspitzten Darstellungen.
[146] Waas I, 223
[147] vgl. Runciman, Gesch., 95
[148] vgl. Wilken, VI, 24

Gottes Kraft. Ihnen wird es fraglos von den hochrangigen Feldpredigern oft genug vor Augen gehalten worden sein, wie Gott dereinst mit einem verschwindenden Rest aus Gideons Heer die Midianiter schlug. Ebenso würde auch in ihrem Falle eine kleine Zahl Gottesstreiter genügen – Gott kämpft schließlich mit...

Eben dies ist auch die Aussage des biblischen Kriegsgesetzes bei 5 Mose 20 f., wo es heißt: „Wenn du in einen Krieg ziehst gegen deine Feinde und siehst Rosse und Wagen eines Heeres, das größer ist, als du, so fürchte dich nicht vor ihnen; denn der Herr, dein Gott... ist mit dir". Darauf sollten die Priester (frühe Feldprediger) hinzutreten und zu den Kämpfern sprechen: „Ihr zieht heute in den Kampf gegen eure Feinde. Euer Herz verzage nicht, fürchtet euch nicht und erschreckt nicht und lasst euch nicht grauen vor ihnen; denn der Herr, euer Gott, geht mit euch, dass er für euch streite mit euren Feinden, um euch zu helfen."

Das scheint schon für einen „gewöhnlichen" Krieg gültig zu sein...

Aber wir müssen gar nicht das Alte Testament bemühen, denn aus zahlreichen Kreuzpredigten ist jenes (zwar unechte, wie die weitaus meisten, aber geglaubte) unmittelbare Gotteswort bekannt: „Wenn einer mir nachfolgen will, so verleugne er sich selbst, nehme sein Kreuz auf sich und folge mir nach. Denn wer sein Leben retten will, der wird es verlieren. Wer aber sein Leben verliert um meinetwillen, der wird es finden... Denn der Menschensohn wird kommen in der Herrlichkeit seines Vaters mit den Engeln. Und dann wird er jedem vergelten nach seinem Tun..."

Auch die Neuankömmlinge des Hauptheers sollen im Gebiet von Akkon sogleich den Feind gesucht haben, wobei sie freilich in verzweifelte Lage gerieten. In höchst misslicher Situation zeitigten sie bereits einige Auflösungserscheinungen, als sie jedoch vom Heerführer Heinrichs von der Champagne (von dem man sich nun nicht eben gern retten ließ) wieder herausgehauen wurden. Dann kämpften sie wacker und hielten Stand (Waas I, 224).

Offenbar waren Teile des ihrer eigentlichen Führer noch entbehrenden Hauptheers sogleich auf die geballte Kriegsmacht der Muselmanen gestoßen, welches bereits vor der Anlandung des Hauptkreuzzugs der Deutschen in Akkon bedrohlich auf moslemischer Seite zusammengezogen wurde – vielleicht, weil der von Richard Löwenherz ausgehandelte Waffenstillstandsvertrag gerade (1195/96) ausgelaufen war?

Derart umfassende Maßnahmen, wie die Vorbereitung dieses neuen Kreuzzugs, können selbstverständlich auch den „Sarazenen" nicht geheim geblieben sein... Hinzu kam die sich stetig mehrende Zahl der Deutschen. So hatte Malik-al-Adil, der in Damaskus residierende Bruder Saladins ein gewaltiges Heer zusammengezogen und unter dem Vergessen aller Familienzwistigkeiten noch Verstärkung aus Ägypten, Mossul usw. angefordert.

Zusammengekommen war ein Ayyubidenheer, das (übertrieben) auf 70 000 Mann geschätzt wurde und nun bei Nazareth lagernd eine unmittelbare Bedrohung für Akkon darstellte!

Angesichts solcher Feindesmassierung und jener unrühmlichen Zwischenfälle in Aufregung versetzt, zogen sich die Kreuzfahrer zunächst nach Akkon zurück, folgten dann aber einer List und Initiative Heinrichs von Champagne, indem sie mit möglichst vielen Kriegern – darunter den Deutschen – eine Scheinbewegung vor dem Feind ausführten. Das widerum erschreckte die Muselmanen und ließ sie sich zurückziehen.

Auf eine offene Feldschlacht mochte sich al-Adil zurzeit noch nicht einlassen. Andererseits wollte er sein Heer auch nicht ungenutzt lassen und schwenkte in Richtung Süden ab – ein „Rückzug", der gegen **Jaffa** erfolgte, der südlichsten Stadt des Königreichs und in bedrohlich exponierter Lage.

Zudem stellte deren Besitz eine Art Schlüsselstellung für den Zugang Jerusalems dar, worauf ja der Marsch geplant war. Und dieses Jaffa, zwar gut befestigt, aber mit nur einer kleinen Besatzung versehen, wurde nun von den Muslimen angegriffen...

Heinrich von Champagne hatte zwar sogleich um Verstärkung bei König Amalrich von Lusignan auf Zypern nachgesucht, zumal dieser die Stadt früher regiert hatte, doch das starke deutsche Heer hatte er nicht hinzugezogen – um die Rettung der Stadt nicht ihm verdanken zu müssen...

Durch Rivalisieren und Kompetenzstreitigkeiten, sowie ein auch durch andere Umstände bedingtes nicht umgehendes Handeln der christlichen Machthaber, fiel Jaffa am 5. September in die Hände des Feindes.

Das kam laut Wilken (und etwa so schildert es auch Arnold von Lübeck) so: Die deutschen Wallfahrer, die sich in der Stadt befanden, nutzten die erwünschte Gelegenheit zum Kampf wider die Heiden und griffen nach Öffnung der Tore die Feinde mutig an.

Diese hielten jedoch dem heftigen Angriff stand und brachten die Christen, deren Zahl natürlich viel zu gering war, zur Flucht.

Während die sich nun in die Stadt zurückziehen wollten, heftig von den Ungläubigen verfolgt, fürchteten die Stadtbewohner, die von ihren Mauern und Türmen herab die Szenerie überblicken konnten, einen Einfall der Feinde. Sie schlossen (aus Furcht also vorzeitig) die Tore und bereiteten so einer großen Zahl ihrer mutigeren Brüder den sicheren Tod.

Da nicht schnell genug Verstärkung nahte, wurde die Stadt von den Sarazenen genommen und die Bevölkerung niedergehauen... Selbst die stark befestigte Zitadelle geriet in die Hand der Moslems.

Nach deren Erstürmung ließ Malik-al-Adil die Burg schleifen und die Steine ihrer Mauern und Gebäude ins Meer werfen.

Die Überlebenden hatten sich in die Peterskirche geflüchtet, um dort Hilfe abzuwarten – sie bereicherten bald den Sklavenmarkt, jedoch nicht alle!

Waren vor den Toren Jaffas vornehmlich deutsche Wallfahrer erschlagen worden, so traf auch innerhalb der Mauern gerade die Deutschen das türkische Schwert – offenbar neben dem üblichen Morden und Plündern ein Akt gezielter Rache gegen diejenigen, die den Heiligen Krieg ins Heilige Land brachten und den relativen Frieden zwischen den „einheimischen Franken" und den Sarazenen zerrissen.

Insofern spricht Arnold von Lübeck sogar von Verräterei der anderen Europäer gegenüber den Deutschen,[149] „wofür ihnen aber Gott nach Verdienst vergalt; denn obgleich den Schuldigen das Leben erhalten blieb, so verloren sie doch ihre Besitzungen und ihre Habe, jene aber wurden als solche geachtet, die im Tode den Sieg errungen hatten."

Mit anderen Worten hatten die Deutschen in der positiven Sichtweise des Klerikers also den unverkennbaren Vorteil des Märtyrertodes genossen...

---

[149] Ob dies berechtigt ist, muss dahingestellt bleiben.

Derjenige, der in höchster Not die erwartete Hilfe gewähren sollte, Heinrich von Champagne, war zu diesem Zeitpunkt bereits tot: Bei der Inspektion der Entsatztruppen (am 10. September) war er aus dem Fenster seines Schlosses gestürzt...[150]

Manche meinten daraufhin, der Herr habe ihn gezüchtigt, da er es den Deutschen nicht gegönnt habe, wenn's dem Herrn so gefiele, das Heilige Land zu befreien.

Als Heinrich von Brabant mit seinen Pilgern vor Jaffa eintraf, fand er von der Stadt nur noch einen Trümmerhaufen.

Ein gutes Jahrzehnt darauf bereiste der Hildesheimer Domherr Wilbrand von Oldenburg in kaiserlichem Auftrag diese Gegend, in welcher auch sein Vater, Graf Heinrich II. von Oldenburg-Wildeshausen 1197 sein Leben endete.

Wilbrand berichtet von Jaffa, „welches die Unsrigen... zur Beschämung der Christenheit einbüßten", dass dort 12 000 Christen zur Strafe unserer Sünden von den Söhnen des Mammons getötet oder gefangen genommen" wurden.

All dies Ereignisse, die nicht eben zur Beruhigung der Lage beigetragen haben werden.

So weit also zu der Situation, die das deutsche Kreuzfahrerheer vorfand als es noch auf die Ankunft Konrads von Hildesheim wartete.

Als aber dessen Flotte eintraf und die „Kinder Gottes" zusammengekommen waren, entstand eine außerordentliche „Freude ob dieser so großen, dort in Christo versammelten Gemeinde von Gläubigen.

Sie priesen den Herrn durch Gesang und Gebet und flehten zu ihm, dass er ihre Bitten erhören und sie an den Feinden des Kreuzes rächen möchte".

Zu dieser Zeit obwaltete aber auch bereits einiger Streit über die Nachfolge in der Herrschaft über die geringen Überbleibsel des Königreichs Jerusalem. Heinrich von Brabant hatte, da die schockierte Thronerbin Isabella hierzu nicht in der Lage war, bereits als ein Interregnum die Regierungsgeschäfte übernommen, denn angesichts der bedrohlichen Lage und der anstehenden Feldzugsvorhaben konnte das Amt des Königs von Jerusalem nicht verweist bleiben.

Nachdem dann aber am 20. September Konrad von Hildesheim mit den ihn begleitenden deutschen Führern aus Zypern eingetroffen war, wurde er sogleich in die Königswahl eingebunden, wobei ihm, quasi als Repräsentant des deutschen Kaisers und eben der bedeutendsten Macht am Mittelmeer und derzeit auch in Palästina, ein nicht zu unterschätzendes Gewicht zukam. Und dabei ist es zweifellos als eine verdienstliche Leistung Konrads von Hildesheim anzusehen, wenn er den Ausschlag zu Gunsten Amalrichs von Zypern gab, wozu er seine ganze Autorität in die Waagschale geworfen haben soll.

Sein engagiertes Eintreten für diesen Thronprätendenten, den auch die Orden der Templer und Johanniter unterstützten, war ein politisch kluger Zug des Hildesheimers, denn mit dessen Wahl durfte sichergestellt sein, dass der eben von ihm zum König von Zypern gekrönte jüngste Vasall des deutschen Kaisers diesem auch als König von Jerusalem huldigen würde!

---

[150] Mit ihm fiel sein Hofzwerg „Scharlach", der ihn noch an den Kleidern gepackt halten wollte, und kam ebenso ums Leben.

Die Krönung erfolgte später. Angemerkt sei noch, dass sich Amalrich den Weg zum Thron ferner durch die Heirat der Witwe Heinrichs von Champagne zu ebnen hatte – die dazu nicht erst lange gefragt wurde...

Für die erst 27-jährige Thronerbin – die Halbschwester des früheren leprakranken Königs Balduin IV. – war dies bereits die vierte Ehe.[151] Und wie ihre vorangehende, bereits eine Woche nach der Ermordung ihres zweiten Gemahls geschlossene Liierung sehr politisch motiviert war, so war dies auch die jetzige: Hatte ihr jüngst Dahingeschiedener vor allem den großen Vorteil geboten, Neffe sowohl Philipp Augusts von Frankreich als auch des Richard Löwenherz zu sein, so hatten wir die politischen Motive, die Konrad von Hildesheim bewogen, sich für Amalrich von Lusignan einzusetzen, soeben anklingen lassen.

Daraufhin traten die geistlichen und weltlichen Würdenträger zusammen und wählten ihre Anführer. Dabei wird es den politischen Führer der Kaiserlichen, Bischof Konrad von Hildesheim, wenig erfreut haben, dass der welfentreue und damit eher stauferfeindliche Herzog Heinrich von Brabant und Lothringen zum Feldherrn der internationalen Truppen gewählt wurde.

Doch er handelte durchaus klug, indem er dies tolerierend eine anderenfalls möglicherweise provozierte Spaltung vermied – gereichte ihm doch das von ihm geführte kaiserliche Heer zu hinreichendem Übergewicht. Die Einheitlichkeit des Zuges zu wahren, gehörte schließlich zu seiner einige diplomatische Fähigkeiten erfordernden Aufgabe!

Militärischer Führer des kaiserlichen Söldnerheeres war selbstverständlich der kreuzzugserprobte Marschal von Kalden. Andere Truppenteile wurden von verschiedenen Fürsten angeführt.

Nun konnte endlich den Muslimen ernsthaft die Stirn geboten werden. In einer von Heinrich von Brabant einberufenen großen Lagebesprechung unter Beteiligung der heimischen Barone, Templer, Johanniter etc. wurde beschlossen zunächst einmal gen Beirut zu ziehen, was auch angesichts der bedrohlichen Situation im Süden angeraten schien. Statt seine Kräfte also gleich auf Jerusalem zu richten, wandte sich das vereinigte Kreuzheer nach Norden – zur Sicherung der Küste, was ja auch den Handelsinteressen der süditalienischen und sizilianischen Seestädte und zugleich den kaiserlichen Interessen gerecht wurde. Ferner war die Wiederherstellung der Landverbindung zur Kreuzfahrergrafschaft Tripolis beabsichtigt.

Das stark befestigte und große **Tyrus**, Sitz eines reichen Erzbistums, war die erste Etappe.

Gemäß der Reisebeschreibung des Wilbrand von Oldenburg aus Hildesheim war Tyrus, so glaubte man jedenfalls, unter allen Städten der Welt die festeste, weshalb die Christen auf Tyrus besonders vertrauten: Zur Seeseite hin war die Stadt durch eine starke Mauer und durch unter der Wasseroberfläche vorhandene Felsen vor Angriffen geschützt – zur Landseite hin durch einen „tüchtigen ausgemauerten Graben“ und mit Türmen bestückte Mauern gesichert.

Hier blieb ein Teil der Truppen zurück und nur die Ritter zogen zu Lande weiter, während das Fußvolk an Bord ging. An Sarepta vorbei ging es nach **Sidon**, das

---

[151] Bereits sieben Jahre darauf (im Jahre 1205) sollte sie auch diesen nunmehrigen Gatten verlieren; er verstarb am übermäßigen Genuss von Goldbrassen.

schon unter Saladin teildemolierte Befestigungsanlagen hatte und von den Muslimen, denen das Nahen der Pilger nicht im Verborgenen geblieben sein konnte, verlassen war. „Da sah man Paläste von Stein und Zedernholz, gar mannigfaltig geschmückt, welche herrlich zu bewohnen waren, allein sie zu zerstören war ein wirklicher Jammer. Wie manche bauten da nicht ihren Pferden aus (verziertem) Zedernholz Ställe oder kochten damit ihre Speisen!“[152] Jedenfalls wurde das, was von Sidon noch übrig war, furchtbar verheert.

Der Hildesheimer Domherr gedenkt an diesem Ort einer siegreichen Schlacht, die hier Herzog Leopold VI., „der Tugendhafte“ 1190/91 gegen die „Feinde der Kirche“ geschlagen haben soll und sagt sodann: „Dort spürten auch die Unsrigen[153] die Gnade und die Fruchtbarkeit, welche über das Land ergossen waren – weil Er, der Schöpfer, so häufig über diese Erde hinwandelte – an der reichen Beute, die ihnen Gott hier verlieh, und die sie mit Dank entgegennahmen.“

Daraufhin zog das deutsche Kreuzheer (wenn die bei Arnold mitgeteilte Reihenfolge denn richtig ist) nach **Sarepta** zurück, um auch diese Stadt zu zerstören. Ebenso erging es **Fons Ortorum** und der Seestadt **Saida**. Die Zerstörungen erfolgten aus strategischen Gründen, da auch die Christen nicht genügend Truppen hatten, diese Orte länger halten zu können.

Der Zug ging weiter in Richtung der wichtigen und reichen Hafenstadt **Beirut** / Baruth / Berytos, die auch unser „Hildesheimer Chronist“ als sehr groß und sehr befestigt beschreibt: „An der untersten Seite ist sie nämlich durch die See und einen hohen, steilen Felsen gedeckt, an der anderen Seite umgibt sie ein ausgemauerter Graben von solcher Tiefe, dass wir in demselben mehrere Gefangene sahen, welche dort wie in einen tiefen Kerker hinunter versenkt erschienen. Über diesen Graben erheben sich zwei starke Mauern, auf denen zur Abwehr der Angriffe durch Sturmwerkzeuge sehr feste Türme stehen, in deren Fugen große Steine eingefügt sind, welche durch eiserne Klammern und feste Krampen mit dem Mauerwerke und untereinander verknüpft sind.“

Die Eroberung dieser Stadt musste den deutschen Kreuzbrüdern wichtig sein, weil Handel und Schifffahrt von Beirut aus durch die Ungläubigen weiträumig und in nachhaltigster Weise gestört wurden:

Denn im Schutz zweier sich tief ins Meer erstreckender Landzungen lauerten hier die Schiffe des Seeräubers Usama, die ihr Signal von der Höhe dieser Landspitzen erhielten, von wo aus die Wächter ihre Blicke weit übers Meer schweifen ließen. In gerade einmal zehn Jahren – seitdem der größte Teil Syriens nach der Schlacht von Hattin/Hittin an Saladin verloren ging – sollen nicht weniger als 19 000 Pilger durch die Galeeren des Emirs in die Sklaverei gebracht worden sein.

Selbstverständlich hinderte solches Treiben in weitem Bereich den gesamten Schiffsverkehr und lähmte einen beträchtlichen Teil des zeitweise prosporierenden „Überseehandels“ mit der Levante, an welchem Moslems wie Christen interessiert waren.

Dennoch hatten weder al-Adil in Damaskus noch al-Aziz in Kairo die empfindlichen Herausforderungen Usamas zu stoppen vermocht.

---

[152] A. v. Lübeck, 238

[153] Möglicherweise meinte er damit den Zug des Hildesheimer Bischofs.

Gefecht mit dem Heer der Muselmanen

In der Zwischenzeit waren auch die Muselmanen nicht untätig geblieben: Malik-al-Adil hatte das Ziel der Kreuzritter erkannt und war mit seinem Heer weiter landeinwärts überholend an dem Kreuzheer vorbeigezogen, sodass er noch vor dessen Ankunft die Mauern Beiruts zerstörte – ein Ausdruck dafür, dass auch er glaubte Beirut nicht behaupten zu können...

Nur die sehr ansehnliche Zitadelle, Sitz des soeben erwähnten allseits gefürchteten Seeräubers Usama, blieb diesem erhalten. Vergeblich hatte der Emir auf eine weiter gehende Unterstützung al-Adils gehofft.

Daraufhin versuchten die Sarazenen das Vorrücken der Christen aufzuhalten, indem sie in der Nacht zum 24. Oktober einen Angriff tätigten.

Plötzlich sahen sich die Kreuzfahrer von einem sehr großen Heer al-Adils, al-Maliks und sämtlicher Emire (auch Usama von Beirut fehlte natürlich nicht) von Damaskus und „Babylonien“ (gemeint ist Ägypten) in Hufeisenform vom Gebirge bis zum Meer umschlossen...

Von den deutschen Fürsten und Rittern hören wir (Wilken), dass sie sich, nachdem sie durch frommes Gebet den Beistand Gottes erfleht hatten, sogleich des Streits unterwanden.

Den eigentlichen Angriff übernahm jedoch eine Kavallerietruppe der Ayyubiden – jene Bogenschützen auf ihren schnellen Pferden, die mit der verwirrenden Kampftechnik der Reiternomaden, ohne eine eigentliche Schlachtordnung zu kennen, in Wellen nacheinander wie aus dem Nichts auftauchend, ihre Pfeile verschossen und sogleich wieder verschwanden, um einer neuen Welle Platz zu machen.

Derart beweglich, waren sie kaum greifbar und stellten sich nicht eigentlich zum Kampf Mann gegen Mann, wie dies ein deutscher Ritter gewohnt war, sondern sie überschütteten nur ihre Feinde mit einem Pfeilhagel. Es war dies die gefürchtetste Waffe des Orients!

Das „Glück“ wogte längere Zeit hin und her, wobei vornehmlich der Emir Usama durch sein streitbares Auftreten und seine persönliche Tapferkeit den „Muselmännern“ ein großes und mitreißendes Vorbild darstellte.

Gleichwohl schlugen die deutschen Panzerreiter deren Angriff ab!

Vermutlich mussten es die Sarazenen, wie schon in Kämpfen gegen Richard Löwenherz (der zeitweilig fast wie ein Igel „gespickt“ aussah) erfahren, dass die Deutschen auch noch weiterkämpften als wäre nichts geschehen, wenngleich sie schon von einem Dutzend ihrer Pfeile getroffen worden waren.

Bei dem Gefecht fand der ehemalige Herr von Sidon, der kurz zuvor seine Stadt den Christen gelassen hatte, den Tod.

Als Helden des Tages erwiesen sich der kreuzzugserfahrene Graf Adolf von Schaumburg-Holstein[154] und Bernhard von Horstmar.

Aus einem Hinterhalt heraus hatten sie den Verlauf des Kampfes beobachtet und sich sodann in gewaltigem Ansturm auf den gefürchteten Emir Usama geworfen, wobei sie diesen mitsamt seinem Schlachtross zu Boden streckten.

---

[154] Dieser Schwager unseres Hildesheimer Bischofs hatte schon an der großen Wallfahrt unter Friedrich Rotbart teilgenommen.

Zweimal erhob sich der Emir erneut, wurde jedoch vom Grafen immer wieder zu Boden geschleudert, bis ihn endlich des Schaumburgers Lanze im Bereich des Nabels durchbohrte – eine Waffentat, die den Ausgang der Schlacht entschied.

Zwar gelang es den Anstrengungen der Sarazenen den schwer verwundeten Emir aus dem Getümme! zu retten, doch zwei Emire fielen für die Befreiung ihres angeschlagenen Waffengefährten kämpfend in die Hände der Christen.

Das Gefecht endete mit einem Rückzug der Moslems – Malik-al-Adil war geschlagen und räumte den Deutschen daraufhin das Feld...

Die Einnahme Beiruts

Am folgenden Tag (24. Oktober), nahe Beirut, bereiteten die Kreuzfahrer vielen Gefangenen in der dortigen Burg eine Riesenfreude, denn von fern hatten sie an den viereckigen Segeln der Koggen des Flottenverbands, mit dem Kanzler Konrad an Bord, bereits das nahende Kreuzheer erkannt.

Als dann die starke Besatzung der Zitadelle einen Ausfall wagte, wurde ihr der Rückweg versperrt, denn die christlichen Sklaven hatten ihre verängstigten muselmanischen Aufseher und Wachen mit dem bekannten Schlachtruf: „Helfe uns Gott und das heilige Grab“, erschlagen (Wilken), die zahlreichen christlichen Gefangenen aus ihren Verliesen geholt und die Tore zugesperrt...

Nach anderer Darstellung geschah dies während eines Ausfalls, den die umfangreiche Kriegerschar Usamas gegen das christliche Heer unternommen hatte. Jedenfalls hatte Usama all seine Kriegsmacht gegen die Christen in den Kampf geführt und so seine Festung stark von Kämpfern entblößt; und es trafen diese die verschlossenen Tore vor, als sie sich nach der Schlacht in ihre Zitadelle zurückziehen wollten. So mussten sie ihr Heil in den umliegenden Schluchten und Bergen suchen.

Die neuen Burgherren mühten sich nun durch begeistertes Fahneschwenken, die nahende Flotte zur Einnahme der Stadt herbeizurufen, die darin den Finger Gottes erkannte und rasch in den Hafen einlief. Der Kanzler und Bischof von Hildesheim ging nun so schnell als möglich auf die Burg selbst los und erlebte es, dass ihm und den Pilgern von den jubelnden Sklaven und bisherigen Gefangenen die Tore der Feste geöffnet wurden.

Doch es hatten diese ihre Bereitwilligkeit sehr zu bereuen, denn die Pilger waren keineswegs befriedigt bezüglich der vorgefundenen Mengen an Lebensmitteln, Waffen und anderem Beutegut. So spannten sie kurzerhand zwei derjenigen, welchen sie den schnellen Besitz dieser wichtigen Stätte verdankten, auf die Folter, um die Entdeckung verborgener Schätze zu erpressen und marterten sie so lange, bis sie den Geist aufgaben...

Infolge solcher Grausamkeiten kam Kanzler Konrad nicht in den Besitz der gesamten Zitadelle, denn der festeste Turm blieb ihm verschlossen. Hingegen erklärten die Inhaber dieses Festungswerks, dass sie jeden, der versuchen würde die eiserne Pforte zu erbrechen, mit Steinen zu Boden werfen und den Turm nur König Amalrich oder seinen Bevollmächtigten öffnen würden (Wilken).

Der hielt bald darauf mit dem siegreichen Pilgerheer seinen Einzug in die Stadt. Als nun auch die letzte Befestigung zur Übergabe gelangte, waren die Kreuzfahrer erfreut, in der Burg Usamas große Beute vorzufinden, und zwar in Form von Kriegswerkzeug und Lebensmitteln.

Allein mit den erbeuteten Bogen und Armbrüsten hätten zwei Schiffe befrachtet werden können, und Weizen, Wein und andere Lebensmittel sollen für eine Belagerungszeit von drei Jahren angelegt gewesen sein; nach Leonhardt (Kreuzzugsplan) hätten 500 Mann sieben Jahre überstehen können. Zudem war ja auch die Stadt selbst noch in gutem Zustand.

Gerade unter regionalem Aspekt wollen wir auch den Hildesheimer Domherrn Wilbrand zu dieser Episode der Kreuzfahrt des Hildesheimer Bischofs zu Wort kommen lassen, der dieser Station etwas verkürzt, wie folgt gedenkt: Die Mauern der Stadt „haben die Sarazenen, weil sie vor den Unsrigen gar sehr in Furcht waren und sich zur Flucht anschickten, zerstört. Sie zogen sich damals zur Verteidigung auf die Burg zurück, welche auch jetzt noch sehr fest ist.

Aber als der... Kanzler Konrad mit dem ganzen deutschen Heer herankam überfiel jene Kinder der Bosheit eine solche Angst, dass sie vor dem Grimme der Deutschen fliehend die Burg samt allem, was sie enthielt, unversehrt verließen." Abermals vermochten somit die Deutschen „vom Fett und Überfluss der Erde" zu ernten.

Wilbrand berichtet ferner, dass außerhalb der Stadt auch ein reiches Kloster lag, welches „aber von den Ungläubigen von Grund aus zerstört wurde. Dafür haben aber die Unsern ihnen an dem Bethause ihres Mohammed (gern auch Kapelle des Teufels genannt) Gleiches mit Gleichem vergolten."

Beirut war vielleicht der wichtigste Platz bzw. die „angesehenste und festeste Stadt" an der gesamten Küste.

Hier wurden zweifellos die glorreich errungenen Eroberungen und Siege gefeiert. Das war schon deshalb gut zu realisieren, weil al-Adil die Zerstörungen zu spät begonnen hatte und die eigentliche Stadt, von ihren Mauern abgesehen, noch weitgehend intakt geblieben war.

Spätestens jetzt hatte Konrad von Hildesheim Gelegenheit, gemäß des kaiserlichen Auftrags, die Taten hervorragender Gottesstreiter aus der Kriegskasse, die er verwaltete, zu prämieren. Und er soll diesen „reichsten Schatz" auch freigiebig und in Fülle verteilt haben, was nach der Eroberung eines so großen Gebiets mit etlichen „festen Plätzen" gut nachvollziehbar ist.

> Wenngleich die Verteilung nicht selten in der Art geschah, dass statt des tapferen Kriegers dessen Fürst ausgezeichnet wurde und bei der Verteilung von Beutegut die Adligen mit Gold, das Fußvolk hingegen mit Lebensmitteln bedient wurde...

Wenn jedoch mehrere Chronisten, und entsprechend findet sich dies auch fürgewöhnlich in der wissenschaftlichen Literatur, die Königskrönung Amalrichs von Lusignan und evtl. noch dessen Vermählung mit der Thronerbin Isabella hierher nach Beirut verlegen, dann scheint es sich dabei aber doch um „deutsche Propaganda" gehandelt zu haben.[155]

In Beirut fand sich auch der Fürst Bohemund III. von Antiochia mit einer großen Streitmacht ein, und er säumte auch nicht, seinen Vorteil wahrnehmend, durch Brieftauben seine in Antiochia zurückgebliebene Ritterschaft von der Lage der Dinge zu verständigen, die Anweisung beinhaltend, ohne Verzug den Krieg gegen die Ungläubigen zu beginnen.

---

[155] Runciman, 98, der jedoch Konrad von Mainz, wie dies oft geschieht, mehrfach mit Konrad von Hildesheim verwechselt (ebd. S. 97 u. 100).

Denn welche Wirkung der Ruf des überwiegend deutschen Heeres nunmehr genoss, zeigte sich zu Gunsten dieses Herrschers: Selbst ohne das große christliche Heer vermochte er auf seiner Rückreise zwei Städte (Dschabala und Laodicea) leicht wieder zurückzugewinnen, die er 1188 an die Muslime verloren hatte. Als er den Krieg gegen sie eröffnete, hatten sich ihre Bewohner, von „gottgesandtem Schrecken ergriffen", großenteils in die umliegende Gegend verflüchtigt – zuvor hatten sie selbst die Stadtmauern noch abgetragen...

Hier in Beirut traf das „consilium principum" übrigens auch die Entscheidung, dass an Stelle des an sich dafür bestimmten Kanzlers Konrad – der diesen Auftrag wohl nach Beendigung des Kreuzzugs übernehmen sollte – der Kardinalerzbischof von Mainz nach Armenien gehen solle, um dort die für Leo von Tarsus vorgesehene Krönung vorzunehmen.[156] Schließlich war Konrad von Hildesheim, der die Kriegskasse führte und bei den weiteren militärischen Operationen wichtige Führungsaufgaben wahrzunehmen hatte, derzeit unabkömmlich, während Konrad von Mainz sich in seiner Eigenschaft als päpstlicher Legat[157] besonders eignete, in Armenien nun die Herrschaft der lateinischen Kirche in Form eines Erzbistums zu begründen...[158]

> Indem die Päpste mittels der „Kreuzzugsidee" die „Heere Christi" des ganzen Abendlandes mobilisierten, suchten sie stets die Möglichkeit, nicht nur so genannte „heidnische Gebiete," sondern ebenso gern auch die Ostkirchen hierarchisch unter ihren Einfluss zu bekommen, denn das bedeutete dort künftig Hunderte von Prälaten zu ernennen, Hunderte und Tausende von Pfründen und Benefizien zu verleihen, ebenso viele Prozesse zu entscheiden und dafür die üblichen Sporteln einziehen zu dürfen (vgl. C. Naumann, 84 u. 91), wobei man sich jede dieser Handlungen von der begünstigten Seite zusätzlich in Gold aufwiegen ließ. Den christlichen Religionsführern ging es eben – nicht eben im Sinne Christi – um Einfluss, Macht, Geld, Pfründe...

Fünfzehn Tage (bis zum 9. November) blieben die Kreuzfahrer in Beirut, bauten die Stadtmauern wieder auf und übergaben die Stadt Johann von Ibelin, der später als machtvoller Gegenspieler des Kaisers Friedrich II., als „der alte Herr von Beirut", zu einiger Berühmtheit gelangen sollte (vgl. S. 152).

Ein wahres Hochgefühl hatte sich hier der „Kinder des Lichts" bemächtigt, wie auch aus einem Schreiben des Feldherrn Heinrich von Brabant an den Erzbischof von Köln ersichtlich wird.

Darin rühmt er die Eintracht der Pilger, die bewirke, dass die Ungläubigen von jedem Widerstand abgeschreckt wären, und folglich die anstehende Eroberung Jerusalems keinen großen Schwierigkeiten mehr unterläge.

---

[156] Er vollzog dieselbe am 6. Juni 1198, bei welcher Gelegenheit Konrad von Mainz in der dortigen Kathedrale mit besonderer Ehrfurcht das „von Engelshänden gemalte" Bildnis „unserer lieben Frau" bewundert haben wird.

[157] Eineinhalb Jahre darauf nahm er in Rom abermals das Kreuz und bereitete einen neuen Kreuzzug vor! U. a. ging er nach Oesterreich und Ungarn, um dort für seine Lieblingsidee Propaganda zu machen.

[158] Nach Runciman (S. 94) sollen beide Konrads im Januar bei der großartigen Krönung des Armeniers anwesend gewesen sein, was jedoch höchst unwahrscheinlich ist: Der Hildesheimer war zu der Zeit vor Toron unabkömmlich, und darüberhinaus wurde Leo ja auch im Juni gekrönt, als Konrad von Hildesheim längst wieder heimatlichen Boden unter den Füßen hatte.

Mit der Einnahme Beiruts hatten sie ihr erstes gestecktes Ziel, nämlich die Wiedergewinnung des gesamten ausgedehnten Küstenstreifens von Jaffa bis Beirut, mit dem Anschluss an die Grafschaft Tripolis, erreicht. Somit war nunmehr die Küste des östlichen Mittelmeers zwischen Caesarea und Armenien wieder in der Hand der Kreuzfahrerstaaten!

Dennoch, indem sich unsere „Knechte Gottes" durch Festlichkeiten ergötzten und ihre Erfolge feierten, nutzten sie nicht den gewonnenen strategischen Vorteil, den der unter den Ungläubigen verbreitete Schrecken bedeutet haben würde. So dachten sie weder an die Verfolgung der Feinde noch an eine andere militärische Unternehmung...

Aus diesem euphorischen Zustand einer militärischen Passivität schreckte sie plötzlich Malik-al-Adil auf als er mit seinem Heer in ihrem Rücken erschien und die Zerstörung Sidons vollenden ließ, die Felder verheerte und vor Tyrus rückte.

An der für die Christen vorteilhaften Lage würden auch die Ayyubiden derzeit nichts ändern können. Dies erkennend bemühten sie sich wenigstens, dafür Sorge zu tragen, dass sich die Christen in den eroberten Gebieten nicht groß festsetzen und wohl fühlen sollten: Also schleiften sie mittlerweile, wie erwähnt, Sidon und die Burgen um Tyrus.

Daraufhin zog das „Heer des Herrn" sofort zurück nach Tyrus, doch ohne dass es zu einem Treffen kam. Nunmehr auf dem Rückweg und in Richtung Jerusalem vordringend, taten es ihnen die Christen gleich und verwüsteten die noch gottlosen Gebiete des Hinterlandes und „säuberten" es von Feinden.

Doch die noch in Tyrus (22. Nov.) hoffnungsfrohe Lage wurde durch das unheilvolle Gerücht vom Tod des Kaisers erschüttert[159], der tatsächlich, noch nicht einmal 32-jährig, am 28. September 1197 in Messina, wohl an einer Ruhr-Infektion überraschend verstorben war.

> Ein von ihm hinterlassenes Testament, quasi die Preisgabe all seiner politischen Ziele zu Gunsten der römischen Kirche (!) beinhaltend, darf als päpstliche Fälschung angesehen werden. Mit der Ausführung des kaiserlichen Testaments wurde übrigens Konrad von Hildesheim *allein* betraut![160]

Heinrich von Brabant schenkte dem jedoch noch keinen Glauben. Weiter nahmen die Pilger den Weg in Richtung der Heiligen Stadt, was die heimischen Barone nach wie vor zu hintertreiben suchten. Sie hatten vergeblich gehofft, den Frieden mit al-

---

[159] Vgl. C. Naumann, 189. Nach anderen Darstellungen fand der Erhalt der Unglücksbotschaft bereits in Beirut statt.

[160] Vgl. Jericke, 244 / v. Borch, 21 / Ein ähnliches Dokument ist als „**Konstantinische Schenkung**" bekannt. Kaiser Konstantin sollte, so lautete die Begründung, wegen seiner Verfolgung der Christen mit dem Aussatz (Lepra) bestraft worden sein, wovon ihn Papst Silvester jedoch durch die Taufe heilte... Die insofern aus Dankbarkeit ausgestellte „Urkunde", die dem Papst die Herrschaft über die römischen Provinzen des Westens (mithin die Würde des Kaisers des Westens) und den Vorrang vor allen Bischöfen zugestand, war freilich nichts als eine plumpe Fälschung, galt im Mittelalter jedoch als echt – der größte Betrug in der Menschheitsgeschichte! Achteinhalb Jahrhunderte sollte es dauern, bis dies auch die katholische Geschichtsschreibung zugab...
Ein weiteres derart großes Fälschungswerk zu Gunsten des Papsttums ist unter der Bezeichnung der „pseudo-isidorischen Dekretalen" bekannt.

Adil wieder herstellen zu können, indem sie ihm Jaffa abtraten, Beirut aber behalten wollten (Runciman, 100).

Kampf um Toron

Den direkten Weg nach Jerusalem zu wählen erschien abermals nicht ratsam. Wieder lag der Grund im Vorhandensein des Muslimenheers unter al-Adil, das sich zwar etwas zurückgezogen hatte, aber wohl um das Ziel des Gottesvolks wissend, den natürlichen Zugang blockierte.

So entschied eine große Lagebesprechung unter Führung des Herzogs von Brabant und des Kanzlers Konrad, beraten durch die einheimischen Barone, aus strategischen Gründen zunächst die mächtige syrische **Bergfeste Toron**, auf der auch mehrere Hundert christliche Gefangene eingekerkert waren, zu brechen.

Man gedachte mit der Einnahme dieser Kreuzritterburg, die ebenfalls nach der verlorenen Schlacht von Hittin in Saladins Hände gefallen war, eine Rückendeckung auf dem Weitermarsch auf die Heilige Stadt zu haben.

Toron lag einen Tagesmarsch (30 km) südöstlich von Tyrus entfernt, auf steiler, kaum zugänglicher Höhe und war, ihrer beherrschenden Lage wegen, der Stadt Tyrus lästig, so lange sie in Feindeshand war – zumal sie ja auch einst zur Schädigung dieser damals noch mohammedanischen Stadt errichtet worden war.

Am 28. November wurde die Festung von allen Seiten eingeschlossen und bald auf das Ernstlichste belagert.

Arnold von Lübeck berichtet von einem weiteren Leitmotiv der Kreuzfahrer, deren Vorstellung es war, nach einem derart gewaltsamen Sieg keine Feinde mehr zu haben, „weil der Fall des sehr befestigten Kastells denselben große Furcht einjagen werde, sodass allen, die (ihnen) widerstehen wollten, die Ohren gellen" würden. Neben der militärischen Notwendigkeit handelte es sich bei dieser Belagerung wohl noch mehr um eine Prestigefrage.

Zweifellos war Toron eine Festung ersten Ranges[161], doch Toron war nicht eben leicht zu nehmen. Also wurde den Dezember hindurch emsig belagert. Aber die große Zuversicht, die unsere Pilger anfangs beseelt hatte, und wie sie aus dem Brief Heinrichs von Brabant zu uns spricht, schmolz dahin.

Währenddessen stellte sich auch die Richtigkeit vom Tod des Kaisers heraus, und „dies verursachte dem Volk Gottes eine große Trauer" – schließlich lenkte dieser mit Gott das Weltgeschehen! Gleichzeitig begannen aber auch die Spekulationen, die mit dem entstandenen Machtvakuum verbunden sein könnten. Man besorgte sich ob seines Besitzes in der Heimat, seiner Würde, Pfründen etc., und man sah die Vorteile, die sich nutzen ließen, wäre man daheim...

Wie berechtigt diese Sorgen waren zeigt sich am deutlichsten am Beispiel des ältesten Sohns Heinrichs des Löwen, des **Pfalzgrafen Heinrich**.

Kein Geringerer, als Richard Löwenherz hatte beabsichtigt, gerade ihn als Thronprätendenten durchzubringen; mangels seiner Anwesenheit bei der Königswahl vertrat nun sein jüngerer Bruder Otto (der spätere Welfenkaiser Otto IV.!) die welfischen Interessen. Auch unser Kanzler Konrad (derzeit Stellvertreter des Kaisers) hätte, anders orientiert, ein gewichtiges Wort bei der Königswahl mitreden können.

---

[161] Abb. der wahrhaft imposanten Ruine bei Ruedebusch.

Im Heer ist jetzt sogar von Auflösungserscheinungen die Rede! In der so entstandenen Unruhe war es zweifellos eine große integrative Leistung des Kanzlers Konrad, die schwankende Stimmungslage insofern aufgefangen zu haben, als er die Großen des Reichs dazu brachte, dem dreijährigen Friedrich (des Kaisers Sohn und der spätere Friedrich II.) die Treue zu schwören.

Darauf wurde weiter belagert, wobei sich rasch herausstellte, dass mit den üblichen Belagerungsmaschinen und Mauerbrechern an die auf steiler Höhe liegenden Burg nicht heranzukommen war.

Insofern war der weitere Erfolg des Unternehmens weitgehend von den Mühen sächsischer Pilger, nämlich der **Harzer Bergleute** abhängig, indem sie ihre im Silbererz-Bergbau des Rammelsbergs bei Goslar erworbene Minierfertigkeiten und eben ihre ganze Profession zur Geltung brachten: Mit tiefen Stollen wurden die Felsen und das Gemäuer der Festung unterhöhlt und die so entstandenen Gänge und Räume mit Gebälk abgestützt und mit Brennstoff angereichert...[162]

Als nach vier Wochen ihrer Tätigkeit, nachdem das Feuer angelegt war, die Umfassungsmauern, ohne dass die Besatzung einen Mauerbrecher sah, tw. „von selbst" einstürzten, waren die Belagerten zutiefst beeindruckt. Es schien ihnen geraten nach einer Bedingung zu suchen, wie das eigene Leben zu retten sei; und dies umso mehr, als sie sich sagten: „Diese Menschen sind sehr hartnäckig, sehr zornmütig und sehr gierig nach unserem Blute" (A. v. Lübeck, 245).

Also wandten sie sich in ihrer Verzweiflung an einen der Fürsten und Heerführer, und zwar an den „Heros" und **welfischen Pfalzgrafen Heinrich bei Rhein**, mit der Bitte um Kapitulationsverhandlungen.

Heinrich, benannt übrigens nach seinem welfischen Erbe, der Rheinpfalz, wird auf seinem „Reitersiegel" in Rüstung und mit gotischem Topfhelm auf beinahe fliegendem Pferd dahinstürmend dargestellt, wie er gerade mit dem Schwert in der Rechten weit zum Schlag ausholt.[163]

In dieser Pose würde man ihn sich gut im geschilderten Kampf mit Usama und dem Türkenheer vorstellen können. Der hier anstehende Kampf um die Bergfeste muss ihn aber auch nicht wenig beeindruckt haben, denn an der Mosel ließ er später eine Burg „Thurant = Toron" errichten.

Der Pfalzgraf trug ihr Anliegen Heinrich von Brabant vor.

Toron bot die Übergabe gegen freien Abzug an, unter Zurücklassung aller Gegenstände, darunter „große Schätze" und die schon erwähnte „Unzahl gefangener Christen"[164], außer der einfachen Kleider, die man auf dem Körper trug; derjenige, der edles Metall, Edelsteine, kostbare Kleider oder irgendetwas anderes mit sich zu nehmen versuchen würde, sollte unverzüglich enthauptet werden.

Als dieser Vertrag aber zur letzten Bestätigung an Kanzler Konrad geschickt wurde, ließ sich dieser krankheitshalber entschuldigen – der auf diese Weise wohl eine Art passiven Widerstands ausübte...

So verging wieder etwas Zeit, in der sich zunehmend Unmut und Zwietracht unter den Pilgern ausbreitete.

---

[162] Eine Technik, die 1191 auch bei der Belagerung von Akkon zur Anwendung kam –, möglicherweise auch in diesem Falle von Harzern!

[163] Abb. bei Hucker, 136

[164] Es sollen deren fünfhundert gewesen sein.

Ursprünglich hatte man an die Eroberung Torons nicht viel Zeit und Energie verschwenden wollen, und anfangs waren ja auch gute Fortschritte erzielt worden. Nun aber schleppte sich alles mehr und mehr hin.

Auch Klima und Wetter werden jetzt, mitten im Winter, die Gemütslage nicht eben gehoben haben; aus anderen Belagerungen unter derartigen Bedingungen ist bekannt, wie sehr sich beispielsweise Infektionskrankheiten ausbreiteten und den Pilgern zusetzten.

Noch aber schwelten die Probleme und Konflikte mehr im Verborgenen.
Die Muselmanen wurden überzeugt, auch „Nachbesserungen" noch zuzustimmen, nachdem Graf Adolf von Schaumburg-Holstein ihre Unterhändler durch die Minengänge geführt hatte, und sie sahen, wie weit fortgeschritten der Harzer Arbeiten gediehen waren, bzw. „wie nah ihnen der Tod drohe."

Doch noch vor der Unterzeichnung kam es im Lager der Kreuzfahrer zu Streitigkeiten: Ein Teil derselben, darunter Heinrich von Brabant, befürwortete die Bedingungen, ein anderer wollte lieber ein Exempel statuieren, zumal die Mauern ja schon untergraben waren und versprach sich davon die angedeutete moralische Wirkung auf die Heidenschaft und die weiteren Eroberungsvorhaben...

Ja, einige Hitzköpfe griffen sogar plötzlich die Feste erneut an und bestürmten die Burg mit Ballisten und anderen Maschinen, trafen aber auf heftigen Widerstand, indem die Belagerten mit Pfeilen und Steinen manch ungestümen Pilger verwundeten oder töteten. Nur mit einiger Anstrengung vermochten die Fürsten die unbesonnenen Streiter zur Ruhe zu bringen.

Aber es wurde auch weiter verhandelt und der Vertrag insofern nachgebessert, als eine zusätzliche Absicherung durch Geiselstellung mit in die Vereinbarungen aufgenommen wurde: Bis zur Erfüllung der von ihnen übernommenen Verbindlichkeiten sollten einige der hochrangigen Abgeordneten Torons in der Gewalt der Christen verbleiben. Und jetzt willigte endlich auch der Kanzler ein, der auf bedingungsloser Übergabe beharrt hatte.

Zwiespältig war aber auch die Meinung seitens der Belagerten, deren ein Teil ebenfalls für die Vertragserfüllung war, während der andere Teil den Deutschen misstraute.

Genährt wurde der letzteren Meinung offenbar noch durch die fränkischen Barone, die zur weiteren Verwirrung sich mühten, Zwietracht zu säen und Intrigen zu schmieden, mit dem Ziel, die ungewünschten Gäste aus dem Abendland nur los zu werden. Geheime Botschaften sollen sie an al-Adil gesandt haben – sie suchten sich mit ihm gut zu stellen, da sie fürchteten, ein Massenmord würde einen mohammedanischen Dschihad, einen Heiligen Krieg, auslösen.

So ließen sie den Sultan warnen, dass es nicht die Art der Deutschen sei, Menschen das Leben zu schenken...[165] „Trauet nicht dem Kanzler", sprach nach glaubwürdiger Nachricht[166] ein syrischer Franke zu den Abgeordneten der Besatzung, während sie sich im Lager der Pilger befanden, „denn sobald ihr ihm die Burg werdet überliefert haben, so wird er euch in Fesseln legen und töten".

Die zuvor schon angesprochene verräterische Haltung der syrischen Franken ist in dem Hass gegenüber den kampffreudigen Deutschen begründet und in eben der

[165] vgl. Runciman, 100
[166] So berichtet Ebn al Athir – s. Wilken a.a.O.

Tatsache, dass sie es sind, auf die sich nach dem Abzug des Kreuzheeres die islamischen Racheakte konzentrieren würden.

So waren es die Christen selbst, die den Erfolg der Verhandlungen vereitelten, während sie allmählich ermüdeten und in ihren Anstrengungen nachließen.

Seitens der Belagerten dürfte man inzwischen auch einige Hoffnung auf das Herannahen des türkischen Heeres gesetzt haben, und so war man an jeder Art von Zeitgewinnung interessiert. Folglich zogen sie ihr Anerbieten zurück, überließen die gestellten Geiseln im christlichen Lager ihrem Schicksal und kämpften mit dem Mut der Verzweifelten.

Im Nachhinein erwies es sich nun sogar als unklug, dem Feind das Lager mit seinen Verschanzungen und die Minen gezeigt zu haben, denn dem gelingt es jetzt, „vermöge seiner außerordentlichen Verschlagenheit“ (Arnold v. Lübeck, 249), den Grubengang, auf den die Deutschen so großes Vertrauen gesetzt hatten, zu zerstören und in demselben die plötzlich eingeschlossenen Mannschaften „mit Feuer und Schwert zu töten“. „Einige zogen sie auch lebendig aus dem Stollen hervor[167] und stürzten sie, nachdem sie ihnen die Häupter abgeschlagen hatten, von der Mauer“.[168]

Für die Köpfe hatten die „Kinder der Finsternis“ nämlich eine andere Verwendung wie aus Wilkens Schilderung (desselben Vorgangs?) zu entnehmen ist. Demnach gelang es den Belagerten infolge der Fahrlässigkeit der Pilger, die Verschanzungen des christlichen Lagers zu zerstören, mehrere der christlichen Streiter im „Graben“ durch Schwert und Feuer zu töten und andere gefangen zu nehmen, deren Köpfe hernach durch die Wurfmaschinen der Belagerten von der Mauer in das christliche Lager geschleudert wurden.

Arnold von Lübeck ergeht sich nun, wie immer, wenn Kleriker Niederlagen und Verluste in derartigen Gottesunternehmungen zu begründen suchten, in lebhafte Klagen über die Zuchtlosigkeiten und Uneinigkeiten der Kreuzfahrer: Sie hätten ihr Gelübde, das ihnen den Ruf von Heiligen eingebracht habe, vergessen, den Kampf vernachlässigt, und sie würden sich nicht unterordnen.

Dem obwaltenden Zeitgeist gemäß betrachtete er alles geschehene Unglück als göttliche Strafe der Ruchlosigkeit, welche die Pilger, die sich gern als „Knechte des Heilands“ bezeichnet sehen würden, auf sich gezogen hätten. Besonders tadelt der Kirchenmann deren Ausschweifungen in der Wollust, wozu die Weiber sich missbrauchen ließen, welche unter dem Vorwande, die notwendige Bedienung der Pilger zu besorgen, in das Lager gekommen seien etc.

Somit hätten die Pilger also selbst alles Ungemach auf sich gezogen und lägen nun von Lastern heimgesucht, entnervt da. Bekanntermaßen galt folglich als das „fürnembste Stück der Praeservation (Vorbeugung vor allem Übel) die Buße und Besserung des sündigen Leibes“.

Die Feldprediger werden sich sicher gemüht haben, die Gottesstreiter wieder aufzurichten und hatten dazu ein wahrhaft reiches Repertoire. Wer sich also dem Bösen entziehe, seine Sündhaftigkeit überwinde und sich „unter den Schirm des Höchsten“ begebe, der dürfe auf die Worte des Psalms 91 vertrauen: „Er errettet dich vom Strick des Jägers... Seine Wahrheit ist Schutz und Schild, dass du nicht

---

[167] Möglicherweise mit den beliebten Wurfankern, mit denen so manch wackerer Belagerer lebendig an den Stadtmauern hochgezogen wurde.

[168] A. v. Lübeck

erschrecken musst vor dem Grauen der Nacht, vor den Pfeilen, die des Tages fliegen... Wenn auch Tausend fallen zu deiner Seite und Zehntausend zu deiner Rechten, so wird es dich nicht treffen. Ja, du wirst es mit eigenen Augen sehen und schauen, wie den Gottlosen vergolten wird."

Unter derartigen Umständen wurde noch den ganzen Januar hindurch belagert. Schließlich stellte sich Nahrungsmittelmangel ein.

Um dieses Problem zu lösen, wurde in starker militärischer Begleitung eine Nachschubkolonne nach Tyrus ausgesandt.

Ihrer Rückkehr sah man mit nicht geringer Erwartung entgegen, denn zu allem Verdruss wurde bekannt, dass ein islamisches Entsatzheer nahen würde: „Es wurde fürwahr im Lager gehört, dass Saffadinus...[169] mit einer unübersehbaren Heerschar aus dem Raum von Persien, Medien und Damaskus heranrücke, um sie zu vernichten und die Festung zu befreien."[170]

Sultan Malik-al-Adil hatte aus allen Richtungen Heere zusammenziehen lassen: Es nahten der Sultan von „Babilonia" (Ägypten) Malik-al-Aziz mit seinen Brüdern, Emire aus Baalbek, Homs und aus anderen Regionen – aus drei Himmelsrichtungen näherten sich Streitmächte der „Ungläubigen".

Entsprechend groß und allgemein war die Freude, als unter Trompetenschall im Lager des Kanzlers Konrad verkündet wurde, die Karavane sei aus Tyrus wohlbehalten zurückgekehrt.

So beschloss der große Kriegsrat angesichts der bedrängten Lage den Sturm auf die Festung am folgenden Tag, noch bevor das Entsatzheer eintreffen konnte. Die deutschen gemeinen Truppen waren bereit, dem Riesenheer eine Schlacht zu liefern[171]– Gott kämpft schließlich mit!

Überdies war die Feste sturmreif, stand also kurz vor dem Fall und würde sich als Basislager für weitere Kämpfe eignen.

Also rüstete alles freudig zum bevorstehenden Kampf, sich gegenseitig aufmunternd und gemahnend, für Christum entweder zu siegen oder zu sterben und zugleich hoffend, in Kürze aus der bedrängten Lage erlöst zu sein.

Da, während „sich alle in Frömmigkeit zum Kampf vorbereiteten", verbreitete sich plötzlich ein Gerücht und schlug wie eine Bombe ein: Der Kanzler mit der kaiserlichen Kerntruppe sowie andere Fürsten seien, nachdem sie all ihre Habe auf Zugtiere gepackt hätten, geflohen und hätten sich auf den Weg nach Tyrus gemacht...

Der anfänglichen Jubelstimmung wich tiefste Bestürzung.

Die Pilger sahen sich im Stich gelassen. Etliche stürzten zu Ross oder zu Fuß jenen nach... Dennoch harrte zunächst noch ein großer Teil des Heeres – offenbar ratlos – vor der Burg aus.

An Kämpfen war unter solch chaotischen Umständen nicht mehr zu denken.

Erst als es des Heeres von Malik-al-Aziz ansichtig wurde, der am 22. Februar einen ersten Angriff vor Toron unternahm, und es die Pfeile der Bogenschützen schon auf sich gerichtet sah, zog sich auch das restliche Kreuzfahrerheer am 24. Februar von Toron zurück (C. Naumann, 194).

---

[169] Ein anderer Name für Malik-al-Adil - ein Bruder Saladins.

[170] A. v. Lübeck / Bach. 40

[171] Runciman, 101

Die positive Sicht des Klerikers: „...an sich schon ein großer Erfolg“

Jetzt mag es zu dem verschiedentlich in der Literatur[172] geschilderten Szenario gekommen sein: Panik setzte ein und es gab kein Halten mehr. Unter tumultuarischen Szenen verließ die Streitmacht fluchtartig Toron, unter Zurücklassung reichen Kriegsmaterials und vieler persönlicher Habe, ja selbst der Kranken und Verwundeten – indem man sie dem Feind preisgab betrachtete man sie als Märtyrer...

Eine derartige Lage hatte die Ayyubiden aus ihrer bisherigen Defensivrolle geradezu herausgelockt. Jedenfalls berichten einige Darstellungen von den fanatischen deutschen Pilgern, die nach der Einnahme von Saida und Beirut, nunmehr auf der Straße nach Jerusalem in Stücke geschlagen wurden.

Zu alledem demoralisierte auch noch ein Unwetter die Pilger: Blitze durchzuckten die Luft und erleuchteten den Fliehenden den ehrlosen Pfad. Grollender Donner schreckte die Geängstigten und ein furchtbares Hagelwetter vervollständigte die Höllenszenerie. Den Kreuzfahrern mussten solche Naturerscheinungen als Fingerzeig Gottes erscheinen.

Die Moral der plötzlich führerlosen Truppe, angesichts höchster Gefahr, lässt sich leicht einschätzen, berücksichtigt man die vielen bekannten großen Schlachten in der Geschichte, die oft eigentlich sogar schon gewonnen waren, bevor die Nachricht vom Verlust des Führers das Blatt wendete. Selbst zum vorangehenden Kreuzzug Barbarossas ist ja eine gewisse Parallele unverkennbar.

Konrads plötzlicher Abzug trug somit zum Scheitern des Kreuzzugs nicht eben unwesentlich bei.[173]

Ein derartiges Handeln (keineswegs nur) des Kanzlers wirft selbstverständlich allerhand Fragen auf: War ihm die Haut naher als das Hemd?– denn die unmittelbar bevorstehenden Kriegshandlungen bargen ein erhebliches Risiko. Selbst wenn die Eroberung Torons gelungen wäre, dann stünde immer noch der Kampf gegen die noch nicht ermüdeten Krieger des großen Muselmanenheers bevor. Das wird auch der angesprochene Kriegsrat erörtert haben, aber es wird niemand (oder doch Konrad?) den Mut gehabt haben, im Heiligen Krieg den Rückzug anzuraten.

Mit dem Tod des Kaisers war er auch seines Amtes und seiner Autorität als dessen Kanzler beraubt. Immerhin verwaltete er jedoch die Kriegskasse!

Es scheinen mit dem Eintreffen der Nachschubkolonne von der Hafenstadt Tyrus noch weitere Nachrichten an das Lager gelangt zu sein, wie etwa vom im Reich entstandenen Erbfolgestreit, während man hier auf den jungen Friedrich II. gesetzt hatte. Vielleicht wurde bekannt, dass nicht einmal die Staufer an Friedrich festhielten, was ja ein politisches Hauptmotiv des ganzen Kreuzzugs entfallen ließ[174], denn mittels dieses Kreuzzugs sollte eine Versöhnung mit dem Papst herbeigeführt werden, zur Sicherung der Erbfolge dieses Friedrichs, insbesondere in Sizilien. Gerade von dort aber mag der Aufstand gemeldet worden sein – der

---

[172] Bach, 40 / Ruedebusch, 37 / A. v. Lübeck, 209

[173] Konrad wird sich hiermit nicht zum ersten Mal den Hass Heinrichs von Kalden zugezogen haben.

[174] Erloschen war erst recht der angedachte „Weltreichsplan“.

Zusammenbruch der Macht der Deutschen in Italien. Für den Erben Heinrichs VI. war durch den Kreuzzug nichts mehr zu erreichen...

Und noch eine bedeutende Nachricht mag das Ohr unseres Kanzlers und Bischofs erreicht haben: Die Nachricht auch vom Tod des Papstes Coelestin III. (gest. d. 8. Jan. 1198) und vielleicht schlimmer noch, die unmittelbar darauf erfolgte Nachfolge des energischen Innocenz III.[175]– quasi als Widerpart des Kaisers... Drohende Thronwirren, Bürgerkrieg und Machtauseinandersetzungen zwischen geistlicher und weltlicher Herrschaft warfen ihre Schatten voraus – und verlangten nach Konrads Anwesenheit am Hof bzw. im staufischen Heerlager. Nicht anders werden die mitverantwortlichen Fürsten gedacht haben – auch sie werden bestrebt gewesen sein, in den in Deutschland tobenden Entscheidungskampf zwischen Staufen und Welfen einzugreifen. Zu alledem war Konrad auch noch während seiner Abwesenheit zum Bischof von Würzburg gewählt worden...[176]

All dies sind zwar gewichtige Momente, doch rechtfertigen sie letztlich nicht sein Verhalten in dieser Angelegenheit. Er hätte diese ihm anvertraute Aufgabe von höchster Wichtigkeit selbstverständlich in geordneten Bahnen zu Ende bringen müssen!

Entsprechende Anschuldigungen wurden denn auch von den in die Heimat zurückgekehrten[177] Pilgern gegen seine Person erhoben. Sie entschuldigten den schlechten Ausgang ihrer Kreuzfahrt damit, dass der Kanzler Konrad und einige andere Pilgerfürsten von den Templern für die Aufhebung der Belagerung von Toron bestochen worden seien. Das Gold hierzu hätten die Templer von den Ungläubigen, mit denen sie ja nach dem Kreuzzug wieder zusammenleben mussten, zu diesem schimpflichen Zweck erhalten. Und man wusste es natürlich auch ganz genau: Es sei nichts als oberflächlich vergoldetes Metall gewesen.

Das sind schwer wiegende Behauptungen, die vielleicht nur der Argwohn gebar. Insbesondere verstieg sich dazu der zu Überspitzungen neigende Otto v. St. Blasien.

Wie so oft in der Geschichte suchte man eine schwere Niederlage durch angeblichen Verrat zu erklären und zu bemänteln. Immerhin aber liefert die Geschichte der Kreuzzüge allein eine Anzahl ähnlich gelagerter Fälle, wie beispielsweise den schmählichen Abbruch der Belagerung von Damaskus während des zweiten Kreuzzugs.

War auch dieser aufwändige Kriegszug nur ein weiterer Fehlschlag in der Kette der vorangehenden desaströsen Unternehmungen mit Hunderttausenden von Toten,

---

[175] Dieser Priesterfürst, mit dem leitenden Prinzip der Nachfolger Petri zu sein, dem der Herr nicht nur die Leitung der ganzen Kirche (von der ein Jesus nichts ahnen konnte), sondern die der ganzen Welt hinterlassen habe. Dieser Stellvertreter Gottes auf Erden nutzte sogleich die entstandene Verwirrung, den Deutschen erfolgreich einen Großteil ihrer Lehen zu entreißen. Die Witwe des Kaisers, äußerst antideutsch gesinnt, hatte schon einen Tag nach dem Tod ihres Gemahls die Verbannung aller Deutschen angeordnet und stellte unter starker Verzichtsleistung gegenüber dem Papst eine nationale Herrschaft her. Sie starb aber schon 1198 und Innocenz übernahm die Regierung selbst. Und sogleich initiierte er auf Sizilien gegen das Häuflein der kaiserlichen Getreuen unter Führung dessen Statthalters Marquard von Annweiler (Reichstruchsess und Herzog von Ravenna etc.), als den Feind Gottes und der Kirche, von 1199 bis 1202 einen Kreuzzug...

[176] Für den Heimkehrer ein staufisches Willkommensgeschenk.

[177] Unterwegs wurden sie nicht selten von Apuliern und Sizilianos ausgeraubt.

der die Stimmen jener mehrte, die an der Gottgewolltheit und Führerschaft Gottes zunehmende Zweifel hegten, so kommt es offenbar nur auf die Sichtweise an!

Unser Chronist und Kleriker Arnold von Lübeck (gest. zw. 1212 u. 1214), der seine Ausbildung vermutlich in Hildesheim oder Braunschweig genossen hat, belehrt uns eines Besseren, indem er darauf hinweist, dass eben dies zu beurteilen Gottes Sache sei; der Mensch dürfe sich hier ein Urteil nicht anmaßen. Er erklärt weiter, dass das *Märtyrertum so vieler Kreuzfahrer* und deren unmittelbarer Eingang ins Paradies *an sich schon ein großer Erfolg* sei... Er steht mit seiner positiven Sicht keineswegs allein.[178]

Jedenfalls hatte dieses groß angelegte rein deutsche Unternehmen, zugleich einer der größten Kreuzzüge, sein Ziel nicht erreicht, wenngleich er auch keineswegs nur gescheitert war. Dennoch wurde er, wie ja die weitaus meisten Kreuzzüge, nicht einmal offiziell gezählt[179]– selbst in einem Geschichtswerk wie dem Ploetz ist er schlicht nicht existent. Dabei war er keineswegs erfolgloser als jener sog. „Zweite Kreuzzug", der von zwei Königen angeführt wurde und über dessen Verlauf die Chronisten so wortreich berichteten.

Gründung des Deutschen Ritterordens

Eine besondere Tat des Hildesheimer Bischofs Konrad I. ist im Zusammenhang mit den Kreuzzügen noch erwähnenswert:

Als die deutschen Kreuzfahrer im Begriff waren, dem Heiligen Land wieder den Rücken zuzukehren und in Akkon auf günstigen Wind warteten, kamen dort Fürsten und Adel im Templerpalast zusammen und erhoben, unter **Federführung Konrads von Hildesheim**, das bestehende Deutsche Hospital S. Maria zu Jerusalem zum Deutschen Ritterorden. Das Gründungsdatum ist der 5. März 1198.

In der überlieferten Anwesenheitsliste finden sich denn auch die Namen unserer Helden: u. a. der Erzbischof von Mainz, der offenbar seinen Armenienaufenthalt unterbrochen hat, die Bischöfe Wolfger von Passau, Gardolf von Halberstadt, **Pfalzgraf Heinrich bei Rhein**, Friedrich von Österreich, Heinrich von Brabant und schließlich auch Heinrich von Kalden.

Ferner waren aber auch die bedeutendsten Vertreter des „Königreichs Jerusalem", so dessen Patriarch, König Amalrich, die Erzbischöfe von Nazareth, Tyrus und Caesarea, die Meister der Templer und Johanniter etc. anwesend

Die jetzt fundierte Gründung geht zurück auf jenes seefahrende Kontingent norddeutscher Kreuzfahrer (vorwiegend Kaufleute aus Lübeck und Bremen), welches den Kreuzzug Barbarossas unterstützt hatte und noch vor dem Eintreffen der kläglichen Reste dessen Landheeres vor Akkon anlandete (s. S. 47).

Im Jahre 1190 hatten diese Seepilger aus den Materialien einer Kogge (Segel, Taue, Schiffsholz) ein Zeltlazarett zwischen zwei an Land gezogenen Koggen errichtet – zur Pflege von Verwundeten und Kranken infolge der Belagerung und nach dem Ausbruch von Seuchen.

---

[178] „Ketzer" hingegen wandten ein: Würde es einen „gütigen und allmächtigen Gott" geben, dann würde der so viel Leid nicht zulassen.

[179] paradoxerweise im Unterschied zu einem so nichtigen Unternehmen wie dem 2. Kreuzzug Ludwigs des Heiligen

Dieses wurde zunächst „Spitalbrüderschaft S. Mariae Teutonicorum" genannt, dann aber in der Erwartung der baldigen Rückeroberung der Heiligen Stadt in „Hospital der deutschen Brüder der Kirche der Heiligen Maria in Jerusalem" umbenannt.[180]

Die Gründung dieses christlichen Spitalordens mit der dort geübten **Krankenpflege** bzw. Sterbehilfe wurde notwendig als Folge des praktizierten militanten Christentums! Insofern seien auch hierzu einige Worte gesagt: Wenn es ihnen möglich war, dann nutzten die Kreuzritter gern die Hilfe arabischer, auch jüdischer Ärzte, deren Kunst derjenigen ihrer christlichen Kollegen überlegen war.

Zum einen wies der Orient allgemein eine höhere Kultur auf, zum anderen aber hatte unter christlichem Einfluss ja gerade die Heilkunst seit dem Germanentum einige Rückschritte erlitten; denn wenn die germanischen Kräuterfrauen sich ein umfangreiches und tradiertes Wissen um die Heilwirkungen von Pflanzen sowie erstaunliche medizinische Praktiken (neben der überall üblichen Magie) angeeignet hatten, so wurde von den christlichen Priestern vieles davon, weil es oft ja auch von ihrer priesterlichen Konkurrenz (im Heidentum) ausgeübt wurde, als Teufelswerk geächtet und an die Stelle des Pflanzensuds das Weihwasser gesetzt.[181]

Wenig förderlich für eine fortschrittliche Weiterbildung im Sinne einer Medizinwissenschaft war es denn auch, wenn die Kirche in Krankheiten und Unglücksfällen (wie eben auch im Kampf) die verdiente und gerechte Strafe Gottes für begangene Sünden erblickte (Glaube an die jenseitige Verursachung). Entsprechend wurde jeder Versuch, sich mit menschlicher Kunst in den undurchschaubaren Heilsplan Gottes einzumischen, als sündhaft und Teufelswerk verdammt. Krankheit war folglich ein religiöses Problem.[182]

Aufgrund unzureichender medizinischer Kenntnisse und mithin beschränkter Behandlungsmöglichkeiten, und weil eben die Kirche die religiöse Heilsanstalt der Christen darstellte, trat folglich die Heiligenverehrung (Reliquien, Amulette, Kreuze, Andachtsbildchen und überhaupt magische Mittel, wie Hostienzauber etc.) in den Vordergrund und hemmte zugleich für Jahrhunderte jeden medizinischen Fortschritt, denn indem man etwas „glaubte", suchte man nicht nach Ursache und Wirkung[183], sondern sah sich schlicht der göttlichen Allmacht ausgeliefert.

So arbeiteten die christlichen Ärzte, die eher zum Kreis der „verrufenen Personen" zählten, mit den oft abstrusen Mitteln des Quacksalbers und unter Anwendung oft schlimmer Rosskuren.

Beispielsweise vergleicht der Mohammedaner Usama (S. 184 f. u. 190 f.) die morgenländische Medizinkunst mit der abendländischen und beschreibt, wie der arabische Arzt im Falle eines Geschwürs am Bein ein Zugpflaster anwendet und das Geschwür aufbrechen lässt, woraufhin das Bein heilt. Der „fränkische" Arzt hingegen amputiere das Bein mit einem Beilhieb, mit der Folge, dass der Patient sterbe...

---

[180] Gem. der Papsturkunde v. 6. Februar 1191.

[181] Aus der christlichen Dogmatik, und der damit verbundenen Bevormundung durch die Scholastik, musste sich auch die Medizin erst im Zuge der Aufklärung befreien.

[182] In eben diesem Sinne stellte sich auch in Hildesheim der Priester mit seinen Sakramenten zur Bekämpfung eines aufkommenden Feuers zur Verfügung. In ähnlichem Sinne öffneten bei nahendem Gewitter die Kirchenglocken ihren ehernen Mund (Gebauer, 247).

[183] Wie dies für die Entwicklung der Naturwissenschaften ziemlich allgemeine Gültigkeit hat.

Wunden wurden, was gut war, zur Blutstillung mit dem Brenneisen bearbeitet. Gern wurde gesegnet, Hand aufgelegt, mit dem Kreuz bezeichnet, die Wunde mit Salz bestreut, der Aderlass (das Schröpfen) gepflegt, und wenn jemand an einer fiebrigen Erkrankung litt, dann schritt man zur Teufelsaustreibung, indem dem Patienten ein tiefes Kreuz in die Kopfhaut geschnitten wurde, oder es wurde ihm ein Loch in die Schädeldecke gebohrt, um den Dämonen herauszulassen...

Und all dies nicht nur angesichts seinerzeitiger Hygiene, sondern gerade im Christentum galt es ja als besonders demutsvoll, die Pflege seines Körpers nicht groß zu achten, also sich möglichst nicht zu waschen oder sich zum Beispiel freiwillig selbst zu erniedrigen, indem man im „Dreck" hockte etc.[184]

Dennoch war es für die Kranken zweifellos ein großer Vorteil, verbunden, versorgt und verpflegt zu werden. Auch hatte es in der damals religiös erregten Zeit einen besonderen Stellenwert geistlich betreut zu werden.

Auf Bitten Herzog Friedrichs hin, der die Reste des Kreuzzugs seines Vaters nach Akkon geführt hatte, unterstützte Heinrich VI. schon früh diese Einrichtung, zumal ihm diese ein gewichtiges Moment seiner orientalischen Politik darstellte. Zumindest hatte er den nunmehrigen „Deutschen Ritterorden" (Deutschherren, Kreuzherren, Marianer...) als Gegengewicht zu den vornehmlich romanischen Orden der Templer und Johanniter (Soldaten des Papstes) vorgesehen. Frühe Beispiele von Güterschenkungen aus unserer Heimat an den Orden führt Bach (a.a.O.) an.

Ursprünglich waren die Orden einmal zum Schutz der Pilger ins Leben gerufen worden und sie waren den drei mönchischen Idealen der Armut, der Keuschheit und des Gehorsams per Gelübde verpflichtet.

Mit großer Selbstlosigkeit unterhielten die alten Orden die Pilgerherberge und reichten gute Speisen, während sie selbst nur grobe Kost und Wasser zu sich nahmen: Galt zunächst die Regel des heiligen Benedikt, so war es nunmehr kein Geringerer, als der einflussreichste christliche Religionsführer seiner Zeit, nämlich der heilige Bernhard von Clairvaux, der diese Regel auf die Besonderheiten des Einsatzes im Hl. Land und unter den „Heiden" anpasste.

Dabei befahl er den Tempelrittern, die ihr Leben selbstverständlich Christi weihten, sich selten zu waschen (sic!), verbot ihnen, sich mit Hilfe eines Knappen an- oder auszuziehen, dem Brett- und Würfelspiel zu frönen, auch irgendetwas von Wert zu besitzen: „Wer einen Heller besitzt ist selbst keinen Heller wert." Der Heilige fixierte aber auch jene Sätze in der Ordensregel: „Der Christ, der den Ungläubigen im Heiligen Krieg tötet, ist seines Lohnes sicher; noch sicherer, wenn er selbst den Tod findet." Oder auch: „Der Christ frohlockt über des Heiden Tod, denn dieser gereicht Christus selbst zum Ruhm."

Als geistliche Ordensregel verfasst, wurde diese Ideologie, die nun vom Deutschen Orden übernommen wurde, ein Freibrief für alle Untaten.

Dieser Ausweitung des geistlichen Ordens zum Ritterorden, also einem solchen mit der Verpflichtung zum militärischen „Heidenkampf", stimmte Innocenz III.

---

[184] Durch derartige „mönchische Tugenden" – dem Beispiel des Herrn nacheifernd, der bekanntlich so arm war, dass er nicht wusste wohin er sein Haupt legen sollte – fiel etwa Franz von Assisi auf als er, verlaust und vor Dreck strotzend, vor dem Sultan in Damiette erschien; die hl. Elisabeth schlief bekanntlich „in der Asche", die hl. Maria von Ägypten wurde wegen ihrer körperlichen Unsauberkeit weithin gerühmt etc.

sodann in der Urkunde v. 19. Februar 1199 zu, wenngleich auch mit einigem Widerstreben – schließlich waren die älteren Ritterorden direkt dem Papst unterstellt... Über ein „stehendes Heer" verfügte z. B. das Königreich Jerusalem erst nach Gründung dieser Militärorden.

Die „Barmherzigen Brüder" (und ebenso der Papst) bekamen jetzt nicht nur bezüglich ihrer christlichen Liebestätigkeit – die rasch zweitrangig wurde – schlicht Konkurrenz. Zu den eigentlichen Mönchsregeln übernahm der Deutsche Orden nun auch diejenigen der Templer. Und deren Motto lautete: die Ersten beim Angriff, die Letzten auf dem Rückzug! Entsprechend waren sie für ihren Mut berühmt und gefürchtet.[185]

Diese Mönche in Rüstungen, von Klerikern als das Heer des Herren Zebaoth zum Kampf wider den Fürsten dieser Welt (den Teufel) gepriesen, verstanden es wieder einmal auf geradezu wunderbare Weise, die christlich-mönchische Frömmigkeit mit brutalstem Kriegshandwerk und christliche Demut mit herausragender Arroganz zu verbinden... Es war dies eben die Folge einer religiösen Begeisterung und Opferbereitschaft, die sich in einer vor nichts zurückschreckenden Tapferkeit ausdrückte – unkluge Tollkühnheit und Heldenmut waren schließlich abgesichert durch die himmlischen Verdienste des Gottesstreiters.

Das äußere Kennzeichen der schwer gepanzerten Deutschritter war der weiße Mantel (der die Unschuld symbolisierte) mit schwarzem Kreuz, aber auch ein geradezu maßloser Adelsstolz.

Der Orden begann nun in Syrien Burgen zu erwerben[186] und repräsentierte militärisch das deutsche Kaiserreich als Schutzmacht im östlichen Mittelmeerraum – eine Funktion, die früher Byzanz ausgeübt hatte (bis 1180), und die unter Friedrich II. ausgeweitet wurde. Derselbe bereitete auch die Ausbreitung des Deutschen Ordens an der Ostgrenze des Reichs vor: Zu Beginn des 13. Jh. gründeten Deutschritter unter Hermann von Salza Kronstadt in Siebenbürgen. Unter ihrem „Oberlehnsherrn aller heidnischen Länder" (Friedrich II.) eroberte der Orden seit 1226 Preußenland und errichtete 1309 – zu einer Zeit, in der die Templer zu Tausenden eingekerkert wurden – sein Hauptquartier in der Marienburg, der größten Burg Europas, als Zentrum seines Ordensstaates.

Der Orden sollte schließlich bis zur Weichsel vordringen: Es galt, Preußenland zum Ruhm und zur Ehre des wahren Gottes in Besitz zu nehmen.

Zahlreiche Stiftungen und Vermächtnisse schufen dem Orden auch im Inneren des Reichs Landbesitz und Stützpunkte. Erwähnt sei in diesem Zusammenhang die im Jahre 1213 erfolgte Belehnung des Ordens mit der **Elmsburg**, oberhalb von Twieflingen (bei Helmstedt), durch den Sohn Heinrichs des Löwen, Kaiser Otto IV.

---

[185] Unverdient und unrühmlich war daher ihr Ende: Sie fielen einer Verleumdungskampagne zum Opfer und wurden der Ketzerei und des Sittenverfalls angeklagt. 1307 forderte eine päpstliche Bulle die Gefangennahme der Templer in der gesamten Christenheit, worauf dies zumindest in Frankreich vollzogen wurde. Dort beschlossen 1310 vierundfünfzig Templer und 1314 zwei ihrer Großmeister auf dem Scheiterhaufen ihr Leben. Papst Clemens V. löste den Orden auf. Vorgeblich wollte der Papst die Amtskirche von ketzerischen Elementen reinigen, tatsächlich ging es ihm um Geld, Macht und die Zerschlagung eines Konkurrenzunternehmens.

[186] Starkenberg, Montfort – auch Toron gehörte dazu.

Dieser Besitz wurde gemehrt, indem der halberstädtische Lehensmann Ekbert von der Asseburg auf das ihm verlehnte feste Haus im Reitlingstal unter der Bedingung verzichtete, dass diese „Reitlingsburg" dem Deutschen Orden geschenkt werde. Auch im nahen **Lucklum** fasste der Orden Fuß, und eben hier errichteten die Deutschherren eine Ordensburg mit vier Ecktürmen, die durch Mauern und Wehrgänge miteinander verbunden waren. Somit ähnelt sie in ihrer Konzeption jenen Ordensritterburgen in den Ostgebieten.

In der zweiten Hälfte des 13. Jh. wurde Lucklum zum Sitz der Ordensprovinz bzw. „Ballei" Sachsen (Ober- und Niedersachsen), an dessen Spitze der Komtur stand.

Unter den etwas geringeren Förderern dieses Ritterordens ganz groß ist auch der Hildesheimer **Bischof Konrad II.** (s. S. 168 u. 231) zu nennen, der mit dem Hochmeister Hermann von Salza persönlich bekannt war und viele Dotationen und Kreuznahmen zu Gunsten des Ordens auslobte. Ebenso führte er dem Orden eine namhafte Anzahl neuer Mitglieder zu, wie er sich stets auch in unablässiger Sorge um den „Pilgernachschub" verzehrte. So war es beispielsweise ein großer Erfolg, wohl unseres Bischofs von Hildesheim, als der Welfe Otto das Kind dem Orden 1240 in bedrängter Lage zu Hilfe kommen konnte (s. S. 185).

Zur Verbreitung des einzig wahren Glaubens mordete man die Bevölkerung und lobte die Gnade des Erlösers. Wer bei der Gelegenheit nicht niedergemetzelt wurde und sich auch nicht taufen ließ, sollte gemäß den Ordensregeln quasi nackt aus den Grenzen des Ordensgebiets bzw. der Christenheit getrieben werden – die Welt gehört den guten Christen. Entsprechenden Tadel zog der Orden auf sich, es komme ihm gemäß den Forderungen des heiligen Bernhards in seinen Satzungen auf die Unterwerfung und nicht auf die Bekehrung an.

Doch in einem Land, das die Schrift noch nicht kannte, leistete auch der Deutsche Ritterorden, als einziger der Ritterorden aus der Geschichte der Kreuzzüge, allein durch seine kolonisatorische Wirksamkeit in Verbindung mit dem Handel[187] der Hanse, einen positiven Beitrag zur Kultivierung Osteuropas.

Dort bewährte sich der Deutsche Ritterorden als Ordensstaat von Thorn aus auch noch lange nach dem endgültigen Verlust des Heiligen Landes...

Vom Kreuzzug heimgekehrt

Konrad von Hildesheim und die „päpstliche Gnadensonne"

Wenngleich die wechselvollen weiteren Geschicke unseres Hildesheimer Bischofs Konrad I. etwas von unserem eigentlichen Thema abführen, so lohnt allemal ein näheres Interesse für die Hauptfigur unserer bisherigen Darstellung:

Konrad von Hildesheim hatte es besonders eilig, nach Deutschland zu kommen: Gründete er am 5. März 1198 noch in Akkon den Deutschen Ritterorden, so stellte er am 21. Mai bereits eine Urkunde in Nordhausen aus. Vielleicht hatte auch er

---

[187] Eine Haupteinnahme hatte der Deutsche Ritterorden in den Ostseegebieten durch sein Bernsteinmonopol, welches dazu führte, dass er die Christenheit mit Rosenkränzen belieferte. Übrigens ließen sich diese in jener religiös durchpulsten Zeit durchaus als technisches Gerät nutzen, nämlich zur Zeitmessung: Ein Ei zu kochen dauerte beispielsweise drei bis vier „Vaterunser" – kurze Zeitspannen wurden von der Gebetsdauer bestimmt (vgl. J. Stillig, Jesuiten..., 108).

gehofft, seine zweifellos gewichtige Stimme bei der Königswahl noch mit in die Waagschale werfen zu können, wozu es allerdings zu spät war.

Während der nun einsetzenden Machtkämpfe zwischen Heinrichs VI. Bruder Philipp von Schwaben und dem Welfen Otto IV. um die Krone, wurde Konrad sofort Philipps Kanzler.

Die Annahme auch des Würzburger Bischofsamts führte indes zu starken Zerwürfnissen mit Innocenz III., zumal Konrad auch Hildesheim beizubehalten gedachte. Der „Christi-Stellvertreter" sah sich in seiner Entscheidung übergangen und reagierte mit rücksichtsloser Härte.

Als unser stolzer Bischof, der sich in seiner kühnen Gesinnung als Vertreter einer eher selbstständigen Reichskirche betrachtete und als Berater und Stellvertreter eines Heinrichs VI. fungierte, nicht sogleich reagierte, wurde er wegen dieses „Ungehorsams" am 1. August 1199 von Innocenz gebannt und all seiner geistlichen Würden entkleidet: Briefe entsprechenden Inhalts, wonach Konrad nach Ablauf der Frist von 20 Tagen unter dem Klang der Glocken und bei angezündeten Kerzen zu exkommunizieren sei, gingen von Rom aus u. a. nach Hildesheim, Würzburg, die Erzbischöfe von Köln, Magdeburg, Salzburg und ihre Suffragane.

Er sah sich jedoch getäuscht, wenn er glaubte, dass sich Konrad auf Grund seiner Schroffheit sogleich unterwerfen würde, denn der antwortete eher hochmütig, beschuldigte den Papst der Parteilichkeit und forderte eine neutrale Untersuchung. Auch die geistlichen Amtshandlungen übte er weiterhin aus und nahm, statt der Bistümer zu entsagen, von beiden ausdrücklich Besitz.

Erst als Konrad seine Würzburger Stellung selbst als gefährdet betrachtete, konzentrierte er sich auf sein bisher sicheres Hildesheimer Bistum.

Zwar hatte der Papst dort eine Neuwahl gefordert, doch Konrad erklärte die päpstlichen Dekrete als Fälschungen seiner Gegner und drohte, falls man diesen Folge leisten würde, die Einkünfte der Kirche derart zu verschleudern, dass sein Nachfolger weder Einnahmen haben werde noch Bischof genannt werden könne.

Dennoch, jetzt machte sich im Jahre 1198 der Bürgerkrieg auch im thüringisch-sächsischen Raum bemerkbar. Entsprechend unterlag auch die Hildesheimer Regierung dem wechselnden Kriegsglück der welfischen oder staufischen Partei. So wählten die Hildesheimer bald Konrads früheren Lehrer Hartbert als seinen Nachfolger[188], der, als König Philipp zum Entsatz des von König Otto belagerten Goslar heranrückte, sich mit diesem nach Braunschweig zurückziehen musste.

Als Philipp sich darauf zum Rhein zurückzog und Otto in das Hildesheimer Gebiet eindrang, wird sich Konrad nach Würzburg zurückgezogen haben.

Hier erhielt er im Frühjahr 1199 ein päpstliches Schreiben, aus welchem hervorgeht, dass Innocenz ihn einst „innig geliebt habe, aber trotzdem lieber scharfe Maßregeln gegen ihn ergreifen wolle als ein solches Vergehen, der Nachwelt zum bösen Exempel, ungestraft zu lassen". „Wie komme denn der Kanzler dazu, trotzig sein Antlitz gegen ihn gen Himmel zu erheben?"– und wie könne er sich über Ungerechtigkeit beklagen, wo er doch längst sein Verbrechen gestanden habe, indem er sich den Titel Bischof von Würzburg beigelegt habe. Schließlich aber lässt der Heilige Vater doch die Möglichkeit des Wiedererstrahlens der päpstlichen Gnadensonne durchblicken, indem er Konrad den Rat gibt: „Erfülle nur das

---

[188] Es brachte ihnen den Bann ein.

apostolische Mandat, kehre nicht nach Hildesheim zurück und stehe ab von Würzburg, dann wirst du endlich erkennen, welche Gefühle uns in Wahrheit gegen dich beseelen."[189]

Konrad jedoch bezeigte vorerst wenig Lust, diese Gefühle kennen zu lernen, sondern arbeitete vielmehr daran, die seinen dem Papst zu verdeutlichen. So ist es höchst wahrscheinlich, dass er der Verfasser jener berühmten Erklärung ist, die am 28. Mai 1199, bedeckt mit den Unterschriften von 50 Reichsfürsten, nach Rom abgeschickt wurde.

Darin erklären die Fürsten, dass sie ihrem gewählten König Philipp treu bleiben würden, und so aufrichtig sie auch der Kirche ergeben seien, es nicht dulden würden, dass der Papst seine Hände nach den Rechten des Reichs ausstrecke. Ja, unter dem Eindruck der aktuellen militärischen Erfolge des aus dem Kreuzzug zurückgekehrten Heinrich von Kalden fügten sie stolz hinzu, dass nun die Zeit nicht mehr fern sei, wo sie mit aller Macht, so viel sie könnten, nach Rom ziehen und ihrem König daselbst auch die Kaiserkrone verschaffen würden.

Doch auf einen Innocenz machte das noch nicht den erhofften Eindruck. Auch die Abgesandten Konrads vermochten nichts auszurichten, vielmehr sprach der am 1. August feierlich den großen Kirchenbann über Konrad aus.

Dessen ungeachtet hatte dieser bald noch einmal Gelegenheit, in Hildesheim als regierender Bischof aufzutreten. Denn als König Philipp im Winter 1199 Niedersachsen durchzog, da beschloss man auf dem glänzenden Hoftag zu Magdeburg[190] – wo der Kanzler an dessen Gelingen einen großen Anteil hatte –, Braunschweig zu Johannis zu belagern, zerstörte sogleich Helmstedt und Warberg und besetzte Hildesheim.

Da kehrte in des Königs Begleitung, unter dem Jubel eines Teils der Bevölkerung, auch Konrad auf seinen alten, wenngleich auch längst aberkannten, Bischofsstuhl zurück und bezeichnete sich als „Bischof von Hildesheim und Erwählter von Würzburg".

Verschiedene Weisungen des Papstes mussten es Konrad inzwischen verdeutlichen, dass ihm ein Kampf bis zur Vernichtung drohte, woraus er sich nur durch die bedingungslose Unterwerfung retten können würde.

Der zaghafte Diplomat Philipp, so anders als der kühne Heinrich VI. – als dessen stolzer und auch mächtiger Stellvertreter Konrad vor kurzer Zeit noch fungierte –, war indessen nicht der Mann, ihn zu schirmen. Nicht einmal gegen den unbotmäßigen Adel Würzburgs, mit dem sich Konrad herumschlagen musste, vermochte ihn dieser sanfte Staufer zu schützen.

Eine Restitution seiner Ehre und Macht war nur noch von Rom her zu erwarten. Also beugte er sich der geistlichen Gewalt und zog abermals, diesmal jedoch schweren Herzens, über die Alpen.

In Rom musste er zunächst den Eid des Gehorsams ablegen, um die Lossprechung vom Banne zu bewirken, ehe es ihm vergönnt war, vor dem Papst selbst zu erscheinen. Vor diesem warf er sich sodann barfuß und ohne Obergewand, einen Riemen um den Hals geschlungen, dem Papst zu Füßen, die Arme in

[189]In der weiteren Darstellung folgen wir hauptsächlich Münster 30ff., auch v. Borch, wobei schon Münster auf dessen Parteilichkeit zu Gunsten seines Helden hinweist.

[190] Auch bei dieser Gelegenheit wurde beiläufig für die Livland-Kreuzfahrt geworben.

Kreuzesgestalt ausbreitend: Laut weinend und Tränen in den Augen bekannte er sein Unrecht und flehte um Verzeihung...

Nach vielfachen Verhandlungen befahl das Konsistorium unserem Ex-Bischof, auf beide Bistümer bedingungslos zu verzichten, was angeblich auch von Konrad übersandte Geschenke nicht zu ändern vermochten.[191]

Münster beschreibt überzeugend, wie sich Konrad nun längere Zeit in Rom aufhielt und sich allmählich von der Sache, der er bis dahin sein Leben gewidmet hatte, abwandte. Wie er einst von der Größe eines Heinrichs VI. und dessen weit reichenden Plänen angezogen war, so imponierte ihm jetzt dieser Papst und Freund seiner Jugend mit seiner Idee von der Oberherrschaft des Nachfolgers Petri.[192]

In Deutschland stand nun die **Belagerung Braunschweigs** an, welche Stadt vom Pfalzgrafen Heinrich, dem Bruder König Ottos verteidigt wurde, und wir finden Konrad, nurmehr als „imperalis aulae cancellarius" an der Seite König Philipps.

Dabei sollte er Gelegenheit finden zu zeigen, dass er, wie einst im Kreuzzug und seines geistlichen Standes zum Trotz, Umsicht und Kriegserfahrung genug besaß, um in entscheidendem Augenblick in die Operation der Streitkräfte eingreifen zu können:[193]

Während Philipp die Hauptmacht des Heeres zum Angriff führte, drang auf einer anderen Seite eine kleinere Einheit an einer Stelle, die von der Verteidigung entblößt war, in die Stadt, und zwar bis zur Okerbrücke. Doch statt weiter vorzudringen, erging sie sich in der Plünderung des Aegidienklosters.

Schon gewannen die aufmerksam gewordenen Welfen die Oberhand – da eilte plötzlich der Kanzler mit einer neuen Schar herbei und „stillte den Aufruhr"; das heißt, er unterband die Plünderung und führte die Seinen aufs Neue gegen die Okerbrücke.

Nur weil durch die Verzögerung hier Verstärkung angelangt war, mussten sich die Staufer an diesem Ort des Kriegsgeschehens ebenso zurückziehen, wie auf Seiten der Hauptmacht.[194]

Der Rückzug geriet sodann, vor allem infolge der Bogenschützen des Pfalzgrafen, zu einer solchen Niederlage, dass sich die Hildesheimer in kopfloser Flucht hinter die Mauern ihrer Stadt in Sicherheit bringen mussten.

Vor Braunschweig hatte aber noch jene Intrige des Magdeburger Domdekans von Glinden gegen Konrad (v. Querfurt) stattgefunden.

Der hatte ihn beim König als nicht mehr königstreu angeschwärzt, was mit seinem Papstbesuch[195] in Verbindung gebracht wurde. Dem Ränkeschmied trug dies bald den

---

[191] sie waren sicher nicht groß genug

[192] Wobei allerdings das vorgebliche Grab dieses Apostels in Rom trotz intensiver Nachforschungen bis heute nur „geglaubt" wird.

[193] Münster, 46 / In kirchlich nahe stehenden Schriften wird hingegen betont, dass Konrad als Geistlicher bezüglich des Kreuzzugs „nur die politische" Leitung ausgeübt habe... Stattdessen hatten wir ihn andeutungsweise als „kaiserlichen Truppenführer" auch schon in Beirut erlebt.

[194] Das seinerzeitige Entweichen des Pfalzgrafen Heinrich aus dem kaiserlichen Heerlager vor Neapel soll schon einmal den Anlass gegeben haben, zu einem Kriegszug sächsischer Großer im Juni 1192 gegen die Stadt Braunschweig. Ein Krieg, der unter Führung der Bischöfe von Hildesheim und Halberstadt stand, und der kläglich scheiterte.

Lehrmann, Kreuzzüge...

Überfall durch Konrads Bruder Gebhard von Querfurt ein. der den Dekan „unschädlich" machte. indem er ihn geblendet (also seiner Augen beraubt) haben soll. Im Rahmen seiner Verurteilung hatte Gebhard 1000 Mark an die Kirche zu zahlen und in Begleitung von 500 Rittern einen Hund vom Tatort bis zum Magdeburger Dom zu tragen. Einmal so richtig bei der Buße. gelang dem Querfurter dieses Werk so trefflich. dass ihn Gott begnadigte. seinen Todestag voraus zu wissen.

Innocenz trat nun offen für den Welfen Otto ein, und es hat wohl den Anschein, dass er Konrad in diesem Zusammenhang – als Verbündeten! – als Bischof von Würzburg anerkannte (1201).

Hier hatte sich dieser sogleich wieder den schon angedeuteten Kämpfen mit dem ansässigen Adel – insbesondere mit den Reichsministerialen – zu widmen. Einerseits mussten auch diesen Herren in den obwaltenden Zeiten höhere Abgaben auferlegt werden, andererseits, wie in Unruhezeiten nicht unüblich, suchten diese sich von solchen Lasten (z. B. aus kirchlichen Lehngütern, die sie innehatten) zu befreien, indem sie eher danach trachteten, sich diese Güter anzueignen.

An der Spitze dieser Oppositionsgruppe, die im Schutz ihrer Burgen agierte, standen die Brüder Heinrich und Bodo von Ravensburg – nahe Verwandte des Marschalls Heinrich von Kalden, der hier sicherlich nicht untätig zugeschaut haben wird.

Der Streit tobte mit größter Heftigkeit, und unser Bischof konnte sich seines Lebens durchaus nicht sicher fühlen. Das ist daraus zu ersehen, dass der an seiner Seite stehende und aus einem bischöflichen Ministerialengeschlecht entstammende, ihm treu ergebene Eckard ermordet wurde, der während der Zeit der Vakanz des Bischofsstuhls die Verwaltung geführt hatte.

Dass Konrad sein Leben tatsächlich als bedroht ansah, zeigt auch eine Urkunde, wonach er das Domkapitel für den Fall seines plötzlichen Todes in gewisser Weise verpflichtete.

Einen wirksamen Schutz konnte unser Bischof vom König nicht erwarten, zumal die Reichsministerialen dessen treueste Anhänger waren – auch dies ein Grund für den Bischof, sich der Sache der Staufer zu entfremden.

Rebellion und Meuchelmord

Die kirchliche Wiederherstellung durch die alleinige Gnade des Papstes gab diesem die schöne Möglichkeit, das jeweilige Bischofsamt mit ihm loyal ergebenen Personen zu besetzen.

So auch im Falle Konrads, der sich nunmehr zum Vertrauensmann des Papstes gewandelt hatte und dabei keineswegs nur mit wichtigen kirchlichen Aufgaben betraut wurde: Konrad war auserkoren, eine sich anbahnende Erhebung des ganzen mittleren Deutschland gegen König Philipp zu leiten! Zu diesem Zweck zog er den Landgrafen von Thüringen auf seine Seite, vermutlich auch den Erzbischof von Mainz.

Die Stellung zum Stauferkönig stand nun also nicht zum Besten. Laut ADB war an seinen „verräterischen Absichten nicht zu zweifeln". Im Herbst 1202 „warf er die

---

[195] Innocenz, nicht anders als seine Nachfolger stauferfeindlich gesinnt. wird zunächst ausgelotet haben. von welcher Seite er den größten Nutzen ziehen könne.
Um diese Zeit trat er offen für Otto ein und wird auch versucht haben. Konrad auf seine Seite zu ziehen.

Maske ab“ und verstärkte den Marienberg über Würzburg, um hier die Ankunft seiner Verbündeten zu erwarten.

Doch auch Philipp von Schwaben war mit imponierender Heeresmacht zum Bischof von Würzburg unterwegs – wenngleich auch nicht, um einen rebellierenden Landesfürsten mit Krieg zu überziehen, wie es verschiedentlich dargestellt wird, wohl aber, um nach Möglichkeit dessen entschiedenen Beistand wiederherzustellen.

Als er heranrückte war unser ehemaliger Bischof von Hildesheim jedoch bereits tot: Konrad wurde von seinen Dienstmannen, den schon genannten Ravensburgern, am 3. Dezember des Jahres 1202 auf grausame Weise ermordet: Ein Schwertschlag hieb ihm den Hinterkopf und eine Hand, wohl zugleich, ab.

Während des Tumults stürzten noch andere Ministerialen hinzu, die ihm vorher Frieden und Freundschaft geheuchelt hatten und ließen ihrem bestialischen Hass noch gegen den toten Fürsten freien Lauf. Dabei sollen sie den Leichnam verstümmelt haben, „als ob sie, was sie geschlachtet, essen oder zum Kaufe ausstellen oder den Tieren des Feldes zum Fraße geben wollten“. Darauf „entflohen die Mörder im Schutz der großen Partei, die in der Stadt dem Bischof feindlich gegenüberstand“.

Als wenige Tage darauf der König vor Würzburg erschien, kam ihm die gesamte Geistlichkeit unter dem Gesang jener Verse entgegengezogen, in denen Jacob um seinen Sohn Joseph klagt, und die blutigen Gewänder wie die abgeschlagene Hand hielten sie empor, um Strafe flehend an den Meuchelmördern.

König Philipp weinte bitterlich um den Mann, der ihm einst so nahe gestanden – immerhin darf Konrad während seiner Zeit als Kanzler als die Seele der staufischen Politik, als der erste Ratgeber bei Hofe gelten, und noch kurz zuvor hatte der König u. a. durch die Schenkung der Burg Steineck versucht, Konrad auf seiner Seite zu festigen.

Seit der Ermordung Eckards hatte Konrad unablässig danach getrachtet, diesen, seinen treuen Freund und Helfer im Kampf gegen die widerspenstigen Rittergeschlechter zu rächen. Dabei verfolgte er sie von einem Schlupfwinkel zum anderen, bis diese sich schließlich in ihrer verzweifelten Lage zu dem Mordanschlag entschlossen hatten.

Innocenz verhängte den Kirchenbann über jene „filii Belial“ (Söhne des Teufels), die die Bluttat ausgeführt und dehnte sie über alle Empörer aus, die „mit den Waffen“ das Entkommen der Täter gefördert hatten.

Die Mörder entzogen sich zunächst der weltlichen Gerichtsbarkeit durch ihre Flucht nach Rom und warfen sich dem Papst zu Füßen, der das Verbrechen mit schweren Kirchenbußen ahndete.

Ihnen wurde auferlegt, täglich 100 Vaterunser zu beten und 50 Kniebeugen zu machen, weder Hermelin noch bunte Kleider zu tragen, keine öffentlichen Schauspiele zu besuchen, auch nicht wieder zu heiraten. Zudem sollten sie sich für ihre ganze Lebenszeit den strengsten, genau festgelegten Fastenprozeduren unterziehen und nur im Bußgewand die Kirchen betreten.

Sie wurden verpflichtet, Waffen nur gegen Ungläubige zu erheben – vier Jahre sollten sie gegen die Sarazenen in Palästina kämpfen, wobei deren Einer (wohl der eigentliche Täter) noch einige Männer auf seine Kosten mitzunehmen habe.

Wenn sie aber jemals *mit Sicherheit* in eine deutsche Stadt kommen können, so mögen sie sich entblößt und barfüßig, mit Stricken an Hals und Armen und Ruten in der Hand in die Hauptkirchen begeben, um von der Geistlichkeit Strafe zu empfangen.

Nachgeschobene Strafbestimmungen waren sodann u. a. der Verlust aller von der Kirche zu Lehen gehende Besitzungen (auch für die Erben[196]).

Da die Täter während ihres Anschlags den Namen des Schlosses Ravensburg als ein Kriegszeichen ausgerufen hatten, befiehlt Innocenz III. dem Erzbischof von Salzburg und seinen Suffraganen, diese Burg zerstören zu lassen (v. Borch, 115 f.).

Allem Anschein nach ist dieser Strafkatalog weitgehend umgesetzt worden. Zumindest müssen einige der Delinquenten nach dem Ablauf der vier Jahre in Rom gewesen sein, wo sie vom Papst vom Kirchenbann freigesprochen und ihnen die Strafen, welche für ganz Deutschland verkündet waren, erneut eingeschärft wurden.

Interessanterweise findet sich eine Würzburger Urkunde, die erst im Jahre 1426 den Nachkommen eines Hund von Falkenberg die Ehre und Rechtlosigkeit durch den Bischof wieder herstellte, welche infolge jenes Verbrechens ihres Ahnherrn sie betroffen hatte; auch die Burg Falkenberg wurde ihnen zurückgegeben.

Die Ravensburg indes ist seinerzeit von den aufgebrachten Würzburgern zerstört worden.

Als König Philipp damals Würzburg verließ ging er schweren Kämpfen entgegen – die von Konrad ausgestreute Saat ging auf.

Als er dennoch seiner Feinde Herr werden konnte, erlag auch er dem Schwert des Meuchelmörders, wie einst sein ungetreuer Kanzler Konrad.

ADB vermerkt abschließend zu dessen Person: „Große Talente waren in Konrad mit schweren Charaktermängeln[197] gepaart, mit welchen freilich die meisten (!) der damaligen Reichsbischöfe kaum minder behaftet waren."

Zur Feier des Jahrestags des Bischofs Konrad wurde schließlich noch ein Kloster angewiesen, alljährlich am Feste der Jungfrau Barbara – dem Tag des Gedächtnisses auch unseres Bischofs – vier Kerzen von sechs Pfund Wachs zum Grabe desselben zu liefern.

Noch ein Wort zu *Konrads Hildesheimer Wirksamkeit*:

Er urkundete verschiedentlich in Hildesheim.

Dennoch war die ständige Abwesenheit von großem Nachteil für das Bistum. Nicht zuletzt aber hatte er auch eine Reihe wertvoller Güter verpfändet, um die Ausgaben für seine Unternehmungen durch Anleihen zu decken.

Die Last der Wiedereinlösung fiel später seinem Nachfolger zu; der wurde dabei päpstlicherseits unterstützt – durch Verhängung der Exkommunikation und des Interdikts.[198]

* * *

[196] Beispielsweise exkommunizierte Papst Gregor IX. bis in die siebte Generation.
[197] Konkret wird auf seinen angeblich „schillernden Charakter", vor allem auf Grund seines Gesinnungswechsels, hingewiesen.
[198] Bertram – Bistum, 215

Zum Fortgang der Ereignisse im Orient

Wie der Papst es sah, blieb Zion um der Sünden willen weiterhin in der Knechtschaft.

Nach dem insofern gescheiterten Kreuzzug Heinrichs VI. bzw. Konrads von Hildesheim, hatte Innocenz III., gerade auch angesichts der politisch zerrissenen Lage in Deutschland, schon in seinem ersten Amtsmonat die eindringliche Mahnung an Heinrich von Brabant und die deutschen Fürsten im Heiligen Land gerichtet, die übernommene Aufgabe ihrem Gelübde gemäß fortzusetzen. Der Kreuzzug war nun wieder klar zum Kreuzzug des Papstes geworden, der sich auch umgehend um weiteren Zuzug bemühte:

> Dem Herzog von Dalmatien befahl er, dem von seinem Vater übernommenen Kreuzzugsgelübde nachzukommen, anderenfalls drohte er mit dem Fluch des großen katholischen Kirchenbanns, sowie mit dem Verlust des Erbrechts auf den ungarischen Königsthron...

In Deutschland konnte er freilich aus den geschilderten Gründen heraus keinen nennenswerten Erfolg erwarten (s. S. 97 u. 137).

Der Kreuzzug unseres Bischofs und Kanzlers hatte, wenngleich auch nicht das angestrebte Ziel erreicht wurde, die **Lage der Christen** dennoch **verbessert**. Auf der so geschaffenen neuen Basis beeilte sich König Amalrich, mit den Moslems rasch einen erneuten Waffenstillstandsvertrag abzuschließen, und zwar umso mehr, als er beobachtete, wie die christlichen Pilger mit zunehmender Zahl das Heilige Land verließen.

Aber auch el-Adil wünschte Frieden mit den Kreuzfahrerstaaten, da er darauf aus war, sich durch Ausschaltung der Söhne seines Bruders Saladin das gesamte ayyubidische Erbe verschaffen zu wollen.

Der Vertrag sicherte den Kreuzfahrern den glorreich wiedereroberten Küstenstreifen für fünf Jahre und acht Monate ab dem 21. Juni 1198 zu, und man hatte den Seeräuber Usama kaltgestellt. Jaffa, als Ausgangspunkt für Pilger wichtig, konnte auch von Christen bewohnt werden, denen die heiligen Stätten weiterhin offen standen.

Die Moslems waren gegenüber Andersgläubigen durchaus tolerant, jedenfalls so lange, bis Machthaber des Gottesvolkes auf dem Plan erschienen, um die ja beiden Seiten heilige Stadt erobern zu wollen...

Doch darauf brauchte nicht lange gewartet zu werden, zumal Innocenz mit Sorgen sah, dass das Heilige Land nunmehr von der Gnade seiner Feinde lebte.

Nachdem die angedeuteten Aufrufe nur wenig erfolgreich waren, kündigte er bereits im Sommer 1198 einen neuen Kreuzzug an, dessen oberste Leitung nun wieder bei der Kurie liegen sollte. Der Heilige Vater hatte offensichtlich keine Gewissensprobleme damit, gleichzeitig den ausgehandelten Waffenstillstandsvertrag zu brechen. Also setzte er sich dabei mit der vollen Macht des Apostolischen Stuhls für diese heilige Sache ein: *Den* geistlichen Herren, die keine Unterstützung mit Kreuzheertruppen oder Geld leisten würden, drohte er, neben dem ja nicht zu verachtenden Strafgericht Gottes, mit der Amtsenthebung – sie galten als Übertreter der heiligen Kanones. Verschiedene Zwangsmittel verhängte Innocenz gegen jene, die ihr Gelübde noch nicht erfüllt hatten. Täglich sollten in allen Kirchen bei der heiligen Messe Gebete für die Kreuzfahrer gesprochen werden – den Gläubigen sollte die Schmach um das besudelte Heilige Grab ins Gewissen geschärft werden. Es galt eben, die Kampffähigen der Bevölkerung zu den Waffen zu rufen, und dafür entwickelte und betrieb der Papst eine systematisierte Propaganda.

Dabei begegnet uns nach all den Verlusten der bisherigen Züge immer noch, dass die Christen, nach dem päpstlichen Dafürhalten im Kampf für Christus auf Gott vertrauen sollten, den aus seinem Lande vertriebenen Herrn, und nicht auf ihre große Zahl und die Kraft ihrer Waffen. Die Leiden dieser Zeit seien der künftigen Herrlichkeit nicht wert.

Wie so etwas ausgeht, das hatten unsere Deutschen, als sie noch auf die Ankunft Konrads von Hildesheim warteten, ja gerade erst bei Akkon und Jaffa lebhaft erfahren müssen. Aber in dieser Beziehung hatte man selbst gegen Ende der Kreuzzugsära noch nichts gelernt. Sehr viele Schlachten wurden nur verloren, weil der Gegner hoffnungslos unterschätzt wurde. Frohgemut lief man ins Verderben, denn Gott focht ja mit...

Übrigens wurde analog aus dem Lehnrecht die Vasallenpflicht abgeleitet. Demnach hatte der „Vasall" (hier „Gottesknecht") die rechtliche *Verpflichtung* zur Teilnahme am Kreuzzug, deren Nichterfüllung strafbar war!

Ein Kreuzprediger des Papstes war übrigens der weitberühmte Seher und Abt Joachim von Fiore, der mit einer eigenen Apokalypse hervorgetreten war und sich folglich besonders auszeichnete.

Das wie üblich nahe Weltende vor Augen, das der Prophet genauestens aus der Bibel berechnet hatte, verkündete er, dass bald schon der Stuhl Petri vom Antichrist eingenommen werde. Um das Weltende stattfinden lassen zu können, war erst das Heilige Grab zu befreien.

Doch Frankreich und England verzehrten ihre besten Kräfte nach wie vor in wilden Kämpfen, und in Deutschland herrschte der Bürgerkrieg zwischen Welfen und Staufen, bzw. nach Albert von Stade „bekämpften sich Otto IV. und Philipp gegenseitig tapfer zu großem Nachteil des Reichs", sowie der Kreuzzugsangelegenheit.

Die abendländische Christenheit war zu groß angelegten Militäraktionen in Glaubenssachen derzeit nicht zu erwärmen.

Zu diesen Zuständen, aber auch rückblickend noch einmal zum Kreuzzug unseres **Hildesheimer Bischofs**, äußert sich Innocenz, indem er klagt, wie der Teufel immer neue Wege finde, alles Heilbringende in sein Gegenteil zu verkehren. So habe er es auch mit List fertig gebracht, dass das Blut, das im Dienst Christi gegen dessen Feinde vergossen, die Krone der ewigen Herrlichkeit erwerben sollte, jetzt im Streit der christlichen Fürsten und Völker untereinander, den Dämonen der Zwietracht geopfert werde (Roscher, 85).

Mit Recht sah er in diesen Kriegen einen schweren Schaden für das Heilige Land. Auch brachte es keinen Nutzen, wenn er den byzantinischen Kaiser tadelte, dass er der Not des Gekreuzigten tatenlos zusehe.

In Deutschland war die Kreuzzugswerbung jedenfalls beinahe nur am Oberrhein erfolgreich [199], zumal in **Norddeutschland** infolge der Predigt des früheren Abtes

---

[199] Rüdebusch, 40 / Der ehem. Hildesheimer Domherr Graf Bernhard II. v. Lippe scheint den päpstlichen Aufrufen Folge geleistet zu haben. Er geht 1199 ins Hl. Land.

Bertold von Loccum und nunmehrigen Bischofs in Livland, den der Hildesheimer Bischof Konrad I. zum Weihbischof eingesetzt hatte, schon wieder im Auftrag des Papstes Krieger um Himmelslohn geworben wurden.

Also weitgehend parallel zu den Orientstreitern des Hildesheimer Bischofs zog 1198 ein immerhin noch 1000 Mann starkes Heer norddeutscher Bekreuzter an die Düna!

Dennoch kam es zu dem Kreuzzug, wenn auch bei geringerer Teilnehmerzahl.

Der IV. Kreuzzug (1202 – 04)

Die Plünderung des christlichen Byzanz

Als solcher berühmt und berüchtigt wurde er nach Byzanz umgelenkt, mithin gegen Christen geführt.

Es war dies nicht der erste Missbrauch des Kreuzzugsgedankens in der Geschichte der bewaffneten Wallfahrten und wird längst nicht der letzte bleiben.

Seit der Eroberung und Plünderung dieser vielleicht bedeutendsten christlichen Weltstadt – ein Kreuzzug, bei dem kaum ein Pilger Palästina erreichte – waren besondere Anstrengungen der Kreuzprediger vonnöten, denn das Ansehen der Kreuzzüge hatte hierdurch sehr gelitten und war ohnehin am sinken. Längst schien sich herauskristallisiert zu haben, dass sich die Züge zu einem guten Teil aus allem lichtscheuen Gesindel rekrutierten, das sich zu Hause nicht mehr blicken lassen konnte und dass Habgier und gewinnsüchtige Motive überwogen.

Allerdings muss auch gesagt werden, dass Papst Innocenz III., der neben der Werbung auch die Vorbereitung und die Organisation übernommen hatte, an dieser Situation nicht gerade unschuldig zu nennen ist, denn nach den Erfahrungen der bisherigen Kreuzzüge wollte er Rivalitätsstreitigkeiten der gekrönten Häupter vermeiden und hatte sich daher nicht an die großen Herrscherhäuser gewandt, und dies, ohne zu bedenken, dass schon Staatshaushalte Schwierigkeiten hatten solch ein Unternehmen zu finanzieren. So ist es dazu gekommen, dass sich die Kreuzfahrer, um die Seepassagen an Venedig zahlen (oder besser abarbeiten) zu können, vom Dogen überreden ließen, zunächst das christliche Zara (Zadar) in Dalmatien zu plündern. Innocenz nahm daher seine deshalb ausgesprochene Exkommunikation der Kreuzfahrer auch schnell wieder zurück.

Wenn hiernach der Zug unplanmäßig zur christlichen Metropole Byzanz umgeleitet wurde, so hätten die päpstlichen Legaten dies verhindert haben können; unter der geistlichen Führung des Bischofs von Halberstadt[200] hatte sich eine Protestpartei innerhalb der Kreuzfahrer organisiert, der sich die Legaten hätten angeschlossen haben können.

Für das nunmehrige Ziel gab es (von einem aus der Hand Gottes stammenden Brief einmal abgesehen) mehrere Motive, und es ist bis heute strittig, welches davon letztlich den Ausschlag gab:

Zum Einen gärte nach wie vor der Hass seit dem „Zweiten Kreuzzug“ gegenüber dem „verräterischen Byzanz“.

---

[200] Er kehrte im Jahre 1205 zurück. Vielleicht brachte er jenen kunstvollen Talar als Beutestück mit, in welchem der Bischof seine Messen zelebrierte, wenngleich dessen Umschrift Allah pries – man war eben der arabischen Schrift nicht mächtig.

Zum Anderen sollte durch das Plündern dieser noch immer unvorstellbar reichen und schließlich ja auch „häretischen" Stadt (die christlichen Griechen wurden zu Feinden Gottes und galten für schlimmer als die Juden) die noch immer klaffende Finanzlücke geschlossen werden, um endlich den Zug nach Jerusalem zu ermöglichen.

Und ferner hatte auch Byzanz selbst noch für einen Anlass zu seiner Eroberung gesorgt, indem man hier den Kaiser Isaak II. 1195 gestürzt, eingekerkert und geblendet hatte –, eine Gewalttat, die seinerzeit schon Kaiser Heinrich VI. auf den Plan gerufen hatte. Mit einem bewaffneten Einmarsch in Konstantinopel hatte er gedroht, denn Isaak II. war der Schwiegersohn seines Bruders Philipp von Schwaben. Nachdem dann auch noch dem ebenfalls gefangen gehaltenen Sohn (und Kronprinzen) des entmachteten Kaisers, Alexios, die Flucht gelang und er bei König Philipp von Schwaben, der ja mit Alexios' Schwester verehelicht war, Unterschlupf fand und um Hilfe nachsuchte, erging dessen Angebot an die in Zadar überwinternden Kreuzfahrer, diesen Alexios in Byzanz zu inthronisieren. Dann würde der die ausstehende Summe an Venedig zahlen und ein stattliches Heer zur Eroberung Jerusalems beisteuern.

Immerhin wurde dieser Plan umgesetzt, Byzanz erobert und Vater und Sohn erneut inthronisiert – allerdings wurden diese bald darauf ermordet...

Aber zunächst einmal kam es zu einer ungeheuren Plünderung dieser seit 900 Jahren unangetasteten Stadt. Alles, was in dieser langen Zeit an einzigartigen Schätzen, teilweise noch aus der griechischen Antike stammend, angesammelt worden war, wurde nun hinweg geschleppt oder fiel dem Vandalismus (besonders der Franzosen und Flamen) zum Opfer. Mehrmals brachen Brände aus, ca. 2 000 Bewohner wurden umgebracht.

Auch die Geistlichen langten zu. Ihr Begehr war nicht zuletzt auf den unvergleichlichen Reliquienschatz gerichtet. So bedrohte Abt Martin aus Frankreich, in Begleitung eines Kaplans, einen Priester in der Pantokratiuskirche mit dem Tode, um den Bausch seiner Kutte mit dem heiligen Kirchenraub füllen zu können.

Ein „beiläufiges" Ergebnis dieses Kreuzzugsunternehmens war die Unterwerfung der griechischen Kirche unter die Hoheit des römischen Stuhls... Vielleicht ist es insofern verständlich, wenn Papst Innocenz III. in seinem Streben nach Machvollkommenheit auch das Ergebnis seines Kreuzzugs überschwänglich als ein Gottesgeschenk feierte (vgl. Roscher, 121 f.) – Gott hatte in seiner Weisheit das Ostreich den Lateinern übergeben, um so die Befreiung des Heiligen Landes zu fördern... Eine gewisse Ernüchterung stellte sich bei Innocenz erst später ein.

Die Beteiligung niedersächsischer Pilger dürfte gering gewesen sein: sie befanden sich auf den üblich gewordenen alljährlichen Kreuzfahrten ins Baltikum – speziell auf der Livlandfahrt...

Auch der Welfenkaiser feilt am Kreuzzugsplan

Als in Deutschland nach der Ermordung Philipps von Schwaben (21. Juni 1208) der **Welfe Otto IV**. als nunmehr alleiniger König regierte, wurde auch in hiesigen Landen wieder an einem Kreuzzugsplan gefeilt.

Otto, der Sohn Heinrichs des Löwen, war nach dem Sturz des Vaters am englischen Königshofe unter maßgeblichem Einfluss von Richard Löwenherz, dem

Bruder seiner Mutter, aufgewachsen und sah sich vermutlich gewissen Traditionen verpflichtet.

Der kinderlose Richard Löwenherz, seit langem verbündet mit der unter welfischer Führung stehenden deutschen Fürstenopposition[201], unterstützte seinen Neffen anfangs energisch, wurde dann aber bald „von einem Pfeil durchbohrt" und starb.

Den Tag seiner Kaiserkrönung (1209), vollzogen durch Innocenz III. in Rom, heiligte jedenfalls auch Otto durch die heimliche Kreuznahme.

Bis zu seinem Tode am 19. Mai 1218 auf der Harzburg, trug er sich mit dem Geheimnis, das die Öffentlichkeit erst nach seiner Generalbeichte vor dem Abt zu Walkenried am Tage vor seinem Tode – der Hildesheimer Bischof Siegfried erteilte ihm die Absolution[202] – erfuhr.

Den Teufel aber machte er dafür verantwortlich, dass es zu der Ausführung dieses guten Vorsatzes nicht mehr gekommen ist.[203] Eigentlich aber sorgte die im November 1210 erfolgte päpstliche Bannung letztendlich dafür.

Der Kreuzzugsgedanke war für Otto[204] nicht nur auf Grund seiner imperialen Politik bestimmend, sondern auch auf Grund eines eschatologisch gefärbten Weltkaiser-Gedankens. In diesem Zusammenhang war seine zweite Verehelichung (1214) mit Maria von Brabant bedeutsam, die von Vater- und Mutterseite als vornehmste Erbin Gottfrieds von Bouillon (mithin des Königshauses von Jerusalem) galt (vgl. Hucker, 92, 142).

Da er sich bei seinen Kreuzzugsvorbereitungen ein möglichst klares Bild von den aktuellen Zuständen in Palästina machen wollte, hatte Otto 1211 bis 1212 den **Hildesheimer Domherrn Wilbrand von Oldenburg** (vor 1180-1233 / s. S. 70f.) mit einer diplomatischen Mission in den nahen Orient geschickt, mit der sich, übrigens auch im Auftrag des Herzogs Leopold VI. von Oesterreich, in erheblichem Maße ein geheimer militärischer Kundschafterauftrag verband!

> Wilbrand war ein Sohn des Grafen Heinrich II. von Oldenburg und der Beatrix von Hallermund (Tochter des Grafen Wilbrand d. Ä.). Er war langjähriger Hildesheimer Domherr und Dompropst von 1219 bis 1225 und wurde durch Vermittlung des Hildesheimer Bischofs Konrad II. Ende 1225 Bischof zu Paderborn und darauf zu Utrecht.
> Im Zusammenhang mit den in Norddeutschland geführten Kreuzzügen wird er uns wieder begegnen (s. S. 156).

Seinem Auftrag gemäß galt sein Interesse auf seiner Reise durch Palästina, Klein-Armenien (Cilicien) und Zypern vornehmlich den Befestigungsanlagen, der Lage und Entfernung bestimmter Objekte und Möglichkeiten zur Wasserversorgung des ersteren Landes – Erkundungen, die später Kaiser Friedrich II. und dessen Kreuzzügen zu Nutze wurden.

---

[201] England hatte seinerzeit größeren festländischen Besitz in Frankreich.

[202] Auf dem Totenbett vermachte er noch stattliche Schenkungen den Hildesheimer- und Braunschweiger Kirchen.

[203] Rüdebusch, 42f.

[204] Für ihn arbeitete auch ein Walther von der Vogelweide.

In Klein-Armenien hatte er im Namen des Kaisers „ohne Zweifel“ (ADB) eine hochgeheime diplomatische Mission im Namen des Kaisers durchzuführen, denn König Leo II. galt als Bundesgenosse für den geplanten Kreuzzug.

Von seiner Reise, in Begleitung u. a. der Gesandten des Herzogs von Österreich und des Deutschordensmeisters „Bruder“ Hermann von Salza persönlich, berichtete er ausführlich seinen Hildesheimer Amtskollegen (s. S. 103).

Zeugnisse klassischer Gelehrsamkeit

Die hier behandelte Darstellung wird in verschiedentlicher Weise berührt, ergänzt und mithin bereichert durch Briefe, die die bisherigen Hildesheimer Hauptakteure unserer Geschichte von ihren Reisen in die Heimat geschrieben haben. Die Rede ist vom soeben erwähnten Domherrn Wilbrand von Oldenburg und dem „von Gottes Gnaden Erwählten“ und baldigen Bischof „von Hildesheim, Konrad I.“ Sie gewähren einen geradezu fantastischen Einblick in die geistige, ja eigentlich geistliche Welt ihrer Schreiber.

Die Werke der Klassiker wurden an den Kloster- und Domschulen neben den heiligen Schriften am eifrigsten gelesen und sie wurden als notwendig für eine grundlegende Ausbildung angesehen.

An den Aussagen dieser Autoritäten wurde nicht gezweifelt. Im Gegenteil, man durfte nicht zweifeln und hatte eben nur fest zu glauben, erst recht, wenn es sich um biblische Inhalte, also um die „ewigen Wahrheiten“ handelte.

a) Zur Reisebeschreibung Konrads I. von Hildesheim

„Das haben wir selbst gesehen und erlebt!“

In genau diesem Sinne schreibt Konrad von seiner Italienreise des Jahres 1196[205] an seinen früheren Lehrer Hartbert von Dalem, den Dompropst zu Hildesheim und künftigen Nachfolger Konrads im Bischofsamt, nämlich indem er seine Freude darüber zum Ausdruck bringt, dass die kraftvolle Hand des Herrn die Herrschaft unseres erlauchtesten Herrn Heinrich (Kaiser Heinrich VI.), des „beständigen Mehrers des Reichs, mit der Schärfe des Schwertes so weit ausgedehnt hat, „dass er (Konrad) jetzt, ohne Grenzen überschreiten zu müssen, das, was er bei seinem Lehrer Hartbert früher in der Schule nur mit dem Ohr vernahm, jetzt von Angesicht zu Angesicht als Augenzeuge erkennen durfte.

Mit seinem Schreiben verbindet Konrad geradezu die Absicht, bezüglich dessen, „was euch vielleicht (bisher) unbegründet und unglaublich“ vorkommen mag, „eurem Herzen jeglichen Anlass zum Zweifel zu benehmen“. Geradezu jede erwähnte Örtlichkeit auf seiner Reise erinnert ihn dabei an die Erzählungen Ovids, Vergils und anderer antiker Schriftsteller.

Entsprechend traf er bei Sulmo „wunderbare Bäume“ von der Beschaffenheit, dass derjenige noch im selben Jahr stirbt, der einen Ast davon bricht, oder er entgeht nicht dem Ansturm eines langen und heftigen Fiebers.

In Neapel angekommen, ist er auf das Höchste beeindruckt von dem großartigen Werk des von ihm sehr verehrten „Weltweisen“ Vergil, der seiner Überzeugung nach die Mauern der Stadt baute, die er (Konrad) nun auf kaiserlichen Befehl hin zu zerstören hatte (s. S. 60). Dabei war ihm sehr wohl bewusst, dass es zauberische

---

[205] Im Folgenden hauptsächlich gemäß Arnold von Lübeck, 207f.

Gegenstände des Vergil waren (und nicht etwa das Sumpffieber), die die Stadt 1191 für das kaiserliche Heer Heinrichs VI. hatten uneinnehmbar sein lassen – darunter eine in eine Flasche eingeschlossene eherne Fliege, die, solange sie unverletzt bliebe, bewirke, dass nicht einmal eine Fliege in die Stadt eindringen könne.

Diese Flasche sowie die Stadt hatte er nun in seiner Gewalt und dazu auch noch deren Mauern geschleift – obwohl die Flasche unversehrt ist. Diesen Umstand vermag er sich lediglich so zu erklären, dass es der Stadt vielleicht geschadet haben könnte, wenn die Flasche nun ein wenig gespalten ist.

Mit einigen Bedenken beobachtete er auch das Abtragen der Stadttore, wusste er doch, dass Vergil in einem derselben „alle Schlangen der Gegend", die es dort ja in Hülle und Fülle gab, eingeschlossen hatte. So stand also zu befürchten, dass die nun hervorkommen würden... Von einem ehernen Pferd des Vergil berichtet er aus derselben Stadt. Durch dessen Zauber würde bewirkt, dass, solange es selbst unverändert bliebe, kein Pferd auf den Rücken fallen könne. Entsprechend gehöre es zur Eigentümlichkeit dieses Landes, dass vor der Bildung dieses Pferdes und ebenso nach dessen geringster Beschädigung, kein Pferd ohne Rückenbruch einen Reiter eine Zeit lang zu tragen im Stande sei.

Zur Grabstätte Vergils war unserem „Erwählten von Hildesheim" darüberhinaus bekannt, dass, wenn dessen Gebeine der freien Luft preisgegeben würden, sich der ganze Himmel verdunkeln würde; das Meer würde von Grund auf aufgeregt und ein Aufbrausen sei dann infolge der regenreichen und plötzlichen Stürme zu vernehmen. Auf der Fahrt nach Sizilien, so schreibt er, „fuhren wir nicht ohne große Furcht" an einem Ort vorbei, „durch den nie ein gesunder Mensch ohne Schrecken hindurchgekommen ist".

Nicht weniger literarisch bewandert war Konrad am Aetna. Immerhin wurde hier, wie wir aus anderer Quelle wissen, den Reisenden üblicherweise ein Einblick in Hölle und Fegefeuer gewährt, und im Vorbeifahren war das fürchterliche Geschrei der gequälten Seelen zu hören.

Konrad hingegen gedachte hier, angesichts der vorhandenen „ganz ungeheuren Esse" und des „furchtbaren Feuers", des Schmiedes des Jupiters und informierte darüber, dass die überall herumliegenden mächtigen „Kohlen" von „Vulkan und seinen Mitknechten, den Giganten", benötigt würden, und zwar zum „Blitzeschmieden".

Selbst dem Eingang in die Unterwelt war er nahe, wenngleich auch auf der Insel Ischia. An diesem „Ort der Plagen" würden sich verunstaltete Vögel, die man für trauernde Seelen oder Dämonen hält, unter großem Schmerz und Klagen in den kochenden See hinabstürzen, bevor sie am kommenden Sonntag wiederkommen würden.

Auf Sizilien sah er Sarazenen, „die mit nichts Weiterem als mit ihrem Speichel giftige Tiere töten", welche Wunderkraft sie um der Verdienste des heiligen Apostels Paulus Willen erlangten. Interesse verdient ferner der Ritus dieser Leute, wie sie ihren neugeborenen Sohn als solchen zu erkennen pflegen. Konrad berichtet, dass sie diesen mit einer Schlange zusammen in ein kleines Boot legen und eine Zeit lang von der Flut auf und ab bewegen lassen würden.

Bekommt nun der Vater „das Kind unverletzt wieder, so erkennt er es als sein eigenes an und umfängt es mit väterlicher Liebe; findet er es aber verwundet, so reißt er es sogleich gliedweise in Stücke und straft seine Frau als Ehebrecherin.

Nun teilt Konrad von Hildesheim noch manch andere wunderbare Begebenheit mit, wie durchaus sein ganzer Brief solchen Inhalts ist. Damit aber die Ernsthaftigkeit des Mitgeteilten nicht bezweifelt werde, beschließt er seine Zeilen mit den Worten: „Dieses und noch manches Andere... haben wir gesehen“ (bzw. im Text „... und erlebt“).

b) Zur Reisebeschreibung des Hildesheimer Domherrn[206]
„Wunder auf Schritt und Tritt“

Einige Passagen daraus hatten wir an geeigneter Stelle (s. S. 70f.) im Rahmen des Kreuzzugs des Bischofs Konrad von Hildesheim mitgeteilt. Wie dieser, so ist auch der Hildesheimer Domherr Wilbrand von Oldenburg (s. S. 100) ein großer Verehrer Vergils, den er für „den größten aller Dichter“ hält.

Nach einer, wie er schreibt, gefahr- und qualvollen, sechswöchigen Seereise erreichte er am 25. August 1211 Akkon.

Von hieraus fuhr er in nördlicher Richtung an der Küste entlang, wobei sein Schiff vor Tripolis in einen schweren Sturm geriet: „Schon waren wir in voller Verzweiflung dem Schiffbruch nahe gewesen, schon hatte eine große Menge Volkes unserem Untergang alle Augenblicke entgegengesehen“, als er doch von den „Glaubensgenossen“ in dieser beinah von allen Seiten von Meer umgebenen Stadt freundlich aufgenommen werden konnte.

Hier berichtet er von der Zeit, als Tripolis noch „von den Kindern der Bosheit, unseren Feinden“, gehalten und von Kreuzrittern belagert wurde und eben davon, wie „die Unsrigen“ (nicht unter Konrad v. Hildesheim) eine Brieftaube des Sultans mit einer Botschaft an die Belagerten „durch Gottes Vorsehung“ abfingen. Der band man damals ein anderes Schreiben um, welches die Mohammedaner in Verzweiflung stürzen musste. „So übergaben diese im Übermaß ihres Schreckens und in ihrer Todesangst, weil sie von jener von Gott eingegebenen List nichts wussten, die Stadt (Gott sei Dank!) unversehrt den Unseren...“

Weiterziehend kommt er unweit des Gebiets des „Alten vom Berge“ vorbei, „welcher unsere Fürsten von seinen Sendboten erdolchen zu lassen pflegt“. Der Abt Arnold von Lübeck ergänzt hier, wie dieser seine Untertanen so zu verblenden weiß, „dass sie den Tod dem Leben vorziehen, denn häufig haben sie sich auf seinen Wink von einer hohen Mauer gestürzt...“ „Die aber erklärt er für die Seligsten, welche Menschenblut vergießen..., um dafür zum Lohn desto seliger zu sterben, so reicht er ihnen zu diesem Zweck besonders geweihte Messer “– Märtyrertum auf mohammedanisch...

Wilbrand sieht Städte, die „durch Gottes Strafgericht“ – wegen der Verfehlungen ihrer früheren christlichen Bewohner – „zerstört und verödet“ sind.

Zu einer Verehelichung mohammedanischer Großer merkt unser Domherr an, sie würde geschehen sein, „damit diese beiden Ideale der Schlechtigkeit noch ein Drittes erzeugen, welches sie selbst noch an Schlechtigkeit übertreffe“.

Dann aber erreichte er das ersehnte Antiochien – „die Stadt Gottes“, welche an Heiligkeit Rom kaum nachstehe.

In der St. Peterskirche daselbst bewunderte er „den Stuhl St. Peters und dessen Gefängnis, sowie ein Marienbild, „welches so heilig ist, dass es, wenn man es

[206] Nach J. C. M. Laurent, Peregrinatio sive legatio in Armeniam et iter terram sanctam, 1859

bewegt, Regen hervorbringt“ und von den Griechen mit „großer und löblicher Andacht“ verehrt wurde.

In dieser Kirche erwähnt er auch „frommen Andenkens“ den marmornen Sarkophag mit dem „Leib“ Kaiser Friedrich Barbarossas; und bald darauf, an einer Höhle des hl. Paulus stand er, wohl nicht ohne Ergriffenheit, vor den Grabstätten seines Oheims Wilbrand, des Grafen von Hallermund und weiterer **norddeutscher und Hildesheimer Großer** (s. S. 50).

Hier sah er die Klause, von der aus die heilige Maria Magdalena „mit ihrer Seele nach dem Himmlischen trachtete, so dann auch mit ihrem Leibe über das Irdische emporstieg“ (sie fuhr mehrmals täglich in den Himmel, um dort die von Engeln bereiteten Speisen zu sich zu nehmen).[207]

Und damit man all die von ihm überlieferten unglaublichen Geschichten nicht nur einfach glauben muss, bringt er nun eine solche, für deren Authentizität er selber bürgt: Er beschreibt insofern die Frucht der Pflanze „Jesusubeledemus“, deren Blüten sich zu Früchten „verkörpern, welche die Eigentümlichkeit haben, dass, wenn jemand ihre Schönheit anficht und sagt, er habe schon schönere gesehen, die Frucht selbst, gleichwie voll Unwillens, anschwillt und vor Zorn in kleine Läppchen auseinander berstet. Das hört sich wunderlich an, ...aber ich bezeuge nur, was ich selbst gesehen habe, und mein Zeugnis ist wahr.“

Weiter reiste er nach Armenien, wo er mit dessen König zusammentraf.
Das in hiesiger Hauptkirche vorhandene, von Engelshänden gemalte Bild „Unserer lieben Frau“, hatten wir schon berührt, welches lt. Wilbrand denn auch „außerordentlich verehrt wird. Denn manche, ja alle haben es gesehen, dass dieses Bild, so oft dem Lande eine große Gefahr droht, vor aller Augen einen Strom von Tränen zu vergießen pflegt.“[208]

Wilbrand gelangte auch an die Stätte, an der der hl. Georg vom Pferd stürzte und sich der Berg, um den heiligen Mann nicht zu behindern, in zwei Teile teilte.

„Aus zuverlässiger Quelle“ erfuhr er, dass derjenige, der nach einer sechswöchigen (glaubenssteigernden) Fastenprozedur in den „Berg der Abenteuer“ hineingehe, ohne allen Zweifel darauf rechnen könne, dass ihm etwas Gutes und Glückliches widerfahre. Das sei durch vielfache Erfahrung bestätigt, wie er betont.

Namentlich gibt er viel auf einen Vorfall eines ihm bekannten Ritters, der dort „ein Tischtuch fand, welches seinen Hausgenossen und Gästen, so viel er deren auch einladen mochte, alles was er an Speisen bedurfte darbot, sodass alles völlig zubereitet bei und auf dem Tische stand.“

In Adana fand es Wilbrand bestätigt, dass diese Stadt viele schreckliche Zauberer beherberge.

Von Armenien setzte er nach Zypern über. Im Palast des dortigen Königs sah er seinen ersten Straus und befand den Wein dieser Insel als derart dick und ölig, dass man ihn „mitunter kocht und wie Honig auf Brot isst“.

---

[207] Jesus hatte ihr immerhin „sieben böse Geister“ ausgetrieben – dieser glaubwürdigen Zeugin erschien der auferstandene Jesus als Erster in Gestalt eines Gärtners...

[208] Dieses Kunststück vollbrachten Marienbilder verschiedenen Orts – die Priester hatten sich, oft mittels komplizierter Röhrensysteme, die technische Möglichkeit verschafft, es „weinen lassen“ zu können... Ähnlich lag der Sachverhalt, wenn die Figur des Heilands am Kreuze karfreitags aus seinen Wunden „blutete“.

Die Bewohner Zyperns beschreibt Wilbrand als „dem Äußeren nach hässlich". Sie „gehen ärmlich einher und sind sehr üppig".

Denjenigen aber, die sich ausführlicher über das Land zu unterrichten wünschen und etwa wissen wollen, „wie die Jungfrauen desselben von Dämonen geschwächt und geschwängert wurden, und wie die Dämonen die ersten Ansiedler des Landes anfeindeten", denen empfiehlt er auf das Wärmste das Buch des "hochverehrten Gelehrten" und „Propsten Hermann von Lugonne", der sich mit diesen Verhältnissen „vollständig und genau auseinander gesetzt hat".

Fromm und gläubig, wie ein Domherr jener Zeit nun einmal war, konnte auch unser Hildesheimer nicht umhin, einen „Pilgerzug" zu unternehmen, „um das Kreuz des zur Rechten des Herrn gekreuzigten Schächers" zu besuchen, denn jenes „hochwürdige Kreuz" wurde in einem Kloster auf dem höchsten Berg Zyperns, dem „Berg des heiligen Kreuzes... mit großer Ehrfurcht bewahrt. Dasselbe soll ohne einigen Anhalt in der Luft hin und her schweben, was man jedoch nicht leicht zu sehen bekommt."

In vergleichbaren Fällen führen es die verhinderten Beobachter von Wundererscheinungen darauf zurück, dass sie von Gott für nicht würdig genug befunden würden solch Wunder zu schauen, oder dass sie stärker daran hätten geglaubt haben müssen.

Wilbrand beschreibt sodann die näheren Umstände, unter denen das Kreuz dorthin gekommen sei, und wir vernehmen, dass wieder einmal die fromme „Kreuzerfinderin" Helene, die Mutter des Kaisers Constantin[209], dabei ihre Hände im Spiel hatte: „Der Teufel, der da hasset alles was gut ist, verfolgte die... Bewohner dieses Landes mit solcher Bosheit, dass er die Leichname, welche sie am Tage der Erde übergeben hatten, in der Nacht aus den Gräbern riss..., woher die Eingeborenen ihre Toten gar nicht mehr bestatten konnten."

Solch Unglück ging der Helene zu Herzen und sie ließ dieses Kreuz von Jerusalem, wo sie ja zuvor fündig gewesen war, hierher schaffen „und vertrieb so mit gewaltiger Hand jene boshaften Feinde nicht nur aus dem Lande, sondern auch aus der unteren Luft, welche für das Gefängnis der Dämonen gehalten wird... Und so ward der alte Feind, der am Kreuze siegte (!)[210], auch durch das Kreuz (des Schächers !) besiegt."

Von Zypern aus reiste Wilbrand abermals ins Gelobte Land, wo er feststellte, dass dort „in Wahrheit Milch und Honig fließt".

Und wenn Wilbrand schon bisher beinah jeden Ort seiner Reise mit Wundern und biblischem Geschehen in Zusammenhang zu bringen wusste[211], so erübrigt es sich anzumerken, dass in und um Jerusalem der Schwerpunkt liegen musste.

Am Grab des heiligen Georg erinnert er sich daran, dass dieser Heilige, wenngleich auch sein Leichnam hier ruhe, doch „nach seinem irdischen Tode... [212]

---

[209] zu dessen Herrschaftsgebiet Zypern damals gehörte

[210] Dem angehenden Bischof scheint es unbekannt gewesen zu sein, dass sich Satan vielmehr gemüht haben soll, gerade den Kreuzestod Christi zu verhindern!

Nach der Katastrophe seiner Kreuzigung hatte man doch das Epos kreiert (wie beispielsweise im „Heliand" so trefflich geschildert), dass Christus am Kreuz den „gewollten" Tod erlitt, um das Menschengeschlecht erlösen zu können. Da dem Teufel damit Seelen in großer Zahl verloren gehen würden, suchte der den Kreuzestod gerade zu hindern...

[211] Wir bringen hier nur einen Ausschnitt.

(zusammen) mit dem König Balduin von Jerusalem in sichtbarer Gestalt (1178) gegen die Türken gekämpft und den Unsrigen den Sieg verliehen" habe.

Am *Grab des Herrn* bemerkt er, dass die Kirche kein Dach habe und vergleicht diesen Umstand mit der Tonsur der Geistlichen, die sich scheren ließen, „damit zwischen deren Geist, der im Kopf wohnen soll, und seinem Schöpfer... keine weltliche Überflüssigkeit" dazwischentrete.

Im Falle des fehlenden Kirchendachs war zudem der Vorteil gegeben, „dass in der Osternacht das heilige Feuer durch einen Engel vom Himmel" herab zum Grab des Erlösers gebracht werden konnte.

Für Wilbrand war dies ein Beweis für den implementierten Zusammenhang zwischen Himmel und Erde, während es sich selbstverständlich um eine arge Täuschung der naiv-gläubigen Volksmassen handelte – vergleichbar etwa mit den Erscheinungen der *„Himmelsbriefe"*, die ja ebenfalls immer einmal wieder in Jerusalem zur Erde herniederschwebten:

> So kam es schon vor, dass ein solcher mehrere Tage lang hell leuchtend über dem Altar der St. Peters-Kirche schwebte und sich nur vom Patriarchen aufnehmen ließ, in dessen Mütze er fiel. Während der Brief sodann vor einer unzähligen Volksmasse von einem Engel verlesen wurde, war immer wieder von oben eine bestätigende Himmelsstimme zu vernehmen.
>
> Die Himmelsbriefe enthielten gewöhnlich, und beinahe ausschließlich, göttliche Drohungen und Forderungen zur Gefügigmachung der Gläubigen, indem die ausgesuchtesten Grausamkeiten und Strafen über die Menschen kommen würden, wenn diese nicht die Feiertage heiligen würden etc.[213]
>
> Auch päpstlicherseits wurden Himmelsbriefe in alle Welt verbreitet.

Unser Domherr besah hier auch „die Stelle, wo der Engel den drei Marien erschienen" war.

Als ein „Unwürdiger" bestieg er den „Calvarienberg" (ein Hügel innerhalb der Kirche) und sah das Loch in den Felsen eingehauen, in welchem das heilige Kreuz einst stand. Es fehlte auch nicht das Blut des Herrn, welches aus der Seite desselben auf den nahen Fels hinabgeflossen war. „Dieser Fels", so berichtet er weiter, „hat einen großen Riss (der bis zur Erdmitte reichen soll, aber mit einem Lineal ausgemessen werden kann)[214], „denn wie es bei Matthäus heißt, die Felsen zerrissen (bei der Kreuzigung) und die Gräber taten sich auf" (vgl. S. 13).

---

[212] Dieser Heilige (auch ein Hildesheimer Kirchenpatron) stand in höchstem Ansehen und wird mit großer Berechtigung verehrt, denn er beeindruckte schon durch einen vorbildlichen Märtyrertod. Dabei machte ihm die Tortur im kochenden Kessel noch gar nicht einmal so viel aus, obwohl er zuvor in viele Stücke zerschnitten wurde.
Heroisch überstand er die ausgesuchtesten Qualen, darunter mehrfache Zerstückelungen, und dies nicht weniger als sieben Jahre lang.

[213] Der Gott des traditionellen Christentums pflegte sein auserwähltes Volk in alle Ewigkeit zu verdammen, wenn er nicht in der rechten Weise verehrt wurde.
Mancher Herrscher ließ sich am Heiligen Grab öffentlich geißeln und legte hier ein Sündenbekenntnis ab.

[214] Der fromme Pilgersmann kann all dies noch heute bestaunen: neben der Vertiefung des Kreuzes Jesu auch jene, in denen die Kreuze der Schächer aufgestellt waren, und zwar ganz ungeachtet der Tatsache, dass der Fatimidenkalif al-Hakim diesen Hügel im Jahr 1010, also bereits weit vor der Zeit der Kreuzzüge, bei seiner Zerstörung des Heiligen Grabes hatte bis auf den Grundfels abtragen lassen.

Er sah hier die Sarkophage der christlichen Könige (darunter Gottfried von Bouillon), und ihm wurde auch der „Kreis“ gezeigt, welcher den Mittelpunkt der Welt auf das Zuverlässigste bezeichnen soll.“[215]

Viel zu früh aber, so konstatiert er, „zwangen uns die Ungläubigen“, die Kirche mitsamt „allen jenen jetzt leider den Säuen zum Fraße vorgeworfenen Perlen“ zu verlassen.

In der näheren und weiteren Umgebung hätte der Hildesheimer zweifellos noch eine große Fülle weiterer heiliger Stätten aufsuchen können, wie beispielsweise den Fußabdruck Christi, den er bei seiner Himmelfahrt auf dem Ölberg zurückgelassen hatte[216], Kafarnaum, den Ort der Erscheinung des Antichrist, St. Jona, wo der verschluckte Jonas von dem Wal am Ufer abgesetzt wurde, Endor, wo die erste biblische Hexe der Geschichte wirkte, die Stätte der Speisung der 5 000 etc. In Jerusalem wurde die Stelle gezeigt, an welcher der Baum wuchs, aus dem das Kreuz gefertigt wurde. In der Nähe wurde in einer Kirche der Steinblock aufbewahrt, den Jesus zum Besteigen des Esels nutzte, ferner der Berg Quarantana, wo Jesus vom Teufel versucht wurde oder der Ort, an dem Elias in einem Feuerwagen zum Himmel auffuhr und eben zig andere heilige Stätten der Engelserscheinungen,[217] Totenauferweckungen und sonstiger Mysterien etc. pp.

Ob Wilbrand nicht vielleicht doch noch eine Menge weiterer glaubensstärkender Mitteilungen an seine Hildesheimer Amtskollegen gemacht hat ist nicht zu sagen, denn seine Reisebeschreibung ist leider nicht vollständig erhalten.

Unsere beiden Hildesheimer Probanden waren, als Kleriker und „Kinder ihrer Zeit“, augenscheinlich für alles Großartige und Wunderbare überaus empfängliche Naturen – um sie herum wirkten überall übernatürliche Kräfte.

Eine Bewertung der Reisebeschreibung des Bischofs Konrad I. findet sich in ADB, wonach diese Überlieferung u. a. ein Zeugnis dafür sei, „wie auch ein Mann seiner Bildung“, die er sich in Hildesheim und wahrscheinlich in Paris erworben hatte, „damals durchaus von dem gewöhnlichsten Ciceronengeschwätz abhängig und sachlicher Kritik fremd war“.

Wie Wilbrands Mitteilungen aufzeigen, trifft diese völlige Kritiklosigkeit gegenüber religiösen Inhalten für ihn gleichermaßen zu. Man entstammte zwar einer akademisch gebildeten Eliteschicht, doch die intellektuellen Erkenntnisse wurden aus alten, vor Aberglauben nur so strotzenden Büchern gewonnen, und man war eben **autoritätsgläubig**.

So werden die tollsten Fabeln als buchstäblich wahr vorgetragen, und zwar nicht nur gegenüber den Kollegen, wie zunächst im Falle Wilbrands, sondern schließlich

---

[215] Vorhanden ist auch noch der Stein, auf welchem der Engel saß als er den Frauen, die Jesu Leichnam suchten, zurief: „Warum suchet ihr den Lebendigen bei den Toten?“ Und es ist die Stelle bezeichnet, wo der Auferstandene der Maria Magdalena als Gärtner erschien etc.

[216] Im Widerspruch zur Apostelgeschichte erfolgte nach dem Lucasevangelium diese Himmelfahrt bei Bethanien. Diese Leistung vollbrachten zuvor schon Henoch, Moses und Elias, Letzterer sogar mit dem „Feuerwagen“.

[217] Die „Verkündigungskirche“, in der der Erzengel Gabriel die Ankunft des Christkindes verkündete, gehört dazu – gerade besuchte sie der Papst auf seiner Pilgerreise zum Heiligen Jahr ins Heilige Land und sprach dort vor 100 000 Menschen.

gegenüber der gläubigen Herde...[218] Und wenn die voranstehenden Aussagen auf Männer der obersten Bildungsschicht zutreffen, wie naiv und völlig kritiklos werden sich dann erst die so manipulierten gemeinen Menschen in jener religiös verzückten und wundergläubigen Zeit verhalten haben?

Die großen Glaubenssysteme gründen sich auf Wundergeschichten (auch Mohammed wurde der Koran von einem Engel vorgelesen), und es wurde gelehrt, dass sich die Wunder bis zum Jüngsten Tag fortsetzen würden. Also wurden Wunder schlicht erwartet, und deswegen fanden sie auch statt – das Wunder ist des Glaubens liebstes Kind, wie Goethe seinen Faust schon sagen ließ. Problematisch ist das gleichzeitig vermittelte religiöse **Weltbild**: Indem an religiöse Konstruktionen, die schließlich ja beliebig sind, felsenfest geglaubt wurde und auch geglaubt werden musste, hatte es ein freieres Denken in mehr naturwissenschaftlicher[219] Orientierung schwer, sich entwickeln zu können, zumal es von intoleranten Glaubensfanatikern der offiziellen Kirche mit allen Mitteln unterdrückt wurde.[220] Dabei gibt der Glaube keine Antwort darauf, warum die eine oder die andere religiöse Spekulation[221] – wie sie in allen Religionen ja reichlich und sich gegenseitig widersprechend vorhanden sind – nicht zu bezweifeln ist. Erst recht ist an einen Beweis nicht zu denken.

Die Naturwissenschaft hingegen ist, im Gegensatz zur Religion, in der glücklichen Lage, eine großenteils zufrieden stellende Erklärung (mit reproduzierbaren „Behauptungen“) der Welt geben zu können.

Reliquien und Heilige

Christliche Heroen und andere Wunder

Seitdem die Verehrung der Heiligen im Katholizismus aufkam und gelehrt wurde, dass man an ihren Gräbern göttliche Hilfe erflehen und erlangen könne, auch ihre Reliquien Wunder wirken würden, stiegen Reliquien und Pilgerreisen gewaltig im Wert. Zweifellos dürfte der Reliquienerwerb auch den Hildesheimer Bischöfen, die als Pilgrime ins Heilige Land hervorgetreten waren, ein wichtiger Antrieb für das gefahrvolle Unterfangen gewesen sein.

Doch zur Zeit der Kreuzzüge hatte das Reliquienwesen bereits eine reiche Vorgeschichte, während der Höhepunkt der Reliquienverehrung erst im Zeitalter des Barock liegt.

---

[218] Wie gefährlich sich dies oft ausgewirkt hat, das zeigen die zahlreichen religiösen Exzesse, Brände, Pogrome, Kriege gar...

[219] Unter den „Geisteswissenschaften“ galt auch die kirchlich entwickelte „Hexenlehre“ als Wissenschaft, ebenso die „Angelologie“, die sich besonders mit den „gefallenen Engeln“ befasste, mit denen sich die Christengemeinde gut lenken ließ...

[220] Ein Prozess, der längst noch nicht abgeschlossen ist, wenn man sieht, dass im amerikanischen Bundesstaat Kansas gerade (1999!) die Evolutionslehre aus dem offiziellen Schulunterricht gestrichen wurde, da die Verantwortlichen es bevorzugen, das Alter der Erde sowie der Menschheit und allen Lebens aus der Bibel zu berechnen (man kommt dann auf die Geschichte mit dem Erdenkloß und ca. 6000 Jahre – gern übersehen die frommen Exegeten dabei die gleichzeitigen Saurierfunde –, eine Tiergattung, die immerhin einige Millionen Jahre „vor Christus“ lebte...).

[221] ... aus denen höchste Ansprüche abgeleitet wurden und werden

Im neu bekehrten Sachsen musste der Reliquienerwerb zur Stärkung der noch „Wankelgläubigen" von großer Bedeutung sein. Man hatte das Verlangen, einen Fürsprecher bei Christi (der dem Volk als „Gottkönig" fern schien) leibhaftig zu besitzen und fühlte sich somit unmittelbar mit dem Himmel verbunden und der helfenden Kraft des Heiligen versichert. Selbstverständlich lag ein Schwerpunkt zunächst bei der „heiligen Sippe des Herrn", wobei die in den ersten Jahrhunderten außer als Gefäß Gottes kaum beachtete Maria im frühen Mittelalter über den „Tempel Gottes" und den „Thronsaal des Herrn" in steiler Karriere zur Himmelskönigin und folglich zum wichtigsten Fürsprecher aufstieg.

Bei der Fundierung des Bistums im Jahre 815 spielte gemäß der im späten 11. Jahrhundert geschriebenen „Fundatio ecclesiae Hildensemensis" bereits die Marienreliquie im Zusammenhang mit dem **Rosenwunder** eine zentrale Rolle. Bekanntlich hatte der Kaplan Ludwigs des Frommen, bei einem von Elze aus erfolgten Jagdausflug des Kaisers, das Reliquiar während einer Messe auf einer Lichtung an einen Rosenstock gehängt, der das Heiligtum erst wieder freigab, nachdem die Entscheidung gefallen war, den Bischofssitz von Elze zu diesem offenbaren Lieblingssitz der Gottesmutter zu verlegen.[222]

Die Legende wurde 300 Jahre nach dem Ereignis aufgezeichnet. Archäologisch erwiesen ist, dass, zu Füßen des Rosenstocks und noch innerhalb der Mauern des späteren an dieser Stelle erfolgten Dombaus, schon kleine Vorgängerkapellen bestanden, die offensichtlich über einem heidnischen und regional bedeutenderen Quellheiligtum errichtet wurden.

Das „hilghedom unser leven frowen" befindet sich noch heute im Domschatz. Nach Verlust (des Inhalts) beinhaltet das Reliquiar u. a. ein Stück vom Aachener Kleid Mariens – Partikel, die vermutlich den Aachener „Corpora Sanctorum" entstammten.

Maria war denn auch die Hauptpatronin des Doms. Nebenpatrone wurden der hl. Joseph, die Apostel- „fürsten" Petrus und Paulus sowie die Märtyrer Caecilia, Valerian und Tyburtius, Cosmas_und Damian und in späterer Zeit noch eine Anzahl weiterer Heilige. Entsprechend mag insofern mit ihnen unser kleines **Heiligenalmanach** beginnen:

Schon in der Frühzeit gehörten also die Gebeine der hl. Märtyrerin **Caecilia** zu den wichtigsten Hildesheimer Reliquien. Sie war dem Papst Paschalis I. (817-824) im Traum erschienen[223], worauf er sogleich in der Praetextus-Katakombe in Rom

---

[222] Ähnlich klingt die Gründungslegende des Kanonissen-Stifts Lamspringe (an der Bischof Altfrid maßgeblich beteiligt war). Hier soll der Bauplatz durch ein Dromedar bestimmt worden sein, das sich als Lasttier des Reliquienschatzes irgendwo hingelegt hatte, von wo es zum Aufstehen nicht mehr zu bewegen war – bzw. erst nach dem Fundationsversprechen.

[223] Neben den göttlichen Offenbarungen ist dies eine der klassischen Arten der Reliquienauffindung, denn die Heiligen gaben oftmals durch Visionen und Lichtzeichen zu erkennen, wo ihr Gebein ruht.

Angesichts der so herbeigeführten „Fündigkeit" hatte der Papst naturgemäß häufig Gelegenheit, die Authentizität echter Reliquien – gegen klingende Münze – mittels beigefügter Bulle zu beurkunden. Berücksichtigt man sodann die in unzählige Kirchen verstreuten Heiligenteile, so ist man bald nicht mehr gar so erstaunt darüber, über wie viele Köpfe, Leiber, Arme etc. so mancher Heilige verfügt haben muss – zudem lebte von dem Geschäft einer beinah industriellen Herstellung ein ganzer Gewerbezweig.

(neben dem Heiligen Land die hervorragendste und unerschöpfliche Quelle für die heiligsten Überreste) fündig wurde und ihre Gebeine, die ihres Angetrauten **Valerianus** und noch dessen Bruders **Tyburtius** erhob. Dessen ungeachtet gelang es zur Zeit Clemens VIII. (gest. 1605), also ca. 800 Jahre später abermals, den vollkommen unversehrten Leib der Heiligen aufzufinden...[224]

St. Caecilia, von edler Geburt, entsagte den Ergötzlichkeiten dieser Welt und weihte schon frühzeitig Jesu ihre Jungfräulichkeit. Selbst in ihrem Ehestand mit Tyburtius vermochte sie noch unbefleckt ihre Reinheit zu bewahren, wobei ihr stets ein glänzender Engel zur Seite stand. Ihres Glaubens wegen ließ sie der Statthalter in ein furchtbar geheiztes Bad einsperren, um sie zu dörren oder zu verbrennen. Nachdem sie nach 24 Stunden darin noch gänzlich unversehrt war, suchte sie der Scharfrichter zu enthaupten, indes nach drei ihr gegen den Hals versetzten Schwerthieben ist er frustiert davongeeilt. Sie starb nach drei Tagen.

Der heilige Hildesheimer Bischof Altfrid (851 – 874 s. u.) hatte von Sergius II. Reliquien der Arztheiligen **Cosmas und Damian** besorgt, von denen Teile ebenfalls im Dom aufbewahrt wurden.

Diese Zwillingsbrüder zählen ebenfalls zu den **Märtyrerheiligen** aus der viel beschworenen, historisch jedoch kaum erwähnenswerten Zeit der frühen Christenverfolgungen.[225] Sie behandelten Kranke äußerst selbstlos – nur gegen die Bekehrung ihrer Patienten zum Christentum. Dabei waren sie auf die Vertreibung böser Geister spezialisiert. Unter den namhaftesten ihrer 62 Wunderheilungen befinden sich selbst wundersame Beintransplantationen: Als sie unter Diocletian im Jahr 303 hingerichtet werden sollten, musste man sie enthaupten, da alle Versuche, sie zu ertränken oder zu verbrennen fehlschlugen. Nicht anders verlief der Versuch der Kreuzigung, auch alle auf die Gebrüder geschleuderten und geschossenen Steine und Pfeile sprangen sofort auf die Peiniger der Heiligen zurück und erschlugen deren gar viele (Bruderschaft der Barbiere in Hildesheim. Ihren Mitgliedern war das Arbeiten an heiligen Tagen verboten. Städt. Hauptkirche in Goslar.).

St. Andreas, einer der 12 Apostel, die „nach Ausgießung des Hl. Geistes" in alle Welt ausgingen. Auch er geriet ins Gefängnis, aus dem ihn seine Anhänger gern befreit hätten, wenn er sie nicht inständigst gebeten hätte, ihm bei der Erlangung der sehnlichst erwünschten Marterkrone nicht hinderlich zu sein. Zu dem Statthalter, der ihn unter Verschluss hatte, sprach er: „Meine Pein währet nur kurze Zeit, aber deine Pein wird kein Ende nehmen" – und bald wurde dieser vor aller Augen vom Teufel ergriffen und hin- und hergewälzt, bis er starb. Andreas aber sah mit Freuden der Erfüllung seines sehnlichsten Herzenswunsches entgegen, nämlich wie der Heiland sterben zu dürfen. Vom Kreuz herab predigte er zwei Tage der versammelten Gemeinde und bat abermals, man möge ihn nicht vom Kreuz abnehmen. Sodann zog ein blitzheller Glanz eine halbe Stunde lang die Aufmerksamkeit des Publikums auf sich – in dieser Zeit wurde der Apostel in den Himmel aufgenommen.

Das Heiligenlexikon vermerkt ausdrücklich dazu: „An der Wahrheit dieses Berichts kann kein Zweifel bestehen, da nach dem Zeugnis des röm. Breviers... die Priester... genauestens alles aufgezeichnet haben. Dem kann man sich nur

---

[224] Beissel, St., Die Verehrung der Heiligen 1976, S. 139.

[225] Die Römer glaubten an zahlreiche Götter, da war es ihnen keineswegs von Wichtigkeit, wenn mit dem Christentum noch ein bis drei weitere dazugekommen waren.

anschließen! (Patron der Stadtkirche in Hildesheim, mit schließlich mehr als 30 Altären)

Zum heroischen Tod des St. Georg s. S. 106. Erst später wurde er zum berühmten Drachenkämpfer (Georgskapelle am Dom, St. Georgs-Bruderschaft in Hildesheim, Bildnis am Hagentor).

St. Johannes, der Evangelist, wurde von Domitian in kochendes Öl geworfen (s. weiter unten / Johannisstift in Hildesheim).

St. Dionysius, der Schutzpatron der „Franzosenkrankheit" (Syphilis), war erster Bischof von Paris, erlitt aber durch Enthauptung den Märtyrertod. Spätestens in dem Augenblick wurde seine Heiligkeit offenbar, als er nämlich sein abgeschlagenes Haupt vom Ort seiner Hinrichtung (Montmartre) bis zu dem Ort getragen hatte, wo er darauf begraben wurde (später St. Denis).

Aber damit nicht genug, denn sein vollständiges Skelett liegt außer zu St. Denis auch zu St. Emmeran und weitere Köpfe, um nur von diesen zu reden, existieren in Prag und München (zum Hildesheimer Bezug s. weiter unten).

St. Erasmus, von Diocletian mehrfach eingekerkert, aber von Engeln immer wieder befreit. Im Jahre 303 zog man ihm jedoch die Eingeweide mittels einer Winde aus dem Leib. Seither zählt er zu den 14 Nothelfern und ist auf alle Arten von Bauchschmerzen spezialisiert (Bruderschaft in Hildesheim).

St. Sebastian, von Diocletian und Maximian zum Tode verurteilt, wurde an einen Baum gebunden und von nicht weniger als eintausend Pfeilen durchbohrt. Als er dann aber einige Tage darauf vor dem kaiserlichen Palast stand und die Monarchen um die Pein, die sie den Christen angetan hatten, zorniglich rügte, da ließen diese ihn mit Stecken totschlagen und in eine Kloake werfen, damit er nicht als Märtyrer geehrt werden möchte.

St. Laurentius wurde auf einem Rost lebendig gebraten und verbrannt und ist somit für Rückenschmerzen zuständig (Laurentiuskapelle, angebaut am Hildesheimer Dom / Arm im Welfenschatz).

St. Mauritius, der Kriegsheilige, starb als röm. Oberst den Märtyrertod. Als von Bischof Godehard eingesetzter Patron der gleichnamigen Kirche (und Stift) ziert sein Abbild in Legionärsuniform den Altar im Ostchor.

Der früheste verbürgte Augenzeugenbericht ist das Martyrium des Polycarp: Im voraus kennt er seine Todesart, beim Betreten des Stadions erklingt ermutigend eine Stimme vom Himmel, auf dem Scheiterhaufen vermag er nicht zu verbrennen (verbreitet dabei aber wundervollen Wohlgeruch), weshalb ihm der Scharfrichter den Todesstoß versetzen muss, wobei sein Blut das Feuer löscht und aus der Wunde eine Taube zum Himmel emporsteigt.

Verständlicherweise sammelten seine Verehrer die Überbleibsel des unverkennbaren Heiligen auf, „die wertvoller sind als kostbare Steine und besser als Gold".

Ein wesentliches Hauptverdienst der Märtyrer-Heiligen war es nicht, besonders fromm gewesen zu sein oder durch die Predigt und ein beispielhaftes Leben für das Christentum eingetreten zu sein, sondern dass sie beständig und „bis zuletzt" den rechten Glauben bekannten, mithin den Tod Christi nachvollzogen.

Es kam also alles darauf an, im Augenblick des Todes von Gott als gerecht befunden zu werden. Nur dann war man berechtigt, das ewige Leben zu erhalten.

Und noch aus einem anderen Grunde war es zu allen Zeiten wichtig, die zahlreichen Wundererscheinungen genau zu dokumentieren und mit glaubwürdigen Zeugen zu erweisen, denn „*Wunder sind Offenbarungen Gottes*!"

Auffällig ist übrigens, wie mannhaft die von Gott Auserwählten ihre Qualen erduldeten. Wie Johannes, im Kessel sitzend, seine Peiniger aufforderte, noch ein paar Holzscheite nachzuwerfen und das Feuer besser zu unterhalten, so wollte auch Laurentius gern noch auf der anderen Seite gebraten werden, oder sie gemahnten die Henkersknechte, bei der Tortur nicht so rasch zu ermüden etc.

Tatsächlich wurde praktisch bis heute mit diesen Geschichten eines heldenhaften Christentums der gläubigen Herde der Glaube vermittelt, die Christen seien die Verfolgten gewesen. Eben diese Aussage findet seinen Ausdruck in der an den Hildesheimer Dom angebauten „Kapelle der 10 000 Märtyrer". Die Forschung hält hingegen für die ersten drei Jahrhunderte eine Größenordnung von 20 bis 1500 Personen für real[226]– doch was ist das für eine verschwindende Zahl angesichts der späteren nach Millionen zählenden Opfer infolge christlicher Verfolgungen?

Einen verwandten Vertreter der voranstehenden Heiligengattung hat man in Hildesheim mit dem **Bischof Marquard** (875 – 880) vorzuweisen. Gemäß Wildefuers Bischofschronik war dieser „zwar ein frommer und einfältiger Mann, dabei aber ganz liederlich".

Sein Tod vermochte diesen Mangel jedoch mehr als nur auszugleichen. Denn der Bischof führte den Heerbann der Hildesheimer auf dem Feldzug der sächsischen Großen an, zur Schlacht mit dem Normannenheer, welches in Norddeutschland zur Landnahme eingefallen war. Wie der Chronist hervorhebt waren diese Heiden gerade dabei, die Stadt Hamburg „zu zerreißen und zu zerstören" und nebenher (oder hauptsächlich?) „wer den Christen-Glauben bekannte" zu „martern und umzubringen". Bei Gelegenheit dieser für die Sachsen verlorenen Schlacht wurde auch Bischof Marquard „elendiglich erschlagen". Er erbrachte damit das perfekte Opfer: „Also erlanget er die Kron der Marter".[227]

Martyrium und heroische Tugendhaftigkeit, bei beständiger Bekenntnis im Glauben, waren eben die Kennzeichen eines Märtyrer-Heiligen. Als Heiliger wird er in den Heiligenlexika (z. B. bei F. v. Sales-Boyé, 1930) und im Hildesheimer Schrifttum eigentlich noch heute geführt.

Nach den frühen Märtyrern des Christentums, den sog. Blutzeugen, treten uns Heilige mit anderen Tugenden entgegen. Asketentum war nun angesagt mit allen Aspekten der Weltflucht. Nun orientierte man sich stärker an Christi entsagungsreichem Leben und Leiden, z. B. daran, dass er 40 Tage in der Wüste fastete. So ist es für die „Viten" der meisten Heiligen recht charakteristisch, dass sie

---

[226] Die auch weniger wegen ihres Glaubens verurteilt wurden, sondern weil sie beispielsweise aus Glaubensgründen den Militärdienst verweigerten.

[227] Eine Parallele zu Bonifatius, der als „Apostel der Deutschen" sogleich mit Paulus in Verbindung gebracht wurde, drängt sich auf: Auch Bonifatius fiel „nur" einer beutegierigen heidnischen Rotte zum Opfer. Dennoch wurde sein gewaltsamer Tod, der ihn mit 30 „Martergefährten" und nicht ohne himmlische Ankündigung per Lichtzeichen ereilte, als „Martyrium" für den Glauben gewertet. Nach dem Schreiber seiner „Vita" preisten die Auserwählten zuvor Gott für die ihnen zugedachte Gnade und bemühten sich dann um die Erlangung dieser Todesart. Reliquien von Bonifatius befinden sich im Hildesheimer Dom.

in ihren zumeist selbstquälerischen Leidensgeschichten in den verschiedensten Versionen zwar, letztlich die Passion Christi nachvollziehen, denn ihre Legendenschreiber, die wahrhaft keine Biografen waren, befleißigten sich in der „Gott gefälligen" Zielsetzung der Überhöhung der Heiligen.

Allgemein ging es den Schreibern der heiligen Schriften nicht um die Überlieferung historischer Tatsachen, sondern eben darum, Anhänger für ihren Glauben durch die Schilderung beeindruckender Mysterien und Fabeln zu gewinnen. Entsprechend finden orts- und zeitgleiche größte politische Ereignisse, die die Chronisten überliefern, in diesen Darstellungen keine oder fast keine Erwähnung. Umgekehrt verhält es sich ebenso, indem beispielsweise die Hinrichtung des Gottessohns trotz der Erdbeben, Sonnenfinsternis und aller vorangegangenen sensationellen Wunder wie Totenauferweckungen etc., keinen Niederschlag bei den zeitgenössischen Historikern fand.

Die Schreiber der frommen Legenden setzten also vieles daran, die klassischen christlichen Tugenden und Wunder in die Geschichten ihrer Helden einzuarbeiten. Dies war ja auch wichtig, um eine klare Abgrenzung zu Zauberern und Hexenleuten, die ihre Magie mit Hilfe des Teufels betrieben, herbeizuführen. Gegen den Verführer, der ihnen in beinah beliebiger Gestalt (manchmal gar als Amsel) begegnet, führen die christlichen Heroen zumeist einen beständigen Kampf.

In der Vorkenntnis nachfolgender Ereignisse war es für den Schreiber der Lebensgeschichte fernerhin kein Problem, die oft außerordentlich prophetischen Begabungen des jeweiligen Heiligen herbeizuführen.

St. Antonius, oft mit Buch, Glocke und Schwein und auf einer liegenden Teufelsfigur dargestellt, repräsentiert den Sieg des Heiligen über den Versucher. Gerade er verfügte über ausgesprochen heroische Tugenden, besonders im Teufelskampf, der die Konkurrenz in seinen Wundertaten überstrahlte.

Der böse Feind ertrug es nicht, dass der Heilige von seinem Grabbau aus die ganze Wüste mit seinen Tugenden erfüllen möchte. Deshalb lieferte er, unterstützt durch zahlreiche Dämonen, dem Gottesmann wahre Schlachten.

Die „Versuchung", die Antonius zu überstehen hatte, ist am eindrucksvollsten auf dem Isenheimer Altar (zu Kolmar im Elsass) dargestellt: ein einziges Bild der Zerstörung, wobei sich die ganze Hölle, aber auch Eisgebirge heranwälzen, ihn zu vernichten. Dabei toben die grässlichsten Missgestalten in einem wahren Vernichtungsansturm auf den Heiligen los. Aber bei seinem Charisma und mit Gottes Hilfe ist es verständlich, dass er obsiegte.

So ist es schon kein Wunder mehr, wenn er auch Willensgewalt über die wilden Tiere gewann, die ihm gehorchten: Löwen warteten stets demutsvoll, bis er seine Gebete beendet hatte und halfen ihm bei der Arbeit etc.

Dieser „Patriarch der Eremiten" war einer der wichtigen Heiligen in Hildesheim: Patron mehrerer Kirchen und Kapellen, besonderes Fest, Antonius-Bruderschaft, Mast der „Tönnies"-Schweine, die die Hildesheimer an seinem Ehrentag auch schon mal durchs Feuer jagten...

St. Martin, Bischof von Tours, auch einer der Kriegsheiligen, brachte seine kaiserliche Majestät dazu, sich vor ihm zu erheben, indem er Flammen aus dessen Thronsessel emporschlagen ließ (eine der Hauptkirchen in Hildesheim).

St. Benedikt, der Gründer des mächtigen Benediktinerordens (in Hildesheim: St. Michael u. St. Godehard), sang schon im Mutterleibe Psalmen.

St. Bernhard, der zum Zweiten Kreuzzug Deutschland und Frankreich von Männern entvölkerte, betete so inbrünstig, dass ein steinerner Christus vom Kreuze stieg, ihn zu umarmen, auch eine steinerne Maria reichte dem Heiligen die Brust, woraus er die reinste Frauenmilch trank[228] – seine Wunder und Taten sind natürlich bestens verbürgt! Als besonderen Erweis der göttlichen Gnade vermochte auch er, sich vor Verzückung in die Luft zu erheben – einer der sog. „Flieger".[229]

Franz von Assisi hingegen war der erste Heilige, dem es vergönnt war, sich vollkommen in den gekreuzigten Christus zu transformieren, was seine blutenden fünf Wundmale offenbarten, die selbstverständlich besonders zur Karwoche hin aufzubrechen pflegten (Franziskanerkloster und -brüderschaft in Hildesheim).

Agatha, Lucia und Agnes sind, wie stets, gefeierte Jungfrauen, die sich Christus vermählt hatten und schließlich bei der heroischen Verteidigung ihrer Jungfräulichkeit getötet wurden.

Diese, wie so manch anderer Heilige, gelten zwar nicht mehr als historisch, werden aber weiterhin in hohen Ehren gehalten. Leuchtende Vorbilder jedenfalls und allesamt.

Frommer Raub

Man erflehte die Hilfe dieser Freunde Gottes, da man davon ausging, dass die Heiligen in ihrer Herrlichkeit auch jene nicht vergaßen, die ihr Leben immer noch auf Erden fristen mussten.

Ein beeindruckendes Beispiel geglaubter **Wirkkraft** von Heiligengebein überliefern die Sächsische Weltchronik und die Pöhlder Annalen, indem sie die Erblindung des Hildesheimer Bischofs Bernhard I. (1130 – 1153), den Tod des mitbeteiligten Dompropstes, sowie den Brand Goslars im folgenden Jahr auf eine offenbar nicht legitimierte Reliquientranslation der Heiligen Matthias, Rusticus und Venantius zurückführen.

Selbst schlachtentscheidend konnte sich eine ordentliche Reliquie auswirken, worauf wir weiter unten zurückkommen werden.

Derartige Mirakelberichte[230] und unzählige andere bewirkten, dass die Gläubigen – zumeist „um ihrer Seele Seligkeit" – „mit gar großem Opfer"[231], z. B. in Form frommer Stiftungen und Begabungen für die Kirche, die Himmelsmächte zu beeinflussen suchten.

---

[228] Ebenso erging es Bernhard und außer ihm auch noch weiteren Auserwählten. Von dem frommen, aber in Theologie wenig gebildeten Abt Heinrich von Clairvaux berichtet Caesarius von Heisterbach, er sei zur Kreuzpredigt aufgerufen gewesen. Und da er über kein sonderliches Bücherwissen verfügte habe ihm Maria ihre Brust dargeboten, um ihn daraus saugen und trinken zu lassen – die Wirkung war wunderbar: Heinrich wurde sogar Kardinal (Angenendt, A.: Heilige u. Reliquien, 1994, S. 222).

[229] Als „fliegender Bruder" sorgte im 17. Jh. ein Mönch des Klosters zu Assisi für Aufsehen. Er erhob sich über einhundert Mal in die Lüfte und nahm auch schon mal vor den erstaunten Anwesenden einen Mitbruder mit sich (Woodward, 208).

[230] Beispielsweise auch solche, die demonstrieren, was einem übles widerfährt, wenn man an einem Heiligtum vorüberzieht, ohne demselben seine Opfer darzubringen...

[231] Dabei wurden zuweilen selbst die Opfergaben Exkommunizierter nicht verschmäht. Absicht des frommen Gläubigen war es, diese Opfer gegen noch größere einzutauschen.

Man ging davon aus, dass man mittels der Reliquien als Heilsunterpfand und dem auf dem Altar geopferten Geld, seinen persönlichen Fürsprecher bei Gott haben würde. Selbst bereits Verstorbenen vermochte man auf diese schöne Weise noch ihre Qualen im Fegefeuer abzukürzen. All dies Gründe, die dazu führten, dass Reliquien als wertvoller galten als Gold. Sehr erheblich war darüber hinaus der erwartete Prestigegewinn für die Kirche, der dem Bischof erhebliche Einnahmen (für Sünden-Ablässe) in die Kasse spülen würde, zumal es sich bei dem Pilgerwesen um ein ausgesprochenes Massenphänomen[232] handelte. Und ohne zuvor den Ablass zu zahlen, wirkten die Heiligen nicht. Die Gnadenorte wurden aufgesucht in Form von Devotions-, Bitt-, Dank-, Buss- und Strafpilgerfahrten.

Da ist es nachvollziehbar, wenn man sich im Grunde mit allen Mitteln solches Wunderwerk zu verschaffen suchte.

Ein berühmtes Beispiel ist hierzu die Tat des Hildesheimer **Bischofs Othwin**[233], der ebenfalls danach strebte, das Ansehen seines Herrschaftssitzes mit den Überresten eines möglichst vollständigen populären Heiligen aufzuwerten und also eine Pilgerstätte mit dem Wohlstand versprechenden „Wundergeläuf"[234] einzurichten. Er löste das Problem, indem er dem Hildesheimer Reliquienmangel schließlich durch einen Raub abzuhelfen wusste.

Hierzu nutzte er seinen Aufenthalt mit dem Hildesheimer Heerbann an der Seite König Ottos I. (des späteren „Großen", der im Begriff stand, sich in Italien zum Kaiser krönen zu lassen) 962 zu **Pavia**, sich des Leichnams des hochverehrten heiligen **Epiphanius** (438 – 496) gewaltsam zu bemächtigen: Nach hinreichenden Vorbereitungen, wie Fasten (bei Brot, Salz und Wasser) und frommen Bußübungen sowie Gebeten um Erleuchtung und Klarheit, gelangte der Hildesheimer Thangward mit seinem Helfer (auch ein Mindener Priester war mit von der Partie) aus den Gewissensnöten, indem sie Gott selbst die Entscheidung überließen: Gelinge das Unterfangen, dann sei das ein Himmelszeichen der Erlaubtheit, anderenfalls würde Gott es scheitern lassen.[235]

Der Hildesheimer Bischof saß derweil, ob des ungewissen Ausgangs bangend, mit einem vorbereiteten Schrein in Bereitschaft.

Im ersten Anlauf landete man nach dem Einbruch in die Kirche nur einen Teilerfolg, indem frohen Herzens Gebein der hl. **Speziosa** ihrem Sarge glücklich entnommen werden konnten – das Grab des Epiphanius jedoch vermochten sie nicht aufzubrechen.

Nach weiteren frommen Übungen wurde der Versuch unter zusätzlicher Begleitung Fachkundiger wiederholt. Zwar wurden sie nach dem ersten Eindringen von Wächtern vertrieben, doch zum Glück existierte ein Seiteneingang.

Bevor die Grabschändung gelang, musste nur noch eine Schutzmauer zerstört und eine Marmorsäule zerschlagen werden.

---

[232] Spezielle Herbergen für die zumeist ja nur mit Hut, Stab und Tasche ausgerüsteten Pilger sind zumindest seit dem Anfang des 15. Jh. auch aus unserer Region bekannt.

[233] Er hatte übrigens den heiligen Bischof Bernward von Hildesheim zum Exorzisten geweiht. Exorzismus und Teufelskampf sind auch wesentliche Charakteristika im Bild eines Heiligen.

[234] Ein krasses Beispiel hierfür ist das Phänomen der Aachenfahrt, in welchen Jahren die Pilger zu Hunderttausenden dorthin kamen, um die dortigen Reliquien zu sehen (s. S. 16).

[235] Ganz nach Art der Gottesurteile, z. B. in der Gerichtspraxis von Hexenprozessen.

Und so, wie ganz Pavia[236] in hellste Aufregung und Empörung ob dieses „Erwerbs“ versetzt wurde, so waren auch die Hildesheimer voll endlosen Jubels, Begeisterung und Glücksgefühl, nachdem Othwin „den ganzen corpel... mit großer Würde und Ehren“ gen Hildesheim geführt hatte. Der Bischof handelte sich für seine Tat den Groll des Kaisers ein, schließlich entstammte seine Gemahlin dieser italienischen Hauptstadt – und später dessen Lob. Der neue Hildesheimer Heilige legitimierte sich sogleich „lange Jahre durch viel große Wunderwerk an kranken und prechhafften (gebrechlichen) Leuten“ an seiner nunmehrigen Ruhestätte im Dom.

In der Nacht vor seinem Fest (22. Jan.) pflegt die Hand des Heiligen durch lautes Klopfen im Chor oder im Schiff des Doms anzuzeigen, ob in dem Jahr ein Domherr oder ein Domvikar aus dem Leben abberufen werde, und auf welcher Seite des Chorgestühls die Lücke in der Reihe der Brüder eintreten werde. Auf seinem Schrein befinden sich auch Darstellungen der Heiligen Cosmas und Damian (s. o.).

Oft ist auf ebensolche Art und Weise das Ansehen einer Kultstätte, ja eines Erzsitzes gefördert oder erst begründet worden.

So haben wir übrigens einen recht verwandten „Reliquienerwerb“ in der 1164 erfolgten Überführung der Gebeine der „**Heiligen Drei Könige**“ von Mailand nach Köln vorliegen, durchgeführt durch Hildesheims früheren Dompropst und nunmehrigen Erzbischof von Köln und Erzkanzler von Italien, Rainald von Dassel. Zuvor wurde in der Lombardei jahrelang der totale Krieg unter Anwendung der ausgesuchtesten Grausamkeiten (auf beiden Seiten) praktiziert, der mit der systematisch betriebenen und völligen Zerstörung Mailands endete. Rainald vergaß Hildesheim nicht und bedachte die Stadt seines Karrierebeginns mit Fingerreliquien aus der Kriegsbeute, die in einer Monstranz im Domschatz aufbewahrt werden. Jährlich fand zu Ehren der Heiligen in Hildesheim ein Umzug statt.

Zu ihrer „Evolution“ gehört, dass sie das Evangelium (Matth. 2, 1-12) nur als eine unbestimmte Zahl von „Weisen“ bzw. „Sehern“ kennt. Nur sieben Jahrhunderte darauf waren auch ihre Namen schon bekannt, bis sie schließlich zu Königen avancierten und seither als die christlichen Urkönige schlechthin gelten.

Übrigens ist ein Motiv auf dem hl. Dreikönigsschrein die Wiederkunft Christi beim Jüngsten Gericht. Auch Rainald von Dassel ist in Form einer Plastik daran verewigt, und selbst der Welfenkaiser suchte hier seine Herrschaftslegitimation.

Heiliges Gebein und andere „Grumpeln“[237]

Doch zunächst sei der Blick von den bedeutenden Metropolen weg und auf das heimatliche und eher weniger bekannte Kloster **Fredelsloh** (bei Einbeck am Solling) gerichtet. Von dessen „etzlich Heiligthumb“ berichtet der Chronist Letzner in seiner „Dasselischen und Einbeckischen Chronika“ aus dem Jahre 1596, die bewirkt hätten, dass „lange Zeit am selben Orth ein großer Zulauff gewesen“, auch sonderliche Feste, Wallfahrten, Ablass und Jahrmarkt gehalten wurden.

Allein hier hatte man zusammengetragen: „der Stöcke einen aus der Hilken (Kiepe), daraus Josephs Esel und Ochs zu Bethlehem, als Christus geboren wurde,

[236] Pavia war immerhin die Geburtsstadt des Bischofs, der schon Schüler eines Heiligen war. Unermüdlich wirkte er an der „Ausbreitung des Reichs Gottes“ und war wegen seiner Wunder und seines heiligmäßigen Wandels weithin berühmt. In Pavia ist er auch gestorben.
[237] „Gerümpel“- Letzners, aus protestantischer Sicht erfolgte Bezeichnung dieser Stücke.

gegessen haben. Erden und etliche Steine, darauf Christus in der Wüste gestanden, als der Sathan zu ihm gesprochen: bistu Gottes Sohn, so sprich, dass diese Steine Brodt werden." Ferner „Späne von der Pforten und der Erde aus dem Garten, darauf Christus gestanden und gesagt: meine Seele ist betrübt bis in den Tod". Späne von der Säule, davor Christus vor Pilatus gestanden und gegeißelt wurde, ein Stück vom Schweißtuch Christi, Partikel vom Kreuz, etwas vom Grabe Christi, etwas vom heiligen Blut, Marien Haar[238], Marien Milch, „etzliche Stück von ihren Kleidern und Erden von ihrem Grabe". Es fehlte auch nicht der Stab Petri. Mit dem Gebein von 25 Äbten und Bischöfen „hat man viel Wesens gemacht", desgleichen mit solchem von 26 Märtyrern und etlicher unschuldiger Kinder. Hinzu kommen anderer „fürnemer Heiligen... Heupter und Gebein", deren 14 namentlich angeführt werden und ferner 22 heilige „Weibspersonen" und Jungfrauen.

Die „Principalstück" aller Heiligtümer jedoch waren „des armen Bettlers Lazarus[239] Hüfte, St. Antonius Gebein" und eher noch bedeutender: eine Fliege, „so den einen Mörder am Kreuz", Dismas genannt, „neben Jesus soll gestochen haben!"

„Diesen allen hat man große Ehre erzeiget, die Knie gebeuget, das Haupt geneiget, die Hüte abgezogen, auf die Erde gefallen (auf allen Vieren die Treppen heraufgekrochen, die Reliquien geküsst etc.), mit gefaltenen Händen und (in) großer Andacht geseufzet und gebetet."

An bestimmten Tagen jedoch wurden die wichtigeren Heiligtümer mit „großem Gepränge und zierlicher Prozession, mit Kreuzen, (Baldachin) und Fahnen singend umgeführt"– die Fliege befand sich dabei in einem „schönen Kristallenglase eingefasset".

Da konnte es denn auch nicht ausbleiben, dass „viel unerhörte Wunder und Zeichen geschahen und gesehen wurden".

Klar, dass **bedeutendere Klöster und Kirchen** eher noch Namhafteres vorzuweisen haben bzw. hatten. So lagerten in Köln 1645, neben den angesprochenen Hl. Drei Königen, Überreste sämtlicher Apostel und Evangelisten, Haare und Milch Marias, Steine, mit denen St. Stephanus gesteinigt wurde und eine Zehe des Riesen Christophorus[240]. In Mainz befanden sich in dem Hort des

---

[238] Die Reliquienforschung hat bezüglich so vieler Funde eine Aussage über die Haarfarbe Marias ermöglicht: Die Gottesmutter hatte eindeutig gescheckte Haar, denn dieses findet sich in allen nur denkbaren Farben.

[239] Er lag bekanntlich schon einige Tage im Grab und roch als Jesus ihn auferweckte.

[240] Abgesehen davon, dass es auch diesen Heiligen nicht gegeben haben wird, muss er wenigstens fünf Meter groß gewesen sein. Sein Anblick schützte vor „jähem Tod" (also vor einem solchen, ohne zuvor die Sakramente erhalten zu haben und damit insbesondere vor dem „ewigen Tod" der bis in alle Ewigkeit fortdauernden Höllenstrafe!).
Auch dieser Heilige war nicht totzukriegen: nicht durch die glühende Krone, die ihm aufs Haupt gesetzt wurde, vierhundert auf ihn abgeschossene Pfeile blieben in der Luft stehen, und als er auf einen eisernen Stuhl gesetzt wurde, unter dem Feuer bereitet wurde, schmolz der Stuhl, während dem Heiligen diese Tortur nichts anzuhaben vermochte. Vielmehr begründete er somit die Legende vom unzerstörbaren Leben.
Reliquien dieses eigentümlichen Heiligen befinden sich in St. Michael. Bischof Bernward konnte vermutlich solche nach seinem Flandernfeldzug aus Paris mitbringen.
Im Welfenschatz befindet sich u. a. die „Rippe von einem Riesen".

Erzbischofs zwei Federn und ein Ei vom Heiligen Geist, die erwähnte Feder des Erzengels Gabriel, fünfmal von der Milch Mariens[241], das Hemd, in welchem sie Jesus geboren, drei Flammen vom brennenden Busch des Moses, Manna, das den Kindern Israel in der Wüste vom Himmel gefallen war, eine der dreißig Silbermünzen, mit denen man Judas am Verrat an Christus bezahlt hatte etc. In der Wittenberger Schlosskirche bewahrte man neben einem Sack ägyptischer Finsternis Wachs von der Kerze, die die Jungfrau Maria in ihrer Sterbestunde in Händen gehalten hatte, und in Halle eine Flasche Milch aus ihren Brüsten, Gezweig des brennenden Rosenbusches, aus dem Gott zu Moses deutlich hörbar gesprochen hatte, etwas von dem Erdenkloß, aus dem Adam geschaffen wurde etc. Nicht ganz unbedeutend war wohl auch, dass sich unter den nicht weniger als 42 vollständigen Leichnamen, die man daselbst verehrte, auch der „wahre" Körper Christi, den er zur Löschung der Sünden der Menschen dargebracht hat, befand (Wolf, 209) – dessen „fleischlicher" Himmelfahrt ganz ungeachtet[242].

Aber man braucht sich nicht zu wundern, denn vor dem Herrn ist bekanntlich jedes Wunder möglich, und blieb es nach erfolgter Anbetung auch einmal aus, so lag dies zweifellos am mangelnden Glauben des Gläubigen.

Heilige Bischöfe und das „Karbunkel" Christi

Zurückkommend auf den **Hildesheimer Reliquienschatz** folgendes: Hier gewannen bald die Leiber der eigenen heiligen Bischöfe, deren Heiligenverehrung ja oft sogleich nach ihrem Tode (evtl. noch zu Lebzeiten) begann, eine hervorragende Bedeutung. Die wichtigsten Vertreter waren **Bernward** (996 – 1022, heiliggespr. 1193), **Godehard** (1022 – 1038, 1131 heiliggespr.) und dann auch der anfangs erwähnte ältere **Altfrid** (851 – 874).

Weisen die weitaus meisten der kanonisierten Heiligen Tugenden auf, die unter gar keinen Umständen mit menschlichem Erfolg verwechselt werden konnten, so fehlen derart übernatürliche Eigenschaften bei den Hildesheimer Oberhirten keineswegs völlig, wenngleich sie zur Gruppe der Volksheiligen zählen, denen nun gerade auch moralische Qualitäten anhaften – selbstverständlich unter Berücksichtigung der großenteils konträren Haltung, die das praktizierte Christentum gegenüber der Lehre Christi inzwischen aufzuweisen hatte, denn Christi lehrte nun einmal nicht, in den Krieg zu ziehen (und sei es mit der hl. Lanze), er meinte nicht, dass eine Adelsherrschaft in seinem Namen weltliche Güter (z. B. „das Stiftsgut") horten und mehren solle, in Schlössern und in aller Pracht und Herrlichkeit residieren und dafür das einfache Volk beherrschen[243] und ausbeuten solle. Als „kleine Päpste" verstanden es auch die Hildesheimer Pontifizes, ihre

---

Ob man dabei an Christophorus gedacht hat, ist nicht gewiss, jedoch hat sie sich als Mammutknochen entpuppt.

[241] Der „Kranz Mariä" hingegen wurde im Welfenschatz verwahrt.

[242] Sicherlich war den Exegeten und Apologeten auch dieser Widerspruch deutbar – wie alles in der Welt.

[243] In nur wenig späteren Zeiten hatten die inzwischen weitgehend unabhängig gewordenen Städter gar zu fürchten, dass „ihr" Bischof und Landesherr mittels seiner Truppen die Stadt sich unterwerfen würde, wie man derartige Beispiele vor Augen hatte.
Immerhin kam es mehrfach vor, dass auch der Hildesheimer Bischof mit einigen tausend Mann vor die Stadt zog, um seinen Forderungen mehr Nachdruck zu verleihen.

Urkunden wie ihre großen Vorbilder mit einem Ausdruck ihrer oberhirtlichen Gewalt bekräftigend zu beschließen.

Bischof **Altfrid** ließ beispielsweise der Gründungsurkunde für das Kloster Lamspringe den „üblichen Fluch" hinzufügen, „der jeden treffen solle, der seine Anordnungen verletze, schädige oder zunichte mache – wobei der Bischof bemerkt, dass einen solchen Übeltäter „der Teufel für alle Ewigkeit holen" solle, zum abschreckenden Beispiel für andere; dabei nahm er seine Nachfolger keinesfalls aus (vgl. Nowak, 30).

Zu „S. Altfridus" sagt das Heiligenlexikon: „Aus dem Leben dieses Heiligen wissen wir nichts, als dass er seine Herde mit ungemeiner Tätigkeit regierte" (was sehr überzeugend klingt) und mehrere Kirchen baute, wie den Hildesheimer Dom, der 872 geweiht wurde und der erste größere Steinbau Ostsachsens wurde.

Zudem errichtete er das Stift in Essen, wo ihn Gott (nach seinem Tode) mit mehreren Wundern verherrlichte.

Hildesheims eigene und sanktionierte Heilige traten in der Tat (jedenfalls aus der Sicht ihrer Nachwelt) vornehmlich als Baumeister, Förderer kultureller Dinge etc. in den Vordergrund.

Allerdings werden es eher die Wunder – Zeichen der Freundschaft Gottes – gewesen sein, deretwegen auch Altfrid schon sehr früh (nur ca. 200 Jahre nach seinem Tod) als „Sanctus Altfrid" bezeichnet wurde, wenngleich seine offizielle Kanonisation erst in diesem Jahrhundert vollzogen wurde.

Natürlich geschahen wie üblich, gerade an seinem Grab viele bezeugte Wunder, und so galt er gemäß der Bischofschronik des 12. Jahrhunderts als „wahrhaft in die Gemeinschaft der Heiligen aufgenommen".

Erwähnt sei das mit seiner Person verbundene „Schneewunder": Drei Tage lang fastete und beteten Bischof und Klerus, Gott möge ihnen den Ort für den geplanten Neubau des Mariendoms zu Hildesheim zeigen. Da waren endlich am vierten Tag die genau gezeichneten Grenzlinien deutlich im Frühlingsreif zu schauen. Überdies wurde dem Bischof in derselben Nacht geoffenbart, dass er zwei der Altäre darin Johannes dem Täufer sowie dem „Erzmartyrer Stephanus" weihen solle.

Von Bischof **Bernward** (993 – 1022) berichtet sein Biograf Thangmar, dass er seinen Altersgenossen in jeglicher Einsicht zehnfach überlegen war. Schon in zartem Alter von himmlischem Licht wundersam bestrahlt..., forschte er in den Tiefen der Gottesgelehrsamkeit.

Unter diesem angehenden Heiligen erlebte Hildesheim kurz nach der Jahrtausendwende (also unmittelbar nach dem nicht eingetretenen Weltuntergang!) eine Blüte und entwickelte sich zu einem herausragenden Kunstzentrum auf deutschem Boden. Monumentale Meisterwerke der Romanik, wie das Münster St. Michael (Grundsteinleg. 1010), die Bernwardstür[244] (Bronzeguss von 1015) oder die gleichnamige Säule (Bronzeguss von 1020), beide mit Reliefs nach Art einer Bilderbibel versehen, mit Motiven aus der Geschichte „der ersten Menschen" und Jesu Christi, zeugen noch heute davon.

Grundlegend neu an der Konzeption von St. Michael ist die Doppelchörigkeit, die dem kultisch bedingten Zentrum im Osten der Kirche ein architektonisch gleichwertiges im Westen entgegensetzt.

---

[244] Die daran angebrachten Löwenköpfe mögen vor allem magischer Abwehr gedient haben.

Vermutlich waren damit die Vorstellungen eines im Mittelalter verbreiteten magischen Abwehrdenkens verbunden – also das „Bannen“ gegenüber allen vom Westen her (vom Ort des Todes und der Region Satans) auf das Kirchengebäude eindringenden Mächten der Finsternis. In der Krypta unter dem Westchor befindet sich Bernwards Grablege.

Die später an St. Michael angebaute Kreuzkapelle weihte der Bischof 996 „zu Ehren des Herrn, der hl. Jungfrau, des hl. Michael und aller Engel sowie des Leben spendenden Kreuzes".

Zuvor hatte er einen Splitter vom hl. Kreuz als Geschenk von seinem früheren Schüler, dem späteren Kaiser Otto III., erhalten. Diesen schloss er in sein „Bernwardskreuz“ ein, einem Meisterwerk der Goldschmiedekunst.

Bernward, der bedeutendste Hildesheimer Bischof, befand sich auf zwei Kriegszügen vorübergehend im Besitz der heiligen Lanze (s. S. 25f. u. 27)[245], die ebenfalls eine Hauptreliquie der Christenheit darstellt und zu den Reichsinsignien zählt: Einen Flandernfeldzug, zu dem er 1007 „ein stattliches Ritterheer“ mit sich führte, verband er mit einer anschließenden Wallfahrt nach Paris zum Grab des hl. Dionysius (s. o.), wo er sich in tiefer Zerknirschung dem Herrn weihte. Darauf pilgerte er nach Tours, zum Grab des hl. Martin (s. o.) und beweinte vor dem heiligen Schutzpatron täglich mit einer Flut von Tränen seine Sünden und die der Seinen.

Von beiden Heiligen brachte er wertvolle Reliquien mit.
Als er bei Otto III. in Rom weilte, öffnete er in St. Paul den Sarkophag des Hl. Timothius und nahm einen ganzen Arm dieses Märtyrers heraus.

Seine großenteils aus eigenen Mitteln errichtete Basilika des Erzengels St. Michael (des Teufelsbezwingers) hatte er auf einem wohl ehemals dem Wodan gewidmeten Hügel zu Hildesheim geweiht.

Die Formel lautete 1013: „zu Ehren unseres Herrn und Heilands Jesus Christus sowie seiner seligen, ruhmreichen Mutter, der immer währenden Jungfrau Maria, des Erzengels Michael, der ganzen himmlischen Heerschar und zugleich der 66 Reliquien“, die bis dahin „beigesetzt“ wurden; und zum Jahre 1022: „zu Ehren unseres Herrn und Heilands Jesus Christus und seiner hochgebenedeiten Mutter, der immer währenden Jungfrau Maria, auch des heilbringenden, anbetungswürdigen, Leben spendenden Kreuzes, zur Erlangung des besonderen Schutzes des hl. Erzengels Michael, der ganzen himmlischen Heerschar und zum Lob und zur Verehrung aller Heiligen Gottes“ (Riebartsch, 308).

Mithin war der heilige Bernward ein großer Engelsverehrer, was gerade seine Michaelskirche[246] zum Ausdruck bringt, die ferner „zu Ehren der dreimal drei Chöre

[245] Otto der Große hatte sie einst in der berühmten Schlacht am Lechfeld gegen die Ungarn geführt – ihm zur Seite befand sich der Bannerträger mit der Reichsfahne, die das Bild des Schwertengels Michael zeigte, des Schutzpatrons der Deutschen, von dem sich der „Deutsche Michel“ ableitet.

[246] Für den Erzengel Michael hat übrigens die Angelologie (wiss. Engelslehre) ergeben, dass er wenigstens vier, wenn nicht gar sechs Flügel besaß – ein bedeutender Fortschritt, berücksichtigt man, dass sich die aus dem Judentum entstammenden Engel des Alten Testaments zum Verkehr zwischen Himmel und Erde noch einer Leiter, eben der Himmelsleiter, bedienen mussten.

der Engel“ errichtet wurde, und wo allein den himmlischen Heerscharen nicht weniger als neun Altäre geweiht waren.

Christen betraten im Mittelalter ihre Kirche als einen Raum des Mysteriums, in welchem sie sich ihrer Teilhabe am göttlichen Heilsplan bewusst waren.

Nicht zuletzt ließen sie die dort auf sie herabblickenden Teufelsfiguren, Dämonenköpfe (oft an Kämpfern), magischen Symbole und Mischwesen Angst und Schrecken verbreitend „die vier letzten Dinge“ bedenken: Tod, Gericht, Himmel und Hölle.

So ist es jedenfalls noch nachvollziehbar in der Braunschweiger St. Ägidien–Kirche[247] sowie an den Kapitellen der Hildesheimer St. Laurentius-Kapelle[248] des Domes, danach in der St. Godehard-Basilika und gegen Ende des 12. Jh. anstelle der ausgewechselten bernwardinischen Würfelkapitelle in St. Michael.

Möglicherweise diente der Fries von „Fabelwesen“ (mystische Vögel mit menschlichen Köpfen) auf der nur noch einen erhaltenen Chorschranke in St. Michael einem ebensolchen Zweck.[249]

Vom Kreuzgang St. Michaels schauen ebenfalls zwei Drachen herab, deren einer auf Raub ausgeht, während der andere einen Bären verschlingt und einen gewappneten Ritter umschlingt – nach Gebauer (270) symbolisieren sie das Reich (Satans) und die Macht „des Bösen“.

Zu Bernward heißt es in Stadlers Heiligenlexikon: „Mit apostolischem Eifer stand er seiner Herde vor und leuchtete in Allem als ein seltenes Beispiel der Tugend voran.“

Darüberhinaus ist es schon befremdlich zu sehen, wie sich im Christentum äußerlich alles um den Messias dreht, während seine glühendsten Verehrer sich so wenig um dessen wichtigste Lehren kümmern.

Gerade unter der Lichtgestalt unter Hildesheims Bischöfen, dem das Bistum seinen Glanz verdankt, nahm die (weltliche) Unabhängigkeit des ursprünglich ja weitgehend „geistlichen“ Gebiets gegenüber der weltlichen Macht deutlich zu, welche feudale Entwicklung „weltlich-politisch“ höherenorts zweifellos gewollt, doch nicht ohne militärische Rüstungen, Förderung des Kriegerstandes und kriegerische Handlungen möglich wurde.

Damit war eine schier endlose Reihe verheerender Kriege im jahrhundertelangen Machtkampf gegen die Welfen (die das sächsische Erbe angetreten hatten – insbesondere gegen Heinrich den Löwen) vorprogrammiert. Es galt daraufhin, „die Obliegenheit des geistlichen Amtes mit ritterlicher Tapferkeit zu vereinen“.[250]

---

[247] Jahn, Todesdämonen und Höllenwesen, Braunschweig 1995

[248] Ornamentik mit sog. „Grotesken“. Ebenfalls vorhanden: „Christus in der Vorhölle“.

[249] Gegenstücke in der Neuwerkkirche in Goslar und in Halberstadt.

[250] Auch wenn folgende Erzählung eher als Scherz gemeint war, so hat die Anekdote dennoch ihren tieferen Hintergrund in den aktuell andauernden Kämpfen gegen die Braunschweiger Herzöge: Als der neue Bischof Johann II. Einzug in sein Hildesheimer Stift hielt und sich nach der Bibliothek seiner Vorgänger erkundigte, da zeigten ihm die Hofbeamten die Waffenkammer mit den Worten: „Hier sind die Bücher deiner Vorgänger...“

Schon Bernwards Nachfolger Adelog bekam die Folgen der eingeschlagenen Entwicklung mehr als nur deutlich zu spüren (und damit die Hildesheimer Bürger)![251]

Ein weiterer Preis dieser territorialen Ambitionen war die zunehmende Verpflichtung im Staatsdienst – will heißen in der Heerfolge des Königs mit militärischem Aufgebot, was rasch dahin führte, dass die Kriege des Reichs (natürlich ganz allgemein) besonders mit Hilfe der Bischöfe geführt wurden.

Deren neue kriegerische Profession brachte es denn auch mit sich, dass so manche blutige Schlacht dem alleinigen Zweck diente, sich selbst in Amt und Würden zu setzen (vgl. S. 224-226).

Zum Glück gereichte den nach Freiheit strebenden Bürgern hingegen die durch das Kriegführen bedingte Geldknappheit[252] ihrer Regenten, denn die verschaffte ihnen widerum die Möglichkeit, ein Hoheitsrecht nach dem anderen käuflich zu erwerben. Quasi durch die Hintertür beförderte dies wieder das Bestreben der Bürger nach Unabhängigkeit, welche jene Vertreter Christi (die „Anwälte der Unterdrückten" hätten sein sollen, tatsächlich als Adelskleriker aber Repräsentanten der Feudalordnung waren) entschieden bekämpften. Jeder Bettler am Straßenrand könnte insofern Christi näher stehen als jene Kirchenmonarchen, die von ihrem Volk durch Welten getrennt waren...

Erwähnt sei ferner der Bau zahlreicher Burgen und Befestigungsanlagen. Gerade Bernwards Bischofsburg (Domburg) sah nach Ansicht seines Chronisten im Sachsenland nicht ihresgleichen. Hier residierten die bald zu Reichsfürsten emporgestiegenen Gottesmänner oder besser „Fürstbischöfe" im bischöflichen „Palast" (1209), bzw. hatten sie hier ihre Hofhaltung in der aula, im palatium, der magna curia, dem capitolium...

Lüntzel (29) stellt eine ähnliche Tendenz schon zu Bernwards Zeit, weniger zur Freude des Bischofs, ebenso bezüglich des Domkapitels fest, „denn auch hier waren aus demütigen geistlichen Brüdern große Grundherren geworden, die nun mitregieren wollten".

Da man glaubte, der in den Himmel aufgefahrene Geist des verstorbenen Heiligen würde auch seinen kleinsten Überresten noch innewohnen, begann meist sehr bald eine Zer- und Verteilung dieser Personen auf oftmals zahlreiche Altäre und überhaupt Kultstätten – jeder Altar galt quasi als Grab des Patrons, weshalb in den Altären (aber auch in den Säulenkapitellen der Gotteshäuser etc.) Teile ihrer Patrone deponiert sind.

Im Falle Bernwards ist bekannt, dass sein Leib in St. Michael verblieb, während Haupt (in einer schön gearbeiteten „Herme") und rechter Arm im Dom ruhen – abgesehen von einer durchaus erfolgten Weiterverteilung kleinerer Einheiten. Kurios

---

[251] Der Sturz des Löwen ermöglichte dem Bischof, einen Teil der herzoglichen Gewalt abzuschütteln und einen Teil seiner Lehen einzuziehen (u. a. die Herrschaft Homburg).

[252] Das ging immerhin so weit, dass Bischof Johann III. nach verlorener Fehde auch noch seine letzte Burg, den Steuerwald, verpfänden musste. Er und einige Nachfolger waren beinah so sprichwörtlich „arm wie eine Kirchenmaus".
Schließlich führte diese Entwicklung dahin, dass das einstmals stolze Stift seit 1573 zu einem „von der Ferne her regierten geringen Nebenland auswärtiger Kirchenfürsten" herabsank, um nicht von den „Nebenpfründen" großer Herren zu sprechen.

will es anmuten, und die „miraculi Bernwardi“[253] werden dies gefördert haben, dass Mönche schon vor der eigentlichen Reliquienerhebung sein Grab geöffnet hatten, um Teile daraus in ihren Zellen zu verehren...

Eine solche Mentalität mag auch dazu geführt haben, dass es für die trauernden Begleiter des Hildesheimer Bischofs **Osdag**, nachdem dieser auf seiner Wallfahrt zu den Apostelgräbern in Rom im Jahre 989 verstorben war, offenbar kein Problem darstellte, den Leichnam ihres Pontifex **„in zwei Schreinen“** heimzuführen... Noch seltsamer will es anmuten, wenn es gar Heilige gegeben haben soll, die es nötig hatten, an die Barmherzigkeit ihrer Verehrer zu appellieren, um von diesen nicht schon vor ihrem Dahinscheiden zerlegt zu werden[254] – Reliquien waren eben ziemlich begehrt! Da die Gläubigen die Heiligen auch noch in den kleinsten Partikeln als vollständig zugegen wähnen, wurden manchmal Sarkophage ausgescheuert, um den Aufwasch zu sich nehmen zu können.

Doch ehe wir weiter auf Abwege geraten,
zurück zu den heiligen Hildesheimer Bischöfen:
Eher ungewöhnlich für einen hochrangigen Kleriker ist es zu nennen, wenn es den ebenfalls heilig gesprochenen Bischof **Godehard** (nach dem übrigens tatsächlich der St. Gotthard, also das Bergmassiv in den Alpen, mit -pass und -tunnel seinen Namen haben) im Sinne der vielbeschworenen christlichen Armut zu enthaltsamen Lebensformen drängte. Wir hatten schon eingangs erwähnt, dass er in seiner Jugend quasi wie Christus „in die Wüste“ ging und von Wurzeln und Kräutern lebte. Das war noch zu seiner Zeit im Kloster Altaich in Bayern, wo er auch das Ordensgelübde der strengen Benediktinerregel abgelegt hatte, die er in seinen frommen Übungen noch übertraf.

Wie sehr Gott mit ihm war, zeigte sich schon hier in seiner Kindheit, als er nämlich einmal während des Gottesdienstes glühende Kohlen mit der Hand fasste und im unverletzten Chorhemd herbeitrug. Auffällig war ebenfalls, wenn er öfters auf seinem Schulweg trockenen Fußes über die Donau ging.

Angesichts seiner inneren Einstellung (eben der Lehren Jesu gemäß) sträubte sich Godehard gegenüber dem Kaiser, das Hildesheimer Bischofsamt zu übernehmen, jedenfalls so lange, bis dies von der Gottesmutter, die ihm im Traum erschien, selbst verlangt wurde. Hier „entfaltete er die größte Tätigkeit in Bewahrung kirchlicher Zucht und in Erbauung von Kirchen und Klöstern“. Allerdings sehen wir auch Godehard beim Bau von Kastellen. Ein Münster mit Festungscharakter weihte er dem Kriegsheiligen Mauritius. Von ihm selbst aber berichtet das Heiligenlexikon, dass er ohne Unterlass dem Gebete und strengem Fasten oblag. Seine Untergebenen empfanden bei ihm „Furcht und Liebe zugleich“.

Kreuz und Reliquien nutzte er natürlich auch zum Zwecke des Exorzismus: Wie es überliefert ist, rückte er damit einst bösen Geistern (aufsteigenden Sumpfblasen) an der „Sulta“-Salzquelle zwecks deren Bannung zu Leibe. Diese Hilfsmittel werden zweifellos ferner bei seinen zahlreichen Wunderheilungen, wie sie schon zu Lebzeiten des Bischofs überliefert sind, die herausragende Rolle gespielt haben – insbesondere bei der Heilung eines Besessenen.

---

[253] Schon im Jahre 1023 sollen Hildesheimer Kaufleute als Englandfahrer nur durch die Anrufung des heiligen Bernward aus äußerster Not befreit worden sein.
[254] So wird es vom heiligen Romuald berichtet.

Bischof Berthold (1119–1130), der Godehards Heiligsprechung betrieb, fügte diesem Fundus noch eine persönliche hinzu, wonach er selbst in seiner Jugend einen Kameraden mit einer Lanze durchbohrt habe.

Nachdem er daraufhin seine Zuflucht zum Gebet am Grabe Godehards genommen habe, trat die Genesung ein.

Godehards prophetische Begabung äußerte sich übrigens, indem er mehreren Personen sein eigenes Ableben voraussagte.

Nach der Kanonisation wurde der Kult dieses Hildesheimer „Stadtheiligen" „durch die Abgabe zahlreicher Reliquien" gefördert. So wird zu Niederaltaich an hohen Festtagen sein Kinnbein auf den Altar gestellt. Und es „bestätigte also der Herr die Heiligkeit seines Dieners" verschiedenenorts durch zahlreiche Wunder.

Aus der Zeit seines Wirkens zu Altaich ist ein Beispiel seiner erfolgreichen Seelsorge erwähnenswert: Demnach hatte er einen reichen Mann, und zwar einen Verwandten des Kaiser Heinrichs II. und des Königs Stephan von Ungarn, der für sein bisheriges Leben im Kloster zu büßen beabsichtigte, von der Notwendigkeit einer vollkommenen Armut überzeugt. In Altaich legte dieser sein Gelübde ab und lebte fortan jahrzehntelang unter ganz armseligen Verhältnissen als Eremit im Böhmerwald (Riebartsch, 343).

An dieser Stelle ist kurz auf **Hildesheims berühmteste Schüler** der übrigens von Bischof Altfrid gegründeten Domschule einzugehen, die keineswegs „nur" als Bildungsstätte des einheimischen Adels anzusehen ist.

Aus ihr ging eine beachtliche Anzahl von Erzbischöfen und Bischöfen hervor.[255] Konrad von Querfurt (bzw. Konrad I. von Hildesheim) und Rainald von Dassel hatten wir in diesem Zusammenhang schon erwähnt.

Eingehen wollen wir nur kurz auf drei herausragende Gestalten, zumal zwei derselben später ebenfalls heilig gesprochen wurden und in Hildesheim – in der Jugend der bewussten Personen – durchaus eine Prägung stattgefunden haben dürfte:

Die Rede ist von den Prinzen und angehenden sächsischen Kaisern Otto III. und Heinrich II. und sodann vom „heiligen Apostel" Benno.

Bernward wurde 987 von der Kaiserin Theophano an den sächsischen Hof als Erzieher Ottos III. berufen, auf dessen eschatologische Einstellung wir bereits eingegangen waren (s. S. 11), und die vielleicht nicht ganz zufällig auch der unseres Bischofs entsprach.

Zu dem einstigen Hildesheimer Domschüler Heinrich II., der hier seine erste Erziehung und Bildung, und zwar die eines Pfarrgeistlichen erhielt, ist es ausdrücklich überliefert: „Dort wird der Knabe zu den gelehrten, vornehmlich theologischen Kenntnissen, die man später an ihm bemerkte, den Grund gelegt haben; wie auch die Strenge der klösterlichen Zucht von Hildesheim auf die Dauer einen tiefen Eindruck auf ihn hinterließ" (ADB).

Heinrich soll zum Kanoniker an der Hildesheimer Domschule bestimmt gewesen sein.

Wenn aber die „Hagiografie" (Heiligen-Legendenschreiberei) aus seiner Biografie das Zerrbild eines unköniglichen Beters und unmännlichen Büßers werden lässt, dann steckt dahinter derselbe Antrieb, der den frommen Mönchsfedern die

---

[255] vgl. Heinemann, 118f.

fantastischsten Heiligenkomödien stets zu entlocken pflegte wie weiter oben gezeigt und worauf gleich zurückzukommen ist.

Heinrich II. und seine Gemahlin Kunigunde, die wir schon als nachmalige Klosterpförtnerin kennen gelernt hatten (s. S. 15), stellen übrigens das einzige Kaiserehepaar dar, das je heilig gesprochen wurde.

Beider Schädel werden in Würzburg als die kostbarsten Reliquien des Bistums, in Gold und Silber gefasst, bei der alljährlichen St. Heinrichs-Prozession auf einem Tablett umgeführt.

Sankt Heinrich und Sankt Kunigunde wurden kanonisiert, weil sie eine eheliche Gemeinschaft führten wie Maria und Joseph („Josephsehe")[256], heilig gesprochen auch, weil Kunigunde, des Ehebruchs verdächtigt, Gottes Urteil anrief und zum Beweis ihrer Treue über zwölf rotglühende Pflugscharen schritt, ohne eine Brandwunde davonzutragen, heilig gesprochen, weil St. Benedictus persönlich vom Himmel herabstieg, um den Kaiser von einer Krankheit zu heilen und weil an beider Gräber so viele Wunder geschahen. „Für künftigen Lohn" erkor Heinrich II. Christus zu seinem Erben – das Hochstift Bamberg gründete der Kaiser neu und ließ es unmittelbar dem Papst unterstellen...

Zur Ironie der Geschichte gehört, dass dieser Heilige, verbündet mit den heidnischen Liutizen, einen 15-jährigen Krieg gegen das christliche Polen führte. Machtpolitisch war dies ein nachvollziehbarer Schachzug, doch von seinen Zeitgenossen wurde er dessen arg getadelt; der Magdeburger Domherr Brun von Querfurt klagt dazu: „Wie verträgt sich Christus mit Belial."

Und noch des angesprochenen heiligen Benno ist hier kurz zu gedenken, der sogar in Hildesheim geboren wurde (i. J. 1010) und ebenfalls den heiligen Bernward im Kloster St. Michael als Erzieher hatte. Hier wurde er Abt, dann Reichskanoniker in Goslar, darauf Bischof zu Meißen. Bald predigte er das Evangelium unter den Heiden Brandenburgs so erfolgreich, dass er als der Apostel der Slaven galt. Wenn er schon im Leben mit der Gabe der Wunder[257] und Weissagung glänzte, so wurde er nach seinem Tode noch mehr durch solche verherrlicht, denn jetzt sollen auf seine kräftige Fürbitte hin selbst Tote erweckt worden sein.

Gegen seine Heiligsprechung hingegen agitierte kein Geringerer, als Luther selbst mit seiner Schmähschrift: „Wider den newen Abgott und alten Teufel..." Nachdem der katholische Glaube in Meißen ganz in Abnahme geriet wurde der Leichnam nach München geholt, wo er als Haupt- und Stadtpatron fungiert.

Aber kommen wir zurück zum Hildesheimer Reliquienhort:
Bereits das Verzeichnis von 1186 weist allein für St. Michael knapp 150 Reliquien aus. Darunter mehrfach vom Holz des hl. Kreuzes und vom Kleid Mariens, vom Mantel des Herrn, vom Blut Paulis, vom Schweißtuch und Öl Katharinens (also von der heiligen und unerschöpflichen Ölquelle in ihrem Grab[258]), vom Erzmärtyrer St. Stephan (darunter auch ein Zahn desselben) und was der Devotionalien mehr waren.

---

[256] Die Kinderlosigkeit wurde als heroische Tugend gedeutet.

[257] In Meißen ließ er einst Domschlüssel in die Elbe werfen. Später sah er sie wieder – im Bauch eines Fisches, der in seine Küche gebracht wurde.

[258] Ein solches Fläschchen befindet sich ebenfalls im Welfenschatz (s. bei Heinrich II. von Braunschweig-Grubenhagen – S. 174).
Auf das Ölschwitzen aus den Gebeinen der hl. Katharina waren Mönche des Klosters am Berge Sinai spezialisiert.

Ebenso ist eine Reliquie der hl. Ursula genannt, wie denn 1441 auch ein Sarg der 11.000 Jungfrauen Erwähnung findet, von welchen diese Heilige der Sage nach auf ihrer Rom-Wallfahrt begleitet war, als sie bei Köln von den Hunnen niedergemetzelt wurden.

Im Hauptaltar der St. Michaels-Basilika fehlte auch nicht ein Stück vom Altar (einer Felsengrotte) des Erzengels Michael „ex monte Gargano" in Umbrien – wo übrigens kein Sterblicher die Nacht verbringen darf, da hier die himmlischen Heerscharen dann selbst die Messe zu zelebrieren pflegen.

Jesus machte auf der Hochzeit zu Kanaa[259] aus Wasser bekanntlich Wein – eine Tatsache nennt dies der Papst in seinem aktuellen Weltkatechismus.

Als ein Geschenk Kaiser Ottos III. an seinen Lehrer Bernward konnte auch der Hildesheimer Reliquienschatz eine Scherbe dieser sich im Laufe der Zeit stark mehrenden Krüge (manchmal fand sich noch Wein darin) vereinnahmen.[260]

Konrad I. von Hildesheim vermehrte den Domschatz mit „zwei gantz guldine serchle (Schreinen) mit heiltumb, die baide mit costlichem edlem gestain gezieret" waren, sowie mit Reliquienteilen der Heiligen Stephanus und Laurentius und anderen Reliquien, auch einer Anzahl geistlicher Gewänder, Altartüchern, Balsam und anderen von seinem Kreuzzug heimgebrachten Sachen.

Ein ganz besonders herausragendes Hauptstück darf jedoch angesichts seiner Wichtigkeit nicht übergangen werden: Zwar war der Herr natürlich auch hier stets leiblich in Form von geweihtem Wein und Brot vertreten, doch zudem glänzte die Hildesheimer Kirche durch ein beinahe einzigartiges Heiligtum, mit dem man seltsamerweise nicht mehr viel Reklame macht: Hier verehrte man (gem. Wolf, 209f.) die **Vorhaut Christi** !– also einen Teil, der trotz der angesprochenen Himmelfahrt zurückgeblieben sein muss, und als Jude wurde Christi, wie dies auch Lucas 2.21 erwähnt, beschnitten.

Nun teilte Hildesheim dieses exklusive Stück mit folgenden Städten und Örtern, die ebenfalls Anspruch auf den Besitz dieser „echten" Topreliquie erhoben: Charroux (Poitiers), Antwerpen, Paris, Brügge, Boulogne, Besancon Nancy, Le Puy, Conques, Perugia und Calcata/Rom.

Im Jahre 1903 gehört diese hochheilige Kostbarkeit, wie auch die Nabelschnur[261] Christi, zu den Schätzen des päpstlichen Kuriositätenkabinetts im Lateran, wohin sie wohl auch in der Zeit der Kreuzzüge gelangt sein wird.

Wie der Wert dieser Reliquie eingeschätzt wurde, zeigt eine hierauf bezogene Passage in einem dem Papst gewidmeten Werk, in dem ein Prälat vorschlägt, eine Kirche vorzugsweise „Sancta Sanctorum" zu nennen, „denn in ihr verwahrt man einen Teil des wahren Gottesmenschen – eine Reliquie, die über jede andere erhaben ist" (Wolf, 211).

---

[259] Dieses Dorf, wie viele weitere heilige Stätten, wurde zum „Heiligen Jahr" 2000 zu einer Art religiösem Vergnügungspark gestaltet.

[260] Heute im Diözesanmuseum. Zu Tränen gerührt, erhielt auch der König Stephan von Ungarn einen jener Krüge und brachte diesen, zusammen mit einem der wenigstens drei Köpfe des heiligen Stephan, von seinem Kreuzzug heim.

[261] Obwohl Christi bekanntlich bei seiner „Geburt" den Leib der Jungfrau etwa so verlassen hat, wie der Lichtstrahl eine Glasscheibe durchdringt (wenn nicht durchs Ohr, wie man dies im Mittelalter ebenfalls verbreitet glaubte).

Die wenig delikaten Wunder- und Heiligengeschichten, die sich um das göttliche Karbunkel ranken (tw. von Heiligen verbürgt), wollen wir uns an dieser Stelle schenken, man kann dazu einiges bei Deschner oder Wolf finden.

Die nicht ganz geringe Anzahl von immerhin heute noch (oder erst?) dreizehn bekannten Exemplaren schmälert aber keinesfalls der Hildesheimer Ruhm, zumal spätestens jesuitische Spitzfindigkeit auf die schöne Möglichkeit hinwies, dass Gott evtl. auf wunderbare Weise die Vorhaut vervielfältigt haben mag, wie er dies gemäß der Hl. Schrift auch mit Wein, Brot und Fischen getan habe.

Selbstverständlich war mit dieser Thematik für die stets mit immensem Aufwand betriebene zeitgenössische Gelehrsamkeit (religionswissenschaftliche Erörterungen) wichtiger Stoff gegeben, etwa hinsichtlich der Fragestellung, ob der in der Kommunion mit all seinen Gliedern in Form der konsekrierten Hostie[262] gegessene Christus nun die Vorhaut besitze oder nicht...

In jedem Falle aber dürfte der „Tag der Beschneidung“, ohnehin eins der großen Feste in der sonst so prüden Christenheit, in Hildesheim mit besonderem Hintergrund begangen worden sein.

Reliquien und Heiliger Krieg

Selbst Eroberungskriege ließen sich als „Landnahme“ aufgrund des Alten Testaments wunderbar legitimieren; nicht grundlos wurde Karl der Große (der, je nach Sicht, Sachsenschlächter und Heilige) als neuer König David tituliert (vgl. Krumwiede: Kirchengesch. Nieders., 1995, S. 77 / s. auch S. 30 u. 142).

Zu den üblichen Kriegsvorbereitungen gehörte für die Herrscher der Besuch bedeutender Klöster und Kirchen, was gerade in der Zeit der Kreuzzüge bedeutende Einnahmesteigerungen für diese Einrichtungen bedeuten musste. Denn gern nutzte man die außerordentliche von den Reliquien ausgehende Wirkkraft, um sich der himmlischen Unterstützung auf seinen Kriegszügen zu versichern.

Wie diese eingeschätzt wurde, ist aus den üblichen **Segnungen** der in die Schlachten mitgeführten (oft vom Papst, der im Gegenzug Geschenke erwartete, im Namen des heiligen Petrus geweihten und übersandten) **kriegerischen Symbole** wie Kreuze, Heiligenbilder und -fahnen zu ersehen.

Erdmann (S. 40) bringt hierzu Textbeispiele wie z. B.: „Neige, Herr Jesus, unseren Bitten gnädig dein Ohr und schicke uns Hilfe durch den Erzengel Michael und durch alle himmlischen Mächte. Wie du Abraham segnetest, der gegen die fünf Könige triumphierte und den König David, der zu deines Namens Lob siegreiche Schlachten schlug, so segne und heilige diese Fahne, die zur Verteidigung der heiligen Kirche geführt wird gegen feindliches Wüten, damit die Gläubigen und Verteidiger des Gottesvolkes, die ihr folgen, in deinem Namen und durch die Kraft des Kreuzes Triumph und Sieg über die Feinde erringen.“ Erdmann betont, dass der so geheiligte Krieg auf diese Weise aus der Ebene profanen Machtstreits

---

[262] Ein abermals großes Thema würde die wunderwirkende Hostie sein oder der Hostienbetrug, wenn z. B. Juden oder Hexenleute dieselbe „marterten“ und dann Blut Jesu daraus hervorlief; oder derjenige durch Priester verübte Hostienbetrug, die den Aberglauben des Volkes zu ihrem Vorteil und jenem der Kirche zu nutzen wussten, wie dies vielfach nachgewiesen ist etc. pp.

herausgehoben wurde – wenn der Himmel sich für eine Partei einsetzte, dann war der Krieg auch eine Sache der Kirche geworden.[263]

Entsprechend unterschied man nun auch sehr fein den gerechten vom ungerechten Krieg und hatte zugleich eine schöne Entlastung für das Handeln in **doppelter Moral**: Der Krieg in guter Sache wird nicht nur schlechthin als Gottesdienst des Laien aufgefasst, sondern geradezu als Mönchswerk.

Wenn wir beispielsweise den heiligen Bischof Bernward von Hildesheim (um 1023) sehen, wie er Burgen baut[264] und gegen die heidnischen Normannen kämpft, dann feiert ihn der Chronist Thangmar in seiner Vita Bernwardi als nach Christi Vorbild handelnden guten Hirten. Führt er aber als Fahnenträger an der Spitze des Heeres Ottos III. die **heilige Lanze** (als sakrales Herrschaftszeichen, welches für gewöhnlich vor dem Kaiser hergetragen wurde) wider die aufständischen Römer, oder 1006 in einem anderen Zug, mit stattlicher Heeresmacht, gegen Frankreich, dann gab er eben des Kaisers, was des Kaisers war.

In beiden Fällen führte man Krieg „in höherem Auftrag" und war so in seinem Tun wunderbar entlastet. Dies erst recht, wenn – wie üblich – Reliquien auf dem Kriegszug mitgeführt wurden, in welchen der Katholik den Heiligen physisch anwesend glaubte (und glaubt), der dann mit den Heeren wandert und aus dem Kriegszug eine Pilgerfahrt werden lässt...

Ebenso dienten viele Handlungen während des Feldzuges der Heiligung des Krieges, so das Abhalten von Messen, öffentliches Beichten, Bittprozessionen, Fasten und Beten als Vorbereitung zur Schlacht. Sieg verleihende Kraft wurde zudem christlichen Schlachtrufen wie „Kyrieleison" zugeschrieben.

Als beispielsweise Rainald von Dassel und der Erzbischof Christian von Mainz ihr gemeinsames Heer 1166 gegen Rom führten, brachten Rainalds Truppen die Entscheidung: Mit ausgerechnet dem Schlachtruf „Sankt Peter hilf!" fiel er den Römern in den Rücken, während seine Ritter mit dem Choral „Christ, der du bist erstanden" an die Blutarbeit gingen (vgl. Fischer-Fabian, 99).

Als ein wertvolles **Feldzeichen** schleppten sich die Kreuzfahrer bei ihren Feldunternehmungen mit dem in besonderem Maße Sieg verleihenden heiligen Kreuz ab – dem Unterpfand der Führung und Hilfe Christi –, das sie stark machte im Kampf.

Wie zur Zeit der Christianisierung sahen die Kreuzfahrer in ihrem Gott eher den Siegergott. Allmächtig und kriegsgewaltig führt der seine Gottesstreiter im Heiligen Krieg zum Sieg; ein Opfer, für welches himmlischer Lohn erwartet wird – Kreuzfahrerfrömmigkeit.

---

[263] Seltsamerweise funktionierte das Prinzip nicht selten auch im Kampf z. B. deutscher Kaiser gegen die Päpste.

[264] Deren viel betonter Defensivcharakter überzeugt nicht immer, insbesondere wenn man berücksichtigt, dass von solchen Stützpunkten aus große, möglicherweise erst eroberte Gebiete beherrscht bzw. unterdrückt wurden. Auch die Burg Steuerwald baute später der Hildesheimer Bischof als „Zwingburg", um den „Übermut" der Hildesheimer Bürger zu „steuern"– in einer Zeit, in welcher Bischof und Domkapitel in der aufstrebenden Stadt ihren natürlichen Feind erblickten (vgl. Gebauer, 85).
Wenn dennoch aus Hildesheim das Sprichwort, „unter dem Krummstab ist gut wohnen" bekannt ist, so ist damit nichts als die schon angesprochene großenteils „schwache" (und nicht zu verwechseln mit „milde"!) bischöfliche Herrschaft gemeint.

Das Hildesheimer Stift stand bekanntlich unter der Schutzherrschaft der hl. Maria. Bezüglich ihrer Sieg verleihenden Kraft hatten wir weiter oben und nach dem Ersten Kreuzzug bereits Stellung bezogen. Ihr siegreiches Banner, den Truppen aus den Händen der Bischöfe verliehen, wenn nicht gar von den Klerikern den Heeren vorangetragen, stellte auch das Schlachtenglück der Hildesheimer in ihre Obhut.

Ein treffliches Beispiel hierfür bietet der Ausgang der Schlacht bei Dinklar, in welcher sich im Jahre 1367 der Hildesheimer Bischof Gerhard dem Ansturm einer dreifachen Übermacht verbündeter Herzöge, Bischöfe und Grafen zu erwehren hatte.

Wir erwähnten in diesem Zusammenhang bereits den vorbildlichen Kampfeinsatz des hochwürdigen Abts von St. Michael (s. S. 24 u. 129), der zeitlebens lieber im Sattel als vor dem Altar tätig war: „Und ritt selbiger in silberner Rüstung auf dem Schlachtfeld umher, sehr zum Schrecken des Braunschweiger Kriegsvolkes."[265]

Es ist dies zweifellos ein bewaffneter Einsatz, wie ein solcher seit Jahrhunderten den Klerikern offiziell untersagt war, den der Bischof jedoch mit dem begeisterten Aufruf an seine Bauern begleitet haben soll: „Ihr Männer da mit den Heugabeln, was steht ihr da herum? Seht mal, wie der Mönch ficht!" Und als nach längerem Gemetzel sich ein ermüdendes Hin und Her einzustellen drohte, da lockte Bischof Gerhard seine Mannen noch einmal aus der letzten Reserve, indem er seine Stimme erschallen ließ: „Liebe Kerle, seid nicht bekümmert! Hier habe ich tausend Mann in meinem Ärmel!" Und damit zog er einen neuen Bundesgenossen aus dem Ärmel: das ehrwürdige Heiligtum Unserer Lieben Frauen aus Kaiser Ludwigs des Frommen Tagen. Derart unterstützt – die Gottesmutter selbst schien in den eigenen Reihen mitzukämpfen – und neu beseelt geschah das Wunder eines vollständigen Siegs! Selbst der gegnerische Herzog Magnus von Braunschweig und der Bischof von Halberstadt gerieten in Gefangenschaft.

Zum Angedenken eines derart glänzenden Siegs bzw. jener „Wohltat Gottes" (eigentlich Mariens) ließ der Bischof den Vierungsturm des Mariendomes mit einem goldenen Dache krönen, dem Domschatz einen goldenen Kelch zu Ehren der Gottesmutter stiften und in der Dammstadt zur Ehre Mariens das Karthäuserkloster gründen – all das aus dem Lösegeld, welches den Gefangenen abgepresst werden konnte.

Noch lange Zeit beteten die Hildesheimer in Zeiten hoher Bedrängnis: „Schuf na, leve Maria!" (Schieb nach, liebe Maria!)

Der Gottesmutter zu Ehren (jetzt eigentlich in der Funktion einer Kriegsgöttin) wurden in Deutschland zahlreiche „Maria-Sieg-Kirchen" gebaut... Hildesheim hat insofern noch etwas mit dem Essener Münster (eine auf den Hildesheimer Bischof Altfrid zurückgehende Gründung) gemein, nämlich die älteste vollplastische Darstellung der Gottesmutter Mitteleuropas – nach dem byzantinischen Typus der „Nikopoia", der siegbringenden Mutter des Herrn[266].

Die Essener Figur besitzt noch die ursprünglichen aus Edelsteinen geformten Augen, was ihr einen fast stechenden Blick verleiht, während die große

---

[265] Oberger Chronik - freundlichst mitgeteilt von Herrn Roland Hiller, Abbensen.

[266] Ihr Urbild, als Thron Christi, befindet sich in Konstantinopel (Hagia Sophia). Die Siegbringende begleitete schon Konstantin auf seinen Kriegszügen. Dieser Madonnentypus war bis zur Romanik vorherrschend.

Hildesheimer „Goldene Madonna“ Bernwards in der Barockzeit in diesem Punkt überarbeitet wurde (vgl. Nowak, 49).

Sie ist die Schutz- „Herrin“ des Stifts, vor der die Lehnsträger des Bistums ihren Treueid ablegten, und ihr folgte die Gemeinde bei Reliquienprozessionen.

In Form der Reliquienkapsel spielte sie ihre Rolle bei der Bischofsweihe, bei welcher der Bischof einen Ring als Zeichen der „geistigen Ehe“ empfing, und sie nahm an Rechtsgeschäften teil, z. B. Besitz von Ritterburgen (vgl. Gebauer, 288).

Große Marienverehrer waren bekanntlich auch die Ordensritter, von deren Hauptfeste, der „Marienburg“, eine acht Meter große Madonna die ein- und ausziehenden Streiter weithin grüßte – vermutlich ist es kein Zufall, wenn auch der Hildesheimer Bischof (Heinrich III.) seine Marienburg hatte. Gegen die Bürger der Stadt Hildesheim gerichtet, erbaute er sie im Jahre 1346.[267]

Übrigens, wenn ein aufgeklärter, protestantischer oder besser atheistischer Geist (Freidenker!) das Heiligenwesen mit all seinen Erscheinungen für einen, vor allem dem magisch bestimmten Weltbild des Mittelalters zuzuordnenden, Wahn halten möchte, so liegt er voll daneben!

In den letzten Jahrzehnten wurden mehr Personen heilig gesprochen als in den vorangehenden 400 Jahren zusammen – darunter 1965 auch der Hildesheimer Bischof Altfrid (s.o.)!

Nach wie vor kommt den Wundern bei der Beurteilung der Heiligenvita eine Hauptrolle zu, und immer noch finden sich unter diesen Heiligen ausgesprochene Mystiker.

Deren bekanntester (1999 bereits selig gesprochen) war der als berühmtester lebender Heiliger 1968 verstorbene Padre Pio (Francesco Forgione): Wie sein noch berühmterer Namensvetter von Assisi trug auch er die blutenden Wundmale des Gekreuzigten an Händen, Füßen und an der Seite, die besonders in der Karwoche regelmäßig aufzubrechen pflegten.[268] Häufig sprach er in Visionen mit Christus, Maria oder seinem Schutzengel, wenn er nicht gerade titanisch mit dem Teufel rang (was ihm zusätzliche Blessuren eintrug). Ähnlich wie Konrad von Marburg und seine Gehilfen besaß er die Gabe in fremde Seelen zu schauen und Sünden zu erkennen, ohne dass der Beichtende auch nur ein Wort zu sagen brauchte. Ohne sein Zimmer zu verlassen vermochte er an weit entfernten Orten zu erscheinen.

Kein Wunder also, wenn er, um die Menschenschlangen vor seinem Beichtstuhl zu bewältigen, Eintrittskarten ausgeben musste.

Mehr als 1000 Wunderheilungen vollbrachte er noch nach seinem Tod (Lahme gingen wieder, Blinde sahen wieder, Unfruchtbare gebärten wieder...).

All dies führte dazu, dass heute weit über 200.000 Gläubige in Padre-Pio-Gebetsgruppen organisiert sind und millionen Dollar alljährlich in seinem süditalienischen Wirkungsort zusammenfließen (u. a. Woodward, 193/236).

Allein der Devotionalienkitsch bringt jährlich 2 Millionen DM Umsatz.

Die 1999 erfolgte Seligsprechung (Vorstufe zur kanonischen Heiligsprechung) bewirkt einen zusätzlichen Vermarktungsschub.

---

[267] Im Westen der Stadt, heute eine Brauerei, und nicht zu verwechseln mit der jüngeren und gleichnamigen Welfenresidenz.

[268] Eine Gnadengabe, die bisher an wenigstens 325 Personen (in der Mehrzahl Frauen) bekannt wurde – darunter 62 Heiligsprechungen (Woodward).

Großer Kreuzprediger vor dem Herrn

Eine für unser Kreuzzugsthema zweifellos besonders attraktive Gestalt findet sich in dem **Hildesheimer Bischof Konrad II.** (1221 – 46), der dem Geschlecht der kurpfälzischen Schenken von Erbach entstammen dürfte. Besonders attraktiv muss er für uns sein, weil gerade er in dem „doppelten (eigentlich mehrfachen) Kampf“ eine „Schlüsselrolle“ spielte, nämlich in seinem Kampf gegen die Ketzer zum einen, wobei eine enge Zusammenarbeit mit dem heiligen und gleichwohl berüchtigten Konrad von Marburg bemerkenswert ist, und seinem Kampf gegen Ungläubige und Heiden zum anderen, der keineswegs nur gegen Palästina ausgerichtet war...

Dabei stellte Konrad seine Kräfte nicht, wie etwa sein zuvor ausführlich behandelter Namensvetter Konrad I., in den Dienst eines Staatsamtes, sondern er „weihte sie den großen kirchlichen Aufgaben seiner Zeit“, wobei er denselben „weit an Eifer zur Hebung des kirchlichen Lebens“ übertraf. Bertram (a.a.O.) bemerkt ferner, dass er sich durch seine „echt priesterliche Gesinnung“ ausweist und durch seine „volle Hingabe“ an die erwähnten großen Aufgaben, in denen er seine Tüchtigkeit erprobte.

„Ja der Ruf von unsers Conradi besonderen Qualitäten kam gar nach Rom, und Papst Honorius bestellete ihn zum Poenitentiario, der das Teutsche Volck in den heiligen Krieg zu ziehen aufmuntern sollte, welches denn Conradus mit solcher Treue und Geschicklichkeit tat, dass er von denen hiesigen Canonicis (vom Domkapitel) A. C. 1221 zum Bischof von Hildesheim erwehlet wurde“, wie Lauenstein in seiner Hildesheimischen Kirchenhistorie von 1734 zu berichten weiß.

Innocenz vergab ein derart wichtiges und verantwortungsvolles Kirchenamt, wie das eines Kreuzzugspredigers – legatus crucis – ausschließlich an besonders durch die Predigt bewährte und erprobte Männer; an gläubige, mit fundierten Kenntnissen ausgerüstete und tugendhafte Geistliche, deren Leben keinerlei Makel anhaftete.

Zu betonen ist Konrads enge Nähe zur römischen Kurie, wo er bei Hofe als Kaplan eine Vertrauensstellung genoss. Für unser Thema sind seine besonderen Verdienste als Pönitentiar (zuständig für das Bußwesen) wie auch seine exponierte Rolle als Kreuzprediger und Kreuzzugsorganisator – d. h. als Anwerber und Förderer des „Heeres Christi“ – von großer Attraktivität.

Als Pönitentiar zitierte er sogleich nach seiner Bischofsweihe (19. Sept. 1221) den Prämonstratenserpropst Heinrich Minnike vom Kloster Neuwerk bei Goslar vor seine Synode (s. S. 190). Allerdings konnte Konrad zu diesem Zeitpunkt in dieser Angelegenheit bereits auf eine reiche Vorgeschichte zurückblicken.

Mit Eifer gegen die Albigenser: „Der Herr erkennt die Seinen“

Als Prediger des Kreuzes hingegen wirkte er bereits „mit Eifer“ (Bertram) vor dem Jahre 1209 und war mit von der Partie, als Innocenz III., der die friedliche Ausbreitung des christlichen Glaubens der **Albigenser** als Bedrohung für die Existenz der katholischen Kirche empfand, das Kreuz gegen diese „Häretiker“ predigen ließ. Dabei waren es die nach der südfranzösischen Stadt Albi genannten Anhänger einer mit den Katharern verwandten christlichen Glaubensrichtung, die, allemal im Gegensatz zur katholischen Kirche, versuchten, gemäß der Lehre Christi zu leben und somit an das Urchristentum anknüpften.

Deren Glaubensinhalte sind zumeist nur indirekt zu erschließen, denn ihre Schriften wurden erfolgreich von den katholischen Siegern vernichtet. Jedenfalls zollte ihnen selbst der Kirchenlehrer Bernhard von Clairvaux Respekt, indem er von ihnen sagte: „Es gibt bestimmt keine christlicheren Prediger, als die ihren, und ihre Sitten waren rein.“ Entsprechend nannten sich die Katharer „die Reinen“, woraus unter kirchlichem Einfluss jedoch das Schimpfwort „Ketzer“ entstand. So lebten sie ein Christentum in völliger Gewaltlosigkeit, lehnten das Alte Testament ab, auf welches sich die Kirche so gern berief, wenn sie zum Krieg blies. Wie Christus lehnten sie jede Hierarchie (also auch einen Papst) ab, ebenso war die Frau nicht zurückgesetzt und diskriminiert wie in der katholischen Kirche; sie lehnten die Heiligenverehrung ab, lebten enthaltsam und verzichteten auf Fleisch.

Die katharische Kirche bot mehr als Sündenvergebung – ein Leben ohne Sünde! Ihr Dualismus (Gott / Satan) war noch ausgeprägter als derjenige der Kirche.

Im Widerspruch zur offiziellen Kirchenlehre bestritten die Anhänger dieser christlichen Glaubensrichtung aber auch die Gottessohnschaft Jesu, bestritten die Trinität und lehnten die Sakramente ab, wie sie eben alles von sich wiesen, was ein Papsttum dem Bibeltext gegenüber hinzu erfunden hatte. Ähnliches gilt für die Waldenser, die das Schicksal der Ersteren weitgehend teilten.

Seit 1204 hatte sich Innocenz III. direkt an den französischen König gewandt, damit der sein weltliches Schwert zur Rache für den Erlöser schwinge, zumal es Füchse zu fangen gelte, die den Weinberg des Herrn Zebaoth zerwühlten.

Selbst an den **Welfenkaiser Otto IV**. erging das päpstliche Hilfeersuchen (1209), und zwar zuständigkeitshalber, denn aus der Verbindung Heinrichs des Löwen mit der Tochter des englischen Königs Heinrich II. lagen nun welfische Erbschaften in Mittelfrankreich, aber auch am Rhein, den südfranzösischen Ketzergebieten nahe. Somit hatte er sich gegen das Unkraut der Irrlehre und für dieses fromme Werk (Roscher, 235) ihrer Vernichtung einzusetzen, denn es war die Aufgabe der Fürsten, die Bösen aus ihren Ländern zu „vertreiben“,[269] wozu sie von der Kirche gezwungen werden konnten! Kirchlicherseits wurde dabei die Auffassung vertreten, dass alle Obrigkeit von Gott komme und dass Gottes Wille Gesetz sei, welches der Papst verkündet!

Innocenz initiierte damit jene Kreuzzüge, die in den Jahren 1209 – 29 in fanatischer Grausamkeit im Süden Frankreichs wüteten und zur Ausrottung Hunderttausender führten.

Das Morden tobte besonders in der Grafschaft des toleranten Raimund VI. von Toulouse[270], der mehrfach exkommuniziert wurde, weil er keine Veranlassung sah, gegen diese vorbildlichen Menschen vorzugehen. So rief die Kirche also König, Adel, Städte und Christenheit zur Eroberung dessen Landes unter dem Zeichen des Kreuzes auf.

Ironie der Geschichte: Seine Vorfahren waren als Erste dem Aufruf Urbans II. zur Befreiung des Hl. Landes gefolgt, und auch die von der Kirche gefeierten Heldentaten des amtierenden Grafen gegen die Mauren waren gerade zwei Jahre alt als er von einem Kreuzritter erschlagen wurde...

---

[269] Die Hussiten beispielsweise trieb die christliche Nächstenliebe bis nach Siebenbürgen.

[270] „Der Christenheit zur Schmach“ vergab er auch öffentliche Ämter an Juden, wie sich Innocenz beschwerte.

Den Kreuzfahrern gewährte Innocenz dabei ähnliche Privilegien, tw. wurden sie noch erweitert, wie für eine Fahrt gegen die Muslime. Also, warum sollte man zum Sündenerlass noch die Mühsal eines so weiten Weges in Kauf nehmen? Innocenz hatte die Pilger aufgefordert, sich mit allen Mitteln, die Gott ihnen eingeben würde, der Bekämpfung der Häresie zu widmen.

So spiegelt sich denn auch die übliche Rolle des Klerus bei diesem Geschehen in den Worten des Zisterzienserabts Arnold wider, der als päpstlicher Legat das Glaubensheer 1209 gegen die 20 000 Seelen zählende Stadt Béziers führte. Auf die Frage hin, woran man denn die Katharer erkennen könne, antwortete er: „Schlagt sie alle tot, der Herr erkennt die Seinen!"– das Motto des Zugs!

Man konnte sich also gar nicht vertun und wurde aufgefordert: „Vernichtet diese widerlichen Hunde!" Das göttliche Gebot, „du sollst nicht töten"[271], konnte sich ja wohl nur auf Rechtgläubige, also auf katholische Christen, beziehen...

Und so abgesichert wurden die Einwohner dieser Stadt, ohne Berücksichtigung des Alters, des Geschlechts oder des Glaubens mit großem Eifer gemordet und mit den (häretischen) Kirchen auch die Stadt angezündet.

Nach dieser Bluttat stimmte der Generalabt ein „Te deum laudamus" („Dich, Gott, loben wir") an und meldete den Erfolg stolz dem Papst.

An sich würde es für die Katholiken nicht einmal so aufwändig gewesen sein, die Albigenser umzubringen, denn die blieben selbst in Todesnot ihrem Glauben treu und griffen zu keiner Waffe, ja sie starben noch mit einem Loblied auf den Lippen.[272] So kämpften andere für die „guten Leute"!

Wie das Chronicon Hildesheimense hervorhebt, predigte der spätere **Bischof Konrad II.**, wie erwähnt schon vor 1209 von Paris aus (wo er den Magistergrad erwarb und Theologie lehrte) gegen diese Ketzer, wie er dies auch in Deutschland zu tun pflegte. Und auch Wildefuers Bischofschronik vermerkt, dass „Konradus der ander des namens... , ain gar furtreffenlicher, hochgelerter her, ... lange iar (!) zu Parys auff der hohen schul[273] in der hailgengeschrifft gelesen, auch da selb offentlich wieder die Ambienser (Albigenser) das creutz geprediget" habe.

Schließlich berichtet noch Bertram (a.a.O.), dass Konrad vom Papst wiederholt zur Predigt des Kreuzes ausgesandt wurde, und zwar „nicht nur zum Zwecke der Wiedergewinnung des Heiligen Landes, sondern auch zum Aufgebote der deutschen Wehrkraft gegen jene ketzerischen Bewegungen der Albigenser, Waldenser und Stedinger", die als Rebellen gegen beide gottgewollten Ordnungen (die kirchliche und die staatliche) erschienen seien.

Doch nicht einmal nur das, sondern er hielt sich sogar selbst in Südfrankreich auf (u. a. Crusius, 439)!

Ohne nun einen Zusammenhang zu Konrad II. herstellen zu wollen sei ein Trupp Kreuzfahrer, **Pilger aus Niedersachsen** beinhaltend, angeführt, der mitwirken wollte, den Teufel aus Südfrankreich zu vertreiben und sogar die Entscheidung bei

---

[271] Vielleicht galt jetzt mehr das mosaische Kriegsgesetz: „... alles töten, was Odem hat".

[272] wie Jesus die Feindesliebe lehrt - man solle auch noch „die andere Backe" hinhalten etc.

[273] Paris galt als der Mittelpunkt der Kultur. Die dortige Universität genoss hinsichtlich der Theologie ausgesprochenen Weltruf. Einen Schwerpunkt wird dort die theologische Ausbildung in die Auslegung von Bibeltexten zum Zwecke der Kreuzpredigt gesetzt haben, wie in der Folgezeit eine Reihe derartiger Handbücher für den Kreuzprediger in der Christenheit erschienen sind (u. a. Roscher, 151).

der Belagerung der Felsenburg Termer (südöstl. v. Carcassone[274]) brachte. Das kleine Heer des Grafen Simon von Montfort wollte die seit Anfang August 1210 andauernde Belagerung gerade abbrechen als die „Hilfe" eintraf.

Wie es dann herging, veranschaulicht ein Schlaglicht aus der Chronik des Klosters Veaux Cornay, welches das Treiben der Religionseiferer nach der Erstürmung der Burg Lavaur beschreibt: Hernach aber sammelten unsere Pilger die unzähligen Ketzer, welche im Schlosse vorhanden waren, und verbrannten dieselben mit ungeheurer Freude (Hammes, M.: Hexenwahn 1977, S. 26).

Zwei Jahre später erschien erneut eine Anzahl von Kreuzfahrern aus Niedersachsen, Westfalen und Friesland im Languedoc und eroberte mit Simon von Montfort zahlreiche Stützpunkte der Grafen von Toulouse und Foix.[275]

Danach zog man weiter zum Kampf gegen die Sarazenen in Spanien.

Es ist verständlich, dass ein weit größerer Zuzug aus den benachbarten Provinzen erfolgte. Insofern wird unser künftiger Hildesheimer Bischof Konrad auch *diesen* Ketzerkampf[276] durchaus längere Zeit nicht nur im Auge gehabt und unterstützend dafür gewirkt haben, zumal er quasi in der Nachbarschaft tätig war.

Ein offenbares Schlaglicht seiner gottesfürchtigen Tätigkeit im Rheinland bringen wir auf S. 197f. Ja er scheint schon für seine Tätigkeit als Kreuzprediger und Verfolger der Albigenser und Waldenser mit deutschen Kirchenämtern, welche ihm die Nachhilfe des Papstes Honorius III. verschaffte, belohnt worden zu sein (vgl. Henke, 11/46).

Der jedenfalls sorgte schon für zusätzliche Impulse, beispielsweise mit seinem Hilferuf, der 1218 in Deutschland vornehmlich an die Feudalherren der Provinzen Köln, Trier und Mainz erging – als Konrad Domscholaster (Leiter der Domschule) in letzterer Stadt war...

Diese, von Innocenz III., dem „geistreichsten aller Päpste" (v. Borch, 35), initiierten Kriege kosteten Hunderttausenden das Leben, verweltlichten aber zunehmend. Deshalb rief die katholische Kirche jetzt eine höchst wirkungsvolle neue Einrichtung zum Aufspüren, Aufsuchen und zur Vertilgung von Ketzern aller Art ins Leben: Hier liegt die **Geburtsstunde der Inquisition**[277], die auf dem Laterankonzil 1215 institutionalisiert wurde und zur allmählichen Auszehrung der Albigenser führte, während die Schnellverfahren zur Bereicherung ihrer Betreiber führten. Kirche und Obrigkeit nahmen einen Großteil des Besitzes zu sich.

Es hatte nicht genügt, ein Kopfgeld auf die Anzeige eines Albigensers auszusetzen, dafür waren die guten Leute zu beliebt.

Also musste das Denunziantentum systematisiert und die Folter als Mittel zur Wahrheitsfindung eingesetzt werden. Gregor IX. übertrug (1233) diese Aufgaben einer Art geistlichen Polizei den Dominikanern, worauf noch zurückzukommen ist (s. S. 197f.).

Dieses Glaubensgericht verbreitete sich von nun an im christlichen Abendland...

---

[274] „Komm Heiliger Geist" sangen die Bischöfe. Äbte und Priester bei dessen Belagerung als die Vorstädte in Flammen aufgingen. Mindestens 140 Menschen wurden bei dieser Gelegenheit lebendig verbrannt.

[275] Rüdebusch, 47

[276] Weitere Ketzerkreuzzüge fanden gegen die Häretiker in Ungarn, Bosnien, Oberitalien und in deutschen Landen statt.

[277] Das „selbstredende" Wappen dieses Glaubensgerichts: Kreuz mit Totenkopf und Knochen.

Mit einer gewissen inneren Logik erfolgte denn auch in Toulouse 1275 der **erste Hexenbrand**, wie sich Südfrankreich in der Folgezeit überhaupt zur Hochburg der Hexenverfolgungen entwickelte – ein kirchlich entwickelter Wahn, der allein dafür sorgte, dass im christlichen Abendland Hunderttausende „im Rauch zum Himmel geschickt" wurden (vgl. Lehrmann, Hexen, 103f.).

Aber all dieser gegen die Albigenser erfolgenden schlimmsten Gewaltmaßnahmen und Gräueltaten zum Trotz wurden erst im Jahre 1244 die letzten 220 guten Menschen – von Katholiken verteidigt – nach der Erstürmung der von der überlegenen französischen Armee belagerten Festung Montségur ums Leben gebracht, d. h. sie wurden in zumeist großartiger Veranstaltung lebendig verbrannt.

Kinderkreuzzüge

Erwähnt sei immerhin die geradezu wunderbare Bewegung der Kinderkreuzzüge jener Zeit, die 1212 ihren Ausgang in Frankreich und am Niederrhein nahm: Ein französischer Hirtenknabe hatte erklärt, er sei von Gott dazu bestimmt, die Christen in das Heilige Land zu führen. Zu seiner Legitimation konnte er dem französischen König einen Brief vorlegen, der ihm von Jesus persönlich beim Schafehüten übergeben worden war. Er vermochte auch spontan Tausende um sich zu scharen.

Innocenz soll auf diese Nachricht hin begeistert ausgerufen haben: „Diese Kinder beschämen uns; während wir schlafen ziehen sie fröhlich aus, um das Heilige Land zu erobern!"

Es sollen 30 000 Kinder gewesen sein, die, als sie Marseille erreichten, erwarteten, das Meer werde sich vor ihnen teilen wie dereinst das Rote Meer vor Moses und den „Kindern Israel"... Stattdessen fielen sie gewissenlosen Seelenverkäufern in die Hände, die sie auf den nordafrikanischen Sklavenmärkten versilberten – zwei der Schiffe versanken bei Sardinien.[278]

Nicht viel anders am Niederrhein (Köln). Dort erfüllte, wie so häufig, ebenfalls Schwärmerei und Extase die Volksmassen. Unter ähnlichen Konstellationen sammelte hier ein Knabe ca. 20 000 Kinder. Wie im vorangehend angesprochenen Zug wurden sie von allerhand Gesindel begleitet.

Er führte die Massen unter großen Verlusten über die Alpen. Ein schon nur noch geringer Teil erreichte das süditalienische Brindisi, wo sie der Bischof zur Umkehr bewog. Teilweise zogen sie nun nach Rom, um vom Papst die Absolution vom Kreuzzugsgelübde zu empfangen, doch der verlängerte diesen Termin nur bis zum erreichten Mannesalter (vgl. Röhricht, 191f.).

Als verflucht galten stets diejenigen, die ihr Kreuzzugsgelübde nicht erfüllten... Vielleicht hat die erst später entstandene **Rattenfängersage aus Hameln** hier ihren wahren Kern – eben jene Sage, wonach ein Spielmann 130 Kinder aus Hameln hinweg gelockt habe.

* * *

[278] Möglicherweise ist dieser Zug eine Legende, der nachfolgende hingegen ist belegt.

„Fünfter Kreuzzug“

„Auf denn, opfert freudig Gut und Blut!“

Dem Heiligen Vater war diese fantastische Bewegung jedoch ein wertvoller Fingerzeig dafür, dass im gemeinen Volk, trotz aller Niederlagen und Rückschläge, noch ein ordentliches Potenzial religiöser Frömmigkeit, gepaart mit noch immer nicht erkaltetem Kreuzzugseifer, vorhanden sein musste. Diese Bereitschaft zum Glaubenskampf galt es zu nutzen!

Schon rief Innocenz am 19. April 1213 erneut die ganze Christenheit in feierlichster Form zu den Waffen gegen die Feinde des Kreuzes – und deren wurden stetig mehr bzw. mit den feineren Worten des Papstes „wuchsen der Hydra ständig neue Köpfe nach...“

Beispielsweise „verwüsteten“ derzeit gerade „Heerscharen... von Raubtieren der verschiedensten Art... den Weinberg des Herrn“, wie Innocenz 1213 in seiner Ausschreibung zum 4. Laterankonzil (Kaltner, 84) feststellte.

Die Albigenser oder auch andere Ketzer waren da nur ein Segment: Gott im Himmel war sein Zeuge, „wie sehr wir von dem Wunsche beseelt sind, auf dieser Erde noch eine Aufgabe tatkräftig zu lösen, nämlich das Heilige Land wieder zu erobern.“

Der Heilige Vater erinnerte an die dort in ihren Verliesen schmachtenden Christen und kehrte die Beleidigung Christi durch den neuerlichen Bau einer (mit 77 Bastionen und 2 000 Mann Besatzung ungewöhnlich) starken Sarazenenfestung auf dem Berg Tabor, wo einst der Herr vor den Jüngern verklärt wurde[279], hervor.

Mit seinem Kreuzzugsaufruf gab der Stellvertreter Gottes selbstredend nur Christi Ruf nach Gottesstreitern an die Gläubigen weiter.

Dabei bot er den Christen abermals die schöne Möglichkeit, sich das „ewige Leben“ zu erwerben...

Wohl um diese Zeit begab sich der Hildesheimer Kanonikus Ludolf vom hl. Kreuz, der hier bei Antritt der Reise 1211 urkundete, auf die Pilgerfahrt.

1213 berief Innocenz **unseren Konrad II.** – derzeit Domdechant zu Speyer – zum Kreuzzugsprediger für Deutschlands wichtigste Diözese, die Erzdiözese Mainz! Konrad wird sich die Worte seines obersten Oberhirten sicherlich zu Eigen gemacht haben, die da unter Bezugnahme auf die Worte Christi (Matth. 16,24) lauteten: „Wer zu mir kommen will, der nehme sein Kreuz auf sich und folge mir nach!“

So gemahnte der Papst alle Gläubigen, im Dienste des Herrn Leib und Leben zu opfern, wie für niedere weltliche Interessen jeder Lehnsmann seinem Lehnsherrn zu tun gewohnt sei[280], damit das Heilige Land den Christen wieder gehöre und damit die Tausende gefangener Christen wieder ihrer Fesseln ledig würden.

Sodann erinnerte er daran, dass viele der jetzt sarazenischen Provinzen noch zur Zeit Gregors d. Gr. im Besitz der Christen waren, bis dann Mohammed, der Sohn des Verderbens, aufstand und sie erbeutete.

Aber man dürfe getrost auf den Herrn hoffen, der von den 666 Jahren, die der neutestamentliche Seher Johannes in seiner Apokalypse für das Tier aus dem Abgrund nennt, fast 600 Jahre schon hat vergehen lassen... Die Zeit des falschen

---

[279] Umstrahlung Christi von himmlischer Herrlichkeit (Mat. 17.1ff.).

[280] Ebenso klang seinerzeit auch schon Urban II.

Propheten sei nahezu erfüllt...[281], aber noch immer würde von den Ungläubigen das Land der Verheißung zertreten. „Auf denn ihr Christen, opfert für den, der für euch sich selbst dahingegeben hat, freudig Gut und Blut...!"

Neben dem besonderen Schutz des Apostolischen Stuhls, der Vergebung der Sünden und der Zusicherung der ewigen Seligkeit sowie anderer Privilegien für jeden Kreuzfahrer, ist vielleicht noch deren Befreiung jeglicher Zinszahlungen an die Juden erwähnenswert... [282]

Vom deutschen Kaiser Otto IV. konnte Innocenz jedoch nicht erwarten, dass er zum Dienste Christi eilen würde, denn der hatte begonnen, Heinrichs VI. Italienpolitik wieder aufzunehmen – und war infolgedessen derzeit gebannt...

Entsprechende Aufrufe erfolgten auch im Bistum Hildesheim und in den umliegenden welfischen Landen, dem viele Niedersachsen folgten, obwohl ja gerade ihnen die slawisch-baltischen Länder ein näher liegendes „Missionsgebiet" darboten – eine Alternative, die ständig (jährlich!) genutzt und von Kirche und Papst autorisiert wurde.

Ja, es gibt Beispiele dafür, dass die Volksfrömmigkeit zu Zügen ins Heilige Land strebte, während die Territorialfürsten praktischer eingestellt waren und lieber im Nordosten schauten, was Gott beschert hatte.

Zu erwähnen ist hier der gewaltige Summen erfordernde Kreuzzug des Magdeburger Burggrafen Burchard IV. von Querfurt, an dem sich viele Kreuzfahrer des östlichen Niedersachsen beteiligten.

Bei der Krönung Friedrichs II. predigt Konrad das Kreuz – mit Erfolg!

Bei der Krönung Friedrichs II. zum römischen König deutscher Nation am 25. Juli 1215 in Aachen übte Konrad (als Domdechant in Speyer und seit 1213 zudem von Innocenz zum Kreuzprediger der Erzdiözese Mainz berufen) die Kreuzespredigt aus, und zwar zusammen mit dem Aachener Kanoniker und Xantener Scholaster Johannes, der Friedrich mit dem Kreuz bezeichnete.

Dieser spätere Dekan und Abt von St. Trond und Deutz stammte übrigens aus **Hildesheim**!

Den Mühen dieser professionellen Prediger war großer Erfolg beschieden: Friedrich und viele andere legten daraufhin am Grab Karls des Großen das Kreuzzugsgelübde ab. Es sind dies (von weiteren Zwängen Friedrichs einmal abgesehen) die Verdienste eines künftigen Hildesheimer Bischofs und eines gebürtigen Hildesheimers, die der gesamten Kreuzzugsangelegenheit wieder neue Impulse gaben: Mit Freuden sprengten sogleich die Herolde des heiligen Kriegs aus und brachten die frohe Kunde in alle deutschen Gaue: Der soeben Gekrönte werde seine Getreuen selbst über das Meer führen. Überall flammte die Begeisterung mächtig auf, Zeichen und Wunder wurden von den Verzückten am Himmel und auf Erden beobachtet – die Zahl der Bekreuzten wuchs nach Tausenden, und die großen

[281] Die vom Papst ausgelösten Massenmorde in Südfrankreich festigten in den Menschen den Glauben, dass eine Weltenwende bevorstehe. Auch war Mohammed jetzt ca. 640 Jahre alt geworden. Das veranlasste das Konzil, den Sultan al-Adil aufzufordern, das Hl. Land herauszugeben – der Zorn Gottes sei nahe.

[282] Röhricht, 193 / Roscher, 141f.

und mit ungeheurer Energie betriebenen Pläne des Heiligen Vaters gewannen zunehmend an Aussicht auf Verwirklichung!

Aus diesen Vorgängen ist bereits die herausragende Stellung Konrads für die Kreuzzugsbewegung, zumindest diesseits der Alpen, ersichtlich! Und in dieser Eigenschaft diente er mehreren Päpsten.

Zur Sicherung des kostspieligen Unternehmens hatte Innocenz eine nun schon mehrere Jahre andauernde Werbekampagne laufen und schuf überhaupt ein ausgeklügeltes Finanzierungssystem, das auch notwendig wurde, denn in jedem Jahr seines Pontifikats wurden irgendwo Kreuzzüge geführt.

Neben der kirchlichen Sondersteuer ordnete er an, das Vorhaben durch tägliche Gebete, Predigten, Fasten, Almosen sowie monatliche Bittprozessionen zu fördern – zur Einsammlung solcher Liebesgaben, also der „Kreuzzugsalmosen“, sollten überall in den Kirchen zusätzliche Opferstöcke aufgestellt werden.[283] Vornehmlich solle an einzelnen Tagen dem Messritual das Gebet: „Herr, die Heiden sind in dein Erbteil gefallen“ (Psalm 88,1) und ein anderes zu diesem Zwecke hinzugefügt werden. Das gesamte kirchlich-geistliche Leben der Christenheit wurde auf den Kreuzzug ausgerichtet. Innocenz verbesserte dafür den Sündenablass.

Die Mühe war nicht umsonst, denn die Massenwerbung des Papstes hatte im einfachen Volk zu riesigen Erfolgen geführt: 1216 sammelten sich die Kreuzfahrer in Brindisi und Messina, wo der Papst selbst die Flotte segnen und das Heer in eigener Person anführen wollte [284], was sein am 16. Juli 1216 erfolgter Tod jedoch vereitelte.

Die Franzosen, die nicht mit den „wilden Deutschen“ Gemeinschaft haben wollten, segelten in Marseille ab.

Für vier Jahre trat nun der „allgemeine Gottesfriede“ in Kraft.

Friedrich hingegen nahm an dem auf den 1. Juni 1216 festgesetzten Kreuzzug und dem damit verbundenen „dankbaren, freudigen und tapferen Kampf für den Herrn“ nicht teil und vermochte folglich die von Christus verheißene Krone noch nicht zu erlangen – mit dem mächtigen Welfenkaiser Otto IV. im Nacken konnte er das Land nicht verlassen.

Als im Sommer 1217 sodann die Niederrheiner unter dem Grafen Wilhelm von Holland und Georg von Wied über Lissabon, im August aber König Andreas von Ungarn, Herzog Leopold IV. von Oesterreich und Otto von Meran über Spoleto gen Orient aufbrachen[285], beteiligten sich auch viele Niedersachsen, die in bewährter Manier den bewährten Seeweg wählten.

---

[283] Im Namen eines Mannes, dem in den Mund gelegt wurde, sein Reich sei nicht von dieser Welt, hatte die Kirche längst eine unglaublich weltliche Zwangsherrschaft errichtet.
Nicht gerade im Sinne Christi nutzte sie die gewonnene Machtposition nicht nur, um unnötige Kriege zu entfachen und freier denkende Leute zu verfolgen (wovon unser Buch nur einen eher kleinen Ausschnitt widerspiegelt) und die Massen zu bedrücken, sondern sie wusste es auch ebenso weltlich dahin zu bringen, dass sie gegen Ende des Mittelalters in Westeuropa ein Drittel von Grund und Boden ihr eigen zu nennen vermochte.

[284] Rüdebusch, 51 u. 54 / Röhricht, 194 u. 213 / Roscher, 261

[285] Kaltner, 87 / Lehmann, 340

Dennoch werden sie in dieser Richtung kaum alle abgereist sein, nachdem im selben Frühjahr zwei Bischöfe aus dem Baltikum dringenst Pilger für die bedrohten Christen in Livland warben...

Doch zurück zu unseren **seefahrenden Orientstreitern**: Zu deren Schar zählt offenbar auch ein Hildesheimer, der im Alter von 28 Jahren vor Damiette mitkämpfte, verwundet wurde und in die Gefangenschaft der Muslime geraten, später aber wieder freigekommen war. Aus Dankbarkeit trat er ins Kloster ein[286], während der Hildesheimer Bruno Rode, um an einem der jetzt angebotenen Kreuzzüge teilnehmen und also das Geld für die Reise aufbringen zu können, 1217 seinen Besitz dem Andreasstift in Hildesheim verkaufte.[287]

Die kirchlichen Einrichtungen profitierten also in sehr erheblichem Maße und in vielfältiger Weise von der Kreuzzugsbewegung: Zum Finanzbedarf der kirchlich initiierten Expedition mussten die Gottesstreiter ihren Besitz häufig an kirchliche Einrichtungen verkaufen [288]– zum Vorzugspreis, denn das Angebot war groß. Wenn nach einem Kreuzzugsaufruf unzählige Menschen, bevor sie ihre Reise ins Ungewisse antraten, ihre Habe verkaufen wollten, trat sofort eine Übersättigung des Marktes ein, weshalb sie für ihre Güter kaum etwas an Gegenwert einzulösen vermochten...

Vor Ort erkämpften sie Vorteile für den Papst. Derweil füllten ihre Angehörigen die Kirchen, weil sie um die Rückkehr ihrer Angehörigen bangten. Kamen sie nicht, so konnten die kirchlichen Einrichtungen gegebenenfalls an deren Erbe profitieren und an den zu stiftenden Seelmessen. Kamen sie, so machten sie dankbar großzügige Stiftungen[289], selbst dann, wenn es ihnen übel ergangen war – wie obiges Beispiel veranschaulicht.

Wieder wallfahrteten unsere Seepilgrims zunächst nach **Santiago** de Compostella, bevor sich deren ca. 10 000 Mann – dieses Mal trotz des päpstlichen Verbots (das Heilige Land hatte Vorrang und beanspruchte alle Kräfte) – nach dringendem Bitten der Bischöfe und durch die in Aussicht stehende reiche Beute zum Kampf gegen die Muslime auf der iberischen Halbinsel überreden ließen.

Dort belagerte man 1217 die starke Festung Alácer do Sol am Sado, schlug zwischendurch noch ein großes Entsatzheer der südspanischen Emire siegreich zurück und setzte dann die Belagerung, bei der sich gerade Sachsen besonders hervortaten, fort.

Bevor die Feste kapitulierte war es noch erforderlich, aus dem Holz von acht Schiffen zwei hohe Wandeltürme und zwei Schleudergeschütze zu konstruieren. Dann aber war Gott gnädig und bescherte reiche Beute.

---

[286] Oftmals geschah ein Eintritt in ein Kloster vor allem deshalb, weil der Kreuzfahrer bei seiner Heimkunft Haus, Hof und sonstige Lebensgrundlagen verwüstet vorfand oder diese ihm auf Grund der Verpfändung nicht mehr zur Verfügung standen.

[287] Rüdebusch, 55 / Bertram, Bist., 223

[288] Wie vorteilhaft sich dies beispielsweise für das Kloster Walkenried / Harz auswirkte, schildert Rüdebusch, 74.

[289] Bekannt ist das Beispiel Heinrichs des Löwen, der nach seiner „Pilgerreise“ in Braunschweig eine Kirche stiftete und freigiebig kostbare Reliquien vergab. Eine erhebliche Rolle bei der Finanzbeschaffung spielte zweifellos auch die Auslobung von Geschenken – beispielsweise am Sterbebett...

Im Frühjahr darauf in Akkon eingetroffen, ermöglichte diese Verstärkung die Wiederaufnahme der Belagerung der Stadt. Hier waren sie mit den nur einen Monat zuvor eingetroffenen Flottenverbänden zusammengetroffen, von denen sie sich in Portugal getrennt hatten, die wiederum durch Stürme, die Plünderungen maurischer Hafenstädte (Faro am 1. August 1217, Cadiz fiel am 4. August einem Brand zum Opfer) und eine Wallfahrt nach Rom allerhand Zeit verloren hatten.[290]

Das nun seit dem Dritten Kreuzzug, bzw. demjenigen unseres Bischofs, größte Aufgebot der Christenheit operierte derweil im Gebiet des Galiläischen Meeres (See Genezareth) und suchte die sarazenischen Streitkräfte zu stellen, doch als diese gemäß des beteiligten Bischofs Jacob v. Vitry das „Heer des lebendigen Gottes" in seiner gewaltigen Stärke sahen, flohen sie und überließen es den christlichen Reitern, das Land zu verwüsten.

Denen fiel immerhin die große Burg auf dem Berg Tabor (s. S. 136) in die Hände sowie eine große Zahl von Gefangenen – Jacob von Vitry hatte die Genugtuung, viele Sarazenenkinder taufen zu können.

Wieder in Akkon angelangt, verabschiedete sich der König von Ungarn. Nachdem dieser Verlust durch das Eintreffen einer großen Friesenflotte (ursprünglich über 220 Schiffe) ausgeglichen werden konnte, griff der Kriegsrat auf den ursprünglichen, von Innocenz III. und dem Laterankonzil empfohlenen, Angriffsplan auf Ägypten zurück, um nach der Vernichtung dieses islamischen Machtzentrums Jerusalem umso leichter befreien oder wenigstens gegen eroberte Städte, wie **Damiette**, einhandeln zu können.

Die ersten Kreuzfahrer waren hier auch schon am 29. Mai 1218 vor der Festung Damiette gelandet, wo ein stark armierter Turm mit einer von dort über den schiffbaren Bereich des Nilarms gespannten Kette und Pontonbrücke die Weiterfahrt nilaufwärts, also ins Landesinnere versperrte.

Die Eroberung dieses Bollwerks war eine Großtat der Friesen[291]: Mit deutschem Geld wurde eine schwimmende Belagerungsmaschine aus miteinander vertäuten Koggen gebaut, deren vier Mastbäume in der Höhe einen stark bewehrten kastellartigen Aufbau mit Zinnen und Zugbrücke trugen – zum Ausfall auf die obere Etage dieses mit 300 Mann besetzten Kettenturms.

Zum Schutz gegen das gefürchtete griechische Feuer wurden die Holzaufbauten mit Blech verkleidet.

Als diese einzigartige schwimmende Belagerungsmaschine an den Turm heranfuhr, warfen sich am Ufer der Patriarch Radulf von Jerusalem und um ihn herum die ganze Geistlichkeit, sowie die Ritterschaft vor einem heiligen Kreuz (von einem der Schächer aus der Grabeskirche in Jerusalem, wie man glaubte) in den Staub.

Das muss wohl geholfen haben! Die moslemische Besatzung ergab sich dem Herzog von Oesterreich, doch die Christen glaubten, der Heiland selbst habe durch eine Legion Engel... ihnen zu diesem Sieg verholfen.

Die moralische Wirkung dieser vom Ufer her von den dankerfüllten Lobgesängen der Christen begleiteten Eroberung auf die islamische Welt war ungeheuer! Sultan al-Adil soll darüber verstorben sein.

---

[290] vgl. Rüdebusch, 59 / 60

[291] Bis zum Elb-Weser-Dreieck besiedelten sie die Nordseeküste.

Zurück zu unserem Hildesheimer Bischof, der damals allerdings noch Domscholaster in Mainz war: Die meisten Kreuzprediger in Deutschland hatten sich mit dem Erfolg, die vorangehenden Züge des Sommers 1217 ausgelöst zu haben, begnügt. Nur **Konrad von Marburg**, der in unserer Darstellung bald eine Hauptrolle übernehmen und insbesondere als Deutschlands berühmtester Ketzerjäger in die Geschichte eingehen wird (s. S. 196ff.) und der mit ihm befreundete künftige **Konrad II. von Hildesheim** predigten als Kreuzzugslegaten, ausgerüstet mit päpstlichen Ablassvollmachten, unermüdlich noch immer. Und wir werden sie, auch wenn die Kreuzzugsbegeisterung mit dem späteren Verlust Damiettes deutlich abflaute, noch viele Jahre – eigentlich bis zu ihrem Lebensende – auf ihre Weise im Kampf für den Herrn sich verzehren sehen.

Konrad von Marburg durchzog dabei für gewöhnlich, dem Vorbild Christi nacheifernd, demütig auf einem Maultiere sitzend die Gaue Deutschlands, überall die Leute zum Kreuzzug gemahnend und mithin zum Waffendienst entflammend – zum Krieg im Namen Gottes... 1216 predigte er, wie auch in den folgenden zehn Jahren immer einmal wieder, nachweislich in der Erzdiözese Bremen, für welche Provinz ihm die Kreuzpredigt übertragen war. In diesem Jahr übrigens zusammen mit dem aus Hildesheim stammenden Domscholaster Johannes von Xanten.

Des Marburger Ansehen wuchs von Jahr zu Jahr. Er zog Laien und Priester in seinen Bann. Der allgemeine Andrang zwang ihn bald, seine Vorträge auf freiem Felde abzuhalten. Er war von eiserner Disziplin, und einige Strenge, die er anderen abverlangte, wandte er ebenso auch gegen sich. So lebte er, obwohl gerade er alle Möglichkeiten zu einem üppigeren Lebenswandel gehabt hätte, durchaus entsprechend den Erfordernissen der „christlichen Armut".

Umso beeindruckender ist es, wenn wir ihn, der arm war und keine „Würde" (hohes Kirchenamt) besaß, in päpstlichem Auftrag neben einem Abt und unserem Konrad II., der seit 1218 an der römischen Kurie in der Pönitentiarie (Bußwesen) tätig ist, in diesem Jahre (1218) zu Gericht sitzen sehen – in einer Streitsache zwischen dem Abt und Konvent des Klosters Nienburg a. S. einerseits und dem Herzog von Sachsen und dessen Bruder Heinrich, dem Grafen von Ascanien andererseits. Dabei wurden sie angewiesen, gegebenenfalls mit dem Mittel der Exkommunikation vorzugehen, wozu es auch (s. Kaltner, 89) gekommen ist.

Angemerkt sei ferner die große Übereinstimmung in ihrem Tätigkeitsfeld und der Seelenverwandtschaft beider hier angesprochener Konrads, die immer einmal wieder dazu führt, dass sie selbst in wissenschaftlicher Literatur miteinander verwechselt werden. So mutiert beispielsweise auch in Roschers Dissertation (S. 152, a.a.O.) Deutschlands erster „Großinquisitor", eben Konrad von Marburg, zum Bischof von Hildesheim.

Auch in die Kreuzzugssache, die unsere Konrads ja nie ganz aus den Augen verloren hatten, kam wieder neues Leben, denn im Oktober 1219 gelobten die deutschen Fürsten den Kreuzzug, und kurz darauf (5. Nov. 1219) brachte die Nachricht, dass Damiette in die Hände der Kreuzfahrer gefallen sei eine zusätzliche Aufbruchsstimmung mit sich. Bei letzterer Aktion hatte auch der niedersächsische Graf Adolf I. von Dassel mitgewirkt.

Als Damiette überrumpelt werden konnte, wurden die Reste der Bevölkerung schonungslos niedergemacht. In den Straßen lagen die Leichen haufenweise umher und verpesteten die Luft, denn der größte Teil der einstigen Bewohner war bereits der Pest erlegen oder verhungert. So brauchten sich die von dieser Seuche keineswegs verschonten Pilger beinahe nur noch um die reiche Beute schlagen (vgl. Röhricht, 204 / Payne, 320f.).

Auch die Moscheen der befreiten Stadt wurden sogleich zu christlichen Kirchen geweiht und ein Erzbischof von Damiette gewählt... Nachrichten, die im Abendland natürlich freudigste Begeisterung auslösten.

Zwar war es Johann von Brienne, der erfolgreich in die Stadt eingedrungen war, doch Papst Honorius III. beglückwünschte seinen Legaten Pelagius – der sich bei seinem Eintreffen als der vom Papst geschickte neue Oberbefehlshaber eingeführt hatte – und nannte ihn einen neuen Josua[292]

(der in der Nachfolge Moses einen Teil Palästinas für die Kinder Israel erobert hatte, und zu welchem der Herr zuvor gesprochen hatte, „alle Stätten, darauf eure Fußsohlen treten werden, habe ich euch gegeben – du sollst dieses Land austeilen" etc. Es gehört hierher die Geschichte der Eroberung Jerichos, zu welchem Unternehmen 40 000 Gerüstete in den Kampf zogen, doch die sprichwörtlichen Posaunen waren bekanntlich wirksamer / Buch Josua im A.T. – vgl. auch S. 30).

Während der Belagerung waren achtzigtausend Männer, Frauen und Kinder ums Leben gekommen – nur dreitausend waren noch am Leben.

Schon vor der Einnahme Damiettes hatte der in Kairo residierende Sultan al-Kamil den Christen ein Friedensangebot unterbreitet, wovon die Christenheit seit 30 Jahren nur träumen konnte, nämlich die Feindseligkeiten abzubrechen und den Christen Jerusalem und Palästina bis zum Jordan, als Preis für deren Abzug, zu übergeben. Zu alledem versprach er noch das einst durch Saladin eroberte heilige Kreuz zurückzugeben und fügte sogar noch das Angebot eines dreißigjährigen Waffenstillstands und eine Entschädigung für das geschleifte Jerusalem hinzu. Ein unverhofft günstiges Angebot!

Dafür, dass es abermals abgelehnt wurde, sorgte der päpstliche Kardinallegat Pelagius von Albano, der sich überhaupt seit seiner Ankunft als der böse Geist der Unternehmung erweisen sollte, denn dieser eigensinnige und bornierte Prälat hatte nur eine einzige Art des Sieges im Sinn: die bedingungslose Kapitulation des Islam (vgl. Pernoud, 278).

Zuständig in Kreuzzugsangelegenheiten für ganz Deutschland

Nachdem in der Folgezeit aus Ägypten eher schlechte Nachrichten eintrafen und auch Friedrich II. sein Gelübde noch immer nicht eingelöst hatte, wurde es notwendig, erhöhten Druck auf König und Adel auszuüben.

Und natürlich griff Papst Honorius III. auf seinen bewährten Mann zurück, dessen brennenden Eifer für Kirche und den (rechten) Glauben er zu schätzen wusste (vgl. Crusius, 468) und richtete auch im Juli des Jahres 1220 noch einmal einen dringenden Brief an Konrad, den Domscholaster in Mainz, „Cappellano et poenitentario nostro", er möge doch weiterhin für die Sache des Kreuzzugs Tag und Nacht arbeiten.

Er solle den Aufruf zum Kreuzzug in ganz Deutschland („totam Germaniam") publizieren, die früheren Kreuzzugsprediger wieder in die Pflicht nehmen und neue werben, da durch den „Galiph von Bagdat" die Gefahr immer größer werde.

---

[292] Josua, hebr. Jéschua, s. v. w. Jesus.

Um seine Wirkungsmöglichkeiten, die er offensichtlich zu schätzen wusste, zu maximieren, hatte Honorius seinen erprobten und verdienten Kaplan und Pönitentiar im Frühjahr (17. Febr.) 1220 zum Leiter der Kreuzzugs–Förderungsmaßnahmen der Kreuzfahrt und zum Leiter der Kreuzzugspredigt für ganz Deutschland ernannt! Damit war er **für die gesamte deutsche Kreuzzugsbewegung verantwortlich!**

Und als päpstlicher Legat sollte er nun Friedrich II. zur baldigen Erfüllung seines Gelübdes gemahnen und auch alle anderen Gläubigen, die eine Kreuzfahrt ins Heilige Land zwar gelobt, aber noch nicht angetreten hatten, zur sofortigen Abreise zwingen.

Nach Crusius sind die Erfolge auf dem Frankfurter Hoftag im April 1220, sowie auf einer Passauer Synode im selben Jahr, als sich viele Hunderte das Kreuz anhefteten, sicherlich auf Konrads Konto zu schreiben. Sein Einsatz und seine Überzeugungskraft werden also dazu beigetragen haben, dass, nachdem Friedrich II. im August 1220 nach Italien gezogen war, sich im April endlich ein Teil des deutschen Kreuzfahrerheeres, unter der Leitung von Herzog Ludwig v. Bayern und Bischof Ulrich von Passau, nach Ägypten einschiffte.

In diesem Jahr urkundete auch Graf Gebhard I. von Wernigerode als Kreuzfahrer.

Noch am 2. März 1221 werden Konrad und der genannte Xantener Scholaster Johannes (aus Hildesheim und mit Konrad von Marburg noch immer zuständig für die Erzdiözese Bremen) von Honorius mit Kreuzzugsangelegenheiten betraut.

Dabei ergeht erneut an sie die Bitte, in der Kölner und Bremer Erzdiözese Kreuzzugsgelder für Kreuzfahrerschiffe einzusammeln und diese mit Nahrungsmitteln, Waffen und sonstigem Kriegsmaterial in den Orient zu schicken.[293] Schon am 3. Juli folgten bereits die nächsten Weisungen aus Rom in dieser Angelegenheit: Der rührige Kreuzzugsprediger und -organisator wurde dringend gebraucht, zumal sich das Expeditionsheer auf dem unglücklichen Zug im Inneren Ägyptens befand, der mit schwerer Niederlage und dem Verlust von Damiette endete. Konrad hatte bewährte Kreuzprediger erneut in die Pflicht zu nehmen – darunter Konrad von Marburg – und den dringend benötigten Nachschub an Geld und Gottesstreitern zu mobilisieren...

Hatte die Einnahme Damiettes im November 1219 einen ungeheuren Widerhall in der islamischen Welt ausgelöst, so nutzte der Legat des Heiligen Stuhls, Pelagius, der das Unternehmen politisch wie militärisch allein zu leiten beanspruchte, diesen strategischen Vorteil nicht. Untätig blieb das Heer eineinhalb Jahre in Damiette, wo der Kardinal und Heerführer auf die Ankunft Friedrichs II. wartete – eine Zeit, in welcher sich die Feinde erholten, während sich im Heer des Kardinallegaten die Reihen lichteten. Vergeblich hatte dieser sich bemüht, die Mannen durch die Verheißung der Absolution auch für Väter, Mütter, Weib und Kinder sowie entferntere Verwandte zurückzuhalten...

Der Sultan erneuerte noch mehrmals sein vorteilhaftes Angebot. Doch im christlichen Lager kam wieder Siegeszuversicht auf, nachdem dort die in Umlauf gebrachte „Offenbarung des heiligen Petrus“ den nahen Untergang des Islam verhieß. Hinzu kamen Briefe vom biblischen König David, die plötzlich aufgefunden wurden und Hilfe versprachen. Im Lichte dieser Prophezeiungen sah

---

[293] Crusius, 435 / Rüdebusch, 64

sich Pelagius als der Vorläufer der Könige des Westens und Ostens, der die Apokalyptik an den islamischen Völkern vollstrecken würde. So drängten die Gläubigen zum Aufbruch.

Und als die Flotte Friedrichs – wenngleich auch ohne die Person des Kaisers – im Sommer 1221 vor Damiette eintraf, da hatte der stets vom Scheitel bis zur Sohle scharlachrot gekleidete, aber militärisch völlig unfähige Legat, wider den Rat aller Erfahrenen, statt zunächst die Küste zu sichern, das etwa 50 000 Kämpfer starke Heer unter den ungünstigsten Umständen bereits gegen Kairo geführt!

Es war die Zeit der Nilüberschwemmungen, die sich die Feinde nutzbar machten, und Gott ließ nicht die Flüsse austrocknen wie zur Zeit der Eroberung eines Teils von Palästina durch den biblischen Josua. Auch existierte keine Basis und keine Nachschubmöglichkeit im Landesinneren.

So ließ die erwartete Katastrophe denn auch nicht lange auf sich warten: Nachdem die Sarazenen die Nildeiche durchstochen hatten, saßen die Kreuzfahrer auf einer Nilinsel selbst noch im Wasser und dabei gut erreichbar für die Pfeile des Feindes, während dieser ihnen fern war.

So in eine böse Falle geraten (30. August 1221), mussten sie froh sein, unter schmählichen Bedingungen gerade mal ihr nacktes Leben retten und aus Damiette abziehen zu können (Sept. 1221).

Lediglich das „wahre Kreuz“, das für die Mohammedaner ja nur ein Stück Holz war, sollten sie als einzige Konzession eigentlich wiederbekommen haben – es war jedoch nicht mehr aufzufinden.

Nach abermals ungeheurem Aufwand und angeblich 70 000 Toten endete auch dieses Unternehmen der Kurie in der Katastrophe, deren Eintreten diese aber der Nichtteilnahme Friedrichs II. anzulasten wusste.

Ohne den Starrsinn des Papst-Stellvertreters hätte es, ohne eines Schwertstreichs bedurft zu haben, zu einer friedlichen Koexistenz von Europäern und Mohammedanern in Palästina und eben nicht zur schließlichen Vertreibung der Christen kommen können. Aus purer Überheblichkeit und Menschenverachtung wurde hier eine Chance verspielt, die die Geschichte des Nahen Ostens in andere Bahnen hätte gelenkt haben können.

Konrad wird Bischof von Hildesheim – Apostel des „Gottesfriedens“

Angesichts dieses Dilemmas dürfte es dem obersten Pontifex begreiflicherweise ungelegen gekommen sein[294], dass Konrad, sein in hiesigen Landen und in dieser überragenden Angelegenheit wichtigster Mann, ausgerechnet in dieser Situation von seinen heiligsten Aufgaben abgelenkt wurde und sich vom Hildesheimer Klerus (zwischen dem 9. und 13. August 1221) hatte auf den dortigen Bischofsstuhl dieses „stark zerrütteten Bistums“ (NDB) wählen lassen.

Am 20. September 1221 wurde dieser in Erfurt vom Erzbischof von Mainz, der die Fähigkeiten und Würde seines bisherigen Scholasters zweifellos am besten zu schätzen wusste, geweiht.

---

[294] Zumal auch sein in Bosnien derzeit (1221) gegen die christlichen Katharer geführter Kreuzzug Kräfte beanspruchte.

Nur ein paar Tage jünger datiert eine erneute Kreuzzugsbulle des Papstes vom 10. Sept. 1221, mit welcher heftig Propaganda betrieben wurde: Als ein zusätzlicher Anreiz wurden die Teilnehmer für die Dauer des Zugs von zahlreichen Pflichten gegenüber ihrem Landesherrn entbunden.

Denn gerade jetzt musste der Einlösung des Kreuzzugsgelübdes des Kaisers die allerhöchste Priorität zukommen, galt es doch, die erlittene Schmach wieder auszuwetzen. Zu entsprechenden Vorgesprächen trafen sich denn auch Kaiser und Papst im April 1222 in Veroli. Und als sich eine Folgekonferenz, auf welcher der Termin festgelegt werden sollte, ins nächste Jahr verschoben hatte, da schrieb der Hildesheimer Bischof am 18. Februar 1223 ein Entschuldigungsschreiben an seine Ministerialen aus S. Germano, dem Ort des Vertragsabschlusses[295], woraus sein einschlägiges Engagement erkennbar wird.

Ebenfalls in Italien hielten sich zu dieser Zeit die Grafen Heinrich von Everstein und Heinrich von Wohldenberg, sowie der Propst Elger aus Goslar auf.

Auch als sich Kaiser und Papst im März 1223 in Ferentino abermals trafen, war unser Bischof zugegen. Hier wurde ein zweijähriger Aufschub des Kreuzzugs für notwendig erkannt, und Friedrich schwur in dieser feierlichen Versammlung, auf Johannis 1225 seinem Gelübde nachzukommen. Den Zeitgewinn nutzte Friedrich zur Bekriegung der sizilianischen Sarazenen und berichtete von seinen Siegen auch dem Hildesheimer Bischof, der nach der angedeuteten Zusammenkunft die Heimreise angetreten hatte.

Honorius scheute mittlerweile keine Anstrengungen, den Kreuzzug weiterhin zu Stande zu bringen: Päpstliche Bullen verließen in alle Richtungen die päpstliche Kanzlei, das christliche Europa zum Frieden gemahnend und gleichzeitig zum Kampf für die Befreiung des heiligen Grabes auffordernd. Auch wurden die Geistlichen bestimmt, die in den einzelnen Provinzen bezüglich der Kreuzpredigt und des Einsammelns der Geldbeträge tätig sein sollten.

Bischof Konrad von Hildesheim und der Mag. Salomon von Würzburg waren dabei für die große Mainzer Diözese zuständig, während unter Hildesheimer Aspekt noch Johann von Xanten erwähnt sei, dessen Zuständigkeit in der Erzdiözese Köln lag.

Diese **Hauptprediger** wählten, wie dies Honorius bestimmt hatte, sog. „subdelegati" zu ihrer Unterstützung. Als solcher, der dem Hildesheimer Bischof erfolgreich nacheiferte, tritt uns der Kanoniker Rudolf des Hildesheimer Moritzstifts und Kaplan des vom Papst über die Alpen entsandten Grafen von Urach (der Kardinal-Bischof von Porto und St. Sabina) entgegen, der sich auch in Hildesheim aufhielt.

Der Erfolg dieser Bemühungen, nach all den katastrophalen Rückschlägen und angesichts des „ewigen Lamentierens der Kirche um die Not des Hl. Landes und um die Notwendigkeit von dessen Befreiung"[296], wird jedoch eher gering gewesen sein.

Das kann auch daraus abgeleitet werden, dass Papst Honorius sich genötigt sah, die Vollmachten der Werber Christi am 7. März 1224 erheblich zu erweitern.

Es galt nunmehr, den verschwundenen Eifer durch Zwang und die fehlende Begeisterung durch anderweitige Motivation zu ersetzen.

---

[295] Rüdebusch, 64, 71

[296] Hoogeweg, 248

Das Problem wurde zudem dadurch verschärft, dass sich gerade in Norddeutschland die Zahl der Kämpfer auf die verschiedenen Kreuzzugsangebote aufteilen musste.

Schließlich wurde, um noch Reserven zu mobilisieren, zu härteren Mitteln gegriffen: So drohte der päpstliche Kreuzzugslegat, Konrad von Urach, den Erzbischöfen von Bremen und Magdeburg und deren Geistlichkeit in rüdem Ton strenge Kirchenstrafen gegen Ungehorsame an, die nicht der Unterstützungsaufforderung für die Aktivitäten Konrads von Hildesheim Folge leisten würden!

v. Urach befiehlt in jener Urkunde aus dem Herbst 1225[297] den Kirchenfürsten mit Ausdrücken wie „Rebellen", in Sachen des Kreuzzugs gehorsam zu sein.

Im Umkehrschluss ist aus derart scharfen Maßnahmen erkennbar, dass unser Bischof gezwungen war, mit den höchsten kirchlichen Strafen indirekt selbst gegen die Erzbischöfe vorzugehen.

Eine geringe Kreuzzugsbeteiligung durch den Bremer Erzbischof erhellt, wenn wir sehen, dass ihm damals Streitkräfte im Kampf gegen die Dänen entzogen wurden, indem die benachbarten Stedinger, statt ihn zu unterstützen, lieber den Gotteslohn auf dem Jerusalem-Kreuzzug suchten (s. S. 158).

Um diese Zeit erleben wir den Hildesheimer Bischof, der sich als „crucis servus" bezeichnet, also als Diener des Kreuzes, naturgemäß auch als **Friedensstifter** – wenngleich nicht, wie man meinen könnte, aus eigentlich pazifistischen Gründen:

In seinem aus S. Germano am 18. Februar 1223 nach Hildesheim übermittelten Brief schreibt er von der Gnade, die er nach seinem Wunsche vom Papst und Kaiser zu Gunsten negocia nostra zum Heile der hl. Maria (also des Hildesheimer Bistums) gefunden habe, so wird es sich dabei um die Befestigung des Friedens in Niedersachsen gehandelt haben, den Konrad zu betreiben hatte.[298]

Zweifellos war es seine Aufgabe, kraft der päpstlichen Autorität, notfalls mit Bann und Interdikt alle zu verfolgen, deren Widerstand den Kreuzzug behinderte. Zu seiner Unterstützung hatte auch König Heinrich (Sohn Friedrichs II.) die Braunschweiger Herzöge Heinrich und Albert (und künftigen Bischöfe von Hildesheim und Halberstadt) aufgefordert, hierin unseren Bischof zu unterstützen.

Das war notwendig, denn es gab da einiges zu tun! Denn die Fehden und Streitigkeiten zwischen dem Herzog Heinrich von Braunschweig und dem Erzbischof Gerhard II. von Bremen einerseits und zwischen dem Edlen Bodo von Homburg (Herrschaft im Solling-Weserbereich) und dem Grafen Bernhard II. von Poppenburg-Spiegelberg und dessen Verbündeten andererseits, verunruhten weite Teile Niedersachsens und speziell des Stifts Hildesheim.

Das musste unterbunden werden, denn das schadete der guten Sache des Kreuzzugs, denn es band den Adel und hielt ihn von der Heerfahrt Christi ab!

Wohl auf Veranlassung Konrads von Hildesheim forderte auch Friedrich II. die Parteien zum Frieden auf, da sich ihr Streit ungünstig auf die Angelegenheiten des Heiligen Landes auswirke und den Bemühungen des um den Kreuzzug hochverdienten Bischofs von Hildesheim sehr schade.[299]

---

[297] Sudendorf, H., Registrum, T.1, Jena 1849, S. 84 u. S. 86, Nr.XV.
[298] vgl. Hoogeweg, 245
[299] vgl. Rüdebusch, 68

Diesem war die Vermittlung auch noch geglückt, als im Verlauf der Auseinandersetzungen Bodo d. J. von Homburg von einem Eversteiner erschlagen wurde.

Die von unserem Bischof auferlegte Buße bestand darin, 5 000 (!) heilige Messen und Vigilien (Nachtwachen) für die Seele des Erschlagenen zu halten. In 50 Klöstern wurde er (der Eversteiner und ganz sicher nicht „umsonst") in die Bruderschaft aufgenommen, und im Kloster Kemnade war ein Altar zu stiften, an dem täglich (!) für die in der Fehde Erschlagenen das heilige Opfer darzubringen war[300]. Schließlich mussten die Eversteinschen mit 300 Rittern (Berittenen) fußfällig Verzeihung von den Homburgern erbitten. Zur Sühne war zu alledem noch ein Ritter auf Kosten der Eversteiner für ein Jahr nach Palästina zu entsenden (vgl. Rüdebusch, 69 / Bertram, Bist., 231).

All dies förderte die Frömmigkeit und brachte der Kirche erhebliche Einnahmen! Im Falle derer von Escherde gibt der Bischof selbst zu, die Gebrüder gekränkt zu haben. Nur durch das Versprechen einer Zahlung von 100 Mark und der Lehnsanwartschaft auf die zunächst erledigten Güter kann er sie zufrieden stellen und sie zur Zerstörung eines Turms in Sarstedt bewegen.

Ferner tobte noch der Kampf zwischen dem Herzog von Braunschweig und dem Erzbischof von Bremen, wie auch der Streit des Domkapitels von Hildesheim mit dem Paderborner Bischof *Wilbrand von Oldenburg* sowie der Streit, den der Hildesheimer Bischof selbst führte, und zwar mit dem Erzbischof Siegfried von Mainz über die Diözesanzugehörigkeit des jenseits der Gose liegenden Gebiets.[301]

Konrad hatte also ganz sicher eines schweren Amtes zu walten und war zweifellos reichlich gefordert, denn all diese Fehden, Kriegereien und sonstigen Streitigkeiten schadeten der guten und heiligen Sache des Kreuzzugs. So musste es seine vordringlichste Aufgabe sein, in der Heimat – d. h. in einem großen Teil des heutigen Landes Niedersachsen – Friede und Eintracht zu säen, bzw. den Gottesfrieden (den Schutz von Besitz und Abhängigen während der Zeit der Abwesenheit des Kreuzfahrers) auszubreiten; denn nur wenn der Adel keinen Überfall in seine Territorien zu gewärtigen hatte, ließ er sich gewinnen, in der Ferne die Schlachten Gottes zu schlagen!

Mit anderen Worten sehen wir hier im Zusammenhang mit unserem Bischof das, was im Großen im christlichen Abendland ablief: Indem der erzeugte Gottesfriede die waffenfähigen Männer für den Heiligen Krieg freistellte, nahmen der Papst und die ihm unterstellten kirchlichen Hierarchen problemlos Tod, Leid und Elend unzähliger Menschen in Kauf und nutzten diese Einrichtung als Basis für ihre Spekulationen auf Machterweiterung.

In den wie angedeutet schweren Tagen hinsichtlich seiner Werbetätigkeit war denn auch der stets um den Kreuzfahrernachschub besorgte Bischof Konrad II., der jetzt gern als „Conradus, Dei gratia Hildensemensis episcopus et sancte crucis legatus"[302] zeichnet, bei der Auswahl seiner Kandidaten nicht übermäßig wählerisch,

---

[300] Gern wurden potente Büßer zu regelmäßigen Geldzahlungen verpflichtet.

[301] Diesen, vom Bischof vor den Kaiser gebrachten „Goslarer Jurisdiktionsstreit", konnte Konrad für sich entscheiden.

[302] „... von Gottes Gnaden Bischof von Hildesheim und Legat (Abgesandter bzw. Bevollmächtigter) des heiligen Kreuzes."

wie einige erhaltene Beweise seiner Tätigkeit zeigen. Beispielsweise bezeichnete er einen namentlich nicht genannten Edelherrn seiner Diözese mit dem Kreuz und *verbannte* ihn, schwerer Vergehen halber, ins Heilige Land.

Er musste sein Vermögen bzw. sein väterliches Erbe aufgeben, seinen Lebensunterhalt erbetteln und übers Meer ziehen, um zeit seines Lebens dem Deutschen Orden zu dienen, und dies ohne je zurückkehren zu dürfen (Bertram, Bistum, 231). Der besagte Edle hatte sechs Menschen ermordet, Kirchen- und Straßenraub getrieben, mit der eigenen Schwester Blutschande begangen und einen Sohn gezeugt...

Zur Anwendung kam hier offenbar eine Abwandlung des alten römischen Bußsystems, der „Peregrinatio“: Auf Befehl der Kirche mussten die Pönitenten als besondere „Waller“ zur Sühne ihrer Straftaten fern der Heimat eine Anzahl Gnadenorte aufsuchen. In Deutschland z. B. wurde ihnen eine Kette oder ein Reif aus Eisen um den Leib geschmiedet. Wenn dieser durch ein Wunder zersprang, offenbarte Gott auf diese Weise die Begnadigung des Sünders.

Zur jetzigen Zeit war es allerdings schon üblich geworden, die Buße in einen zeitweiligen oder Daueraufenthalt am Gnadenort umzuwandeln, wo die so Gestraften „dem Gekreuzigten“ (mit dem Schwert) zu dienen hatten. Sie werden dort das Ansehen der Christen gegenüber den Muslimen zumeist nicht sonderlich gehoben haben.

> Dabei ließ das dortige Bevölkerungsspektrum ohnehin schon ziemlich zu wünschen übrig, wenn wir den Worten des als Bischof 1216 nach Akkon versetzten und vormals erfolgreichen Kreuzzugspredigers im Kampf gegen die südfranzösischen Albigenser Jacob von Vitry[303] folgen. Denn hier fand er nicht nur in den Surianern, Jacobiten, Nestorianern, Maroniten, Armeniern und Georgiern (alles Christen) sehr gefährliche Gegner, sondern auch in den römischen Christen, besonders italienischer Abkunft, die alle den scheußlichsten Lastern frönten und jeder seelsorgerlichen Einwirkung sich anfangs entzogen, zumal die einheimischen Geistlichen selbst an Zuchtlosigkeit und Habgier ihnen nicht viel nachstanden.[304]
>
> Als den verruchtesten Teil der Bevölkerung charakterisierte der Bischof jedoch die Pullanen, Mischlinge abendländischer und syrischer Christen und all jene Verbrecher, die die Furcht vor dem Strafrichter oder dem Kirchenbann über das Meer getrieben hatte (Röhricht, 195).

Die vom Hildesheimer Bischof zu ihrem Ortswechsel veranlassten „Büßer“ bereicherten nun also dieses Colourit. Da sich andere europäische Gerichtshöfe nicht anders verhielten, wurde das Heilige Land auf diese Weise zu einer Art Strafkolonie.

> Eine gewisse Bestätigung findet man in freilich nicht ganz neutralen orientalischen Quellen. Beispielsweise beschreibt der Chronist Usama ibn Munquidh um 1140, wie die Kreuzritter in den Augen der „Heiden“ erschienen: „Alle, die nach dem Wesen der Franken geforscht haben, mussten feststellen, dass sie Tiere sind und uns nur durch ihre Kraft und Angriffslust überlegen.“

In dieser Zeit zunehmender Kreuzzugsmüdigkeit und gleichzeitiger Bedrohung, sowohl der christlichen Herrschaften in Palästina als auch jener im Baltikum, unternahm die Kurie alle nur möglichen Anstrengungen, um ein Aufgebot an

---

[303] Dieser hatte, nicht anders als unser Bischof, auch an den Zügen teilgenommen.

[304] Nach Matthäus von Edessa wälzten sich dieselben gleichsam im Kot und schreckten auch vor den ärgsten Sünden nicht zurück.

Gottesstreitern zusammenzubekommen – selbst die Absolution von Exkommunizierten war jetzt eine geeignete Maßnahme, oder das Kreuzzugsgelübde abzulegen an Stelle der Rückerstattung eines gestohlenen Gutes...

Schon seit längerem spielten die Ablösegelder, die derjenige Waller zu zahlen hatte, der seinem Gelübde nicht nachkommen konnte oder wollte, eine erhebliche Rolle bei der Finanzierung der kostspieligen Unternehmungen. Bereits seit den Tagen eines Innocenz III. betrieb man die Praxis der Losbindung von Gelübden: So ermutigte man zum Kampf ungeeignete Personen, wie *alte Menschen und Frauen*, zur Kreuznahme, um sodann durch ihren Loskauf die Kassen zu füllen.[305]

Ebenso spülten Loskaufgelder vom gern verhängten Interdikt Gelder in die heiligen Kassen.

Aus den voranstehenden Vorgängen wird es deutlich, in welch hohem Maße die Kräfte unseres Bischofs durch den Kreuzzug in Anspruch genommen wurden.

Zu alledem hatte er noch 300 Mark zu diesem Unternehmen beizutragen und musste, um diese Summe zu beschaffen, das Meierding Orsleben verpfänden.[306]

Wohl angeregt durch das glänzende Beispiel ihres Bischofs nahmen mehrere Kleriker Hildesheims das Kreuz, nämlich der Domherr (Kanonikus) Marcolf oder Meinhard, der Dechant Konrad des Andreasstifts und der Dompropst Konrad, der Nachfolger des Pilgrims Wilbrand von Oldenburg (s. S. 70 u. 100), der wiederum auf Empfehlung des Bischofs in die Dienste Friedrichs II. getreten war (s. S. 100).

Der bischöflichen Fürsorge des Hildesheimers ist es jedenfalls zu danken, dass in diesen schon relativ kreuzzugsmüden Zeiten ein relativ großer Anteil der Teilnehmer an den zum „V. Kreuzzug" zusammengefassten Kreuzzügen Kaiser Friedrichs II. aus der Diözese Hildesheim kam.

Wenn es also gelang, im ganzen Reich doch einige Tausend Haudegen zu rekrutieren, so musste es eine herbe Enttäuschung und Einbuße darstellen, wenn der Kaiser nun abermals um eine Terminverschiebung seiner Kreuzfahrt bat.

Papst Honorius hatte den Kaiser schwören lassen, dass er spätestens im Jahre 1227 sein Gelübde einlösen werde, bzw. wurde Friedrich in dem Vertrag von S. Germano (25. Juli 1225) zu jener Erklärung gedrängt, er werde der Exkommunikation verfallen, wenn er im August 1225 diesen oft verschobenen Kreuzzug nicht antreten würde. Dabei hatte sich Friedrich vertraglich verpflichtet, mit 100 Transportschiffen und 50 Galeeren abzusegeln, diese Streitmacht für zwei Jahre im Heiligen Lande zu unterhalten, noch für 2000 Ritter und ihre Knappen Schiffe zu stellen und 100 000 Unzen Goldes als Pfand, das im Falle seiner Hinderung für das Heilige Land verwendet werden solle.[307]

Aus derart höchst bedeutendem Anlass reiste auch unser emsiger Bischof Konrad von Hildesheim im Frühjahr 1226 bereits zum dritten Male nach Italien. Dort hatte Kaiser Friedrich zum 6. März zu Cremona einen Reichstag ausgeschrieben, um wegen der Ausführung des Kreuzzugs und der bei seiner Kaiserkrönung erlassenen **Ketzergesetze** (in denen es um die Ausrottung der Ketzerei ging!) zu beraten.

---

305 Riley-Smith, 68f. Das Papsttum erschloss sich mit der Kreuzzugswerbung ungeheure Finanzmittel...
306 Bertram
307 vgl. Röhricht, 215

Jetzt sehen wir auch unseren **Bischof wieder als Friedensstifter**, und zwar bei seinen Vermittlungen zwischen dem Kaiser und den lombardischen Städten, die die Alpenpässe sperrten. Deshalb konnten viele deutsche Große, darunter auch König Heinrich, nicht zum Reichstag nach Cremona kommen, an welchem auch der Patriarch von Jerusalem teilnahm. Selbstverständlich wurden dadurch abermals die eigentlichen Kreuzzugsvorbereitungen behindert.

Nachdem die Verhandlungen scheiterten und sich der Hildesheimer Bischof mit den Prälaten abgestimmt hatte, verhängte er anlässlich der feierlichen Versammlung am 11. 7. 1226 in der Kathedrale von Borgo San Donnino gegen die rebellierenden Städte der oberitalienischen Liga und deren Verbündete, als Störer des Kreuzzuges[308], Kirchenbann und Interdikt, was der Kaiser durch die Reichsacht und die Zurücknahme aller früher gewährten Privilegien noch zu verschärfen wusste.

Inzwischen lief die Werbekampagne weiterhin auf vollen Touren. Aber aller noch so energischen Anstrengungen der Prediger zum Trotz machten sich eine Reihe von Schwierigkeiten bei den Rekrutierungen bemerkbar, die nicht selten hausgemacht waren. Denn vielerorts hatten die „Pilger" ungleich bequemere Möglichkeiten, durch ihre Kampfeinsätze den Jerusalem-Ablass gewährt zu bekommen. So blieben die Zuzüge aus Frankreich, wo der Papst selbst die Begeisterung für diesen Zug zu entfachen suchte, beinahe vollständig aus, denn hier nutzte man weiterhin die Möglichkeit, sich durch den Kampf gegen die Albigenser im eigenen Land von seinen Sünden reinzuwaschen...

Doch war, wie bei militärischen Unternehmungen des Reichs recht allgemein, wenigstens auf die Unterstützung der Bischöfe Verlass! So leisteten aus Italien die kaisertreuen Bischöfe mit ihren Kriegern Zuzug. Erheblich soll zudem die Unterstützung aus England gewesen sein, wo 40 000 Mann unter der Führung zweier Bischöfe aufgebrochen waren.[309] Die niedersächsischen Kreuzfahrer rekrutierten sich zu dieser Zeit vornehmlich aus Friesland, dem Erzbistum Bremen (die Stedinger Bauern – s. S. 158) und dank des unermüdlichen Einsatzes unseres Bischofs aus der Diözese Hildesheim.

Nachdem Anfang Januar 1227 durch päpstliche Vermittlung ein Vergleich zwischen den Städten und dem Kaiser erzielt werden konnte, teilte Honorius III. dies dem inzwischen nach Hildesheim zurückgekehrten Bischof mit und forderte ihn, als den ja nach wie vor zentralen Leiter der Kreuzpredigt und -organisation in Deutschland, abermals auf für den Kreuzzug zu wirken und alle Kreuzfahrer zur Erfüllung ihres Gelübdes zu ermahnen (Rüdebusch, 72).

Der Weg war ja nun frei, und wieder zogen die „mit dem Kreuz geschmückten Scharen" zumeist über die Alpen nach Süditalien, wo der bewährte Sammelplatz für die „Pilger" aller Nationen in Apulien lag. Ebenso eilte Konrad II. von Hildesheim, als ja offizieller Kreuzzugsbeauftragter, im August 1227 abermals und zwar zum vierten Male, mit vielen Mühen und Kosten über die Alpen. Offenbar begleitete er die ja zum Teil auch von ihm selbst gewonnenen Kreuzfahrer nach Brindisi – zudem in seiner Eigenschaft als Betreuer des Kreuzfahrerheeres. Dort befreite ihn der Kaiser aus Dankbarkeit für seinen Einsatz für den Kreuzzug von allen

---

[308] In vergleichbarer Weise hatte sich 1213 Papst Innocenz mit aller Schärfe gegen die Korsaren und Piraten gewandt, weil diese den Nachschub ins Heilige Land gefährdeten...
[309] vgl. Röhricht, 217

Reichsdiensten für die Zeit, in der er für die Kreuzfahrt weiterhin tätig sein werde (ebd.). Schließlich konnte er in Deutschland der Kirche zweifellos größere Dienste hinsichtlich weiteren Nachschubs und weiterer Versorgung leisten als im Orient. Zudem hatte er die Obhut über das Eigentum Vieler zu führen („Gottesfriede"), denen er das Kreuz angeheftet hatte.

In Brindisi allerdings ergaben sich große Probleme mit der Bewältigung der Pilgermassen. Da die Schiffskapazität nicht ausreichte, mussten die Mannen bei furchtbarer Hitze auf engem Raum wochenlang ausharren – Bedingungen, die Epidemien begünstigen mussten und unter denen nun wieder Tausende erkrankten und hinstarben.

Unter ihnen auch der Landgraf Ludwig IV. von Thüringen, der ebenfalls das Kreuz aus den Händen Konrads von Hildesheim genommen hatte. In seinem Gefolge befand sich ferner der Graf Heinrich von Stolberg.[310] Selbst der Kaiser erkrankte und brach die angetretene Seefahrt wieder ab, ließ sich in Otranto wieder ausschiffen und musste erst seine Genesung abwarten.

All diese ja zweifellos umfangreichsten Anstrengungen genügten dem „Nachfolger Petri" noch nicht: Gregor IX. interessierte sich nur für die abermalige Terminverschiebung bei der Abreise des Kaisers und sah dessen Begründung nur als fingierte Ausflucht an. Folglich zögerte er nicht, sofort den Bannfluch über den Kaiser zu sprechen (29. Sept. 1227), und nachdem er fünf Wochen Gelegenheit hatte die Situation erneut zu bewerten, erneuerte er diesen abermals. Als er dies auch noch ein drittes Mal am 23. März 1228 während des Gottesdienstes (sic!) in St. Peter zu Rom wiederholte, erwuchs sich der Unmut der Römer darüber zum Tumult, in dessen Verlauf es der Heilige Vater für ratsam hielt, sein Heil besser in der Flucht zu suchen.

Selbst als Friedrich nach kurzer Genesung im Juni 1228 endlich, begleitet von den Flüchen des Papstes, nach Akkon segelte, da war er nicht nur ein Gebannter, sondern Gottes Stellvertreter schleuderte ihm in seinem maßlosen Zorn noch einen Bannstrahl hinterher. Dieses Mal allerdings, weil er den Kreuzzug angetreten hatte – ohne sich vorher die Absolution durch den Papst verschafft zu haben (dem auf diese Weise sicher reiche Einnahmen entgangen sind).

Unter solchen Umständen wurde Friedrich im Heiligen Land von den geistlichen Orden (mit Ausnahme des ihm treu ergebenen Deutschen Ritterordens) gemieden... Und so kam es auch zu der bekannten Szene in der heiligen **Grabeskirche**, wo er sich am 18. März 1229 die Krone des Königs von Jerusalem in Anwesenheit des Großmeisters des Deutschen Ritterordens Hermann von Salza, aber eben in Abwesenheit des Patriarchen und der Geistlichkeit, selbst aufs Haupt drückte.

Den Titel des „Königs von Jerusalem" hatte er bereits 1225 durch Heirat der 14-jährigen Prinzessin Isabella (Jolande) von Brienne, der Erbin des Königreichs (die drei Jahre darauf bei der Geburt ihres Sohnes Konrad verstarb) erworben – eine Vermählung, die übrigens durch Betreiben des Papstes zu Stande kam, der auch auf diese Weise den Kaiser umso nachhaltiger in die Pflicht zu nehmen gedachte, endlich zum Kreuzzug aufzubrechen...

Am selben Tag berichtete er vom Verlauf des Kreuzzugs an die Großen des Reichs – natürlich auch an Konrad von Hildesheim.

---

[310] Nach seiner glücklichen Heimkehr ersetzte er den Hirsch in seinem Wappen durch die Pilgermuschel. 1231 urkundet er abermals, nun wirklich als „Pilger" in einer verordneten Bußsache („poenitentia ductus") für das Kloster Walkenried (Röhricht, Dt., 124).

Sein nunmehriger Kreuzzug war jedoch eher als dürftig zu bezeichnen angesichts von 600 Rittern und einigen Tausend Mann in der Fußtruppe. Friedrich ergriff vorübergehend Besitz von Zypern und entriss dem Herrn Johann von Ibelin Beirut (s. S. 76).

Da er auch nicht von den lateinischen Ritterorden unterstützt wurde, machte es für ihn zweifellos Sinn, sich auf sein Verhandlungsgeschick zu verlassen. Doch auch damit gewann er in der Christenheit wenig Freunde: Aus Jerusalem beklagte sich sogleich der Patriarch beim Papst darüber, dass von Friedrichs Heer kaum zehn Sarazenen getötet worden seien.

Obwohl die christlichen Parteien dies im Sinne des Papstes zu hintertreiben suchten – mit Ungläubigen verhandelt man nicht und schließt noch weniger Verträge ab! –, hatte der Kaiser vertraglich mit Sultan al-Kamil für die Dauer von zehn Jahren (er hatte sogar deren 16 Bestand)[311] den Christen die wichtigsten heiligen Stätten der Christenheit zurückgewonnen.

Neben den Städten Jerusalem[312], Bethlehem und Nazareth nebst einem Korridor, zugänglich über die Hafenstadt Jaffa, handelt es sich darüberhinaus um das westliche Galiläa, einschließlich der Burgen Toron, Montfort und ferner dem Gebiet um Sidon.

Auf friedlichem Wege hatte er all das gewonnen, was Ströme von Blut bis jetzt nicht erreicht hatten.

Doch es war nicht nur die Zeit einer fanatischen Glaubensfeindschaft sondern auch diejenige des Investiturstreits, in der nicht nur der Kaiser, sondern ebenso der Papst – nicht gerade im Sinne Christi – nach der (militärisch begründeten) Weltherrschaft strebten. So musste Friedrich erfahren, dass selbst eine himmlische Stadt, wenn in ihr Muselmanen und Christen nebeneinander beten dürfen, in den päpstlichen Augen nur eine teuflische sein kann, wie auch derjenige des Teufels ist, der mit „Ungläubigen" friedlich paktiert.[313]

Für den Papst sah so nicht die Erfüllung eines Kreuzzugsgelübdes aus! Dessen Sichtweise wich nicht nennenswert von jener des heiligen Bernhard ab (s. S. 87 u. 180). Schließlich entweihten immer noch die „Antichristen" das Land in welchem Christus gelebt, sein Blut vergossen und das Heil erwirkt hat; ja, Gregor nutzte das Motiv vom vertriebenen und aufs Neue gekreuzigten Christus.

Dabei hatte der Pakt Friedrichs mit den „Heiden" für den Papst, und sicher nicht nur für ihn, noch eine besondere Tragweite, die sich aus dessen eschatologischer Sichtweise erklärt; denn nun, ohne die Befreiung Jerusalems vom Joch der Ungläubigen, wurde der göttliche Geschichtsplan gestört! Die Heilige Stadt hatte ja ihren Platz in der ihrem Ende sich nahenden Geschichte. Den Kreuzzug nachlässig zu betreiben hieß, das Nahen des Jüngsten Tages (das Lossein des Teufels, Weltuntergang, Jüngstes Gericht, Wiederkehr Christi – als Gottkönig heranschwebend auf der Wolke etc.) zu verzögern (vgl. Roscher, 289)!

So wird es nicht verwundern, wenn während der Abwesenheit des üblicherweise unter kirchlichem Schutz stehenden und darüberhinaus erfolgreichen Kreuzfahrers

---

[311] Erst im Jahre 1244 fiel das ja unbefestigte Jerusalem während eines ayyubidischen Machtvakuums umherziehenden Türkentrupps zum Opfer.

[312] Hier verblieben einige heilige Stätten, wie die Al-Aksa-Moschee, den Mohammedanern.

[313] vgl. Fischer-Fabian, 118f.

Friedrich, päpstliche Truppen – wieder einmal angeführt von Bischöfen!– in dessen sizilianische Territorien einfielen. Auch in den Abruzzen und in Capua kämpften die Kaiserlichen gegenüber den päpstlichen „Schlüsselsoldaten“[314] ums Überleben.

Mit dem durchaus liberal und freigeistig denkenden Friedrich (mit sarazenischen Hofbeamten!) wurde verfahren, wie es gegenüber „Heiden“ üblich war: Saladin beispielsweise hatte oft genug erfahren müssen, dass man gegenüber einem Heiden keinen Vertrag und keinen Schwur halten muss – gegen einen Feind des Glaubens war einfach jedes Mittel recht.

Wie in Italien, so verfuhr der Klerus gegen den Kaiser auch in Palästina. Kaum war der unblutig errungene Vertragsabschluss unterzeichnet – alles war vor Freude überwältigt –, als der Patriarch Jerusalems den Bann verhängte und tags darauf der Erzbischof von Caesarea angereist kam, um Jerusalem mit dem Interdikt zu belegen.

Verbittert reiste der Kaiser nach Akkon – verfolgt von dem ersteren Gottesmann, der ebenfalls noch ein Interdikt hinzufügte –, wo aber auch alles andere denn Ruhe einkehrte: Hier sah sich Friedrich, um der Agitation durch die Prälaten Herr zu werden, genötigt, den Patriarchen durch starke Bewachung von der Öffentlichkeit fern zu halten, während ihn die Hetzreden des Klerus von den Kanzeln geißelten, die ihn in ihrer gewählten Ausdrucksform als Sohn des Teufels und entarteten Kandidaten der Hölle bezeichneten...

Als die Gläubigen das ewige Fluchen von den Kanzeln nicht mehr ertragen wollten, kam es besonders am Palmsonntag in den Kirchen zu groben, widerlichen Szenen, die sich in den Straßen fortsetzten.

Derart agitiert verfuhr auch Friedrich mit den Pfaffen nicht allzu zimperlich: Er ließ sie von den Kanzeln holen und durch die Gassen peitschen.[315]

Hatte der Klerus in Palästina das Volk derart aufgehetzt, dass Friedrich bei seiner relativ heimlichen Abfahrt noch mit Steinen, Unrat, Kadavern und stinkendem Geschlinge aus einem nahen Schlachthaus beworfen wurde, so war die Geistlichkeit in seiner Heimat, wie schon angedeutet, nicht minder rege[316]: In Apulien hatten die von Rom aus entsandten Kardinäle einen heiligen Eid auf des Kaisers Tod geschworen – einem Toten war man keine Treue schuldig!

Als Friedrich wieder in Italien eintraf, hatten sich bereits sechzig (!) Städte den päpstlichen Soldaten ergeben. Seine Rache sollte fürchterlich sein: Eine der ersten Städte, die von ihm abgefallen waren, war Gaeta.

Nach deren nunmehriger Einnahme gab er den Befehl, den Angehörigen der höheren Stände die Augen auszubrennen, sie der Nasen zu berauben und sie nackt aus der Stadt zu peitschen. Die Jünglinge sollten kastriert, und die ganze Stadt vernichtet werden – seltsamerweise mit Ausnahme der Kirchen und Pfarrhäuser.

---

[314] Sie kämpften im Zeichen des Schlüssels Petri...

[315] u. a. Röhricht, 225 / Milger

[316] Es sind hier eben dieselben Vorgänge offensichtlich, die wir durch die Jahrhunderte z. B. bezüglich des „Judenschlagens“, der Hexenprozesse oder der noch zu behandelnden Ketzerverfolgungen etc. beobachten können. Zwar wird in kirchlich nahe stehenden Schriften immer gern darauf verwiesen, dass die Verfolgungen oft vom Volke ausgingen, doch dabei wird der Hinweis unterlassen, dass in aller Regel zuvor von der Kanzel herab mit allen Mitteln dafür gesorgt wurde...

Die Kunde von diesem Strafgericht solle sich über den Erdkreis verbreiten, damit jeder Verräter bis ins Mark erbebe.[317] Ebenso erbebten auch die Schlüsselsoldaten.

Friedrich, der kaum je über größere Heere verfügte, siegte auf ganzer Linie, marschierte jedoch nicht in den Kirchenstaat ein, sondern ging auf zahlreiche Forderungen des Papstes in entgegenkommenster Weise ein, um sich vom Bann zu lösen – und wandelte sich dabei vom „Antichrist" wieder zum „geliebten Sohn der Kirche", zumal der Papst seiner Hilfe gegen die widerspenstigen Römer bedurfte...

Doch dies blieb nur ein Intermezzo, die Zeit eines nur kurzen Waffenstillstands. Bald wird er in päpstlichen Manifesten wieder zur „Bestie, die ihren Rachen nur zu Lästerungen des göttlichen Namens aufreißt" und zum „rasenden Jäger der Unzucht vor dem Herrn, der nur Worte der Lüge liebt, nur Ruchlose zu Dienern hat"[318].

Selbst ein „Kreuzzug" gegen ihn, der die Aussöhnung mit der Kirche bzw. mit dem „geistlichen Schwert" suchte, wurde von Seiner Heiligkeit inszeniert (den beteiligten Einwohnern Viterbas ließ Friedrich dafür ein Kreuz auf die Stirn brennen), und nicht einmal vor einem Mordanschlag gegen den Kaiser schreckte der oberste Vertreter Gottes auf Erden zurück...[319]

Nicht zuletzt nutzte die Kirche Kreuzzugsgelder für den Kampf gegen den abendländischen und christlichen Kaiser...

Bevor wir diese Auseinandersetzungen, die für den weiteren Verlauf der Kreuzzugsbewegung von großer Bedeutung sind, noch etwas verfolgen, sei aus chronikalischem und regionalem Aspekt auf Kreuzzüge eingegangen, die den norddeutschen Raum verunruhten, wie nur kurz zuvor solche auch für das Land Geldern proklamiert und durchgeführt worden waren.

Ketzerkreuzzüge in „Niedersachsen"

Dieses Mal traf es die **Stedinger** („Gestadebewohner"), ein freiheitsliebendes aber auch streitbares Bauernvolk, beidseitig der Unterweser zwischen Hunte und Jade, welches sich durch jahrzehntelange härteste und organisierte Arbeit sumpfiges Land, Moor- und Marschgebiete – sog. „Außendeichsland" – durch Entwässerungen, Bedeichungen, Rodungen etc., urbar und somit fruchtbar gemacht hatte und dieses Gebiet folglich als das Werk ihrer Hände ansah. (Verwandte ältere Vorbilder solcher eigenständigen Gemeinwesen waren in der Nachbarschaft durchaus vorhanden.)

Nun weckte der Umstand des nunmehr „blühenden Landes" jedoch die Begehrlichkeiten der benachbarten Territorialherren, die ihnen mit der üblichen „Burgenpolitik" auf den Leib rückten und überhaupt danach trachteten, das nach dem „Hollerrecht" (abgeleitet von ursprüngl. holländischen Kolonisten) relativ freie Siedlungsland steuerlich wirksamer ausbeuten zu können. Die Stedinger neigten

---

[317] vgl. Fischer-Fabian, 120

[318] Es ist dies wohl eine Anspielung auf Friedrichs sarazenische Leibgarde. Der widerum hielt seinen Kritikern entgegen, er wolle eben kein Christenblut vergießen.

[319] vgl. Fischer-Fabian, 124. Gibt es Gründe, von einer Verfeinerung der Sitten durch das Christentum zu sprechen? Vom sogenannten dunklen Jahrhundert des Papsttums, dem „saeculum obscurum", das 882 mit dem ersten Papstmord begann, sind wir hier zeitlich fürwahr ein Stück abgerückt...

hingegen keineswegs dazu, Leibeigene jener Herren zu werden. Entsprechend setzten sie sich zur Wehr, und es fanden mehrere kriegerische Unternehmungen gegen die Oldenburger Grafen (denen sie, nach vorausgegangenen Provokationen, zwei Zwingburgen durch List zerstörten) statt, ferner gegen die Grafen von Stotel und von Hoya.

1207 zog ihnen der Bremer Erzbischof Hartwig II.[320] mit Heeresmacht entgegen, ließ sich aber nach Geldzahlungen zum Abzug bewegen.

Doch vorerst vermochten sie ihre Position politisch zu verbessern, bis sie endlich ein Opfer der Zuschreibungsmacht der Theologen wurden.

Den Stedingern war es, gerade während der Zeit des nach Hartwigs Tod herrschenden Schismas, gelungen, wichtige Rechte zu erlangen – ein Problem für den auf Hartwig folgenden Erzbischof Gerhard II., welches er zu lösen wusste: Er ließ sich vom Kaiser das Recht bestätigen, die Veräußerungen erzbischöflicher Einkünfte, die seine Vorgänger angeblich verschleudert hätten, widerrufen zu können! Betroffen waren damit naturgemäß die Freiheiten z. B. der Stedinger (ebenso der Bremer Bürger).

Zwar ging es in erster Linie um sehr weltliche Ansprüche und Rechte in Begleitung von allerlei Kriegereien, doch die skrupellos vorgeschobenen angeblichen Verfehlungen in Betracht der Glaubenslehre boten Gerhard II. von Bremen die willkommene Gelegenheit, den letzten Schritt zur Unabhängigkeit der Stedinger mit allen Mitteln zu hindern.

Ein besonderes Ärgernis war für den Bremer Erzbischof, dass ihm die Stedinger 1226 die Heerfolge zum Krieg gegen König Waldemar von Dänemark[321], der in Norddeutschland eingefallen war, verweigerten – stattdessen entzogen sie sich durch einen pfiffigen Schachzug: Sie folgten dem Ruf des Papstes und zogen in den Kreuzzug nach Palästina (s. u.).

Ex-Hildesheimer Dompropst - vorbildlicher Kriegsmann

Übrigens hatte ihr Bremer Widersacher bald gute Gründe, freien Bauern mit einigem Misstrauen zu begegnen, zumal sein Bruder Otto II., als Bischof von Utrecht, von den aufständischen **Drenther Bauern**, die sich feudaler Unterjochung durch ihren „Hirten“ widersetzten, im Juli 1227 auf schmähliche Weise ums Leben gebracht wurde.

Vorangehend wurde im Zuge der Auseinandersetzungen mit etlichen Friesenvölkern über diese das Interdikt verhängt – jener furchtbare Bann, unter welchem alle Heiligenbilder und Kreuze umgeworfen wurden, keine Toten in geweihter Erde begraben, Brautpaare über den Gräbern eingesegnet wurden etc.

Dieser Fluch verfehlte seine Wirkung nicht. Auch hatten, der Kreuzpredigt folgend, viele mächtige Fürsten Zuzug geleistet.

Die meisten der Friesenvölker „bekehrten sich“ daraufhin und mussten sich nackend auf die Erde werfen und von den Geistlichen oder Inquisitoren geißeln lassen. Nur die Drenther blieben weiter „verstockt“ und warteten das Einrücken des Kreuzheeres ab:

---

[320] Er hatte übrigens 1197 die Kampfkraft des Hildesheimer Bischofs Konrad I. auf dessen Kreuzzug nach Palästina verstärkt.

[321] Mit diesem seinerzeitigen Prinzen hatten sie 1208 Stade erobert.

An der Spitze eines glänzenden Heeres (ADB) war der genannte Gottesmann im Juli 1227 dem Bauernaufgebot entgegengezogen, um Rache an seinem geächteten Vasallen, dem Ritter v. Coevorden als dem Führer der Empörung, zu nehmen.

Vor dem gewaltigen Andrang war der Ritter mit den Friesen gewichen, bis ihn ein ausgedehnter Sumpf vom Feindesheer trennte. Hier vermochte er jedoch seine Ortskunde auszuspielen: Während der gepanzerte Feind mit den Schlachtrossen zum nicht geringen Teil in das grundlose Erdreich einbrach, wurde er „mit leichter Mühe selbst von den Weibern der Drenther getötet" (Laurent, 36).

Die Nachjagd brachte viele, selbst vornehme Gefangene. Der Bischof selbst hingegen erlitt den Märtyrertod: Er wurde erschlagen und sein schmachvoll entstellter Leichnam höhnend in den Sumpf getreten. Kurz nach der Schlacht starb in Gefangenschaft mit Dietrich, dem Propst zu Deventer, sogar noch ein zweiter Bruder des Bremer Erzbischofs an den hier erlittenen schweren Verwundungen.

Diese Scharte auszuwetzen, „bedurfte es eines kriegerischen Mannes" (Laurent), und es schien niemand geeigneter, als der langjährige Hildesheimer Domherr **Wilbrand von Oldenburg**, der über eine gewisse Kreuzzugserfahrung verfügte (wir berichteten darüber) und als tapferer Verteidiger bischöflicher Rechte sich, in der kurzen Amtsdauer auf dem Bischofsstuhl zu Paderborn und als Administrator des Bistums Osnabrück[322], gerade die Schwalenberger Grafen unterworfen hatte.

Derart bewährt und mit ritterlichen Tugenden begnadet, säumte es dieser Geistliche auch nicht, gleich nach seinem Einzug in Utrecht im August 1228, dem Rachedurst der bischöflichen Ministerialen Genüge zu tun (ADB).

Im Namen des Heiligen Vaters wurde ringsherum das Kreuz gepredigt und hoher Ablass verheißen. Mit sechs Heerhaufen, deren stärksten er selbst anführte, fiel Wilbrand in Drenthe ein und eröffnete den Kampf.

Insofern verfolgte es der Bremer Erzbischof Gerhard II. mit größtem Interesse, wie der Papst für solchen Rachefeldzug Ablass gewährte, und ebenso das rigorose Vorgehen Wilbrands gegenüber den benachbarten Bauern. Für die Verketzerung dieses Volkes war es von propagandistischem Vorteil, zu behaupten (?), das „geweihte Haupt" sei noch durch Skalpieren (vgl. S. 24 f.) geschändet worden.

Mit einem mächtigen Kreuzheer wurde 1228/29 dieses Friesenvolk unterworfen. Ein Teil der Buße für diese Freveltat bestand übrigens darin, hundert „Edelknechte" auf Anordnung Wilbrands auf eigene Kosten zur Kreuzfahrt nach Livland zu schicken.

Die Friesen erhoben sich freilich nach kurzem Waffenstillstand sogleich erneut, und Wilbrand hatte schon 1230 den nächsten Kreuzzug gegen die Bauern zu führen. Nach schwankendem Kriegsglück wurde ein 15-tägiger Waffenstillstand (unter dem Schiedsspruch dreier Äbte) vereinbart. Als Rudolf von Coevorden daraufhin mit nur einem einzigen Begleiter zu Verhandlungszwecken in die Burg eingeritten kam, in der sich Wilbrand aufhielt, wurden sie sogleich ergriffen und aufs Rad geflochten – unter dem auffällig schwachen Protest des Bischofs Wilbrand.

Dennoch war das nicht der letzte Kreuzzug, den Wilbrand gegen die Friesen zu führen nötig hatte: Auch 1231 zog er schon wieder mit mächtigem Kreuzheer ins

[322] Dessen Bischof war aufgrund des Verdachts der Mittäterschaft an der Ermordung des Bischofs von Köln einstweilig seines Amtes enthoben worden.

Drenther Land und verheerte es, wurde dann aber angegriffen und „erlitt eine Niederlage, die seinen Abzug einer Flucht nicht unähnlich werden ließ". Er starb 1233, ohne diesen Kampf zu Ende geführt zu haben.

Derart berichtet Laurent (39) von den „Taten des Kriegsherrn Wilbrand" und dessen insofern (kriegs-) erfülltem Leben, während von seinen Leistungen als Oberhirt und Seelsorger ungleich weniger bekannt ist.

Weiber und Kinder auf Scheiterhaufen verbrannt

Dem Bremer Oberhirten kam zweifellos auch seine besondere Erfahrung in der Organisation von Kreuzzügen zugute.

Schließlich wurde die seit 1197 üblich gewordene „Aufsegelung Livlands" in Form alljährlicher Kreuzzugsunternehmungen schwerpunktmäßig aus dem Erzstift Bremen heraus getragen. Gerhards Vater Bernhard von Lippe[323] wirkte als Bischof von Semgallen, und gerade der Bruder des Bremer Erzbischofs Hermann II. von Lippe war ein berühmter Kreuzfahrer, der an der Ausbildung einer weltlichen Spitze des livländischen Kreuzfahrerstaats arbeitete.

Zurückkommend auf seinen Streit mit den Stedingern genügten dem Bremer Erzbischof zunächst schon die angedeuteten Unbotmäßigkeiten und vereinzelte Ausschreitungen als Anlass, um am Weihnachtsabend (!) des Jahres 1229 hochselbst „mit 220 Panzerreitern und einer Unmasse anderen Volks" gegen die verhassten Aufrührer in die Schlacht zu reiten. Mutig lieferten die bewaffneten Bauern dem mit Getöse herannahenden Ritteraufgebot eine blutige Schlacht – und behaupteten das Feld! Der Anführer des Ritterheeres und soeben erwähnte Bruder des Erzbischofs, Hermann von der Lippe, kam dabei ums Leben...

Der fiel somit natürlich „für die Freiheit der Bremer Kirche", wie der Gründungsurkunde eines zu seinem Gedächtnis erfolgten Klosterbaus im „Kolonisationsgebiet" nordöstlich von Bremen zu entnehmen ist.

Mit diesem Bruder verlor der Bremer Kirchenfürst, den man häufiger mit Kettenhemd und Schwert als mit Messgewand und Psalter sah, „den treuen Gefährten früherer Waffentaten" (Schumacher) – die Veranlassung für ihn, den Kampf nun mit allen ihm zu Gebote stehenden Mitteln fortzusetzen.

Dabei machte er sich die Gunst der Stunde zu Nutze, nämlich die noch zu behandelnde akute Ketzerverfolgung in Deutschland, exkommunizierte das aufsässige Bauernvolk und kam auch schnell auf die Idee, gegen die unbeugsamen Bauern das Kreuz predigen zu lassen.

Da die Stedinger, die in den Spendern kirchlicher Gnadenmittel zunehmend räuberische Unterdrücker sahen, nichts unternahmen, um sich vom Bann zu lösen, galt dies nach kanonischem Recht als Ketzerei.

Und während der Erzbischof sich erfolgreich beim Papst um die Erlaubnis zur Kreuzpredigt bemühte, zerstörte das Bauernaufgebot in Kämpfen gegen die Bremer Vögte deren Sitz in Riensberg und eine Feste im Delmetal – feste Stützpunkte zur weiteren Bedrängung der Ketzer.

Wenn auch das Zisterzienserkloster Hude von ihnen zerstört wurde, dann zweifellos aus der Erfahrung heraus, dass die fleißigen aber rücksichtslosen Mönche eine Bedrohung der in ihrer Nachbarschaft siedelnden Bauern darstellen würden.

---

[323] Auch er ein früherer Hildesheimer Domherr sowie Feldherr Heinrichs des Löwen.

Gegenüber solchem „Bauernlegen“ durch Zisterzienser machten sich die Betroffenen auch in anderen Gegenden durch Gewaltakte Luft.

In der Tat ist diese von den Oldenburger Grafen fundierte Klostergründung als eine offensiv gegen die Stedinger gerichtete Maßnahme zu verstehen.

Um diese Zeit hatte sich, auf Betreiben des Hochmeisters Hermann v. Salza, Kaiser Friedrich II. bei den Stedingern für ihre wertvolle Unterstützung des Deutschen Ordens in Jerusalem bedankt (Schreiben vom 14. Juni 1230).

Von Borkum aus waren sie im Mai 1227, zusammen mit den Friesen und anderen norddeutschen Gottesstreitern, mit ihren Koggen in See gestochen und hatten den Kaiser, gerade in jener Zeit, da diesen erneut der päpstliche Bannstrahl getroffen hatte, als gute Christen auf dem Palästinakreuzzug unterstützt.

Nun aber wurden sie auf der „von Gottes Gnaden der heiligen Bremischen Kirche Erzbischof“ einberufenen Bremer Generalsynode am „Tag Laetare Jerusalem“ (17. März) 1230 von der hohen Geistlichkeit mit Gruselgeschichten beschuldigt, wie sie einige Jahrhunderte später zur Zeit der Hexenverfolgungen üblich wurden, dem Klerus aber jetzt schon geläufig waren: Sie sollten Hostien (den Leib Christi[324]) zur Verhöhnung Gottes mit den Füßen getreten oder sie zunächst im Munde behalten, dann aber in den Dreck gespien haben.

Stattdessen sollten sie Dämonenbilder beschworen und mithin Abgötterei betrieben haben, und zwar gleich in der Form, dass sie zur Verehrung eines Götzen, vor dessen Säule, selbst Kinder geopfert hätten.

Hinzu kamen die Ausübung von Wachsbildzauber, ihr abscheulicher Umgang mit wahrsagerischen Frauen und anderes Teufelswerk.[325] Selbst die Beschuldigung des mehrfachen Priestermordes[326] fehlte nicht in der Zusammenstellung aller den Bauern vorgeworfenen „verabscheuungswürdigen Werke der Finsternis“. Schwer wog ihre Verweigerung der Zins- und Zehntabgaben, am schwersten aber die verweigerte Heerfolge.

Solcher „Ungehorsam“ gegenüber dem Erzbischof, mithin der Kirche, kam Ketzerei gleich, bzw. wurde der Bibel gemäß mit Götzendienst gleichgesetzt (2. Sam 1.15).[327]

Zweifellos handelte es sich weitgehend um tolle Verdrehungen, die der Bremer Oberhirte inszenierte, um zweckgeleitete Vorwände, die eine schonungslose Verfolgung rechtfertigen sollten – wider Ketzer waren alle Mittel erlaubt. Und was brauchte es vieler Nachweise konkreter Verbrechen, wo doch über ein Volk zu richten war, welches gewagt hatte, sich einem Erzbischof zu widersetzen.

---

[324] Erst 1215 ist die Verwandlung des Gebäcks in den Leib Christi durch Innocenz III. zum Dogma erhoben worden.

[325] Tw. Praktiken, die im 19. Jh. auf dem Lande allgemein noch nicht ausgestorben waren.

[326] Offenbar hat es tatsächlich einen Dominikaner getroffen, der den Bauern unter Drohungen predigte, der Obrigkeit zu geben, was der Obrigkeit sei.
Auch fällt in jene Zeit wohl der Zwischenfall mit dem „Beichtgroschen“, in welchem Zusammenhang ein Bauer einen Priester erschlug, der seine Frau vor dem Altar zutiefst beleidigt hatte. Erzbischof Hartwig hatte deshalb schon 1204 über das ganze Land das Interdikt verhängt.

[327] Umgekehrt wussten die Stedinger tolle Geschichten darüber, wie schlimm es die „Papen“ getrieben hatten.

Als Ketzer, die zahllose Gräuel verüben, genossen die Bauern nun auch noch den Ruf, grausame Verfolger der Christen zu sein die Blut wie Wasser vergossen.

Noch auf der Synode wurde in der Bremer Kathedrale der Bannfluch verkündet.

Von den Bischöfen von Ratzeburg, Lübeck und Minden ließ sich Gregor IX. den Sachverhalt bestätigen.

Derart informiert, griff er die Anregung des Bremer Kirchenfürsten bereitwillig auf und ließ es an seiner Unterstützung mit Bann und Interdikt nicht fehlen, denn die Bauern selbst hatten sich Gott zum Feind gemacht.

Das Oberhaupt der abendländischen Christenheit und Stellvertreter Christi konnte das nicht mit Gleichmut dulden und forderte den Erzbischof auf, die Mächtigen der Nachbarschaft aufzurufen, um solche Ungläubigkeit auszurotten.

Gerade in jener Zeit waren Kaiser Friedrich und Papst einmal darin einig, „einmütig für das Heil des gemeinsamen Glaubens Sorge zu tragen", auch die unterdrückte Freiheit der Kirche zu retten.

Es galt, die geistlichen und weltlichen Schwerter gegen Glaubensfrevler und Rebellen zu schärfen. Der Kaiser erließ auf dem Reichstag zu Ravenna im März 1232 Ketzergesetze, welche alle vorangehenden übertrafen.

Zugegen waren Graf Adolf IV. von Schaumburg sowie Graf Hallermund – Verwandte und Gesandte des Erzbischofs, die dem Bremer Kirchenvater einen weiteren Erfolg seines Propagandafeldzugs kundtun konnten:

Der Kaiser hatte über die Stedinger die Reichsacht verhängt. Das „politische Kalkül" des Erzbischofs war aufgegangen...

1232 konnte nun auch die viel ersehnte päpstliche Kreuzzugsbulle vom 17. 6. 1233 in Bremen öffentlich ausgestellt werden – die Erlaubnis zur Kreuzpredigt.

Sie wiederholt im Wesentlichen die Beschuldigungen der Bremer Synode, spricht davon, dass „Satans Tücke" die „mit Wahnwitz erfüllten" Stedinger auf Abwege gelockt habe, weshalb diese die Lehre unserer heiligen Mutter Kirche für Tand erachten würden – ihrer Blutgier frönend, wie an wilder Tiere Brüste genährt, würden sie keines Geschlechtes schonen und keines Alters.

Raubtieren gleich zerreißen sie Priester, wie Mönche und nageln sie in Kreuzform an die Wand und verhöhnen so den Leib des Herrn, dem Weggeld zu unserer Seligkeit etc.

Im Oktober 1232 wurde sodann im Norden und Nordosten des Heiligen Römischen Reichs von den Bischöfen und ihren Beauftragten zum Kreuzzug, und zwar zum „Ketzerkreuzzug" gegen die „Teufelsdiener" aufgerufen, welches fromme Werk zudem besonders dank des großen Einsatzes der in weiten Teilen Deutschlands agierenden und agitierenden Dominikaner begünstigt wurde. Diese Barfüßer forderten die Christenheit rastlos und massiv für den heiligen Kampf und „zur Vertilgung der Ungläubigen" auf.

An kampferprobten Kreuzsoldaten, wie sie bald hier, bald dort in den Heeren der Kirche dienten, fehlte es nicht. Wohl aber ermangelte es allen zusammengeströmten Freischaren ein hervorragender Führer.

Deshalb richtete es nichts aus – die Bauern übernahmen die Offensive!

Sie zerstörten die Feste Schlütterberg, zogen gegen Sitze der Grafen von Oldenburg, ja sie bedrohten selbst die Residenzen ihrer Widersacher in Oldenburg und Bremen.

Die Beschuldigung der Häresie schien noch den Vorteil gebracht zu haben, dass der mächtige **Welfenherzog** und Enkel Heinrichs des Löwen, **Otto das Kind** (der Papst hatte ihn übrigens zum Gegenkönig auserkoren), einer der „natürlichen Verbündeten" der wehrhaften Bauern gegen den Bremer Kirchenfürsten, zum Schutz von Ketzern nicht einschreiten würde.

Selbst vom Kaiser wurde er abgemahnt.

Dennoch war das eine Rechnung, die so nicht ganz aufging. Denn als der Erzbischof Kräfte im Kampf gegen die Stedinger gebunden hatte, nutzte Otto vielmehr die Gelegenheit zur Verfolgung seiner eigenen Ziele. Die lagen darin, einen seit den Zeiten der Billunger und mithin beinahe einhundert Jahren bestehenden Streit um die Grafschaft Stade, die der Bremer Erzbischof dem welfischen Hause vorenthielt, dem Entscheid der Waffen anheim zu geben.[328]

Während anderer Zuzug für die Stedinger ausblieb, unterstützte der Welfe deren Freiheitskampf und belagerte mit seinem Kriegsvolk die Residenz Gerhards.

Auch andere unterdrückte Völkerschaften beflügelten die Erfolge der Stedinger. Der Papst hingegen spricht von deren Frechheit, die mit steigender Verstocktheit Gott für ihren Feind erachten würden; und davon, dass aus ihrer verdammenswerten Ketzerei ein so großer Abfall in Deutschland entstanden sei, dass jetzt nicht nur jene, sondern auch die Ketzer anderer Sekten, welche sich bis dahin in ihren Winkeln verborgen hielten, nun öffentlich stolz einherschreiten, prahlend gegen die Kirche Gottes... mit ihren schändlichen Lippen lästernd. Ja! Mit ihrer fluchwürdigen Ketzerei... vergiften sie schon – o Jammers und Entsetzens – das christliche Volk, sie verderben es, sie legen Hand an die Geistlichen, reißen sie in Stücke etc.

Noch ehe Gregor IX. im fernen Rom Kunde von dem missglückten **ersten Kreuzzug** haben konnte, hatte er neue Schreiben gegen die Stedinger erlassen und die Vollmachten der Bischöfe erweitert.

Als „Bischof Gregor, Knecht der Knechte Gottes" schreibt er „seinen ehrwürdigen Brüdern, den Bischöfen von Paderborn, Hildesheim, Verden, Münster, Osnabrück und Minden, Heil und apostolischen Segen!" „Da schon lange die Bremische Kirche zu uns schreit wegen des Unglaubens jener Ketzer..., die das Volk der Gläubigen in Bremischen Landen, wilden Tieren gleich zerreißen...", gebieten wir kraft des Apostolischen Stuhls, „dass ihr in dieser Sache des Glaubens, die allen Christen und insonderheit allen Prälaten am Herzen liegen muss, mit Bereitwilligkeit den Bischöfen von Ratzeburg, Minden und Lübeck Unterstützung leistet, auf dass die Ketzer mit eurer Hilfe und Gotteskraft entweder rasch der Bekehrung gewonnen oder in die Grube der Verdammnis gestürzt werden."

Diese Aufforderung fiel auf guten Boden: Die aufgerufenen Bischöfe waren teils verwandt mit dem Erzbischof oder hierarchisch abhängig von ihm, teils verwandt mit den Oldenburgern oder/und hatten ein Eigeninteresse gegen „aufständische" Bauern; und Konrad von Hildesheim schließlich „gehörte zu den ersten Prälaten im Reich, die mit rastlosem Eifer die Ketzerjagden organisierten".[329]

---

[328] Die Grafschaft hatte Heinrich der Löwe, der sich um das „Gezeter glatzköpfiger Pfaffen" bekanntlich nicht kümmerte, wenn es um seine Macht ging, nach der Gefangennahme und Erpressung des Erzbischofs Adalberts von Bremen (ein allerdings ebenfalls mächtiger Territorialfürst) 1145 zugesprochen bekommen.

[329] Schumacher, 100 / Näheres hierzu nachfolgend bei den „Luziferianern".

Die Bischöfe in Sachsen und Westfalen betrieben umfassende Rüstungen.[330] Überhaupt war es die Aufgabe der Prälaten, an heiliger Stätte die Verfluchung der Ketzer von Zeit zu Zeit zu wiederholen.

Bremen war Sammelpunkt all der fremden Streithähne, die sich mit dem roten Kreuz hatten schmücken lassen. Auch die Bremer Bürger wurden vom Vater der Christenheit ernstlich gemahnt. Doch sie wussten wohl, dass hier nur weltliche Interessen mit kirchlichen Zuchtmitteln („Strafen unserer heiligen Mutter Kirche", wie dies der Erzbischof formulierte) gegen ihre Nachbarn zur Anwendung kommen sollten. Wie in anderen Bischofsstädten war auch ihre Freiheit durch die Macht ihres Kirchenfürsten bedroht. Nach anfänglichen Skrupeln ließen jedoch auch sie sich von ihrem Oberhirten zu der Bluttat verleiten, nachdem der sie nochmals per Erlass aufgefordert hatte, sich – zur Erlangung himmlischen Lohns und zur Vergebung ihrer Sünden – mit gebührendem Eifer zu rüsten. Darüberhinaus köderte er sie mit der Beseitigung ungerechter und außergewöhnlicher Besteuerung und gewährte weit gehende Zugeständnisse auf die zu erobernden Gebiete (darunter ein Drittel der Kriegsbeute[331]).

Die Bremer waren gehorsam.

Im Frühjahr 1233 sammelten sich immer größere Heerscharen in Bremen, sodass im Juni eine **zweite Kreuzfahrt** unternommen werden konnte: Das Kreuzheer drang in stedingsches Gebiet ein und machte östlich der Weser (in der Landschaft Osterstade) gute Fortschritte mit dem „Strafgericht Gottes", zumal sich hier die Bevölkerung nicht auf einen Abwehrkampf vorbereitet hatte.

Hier begann jetzt ein Kesseltreiben gegen eine an bisherigen Kämpfen unbeteiligte und unvorbereitete Bevölkerung – sie wurde **dahingeschlachtet, wie das Vieh** – 400 Männer, Frauen und Kinder wurden erschlagen. Die Gefangenen wurden mit Weib und Kind auf Scheiterhaufen nach Ketzerart (oder besser „nach Christenart") unter dem Gesang der Priesterschaft lebendig verbrannt.[332]

In dem sicheren Bewusstsein, eine gute Tat vollbracht zu haben, und ihres Sündenablasses gewiss, kehrten die Kreuzfahrer nach Bremen zurück.[333]

Der Heilige Vater hatte denn auch eine Erklärung dafür, warum die Bewohner des anderen Weserufers so unbehelligt geblieben waren: Viele Pilger, so „von himmlischer Begeisterung erfüllt, so macht- und kraftvoll für den katholischen Glauben eingetreten waren", hätten, als sie „plötzlich entdeckten, dass sie nicht so reichen Ablasses sich erfreuten wie den Heerfahrern zum Heiligen Land verheißen, sich umgewandt und wären gar lau geworden in der Erfüllung ihrer Gelöbnisse".

Immerhin war es gelungen, die Marschlandschaften östlich der Weser „zu unterwerfen", doch die nach Oberstedingen herüberleuchtenden Scheiterhaufen vermochten dennoch nicht, die weitaus wehrhafteren Weststedinger von ihrer „fluchwürdigen Verstocktheit" abzubringen. Sie kapitulierten nicht, wenngleich sich ihre Hoffnung auf Unterstützung durch die Friesen und Rüstringer nicht erfüllte –

---

330 Havemann, Gesch. v. Braunschweig u. L., 1853 I/370.

331 Der mit vielen vornehmen Siegeln versehene Vertrag wurde vom Erzbischof sehr bald ignoriert.

332 vgl. die Parallelen zu den Albigenserzügen oder zu dem Vorgehen gegen die Ketzer („Luziferianer") in Deutschland.

333 Schumacher, 100 f. / Meiners, 45 / Gloger, 27 / Hausrath, 51

die Verketzerung durch Papst und Erzbischof (inzwischen ja auch die Reichsacht) wusste dies, wie stets in solchen Fällen, erfolgreich zu verhindern.[334]

Bei der „Vertilgung des gottlosen Volkes" sangen die Kleriker Choräle

Aus der neuerlichen Kreuzzugsbulle des Papstes vom 17. Juni 1233, also gerade mal ein paar Tage vor dem zweiten Kreuzzug im Lateran ausgefertigt, spricht der Zorn des Heiligen Vaters über das Misslingen des für ihn vorangehenden, also des ersten Kreuzzugs: „Darob erging an uns das demütige Flehen, dass wir die Wichtigkeit der Sache in Erwägung nehmen und für so schwere Gefahren ein wirksames Heilmittel anzuwenden uns entschließen möchten..."

Abermals wandte er sich gebietend und vorwurfsvoll an die Bischöfe von Ratzeburg, Lübeck und Minden, schließlich hatte er ihnen „eingeschärft", die Christgläubigen in den Sprengeln von Paderborn, Hildesheim, Verden, Münster, Osnabrück und Bremen zur Vertilgung des gottlosen Volkes eifrig und nachdrücklich aufzubieten – ein „mit unbedingtem Gehorsam auszuführender Befehl".

Jener erwähnten zweiten und „verbesserten" Kreuzzugsbulle gegen diese „Heiden" entnehmen wir, dass die vom Teufel aufgestachelten gottlosen Menschen den Glanz des wahren Lichtes verlassen hätten und folglich nunmehr, bedeckt von der Finsternis schmachvoller Blindheit, ihre Freiheit mit Füßen treten (!) würden.

In ihrer tierischen Weise wütender als reißende Tiere, verschonten sie weder Mann noch Frau, weder Greis noch Kind...

Wir hören in jener päpstlichen Schrift, dass die Verdorbenen Priester und Mönche fangen, die sie in ruchloser Weise Glied für Glied zerfleischen und zerreißen; andere kreuzigen sie unter jeder Art von Marter, zur Verhöhnung des Gekreuzigten.

Und da diese Verruchten trotz „eurer eifrigen Ermahnung" (mittels der Kreuzzüge) nicht an den Busen unserer Mutter, der Kirche, reuigen Sinnes zurückkehren wollten, lag nun ein erstes Problem vor.

Dieweil es aber dem Apostolischen Stuhle eigentümlich ist, in seiner Weisheit dennoch ein unfehlbares „Heilmittel" gegen den gewähnten Wahn der „fluchbeladenen Menschen" zu wissen, so empfiehlt er den Bischöfen, bei ihrer Bekehrung ein solches Mittel anzuwenden, dass ein Rückfall in keiner Weise zu fürchten ist (Wir können schon einmal vorwegnehmen, dass dieser Wunsch des Papstes in Erfüllung ging.), indem er erläutert: „Weil bei einer so großen und schweren Erkrankung, in der leichte Arzneien nichts nützen, zu kräftigeren Heilmitteln" gegriffen werden müsse, nämlich zu „Feuer und Schwert bei Wunden, die keine Linderung fühlen" – dann müssten „die faulen Fleischstücke herausgeschnitten werden, damit sie die gesunden Teile nicht vergiften und anstecken..."

Deshalb müsse man gegen jene Ketzer zum Schwert greifen – zur Erlangung des höchsten himmlischen Lohns.

---

[334] Zweifellos hatten auch die Stedinger Zuzüge Gleichgesinnter, doch eben nicht in Form geschlossener Völker.

Alle Christgläubigen galt es abermals auf das Eifrigste zu ermahnen und auf das Nachdrücklichste anzutreiben, für ihren Christus sich zu erheben. Also erteilte er einem erneuten Feldzug die religiöse Weihe.

Diese Bulle nun war ein wirksames Zugmittel, denn diejenigen, die sich „zur Ausmerzung dieser Ketzer“ „mannhaft die Lenden gürten“ würden, sollten sich nunmehr des vollen Jerusalem-Ablasses „erfreuen“.

Dem **Hildesheimer Bischof** Konrad II., wie auch seinen bewussten Kollegen, hatte der Heilige Vater bereits zu dem ersten Kreuzzug im Jahr 1232 „das Amt der heiligen Predigt“ zur Unterstützung ihres geistlichen Bruders zu Bremen übertragen.[335]

Jetzt wurde das Rekrutierungsgebiet deutlich ausgeweitet (s. weiter unten), denn nun galt es erst recht, diese Bemühungen, nämlich zu einem erneuten Kreuzzug, „mit allen Kräften“ fortzusetzen, um mittels der „Christgläubigen“ dieser Diözesen jene verworfene Gemeinschaft auszumerzen. In solcher Situation mussten die Bischöfe nicht erst großartig von Rom aus aufgerufen werden: Von dem vielberührten und langjährigen Hildesheimer Domherrn und nunmehrigen Bischof von Utrecht, Wilbrand von Oldenburg, etwa, war es natürlich eine Selbstverständlichkeit, sich für die christliche Sache einzusetzen. Auch er bezeichnete Große mit dem Kreuz.

Insbesondere schwärmten aber auch die Dominikaner bzw. die „gottesfürchtigen Männer vom Predigerorden“ aus und waren verstärkt unermüdlich ihrer vornehmsten Aufgabe treu, Unglauben aufzuspüren und auszurotten (nötigenfalls eben durch Feuer und Schwert), und verkündeten den Aufruf des Papstes in allen sächsischen Diözesen, operierten dann jedoch länderübergreifend und hetzten Fürsten und Völker zur „gewaltsamen Bekehrung“ gegen die Stedinger auf. Briefe gingen von Kloster zu Kloster.

Die Berichte wurden immer abstruser ausgeschmückt[336]. Welche Schauergeschichten sie über die päpstlichen Argumente hinaus unter den Gläubigen, auch in unserer Region, verbreitet haben dürften, das vermitteln die zeitgleich stattfindenden Agitationen dieses Predigerordens und Hauptträgers der Inquisition gegen die „Luziferianer“ (s. S. 203f.).

Welche Wirkung sie aber in einigen Gebieten erzielten, das mag man bei Schumacher nachlesen.

Andeutungsweise sei angemerkt, dass ihr Treiben im ohnehin von Ketzerverfolgungen schon aufgeregten Rheinland nicht ungefährlich sein musste, und ebenso, wenn sie sich bemühten, Völker aufzuwiegeln, denen es mit ihren Bischöfen kaum besser ging als den Stedingern. Denen drohte bei solcher Werbemaßnahme schnell die Verketzerung.

Da musste es zu so manchem Exzess und den tollsten Szenarien kommen, wobei Mönche mit dem Tode bedroht wurden, sich mit dem Bann wehrten, sich zahlreiches Volk mit entblößtem Oberkörper, um Erbarmen flehend vor ihnen zu

---

335 s. auch Bertram, Bistum

336 In ganz entsprechender Weise sind umgekehrt die ja oft zweckgeleiteten Ausschmückungen der Heiligenlegenden und Evangelien leicht auszumachen, mit welchen der jeweilige Nachfolger die „Geschichte“ seines Vorgängers zum höheren Ruhm seines christlichen Helden „verbessert“ hat.

Boden warf und von ihnen mit Ruten „gestrichen“ wurde. Den Predigern gelang es manchmal nur, mit genauer Not zu entkommen...

Im Allgemeinen verfehlte jedoch der Erlass aller vom Klerus und besonders von den Predigern (Dominikanern) eingeredeten Sündenlast und der damit verbundenen Fegefeuer- und Höllenqualen „durch Gottes Fügung“ seine Wirkung nicht.

Ein ansehnliches Kreuzfahrervolk, fanatisiert und beutelustig, war bereits dem Ruf der Prediger gefolgt und hatte sich wieder im Bremer Raum versammelt als die neuerliche und verbesserte Kreuzzugsbulle des Papstes eintraf.

So aufgemuntert und durch die Erfolge gegen Osterstedingen ermutigt, zog Graf Burchard von Oldenburg schon einmal einen Teil der Pilger in Wildeshausen zusammen und unternahm im Juli 1233 einen Angriff auf das wohlbefestigte Hauptland auf der linken Weserseite (zwischen Weser, Ollen und Ochtum), das sog. Oberstedingen.

Dieser Oldenburger Graf, ein übrigens eifriger Kreuzfahrer, der nun zum dritten Mal das Kreuz im Namen des Apostolischen Stuhls genommen hatte[337], versuchte in einem Überraschungsangriff Schanzen der Stedinger bei Delmenhorst zu nehmen. Die Bauern waren aber auf der Hut und traten den Kreuzfahrern, zu deren Überraschung, schon vorher in einem Wald entgegen. Zusammen mit beinahe 200 „Pilgern“ wurde der Graf erschlagen und blieb auf der Walstatt, während die Stedinger den Sieg erzielten.

Damit durfte es natürlich nicht sein Bewenden haben, auch hatte man weitere „Märtyrer“.

Für den Bremer Erzbischof und Erzfeind der Stedinger war das fromme Werk zum Ende dieses Jahres naturgemäß noch nicht vollbracht. Er schickte sich (?) mit einer Schar gedungener Gottesstreiter nachts heimlich an, mit Booten an die im Winter durch Sturmfluten und Treibeis ohnehin bedrohten Stedinger-Deiche heranzurudern und diese an den gefährlichsten Stellen zu durchstechen. Die Teufelsbrut sollte, seinem teuflischen Plan gemäß, mit Überschwemmungen, Not und Tod in die Knie gezwungen werden – vom Ertränken spricht die Chronik.

Deichfrevel wurde, weil die Folgen für große Gebiete verheerend sein konnten, schwerstens gestraft: Allein wenn der Betroffene im Alarmfall nicht am Deich erschien, wurde er zur Abschreckung, mit dickem Pfahl durch den Leib, an den Deich genagelt oder er wurde im neu zu errichtenden Deich lebendig begraben...

Doch die Deichwachen waren auf der Hut: Die Bauern vermochten einen Teil der mit dem Durchstich beschäftigten erzbischöflichen Knechte zu erschlagen, bevor es zu der erwünschten Katastrophe kommen konnte.

Indes war auch ihnen klar, dass es im Frühjahr zu neuem Kampf kommen würde. Also trafen sie den Winter über weitere Vorbereitungen. Fast verblieb ihnen angesichts ihrer zunehmenden Isolation nur, die Deiche, Schanzen und sonstigen Wehranlagen ihres mit Hilfe von breiten Flüssen und Sümpfen beinahe festungsartig geschützten Landes, zu verbessern und auszubauen.

Andererseits schied in diesem Jahr selbst der Welfe Otto, dessen Kämpfe gegen den Erzhirten den Bauern eine gewisse Entlastung bedeutet hatte, als bisher

---

[337] Erst vor wenigen Jahren war er vom Kampf gegen die Letten zurückgekehrt. Sein Vater war derzeit auf der Fahrt ins Heilige Land verschollen.

praktisch einzigster „Verbündeter“ aus, wie wir weiter unten aufzeigen werden. Die „Diplomatie“ des Erzbischofs – wohl nicht ohne das Zutun des Hildesheimers (s. u.) – beraubte den Bauern für den kommenden Kampf ihrer besten Stütze, während sich andererseits die Zahl der Feinde stetig mehrte.

Ein Ergebnis all der geschilderten Bemühungen der „Christen“ war es, dass das Pilgerpotenzial eines weiten Umkreises in diesen Jahren einmal nicht ins Baltikum fuhr, zumal der volle Sündenablass nun viel leichter in der Heimat zu holen war.

Außer den Bischöfen predigten neben „glaubensstarken Geistlichen“ hauptsächlich Mönche des Dominikanerordens (Heere des Papstes) erfolgreich das Kreuz in Norddeutschland und darüberhinaus, vornehmlich in allen sächsischen Diözesen sowie in Holland, Flandern, Brabant und Teilen Frankreichs.[338] Und so erhielt selbst aus diesen Gebieten des Niederrheins das Ritterheer Zuzug – eigentlich müßig, zu erwähnen, dass sich darunter auch die Gläubigen der Diözesen Hildesheim und Paderborn befanden.

Doch noch eine Chance eröffnete sich den Ketzern des Reichs, indem Anfang Februar der Reichstag zu Frankfurt abgehalten wurde, dessen Hauptthema die durch zahlreiche Ketzerjagden hervorgerufenen, geradezu anarchischen Zustände darstellten und auf welchem König Heinrich unserem Hildesheimer Bischof die schwersten Vorhaltungen machte (s. S. 213f.). Einigen radikalen Auswüchsen der Kirche wurde hier begegnet!

Erzbischof Gerhard selbst hatte sich zu diesem Hoftag begeben und dessen Verlauf sicher mit einigem Bangen, sein schöner Plan könnte doch noch im letzten Augenblick gefährdet werden, begleitet. Doch der fernen Stedinger an der entlegenen Reichsgrenze wurde nicht gedacht – der auf dem Reichstag anwesende Oberhirte der Bremer Kirche konnte beruhigt die Rückreise antreten.

Wir wollen es auch nicht unerwähnt lassen, sehen dies aber keineswegs als eine Entlastung an, dass dem Heiligen Vater, wohl infolge der Geschehnisse auf dem Frankfurter Fürstentag im Zusammenhang mit der Ermordung Konrads von Marburg und den von den deutschen Fürsten getroffenen Beschlüssen, wohl doch noch Bedenken gekommen sein müssen. Doch ein (auch mit anderen Aufgaben versehener) nach Norddeutschland entsandter Legat, der einen Kompromiss erreichen sollte, vermochte nichts mehr auszurichten – ein solches Tun hätte sich auch ein noch so heiliger Vater früher überlegt haben müssen...

Er resümiert, dass der Stedingerstreit „durch die Ränke des Erzfeindes der Menschheit“ so weit gewachsen sei und spricht von Taten, „welche Gott missfallen würden, wohl aber dem Fürsten der Finsternis...“

Zu Tausenden hatte sich bereits fanatisiertes fremdes Kriegsvolk aus aller Herren Länder in Bremen versammelt. Sie kamen zu Fuß, zu Pferde oder mit dem Schiff.

Dort feierte man noch, mit vermutlich besonderem Pomp, das Fest des heiligen Urban (desjenigen Papstes, der zuerst die Heere der Christenheit zum Kreuzzug gesammelt hatte). Zwei Tage darauf, am Sonnabend vor Himmelfahrt (!), dem 27. Mai 1234, formierte sich das nun fünfte Unternehmen gegen die Stedinger unter dem Zeichen des heiligen Kreuzes. Das Kreuzritterheer zog nun unter Führung

---

[338] Selbst im Süden Englands waren einige tätig. Eine Anzahl dieser westlichen Kreuzritter nennt Oncken (a. a. O.), andere Schumacher u. Havemann.

Heinrichs II., des ältesten Sohnes des Herzogs Heinrich I. von Brabant,[339] der Grafen von Holland, von der Mark, von Cleve...

Es bildete einen langen Zug, in welchem auch die Mönche und Priester mit ihren hochragenden Kreuzen und Fahnen nicht fehlten. Das Unternehmen war minutiös durchgeplant: Das Landheer, von den Schiffen begleitet, zog nun weserabwärts an den von den Stedingern verbesserten Befestigungsanlagen (gesicherten Brücken, Wällen mit Palisaden und Wassergräben, Schanzen etc.) und den sie schützenden Sümpfen vorbei und umging somit diese Hindernisse.

Auf die Landseite Westerstedingens gelangte es, indem sich „in der Ochtum" flachbordige Schiffe, den Fluss überquerend, nebeneinander legten und also mehrere „Schiffsbrücken" bildeten.

Die Stedinger sahen sich überrumpelt und erlebten nun die Invasion der Gottesstreiter. Ihnen, die mit nur einem kurzen Bauernschwert, Streitkeulen oder dem Knotenspieß (der „Pieke", mit der man sich auch über die Gräben schwang), mithin nur leicht bewaffnet waren und ihren Körper gerade mal mit einem Leinenkittel und höchstens einem Lederschild schützten, während die Kreuzfahrer ihnen von Kopf bis Fuß ganz in Eisen gegenüberstanden, blieb nichts anderes übrig als zu kämpfen. Also stellten sie sich bei Altenesch zur Schlacht, ja, sie kämpften „wie tolle Hunde"!

Graf Heinrich von Oldenburg-Wildeshausen, der hoch zu Ross in das Getümmel sprengte, wurde aus dem Sattel gestoßen und erschlagen – „mit ihm unzählige Pilgrime". Doch davon kamen immer mehr über die Schiffsbrücken nach. Sie waren noch frisch und ausgeruht und umfluteten allmählich das Bauernaufgebot, dem somit auch der Fluchtweg großenteils abgeschnitten wurde... Übrigens fanden sich später selbst Frauen unter den Toten, die offenbar mitgefochten hatten.

Bei Schlachtbeginn hatten die zahlreichen Kleriker, in sicherer Entfernung auf den Deichen stehend, Choräle angestimmt und so die Moral der Truppen gestärkt. Mit lauter werdendem Kampfgeschrei erklang auch der Gesang der Geistlichkeit stimmgewaltiger. Als nach heftigem Widerstand die Entscheidung fiel und der Graf von Cleve seine zunächst zurückgehaltenen Panzerreiter in die Seiten des Bauernheeres führte und die Ketzer erbarmungslos dahinmetzelte, sang die Priesterschaft sehr passend[340]:

„Mitten im Leben sind wir vom Tod umfangen.
Wen sollen wir als Retter anrufen außer dir, Herr,
der du uns mit Recht um unsrer Sünden willen zürnst.
Heiliger Gott, heiliger, starker, barmherziger Heiland,
Übergib uns nicht dem bitteren Tod!

Die Trauer- und Klagelieder der Klerisei wurden erhört. Das Kreuz siegte und „stark kam die Hand des Herrn über die Frevler": In der Schlacht, mit anschließender „Verfolgungsjagd", wurden die tapferen Bauern beinahe vernichtet, ihr Land wurde ausgeraubt und verbrannt – in den in Flammen aufgehenden Bauernhäusern starben Frauen, Greise und Kinder den Flammentod. So hatte man dieses Mal zwar keine Scheiterhaufen errichtet, doch das gleiche grausige Geschick,

---

[339] Wir hatten ihn als Heerführer des ungleich mühevolleren Kreuzzugs des Hildesheimer Bischofs Konrad I. kennengelernt.

[340] vgl. Lübbing, 28

das die übrig gebliebenen nicht waffenfähigen Weststedinger nach dem Blutbad traf, unterschied sich nicht nennenswert von demjenigen, welches vor einem Jahr den Ostteil dieses Volkes getroffen hatte.

Die Mönche und Kleriker stimmten nun die eingeübten Sieges- und Jubellieder an, und mit fliegenden Fahnen ging es zurück nach Bremen, wo feierliches Glockenleuten den Sieg über die Ketzer verkündete und Dankprozessionen zu Ehren der Mutter Maria abgehalten wurden. Reichlich Seelmessen für die gefallenen Kreuzesstreiter belebten den Gottesdienst... Die Kirche und auch der geistliche Verfasser der Sachsenchronik waren´s zufrieden, denn „Got sloch de Stedinge mit siner gewalt".

Sogleich blühte auch die Legendenbildung, und es hieß, dass von den Christen wunderbarerweise niemand gefallen sei, außer zwei Rittern (Graf Heinrich v. Oldenburg III. und Wilhelm v. Egmont) und anderen sehr wenigen. Tatsächlich aber wurde „die Kirche zu Warfleth bedeckt mit Gräbern von Edlen, die bei Altenesch erschlagen wurden".

Heute geht man davon aus, dass in diesem zweiten Kreuzzug gegen dieses Bauernvolk, mit dem anschließenden Massaker, ca. 2000 Stedinger umgebracht wurden (in den älteren Chroniken und Darstellungen werden weit höhere Zahlen genannt). Auch die Zahl der Angreifer wird statt bei 40 000 eher bei 5000 gelegen haben.

Die Leichen wurden in Massengräbern (Berne, Elsfleth) bestattet. Da tw. Ketzer bzw. Verfluchte und Gläubige (Kreuzfahrer) gemeinsam begraben wurden, sah sich der darüber entsetzte Papst veranlasst, sechs Monate später das bremische Domkapitel anzuhalten, die betroffenen Kirchen und Begräbnisstätten von neuem weihen zu lassen. Diese Prozedur erfolgte tw. sieben Jahre später, in manchen Fällen (aufgrund der Größe der angeblich betriebenen Ketzerei) vielleicht gar nicht.

Voller Stolz auf seinen brillanten Sieg über die Religionsfrevler ließ das Bremer Kirchenoberhaupt einen besonderen, der Mutter Maria geweihten, kirchlichen Gedenktag mit großer Prozession, besonderen Dankesliedern, Festpredigten etc. einführen: Für die nächsten Jahrhunderte wurde somit am Sonnabend vor Himmelfahrt den Gläubigen gemahnend und disziplinierend vor Augen gehalten, welches schon irdische Schicksal Abweichlern und weniger getreuen Untertanen drohte. Auch baute er neue und größere Gotteshäuser im der heiligen Mutter Kirche zugeführten ehemaligen „Ketzergebiet", darunter zwei Gedächtniskapellen auf dem Schlachtfeld. Mit einem sakralen „Triumphbau" setzte er sich und der ruhmreichen Tat ein weiteres Denkmal.

Ein Sieg auch, in dessen Folge sich der Erzbischof, die Grafen von Oldenburg, von Hoya, von Stotel[341], die Herren von Aumund und kirchliche Institute das Ketzergebiet teilten.

Als aber die wenigen noch übrig gebliebenen Einwohner Stedingens nach der Schlacht aus ihren Verstecken (teils in unwegsamem Moor) hervorgekrochen kamen und die Leichen bestattet hatten, da vergab der Erzbischof (der sich in diesem Zusammenhang auch persönlich zu bereichern wusste) nach dem Grundsatz, dass

---

[341] Deren Burg hatten die Stedinger 1214 gebrochen.

die Ketzer zu enteignen seien[342], so manche noch bewohnte Bauernstelle an solche Kreuzzugsteilnehmer, die es vorgezogen hatten, im Land zu bleiben.

Die paar Überlebenden wanderten aus, wenn sie sich nicht damit abfinden konnten als Hörige auf ihrem bisherigen Besitz einem fremden Herrn zu dienen.

Der Heilige Vater nahm nach einem Jahr dann auch Bannfluch (der seit fünf Jahren auf dem Lande lastete) und Interdikt von den „Bekehrten", die bis dahin „vogelfrei" waren, und stellte dem Erzbischof anheim, dafür noch Bedingungen zu formulieren.

Die erwähnten neuen Gotteshäuser aber dienten fortan der neuen Gemeinde aus „Bekehrern und Bekehrten" zum Gottesdienst.

Deren Zahlenverhältnis hatte nun für die „Herrschaft" den nicht geringen Vorteil, dass die neuen „Stedinger" bei künftigen Kämpfen gern z. B. „ihrem Erzbischof" ins Feld folgten.[343]

Einer der Hauptakteure am Zustandekommen dieses Kreuzzugs war naturgemäß Bischof **Konrad II. von Hildesheim**, der seinen päpstlichen Auftrag zu Kreuzzugsaufrufen – derzeit also gegen die christlichen Stedinger und ins Heilige Land, in die Ostgebiete und gegen die heimischen Häretiker – auch in Sachsen und Thüringen (teils nun anstelle des kürzlich erschlagenen „Ketzermeisters" Konrad von Marburg) wahrnahm.

Es sieht so aus, dass er in den großen letztgenannten Gebieten ein Kreuzheer sammelte und gegen die Stedinger führte (s. S. 220).

Aber auch die Bischöfe (!) von Ratzeburg, Lübeck und Minden, Paderborn, Verden, Münster und Osnabrück hatten erfolgreiche Arbeit geleistet.

Mit einiger Verwunderung ist festzustellen, dass selbst der erwähnte Welfe, **Herzog Otto** „das Kind", sich schließlich noch hatte bereden lassen, ***gegen*** die Stedinger das Kreuz zu nehmen – welches ebenfalls als ein Verdienst unseres unermüdlichen Bischofs Konrad anzusehen ist.

Zu diesem Wunder ist es wie folgt gekommen: Da es dem Bremer Erzhirten von größter Bedeutung sein musste, dass der Welfe den Stedingern nicht beistehen würde, wandte er im Prinzip dasselbe Mittel an, das er erfolgreich gegen die Stedinger inszeniert hatte – die Verketzerung!

Dazu wurde auf sein Betreiben ein „Glaubensgericht" gegen Herzog Otto einberufen, in welchem der Bischof von Minden den Vorsitz führte (der sich ja gerade als Verbündeter des Bremers als ein Hauptfeind der Stedinger bewährte...).

---

[342] Wie wir dies nicht anders in den Albigenserkreuzzügen kennengelernt haben und wie es uns bald im Zusammenhang mit den „Söhnen der Finsternis" abermals begegnen wird.

[343] Wer sieht sich da nicht an die Missionierung „Lateinamerikas" erinnert?

Schon Columbus versprach die Ausbreitung des Christentums und hoffte aus all den im Namen des Kreuzes eroberten Ländern so viel Gold heranschaffen zu können, dass es zur Eroberung Jerusalems reichen möge.

Die Konquistadoren eröffneten gewohnheitsgemäß sofort den Kriegszustand gegenüber den gottlosen Heiden (Tod oder Taufe), und sie brachten den süd- und mittelamerikanischen Ländern (ihre) „Kultur", wobei sie diese Völker (wenngleich auch im Verbund mit eingeschleppten Krankheiten) weitgehend ausrotteten – eben dort, wo der Papst heute seine umfangreichste Anhängerschaft hat.

Dieses Gericht sollte den Streit zwischen dem Welfen und dem Bremer Erzbischof entscheiden, wenngleich es von Otto nicht anerkannt wurde...

Um sich von solchen Richtern von dem gefährlichsten Vorwurf zu befreien, nahm Otto das Kreuz gegen die „Ketzer" – der Papst belobigte ihn dafür.

Dass er dies nicht aus eigener Überzeugung tat, erschließt Schumacher (S. 112) daraus, dass Ketzer dem Welfen in der Diözese Hildesheim näher saßen (etwa, weil der dortige Bischof Konrad II. um sich herum überall Ketzer sah?), über die er als Erbe des Pfalzgrafen ein Schutzrecht beanspruchen konnte.

Jedenfalls war der Hildesheimer Bischof u. a. mit der Durchführung des päpstlichen Schutzes für die Lande des welfischen Kreuzfahrers betraut. Der jedoch führte im Frühjahr 1233 (wie schon im Winter 1232), als das Kreuzheer gegen Osterstedingen rüstete, sein Heer keineswegs zur Unterstützung des Erzbischofs heran, sondern zu einem zweiten Einfall in des Bremers Gebiet. Selbst die Stadt wurde von ihm belagert. Gregor IX. drohte sogleich voll Zorns, auch gegen den Welfen das Kreuz predigen zu lassen, und er ließ es auch nicht am Bannfluch der Kirche gegen diesen „Kreuzfahrer" fehlen. Tatsächlich hielt sich Herzog Otto daraufhin, als 1234 die Weststedinger hingemetzelt wurden, aus diesen Kämpfen heraus und setzte erst später seine Fehde mit dem Erzbischof fort.

Vom päpstlichen Bannfluch wurde er im Jahre 1238, ebenfalls wohl mit Hilfe unseres Hildesheimer Bischofs wieder gelöst, zumal dieser im Frühjahr 1237 am Hof des Papstes weilte. Dabei sieht es so aus, dass das wieder gute Einvernehmen zwischen Otto und dem Heiligen Vater darin seine Ursache hat, dass Herzog Otto sein „Vergehen gegen Gottes und der Kirche Satzung" auf christliche Art büßte, nämlich indem er in diesem Jahr abermals das Kreuz nahm, und zwar zu einem Zug gegen die heidnischen Prußen/Preußen (s. S. 185).

Päpstlicher Schutzbeauftragter und Garant für dessen Lande Braunschweig-Lüneburg war neben den Bischöfen von Verden und Minden abermals Bischof Konrad II. von Hildesheim – als Wahrer des Land- bzw. des „Gottesfriedens".[344]

Nun haben wir nachzutragen, dass sich unser rühriger Bischof 1235 (28. Sept.) einmal wieder zur Werbung und Vorbereitung eines Heiligland-Kreuzzugs gewinnen ließ. Auch 1237 wurde auf Betreiben Gregors IX. wieder durch ganz Deutschland das Kreuz gepredigt, und 1238 rief Gregor IX. die Bischöfe (!) von Hildesheim, Münster, Paderborn, Osnabrück, Minden und Halberstadt sowie den Abt von Corvey auf, mit ihren Kreuzfahrern im kommenden März zu einer Expedition ins Heilige Land in Italien zu erscheinen oder wenigstens Kreuzfahrer zu schicken. Doch wurden die Pilger statt in den Orient in das Baltikum umgeleitet.[345] Es waren der großen Aufgaben gar viele...

* * *

[344] vgl. Rüdebusch, 186f.
[345] vgl. Rüdebusch, 76

Erfahrungen Kaiser Friedrichs mit dem Papst

Im Zusammenhang mit ähnlich zweckentfremdeten „Umleitungen" von Jerusalemfahrern lässt sich gut wieder auf den Staufenkaiser zurückkommen, denn die Kurie nutzte den Krieg im Namen Gottes seit jeher vor allem zu ihrer Machterweiterung und eben auch im Kampf gegen ihre „politischen" Gegner (z. B. Kreuzzüge gegen den jeweiligen Gegenpapst, der selbstverständlich sogleich zum Antichrist generierte). Zunächst war der Hauptgegner eben Friedrich II., dessen Vernichtung sich mehrere Päpste (Gregor IX., Coelestin IV., Innocenz IV.) zu einer Hauptaufgabe machten.

Der Kaiser schreibt seine Erfahrungen mit dem Papsttum an den englischen König[346] und resümiert, dass die römische Kirche jetzt schon von einer so hitzigen Habgier entbrannt und von so offenkundiger Begehrlichkeit ergriffen sei, dass sie... sich nicht scheue, die Kaiser, Könige und Fürsten ihres Erbteils zu berauben und zinspflichtig zu machen.

Eins seiner Beispiele ist dasjenige des Grafen von Toulouse! Er führt das Interdikt an, das genutzt werde, um sie zur Knechtschaft zu bringen, spricht von unerhörten Erpressungen und verdecktem und offenem Wucher, mit dem die Kirche die ganze Welt verpeste, wobei die unersättlichen Blutsauger Worte im Munde führten, die süßer als Honig und glatter als Öl seien. Sie würden sagen, die römische Kurie sei unsere Mutter und Amme, wo sie doch vielmehr die Wurzel und der Ursprung aller Übel ist, die die Großen der Welt dem Tode preisgebe, auf dass sie nach römischer Weise mit frechem Schlund die fettesten Bissen... verschlänge...

Friedrich verweist ferner auf die Fallstricke der Prälaten, mit welchen sie „alle insgesamt und jeden Einzelnen zu fangen trachten, ihnen Geld abzupressen, die Freien zu knechten, die Friedfertigen aufzureizen, indem sie hier und dahin Legaten aussenden, in Schafskleidern, während sie inwendig reißende Wölfe sind, welche Macht haben zu suspendieren, zu strafen, nicht um den Samen, das ist das Wort Gottes, auszustreuen, dass er Frucht bringe, sondern um Geld zu erpressen, um zu sammeln und zu ernten was sie nie gesät haben. Ursprünglich auf Armut begründet, trachtet sie (die Kurie) jetzt nach Kaiserkronen..."

Man wird nicht sagen können, dass Friedrich nicht beurteilen könne, wovon er schreibt,·und nicht einmal, dass er eine zu einseitige Sicht habe. Die Kirche gründet ihre Macht, die sie im Löwenanteil ihrer langen Geschichte fortwährend auf schlimmste Weise missbraucht, auf haltlose Spekulationen und leitet daraus allerhöchste Ansprüche ab.

Kaiser Friedrich war insofern ein keineswegs unberechtigter Kämpfer gegen kuriales Machtstreben, und er war auch durchdrungen von einem wissenschaftlich zu verstehenden Geist, der nicht von einem Dogma beherrscht war, sondern nach den natürlichen Ursachen forschte. Ein Großteil seines Gedankenguts – entfernt vom verordneten Aberglauben der Kirche – vermochte sich erst im Zeitalter der Aufklärung eine breitere Basis zu erkämpfen.

Seit 1239 war Friedrich wieder gebannt; in Deutschland, Ungarn und Italien ließ seine Heiligkeit das Kreuz gegen ihn predigen. Er geriet wieder einmal unter

[346] Aus der Chronik des Rogen v. Wendover / Geschichtsschr. d. dt. Vorzeit, XIII. Jh., 5. Bd.

Häresieverdacht und wurde als apokalyptische Bestie, als „Tier aus dem Abgrund" verketzert[347] und beschuldigt, im Heiligen Land den christlichen Glauben an die Moslems verraten zu haben.

Der Papst legte dabei dem verhältnismäßig freidenkenden Kaiser das Wort von den drei großen Betrügern Moses, Christus und Mohammed in den Mund. Einen größeren Ketzer konnte es folglich gar nicht geben.

Weil der Kaiser sich all dies nicht tatenlos bieten ließ, seiner offiziellen Verketzerung auf einer schon einberufenen Synode durch die Belagerung Roms zuvorzukommen gedachte, hatte er auch noch das Sakrileg der Gewalt gegen Kleriker gebrochen.

Auf dem Konzil zu Lyon 1245 wurde er folglich von Innocenz IV. abermals verflucht und für abgesetzt erklärt; alle Untertanen wurden von ihrem Eid der Treue gegenüber dem Kaiser entbunden. Unter Zusicherung des Jerusalem-Ablasses[348] wurde seit 1244 abermals das Kreuz gegen ihn gepredigt, bzw. die gesamte Christenheit gegen den deutschen Kaiser mehrfach zu den Waffen gerufen...

Hunderttausende Wanderprediger der neu gegründeten Dominikaner- und Franziskaner-Orden liefen nun durchs Abendland und hetzten das Volk gegen den Ketzerkaiser auf. Der aber verfügte nicht über ein ähnliches Instrument, um solchem Propagandafeldzug entgegenzuwirken...

Um diese Zeit wurden beispielsweise zahlreiche Friesen, die sich vom päpstlichen Legaten, dem Erzbischof von Preußen, 1247 gegen Erlass ihrer Sünden ins Heilige Land zur Unterstützung Ludwigs des Heiligen hatten verdingen lassen, durch Innocenz IV. kurzerhand umdirigiert. Gern erfüllten sie ihr neues Gelübde und halfen dem Gegenkönig Wilhelm von Holland im Kampf gegen den gebannten Friedrich II. und eroberten die staufertreue Kaiserstadt Aachen.

Mit derartigen päpstlichen Zielen ließ sich ein anderes, nämlich die „Befreiung" der heiligen Stätten, nicht in Einklang bringen: Die Kreuzzugsbewegung musste Schaden nehmen, denn indem der mächtigste Herrscher der Christenheit vom Papsttum und dessen Milizen mit allen, auch den unwürdigsten Mitteln bekämpft wurde, band es die für den Orient so nötig erforderlichen Krieger im Lande, d. h. im gesamten deutsch-römischen Imperium!

Dies erkennend unternahmen deutsche Große, wie der Großmeister des Deutschen Ordens Hermann von Salza, aber z. B. auch der Patriarch von Antiochia oder der französische König Ludwig IX. (der Heilige) Vermittlungsversuche.

Unter derartigen Umständen schritt der Kaiser nicht einmal gegen den Mongolensturm ein, der in den 40er-Jahren Europa bedrohte (gegen den aber der Hildesheimer Bischof 1241 das Kreuz predigte), weil zu befürchten stand, dass dann der Papst in Friedrichs sizilianische Gebiete einfallen würde.

Andererseits unternahm der Heilige Vater eine Reihe von Versuchen, diese wilden, grausamen und ja heidnischen Reiterhorden als Bundesgenossen der

---

[347] Hergemöller, 14 / Roscher, 256 / Erwähnt sei, dass sich Gregor IX. bemühte, den Welfenherzog Otto das Kind als Gegenkaiser aufzustellen. Der hingegen hatte das Geschick seines Oheims Otto IV. vor Augen...

[348] Das im Verlauf der Kreuzzüge entwickelte und weiter ausgebaute Ablasswesen wurde bekanntlich zum Anlass und Auslöser der Reformation.

Christenheit zur Beförderung seiner Lieblingsidee gegen die „Sarazenen" zu gewinnen...
Letztlich scheiterten diese Bemühungen.

Die einzige Voraussetzung, die nötigen Heere zur Hilfe des immer aussichtsloser bedrängten Heiligen Landes zusammenziehen zu können, würde ein „allgemeiner Landfriede bzw. Gottesfriede" bieten, um die potenziellen Krieger im Dienst für Gott, Papst und Christenheit das Schwert schwingen zu lassen.

Doch Innocenz blieb hart, und dies obwohl Friedrich ein erneutes Kreuzzugsgelübde ablegte und sich auch weiterhin mit Eifer für die Kreuzzüge beispielsweise Ludwigs des Heiligen einsetzte.[349]

Ja, der Hass der Päpste hatte nun schon seit langem das gesamte Abendland zerrissen und machte jedes gemeinsame Vorgehen gegen die Ungläubigen in Palästina unmöglich – er erstreckte sich nach dem Tode Friedrichs (13. Dez. 1250), der testamentarisch 100 000 Goldunzen für die Zwecke des Heiligen Landes bestimmt hatte, auch sofort auf dessen Söhne Manfred IV. und Konrad, auf den der päpstliche Bannstrahl bereits niederzuckte, noch bevor er seine erste Regierungshandlung vollzogen hatte: Abermals wurde das Volk von Seiner Heiligkeit 1255 zum Kreuzzug gegen seinen angestammten Herrscher (Manfred) zu den Waffen gerufen – wieder unter Gewährung des Jerusalem-Ablasses...

Manfred wurde 1266 von den Kreuzfahrern unter Karl von Anjou (Bruder des franz. Königs Ludwig d. Fromme) in der Schlacht von Benevent geschlagen und getötet.

Das Papsttum durfte schließlich triumphieren, als Konradin von Staufen das gleiche Geschick erfuhr und letzterer nach der Schlacht von Tagliacozzo 1268 auf dem Marktplatz von Neapel durch das Beil des Henkers hingerichtet wurde...

Einmal dieses schöne Machtmittel in Händen, nutzten die Päpste die Kreuzzugsidee, wenngleich in ihrer pervertierten Form des Missbrauchs, vor allem im 13. und 14. Jahrhundert zu zahlreichen Kreuzzügen gegen ihre Widersacher, bzw. zur Sicherung und zum Ausbau der päpstlichen Macht.

Während unter solchen Verhältnissen der Kreuzfahrernachschub in den Orient immer spärlicher wurde, schmolz das christliche Restterritorium unter dem Ansturm der Mamelucken, die inzwischen die Macht übernommen hatten (und sogar die Mongolen schlugen), immer mehr dahin. Mit diesen neuen Herren in Ägypten und Syrien waren die milden Zeiten eines Saladin[350] vorbei:
Zu den ersten Eroberungen zählten im Jahre 1265 die Städte und Burgen Caesarea, Haifa, Toron und Arsuf. 1268 folgten sodann Jaffa und Antiochia.

Diese Gefahr erkennend und vor Augen, unternahmen die Päpste mehrfach noch größte Anstrengungen, die Christenheit gegen die Ungläubigen zu den Waffen zu rufen und forderten das gläubige Volk zu immer neuen Opfern auf, wozu die

---

[349] Mit diesem frommen, aber strategisch völlig unbedarften Vorkämpfer der Christenheit im Orient, verbindet sich noch einmal der kurzzeitige Gewinn Damiettes, dem quasi als eine Art Wiederholung des unter dem päpstlichen Legaten Pelagius geführten Unternehmens (s. S. 144) jedoch auch nur der abermals in der Katastrophe endende Zug gen Kairo folgte.

[350] Ihm hatte Lessing zu seiner Wolfenbütteler und Braunschweiger Gelehrtenzeit in „Nathan der Weise" ein literarisches Denkmal gesetzt.

päpstlichen Kollektoren auch Norddeutschland[351] durchzogen – Spenden sammelnd, Waffen segnend und Ablässe gewährend...

1270, nach dem zweiten gescheiterten Kreuzzug Ludwigs des Heiligen, eroberte der Mameluckensultan mehrere wichtige Burgen, darunter Montford, die Hauptburg der Deutschritter.

Infolge der bedrohlichen Situation galt auch Gregor X.[352] Hauptwirksamkeit einem neuen Kreuzzug, an dessen Spitze er sich selbst zu begeben gedachte! Angesichts der mächtigen Fürsten, die er unter Vertrag hatte, schienen die Erfolgsaussichten günstig. Folglich wurde auch in Niedersachsen seit 1274 wieder einmal in Stadt und Land das Kreuz für einen Orientkreuzzug gepredigt[353], sowie der Kreuzzugszehnte und andere milde Gaben in den Opferstöcken eingesammelt. Neben dem vollkommenen Sündenablass wurde den Kreuzfahrern ein vorzüglicher Anteil an der ewigen Seligkeit zugesichert. Doch mit dem Tod des Papstes (10. Jan. 1276) scheiterte dessen ehrgeiziger Plan, und die gesammelten Finanzmassen der Christenheit versackten in Italien.

1289 richtete der Sultan in Tripolis ein ungeheures Blutbad an und ein ebensolches nach dem Fall Akkons. Damit war schließlich am 28. Mai 1291 der Verlust des Heiligen Landes besiegelt, was trotz seiner Anstrengungen auch Papst Nikolaus IV. nicht zu verhindern vermochte. Der Sultan hingegen gab vorsichtshalber den Befehl aus, das gesamte Küstengebiet inklusive der Städte zu verwüsten, damit sich nie wieder Kreuzritter hier festsetzen sollten...

Im Gegensatz zu vielen Darstellungen ist es nun nicht so, dass die seit zwei Jahrhunderten fortdauernde Serie von Misserfolgen zum Niedergang der Kreuzzugsbewegung geführt habe. Hier ließ man sich nicht wirklich entmutigen (bzw. lernte nicht dazu), denn eine Niederlage in Gottes eigenem Unternehmen war undenkbar – es kam also nur auf die Wahl geeigneter Mittel an.

Fortan richteten sich die Bemühungen auf eine Wiedereroberung. Impulse dazu gingen von den Päpsten selbst aus, aber insbesondere auch von den Exilkönigen, den Ritterorden sowie den zuerst bedrohten lateinisch-christlichen Staaten, wie Armenien und Zypern.

Nahrung für ein Wiederaufnehmen der Kreuzzugsstimmung waren neben den Bemühungen des Papstes Bonifaz VIII. das Ergebnis einer großen Schlacht der vereinigten Tataren (Mongolen) und Armenier (1299 – 1301), die den Sarazenen schwere Verluste zugefügt hatten.

Gleichzeitig kursierten wieder die erwähnten Prophezeiungen, wonach das Ende der islamischen Religion in Kürze zu erwarten sei. Sogleich wurden wieder zahlreiche Gutachten und Kreuzzugspläne erstellt, die zuweilen aber einen noch größeren Hass gegen irrgläubige Christen anderer Länder (Orthodoxe, Kopten, Jacobiter / Byzanz, Armenien, Serbien, Bulgarien...) an den Tag legten als gegen die Moslems.

---

[351] Hier zog man jedoch in z. T. großen Zügen lieber ins heidnische Prußenland, wofür der Papst ebenso unermüdlich warb (s. S. 186).

[352] Zur Demonstration seiner Macht ließ dieser Vertreter Christi gern zwei Schwerter, die die in seinen Händen liegende geistliche und weltliche Macht symbolisieren sollten, vor sich hertragen...

[353] Selbst in Kirchen, auf denen das Interdikt lastete!

Doch hinsichtlich der gewollten „Errettung“ des nun wirklich in Trümmern daliegenden Heiligen Landes vor den Ungläubigen gewann man Zuversicht gemäß dem vertrauten Tenor: „Gott will es, denn deswegen gab er der Kirche einen Papst, dessen ganze Sorge (!) dem Kreuzzugsanliegen gehört. Gott will es, denn deswegen stiftete er Frieden unter den Fürsten... und weckte jüngst wieder unter den Christen die frohe Bereitschaft (!), das Kreuz zu nehmen. Gott will es, denn er sandte schon die (alles dahinmordenden, grausamen und heidnischen) Tataren gegen die Sarazenen“ (Thier, 65).

Längst ist also das Heilige Land verloren, auch die Tatarenschlacht fast vergessen, da publiziert im Jahre 1313 Bischof Heinrich von **Hildesheim** die Bulle des Papstes Clemens V., die u. a. den Zehnten von allen Kirchengütern zur Vorbereitung eines neuen Kreuzzugs fordert.[354]

Im Vordergrund dieser Betrachtung steht nun aber keineswegs mehr die Heilige Stadt, sondern es sind nunmehr kolonisatorische Gesichtspunkte, wobei in aller Regel (jedenfalls kirchlicherseits) kein Raum für einen Dialog mit den Sarazenen vorhanden ist: diese sind und bleiben Feinde, deren Existenz bereits als Bedrohung empfunden wird (Thier, 76).

Eigentlich sollte hier die Geschichte der Jerusalem-Kreuzzüge zu Ende sein, doch gerade unter regionalem Aspekt macht noch ein Nachtrag Sinn, denn so richtig Schluss war noch lange nicht.

Der letzte Kreuzzug ins Heilige Land
und die Herzöge von Braunschweig-Grubenhagen

So richtet sich unser Blick auf einen Zweig des Hauses Braunschweig und zwar auf die Linie **Braunschweig-Grubenhagen**.[355]

Begründer dieses rel. kleinen Erblandes der ältesten welfischen Linie mit den Zentren um Einbeck, Duderstadt, Herzberg und Osterode war Heinrich der Wunderliche (Henricus mirabilis – eigentlich der „Bewunderungswürdige“), Albrecht d. Gr. Sohn.[356] Ein für hiesige Dynasten recht ungewöhnliches Engagement in Ländern des Mittelmeerraums, und nicht zuletzt mit den verschiedenartigsten Verwicklungen um das zwar verheißene, aber längst verlorene Heilige Land beginnt hier mit **Heinrich II.** (geb. 1289), dem ältesten Sohn des genannten bewunderungswürdigen Stammvaters.

Diesem Regenten, der seit 1322 gemeinschaftlich mit seinen Brüdern an der Regierung ist und sich „Herr zum Grubenhagen“, nach der bei Einbeck belegenen Stammburg, einem Bergschloss der Herzöge, nennt, wurde der Beiname „de Graecia“, also „der Grieche“, beigelegt, und zwar wegen dessen Reise in den Orient, die er von Rom aus antrat.

Zuvor hatte er am Italienzug sowie an der zu Rom erfolgten Kaiserkrönung Ludwigs des Bayern (gegen welchen übrigens sogleich ein Kreuzzugsaufruf erfolgte, wobei Papst Johannes XXII. auch die unwürdigsten Mittel nicht scheute) teilgenommen.

---

[354] Patze / UB Hochst. Hild. Bd. 4, 93ff.

[355] Lit.: P. Zimmermann / Max / Letzner, Einbeckische Chronica, 1596

[356] Zu Albrechts Kreuzzug ins Baltikum s. S. 186.

Von hier aus reiste er (1328) weiter, und zwar zunächst nach Byzanz, denn er war Schwager des regierenden Kaisers Andronicus III. Paläogolus, da seine Schwester Bonifacie (Facie = Irene) seit 1318 mit dem seinerzeitigen oströmischen Prinzen vermählt war.

Erst in Konstantinopel erfuhr Heinrich vom erst kürzlich erfolgten Ableben seiner Schwester. Mit kaiserlichen Empfehlungsschreiben (der „aurea bulla", also der goldenen Bulle) bereiste er ab 1330 die heiligen Stätten Palästinas und des Sinai (für deren Befreiung gerade wieder ein Kreuzzugsaufruf erfolgte) und kehrte, wie das ja nicht unüblich war, mit Kostbarkeiten und Reliquien reich beladen in die Heimat zurück.

Dort schenkte er dem Kloster Walkenried zu dessen großem Gewinn u. a. zwei Dornen aus der Schmerzenskrone des Heilands, Teile vom Holz des Herrn, Öl aus dem Grabe der Jungfrau Katharina etc. Andere Stücke „Heinrichs von Griechenland" bereicherten den „Welfenschatz".

Bedeutsamer für unsere Kreuzzugsgeschichte aber war, dass er auf seiner Rückreise auf Zypern Station machte und sich dort 1330 in zweiter Ehe mit einem Spross des dortigen Königshauses vermählte, und zwar mit Heilwig/Hedwig aus dem Geschlecht der Lusignans[357], welches noch immer auf Zypern herrschte, den Königstitel von Jerusalem führte und auch mit dem armenischen Königshaus eng verflochten war. Heinrich II. von Braunschweig-Grubenhagen, „de Graecia", hatte somit eine Verankerung im Mittelmeerraum und insbesondere in dem Land geschaffen, in welches sich nach dem Verlust des Hl. Landes die Ritterorden geflüchtet hatten und welches neben Armenien die naheste Front der Christen im Sarazenenkampf darstellte.

Heinrich führte nun die klangvollen zusätzlichen Titel „Graf von Jaffa, Herr von Ramlah und Marschall[358] des Königreichs Jerusalem!" Für den Rest seines Lebens residierte er jedoch weiter auf dem Grubenhagen bei Einbeck und wurde ca. 1351 im Alexandermünster zu Einbeck beigesetzt.

Doch mehr noch als den Vater zog es vier seiner sechs Söhne und zwei Töchter in die südlichen Gefilde, nämlich Otto, Balthasar, Riddag und Philipp, die zumeist in die wechselvollen Geschicke ihres ältesten Bruders Otto verstrickt waren.

Otto, den Letzner „Herr zu Herzberg", Botho aber „here to Embeke unde to dem Grubenhagen" nennt, führt vor allem aber Titel, die auf seine mittelmeerischen Besitzungen hinweisen, beispielsweise den eines Fürsten von Tarent.

Durch seine Verehelichung mit der Witwe des vertriebenen Königs von Mallorca war er wohl bemittelt und in Italien ein berühmter Kriegsmann, der die Kriege seines Verwandten, des Markgrafen von Montferrat, führte und der Eroberungslust der Mailänder Visconti Grenzen setzte. Nach Aussage Gregors XI. soll er **in vierzig Schlachten gesiegt** haben! Entsprechend hoch in der Meinung dieses Papstes stehend, suchte der ihn mit der Königin Maria von Armenien zu vermählen, als diese 1372 beim Papst um Hilfe des Abendlandes gegen die Türken nachsuchte und sich zu ihrem Schutz mit einem tapferen abendländischen Fürsten zu verehelichen wünschte. Gregor XI. bezeichnete den Grubenhagener dabei als einen durch viele

[357] In einigen Schriften wird auch eine v. Ibelin gehandelt, doch das Krückenkreuz in ihrem Wappen und andere Argumente sprechen wohl eindeutig genug für eine Lusignan.
[358] Insofern eigentlich für das Kriegswesen zuständig.

Tugenden hervorragenden und hochberühmten Mann; der Herzog „Otto von Brunsvich“ sei ferner dem kaiserlichen Geschlecht der Ottonen von Sachsen entsprossen und dem Königshause in Zypern verwandt.

Der so Gepriesene lehnte jedoch ab und ehelichte stattdessen, vermittelt durch denselben Papst, 1376 Johanna, die vertriebene Königin von Neapel, der er mit Kriegsmacht wieder zu ihrem Königreich verhalf. Als sich aber das Königspaar zur „Konfirmation“ dessen und zum Zwecke der Salbung zum König von Sizilien (lt. Letzner auch von Jerusalem) an den Papst wandte, war die Zeit „zweier widerwärtiger Päpste“ angebrochen, denn Gregor war mittlerweile verstorben.

Zwar hatte das Königspaar die Wahl Urbans VI. in ganz Neapel mit Freudenfeuern begrüßt und demselben 4 000 Dukaten und viel Wein, Korn, Fisch und Fleisch verehrt, sich auch in seinen „Schutz ergeben“, doch auch vielfältiger „Intercessionen“ etlicher Kardinäle (im Sinne Ottos) zum Trotz wollte der nunmehrige Papst lieber „die widerwärtigen Kardinäle tot und seines eigenen Bruders Sohn (!) zum König in Sizilien haben“.

Da bot sich natürlich auch bald ein Anlass, den Bannfluch über Otto und seine Gemahlin zu verhängen und sie des Königreichs für verlustig zu erklären. Zudem salbte und krönte der Heilige Vater einen Anderen zum König von Sizilien, den er damit zur Einnahme dieses Reichs motivierte, welche Kriegshandlung auch noch zu einem guten Teil aus Rom finanziert wurde.

Im Verlauf dieses so inszenierten Kriegs geriet Otto, dem durch die Bannung schon viele Mitstreiter abgefallen waren, infolge schmählichen Verrats und ebensolcher Kriegslist in die Hände des Feindes...

Während Johanna schließlich erdrosselt wurde und Ottos Bruder *Balthasar*, der übrigens den Titel „Despot von Romania“ (Landschaft in Mittelitalien) führte, auf dem Marktplatz zu Neapel öffentlich die Augen ausgestochen wurden – woran er wenige Jahre später starb –, konnte Otto nach einigen Jahren Haft und seines Widersachers Tod das Königreich tw. wiedergewinnen. Er starb 1399.

Ob überhaupt und wenn in welcher Form er den wirklich letzten Kreuzzug zur Befreiung des Heiligen Grabes begleitete, ist leider unbekannt – dass er keinerlei Anteil daran hatte ist widerum in Anbetracht allen Wirbels in dessen Vorfeld (s. weiter unten) und der noch bestehenden Familienbande schwer vorstellbar.

Zypern, das Zentrum der „Rückgewinnung des Hl. Landes“, erfuhr seine größte Machtentfaltung unter König Peter (1358-69) aus dem Hause Lusignan (unter dessen glücklosem König Guido war dereinst infolge der Schlacht bei Hattin alles zusammengebrochen – dessen Bruder wurde vom Hildesheimer Bischof auf Zypern gekrönt). Jetzt werden Angriffe und Kriege gegen die Muselmanen im gesamten östlichen Mittelmeer von Zypern aus geführt.

Fürst Peter hatte eines Tages in einer Kirche auch eine Vision, nämlich diejenige, das Heilige Land wieder erobern zu müssen, zu welchem Zweck er auch den „Orden des Schwertes“ gründete. Kaum in Rang und Würden, fuhr er denn auch 1362 mit großem Gefolge durch beinah ganz Europa, um ein Kreuzheer zusammenzubringen.

In seinem Anhang befand sich

Philipp von Braunschweig-Grubenhagen (1332-ca. 70), der Bruder Ottos. Schon früh war er in die Heimat seiner zyprischen Mutter gekommen, wo er 1352 Helisia von Dampierre, die Tochter des Connétables Eudo von Zypern, die Nichte König

Hugos IV. von Zypern und Jerusalem ehelichte (Um 1368 heiratete er gar noch dessen Witwe Alice, die Tochter Guidos von Ibelin).

Seit wenigstens 1360 aber finden wir den Grubenhagener im Dienst des Königs Peter, wobei er den Titel eines Connétable („conestabulo“) des Königreichs Jerusalem führt (P. Zimmermann, 27). Als Konstabler ist er Mitglied des königlichen Rats, Inhaber königlicher Amtsgewalt und Führer militärischer Einrichtungen. Entsprechend dürfte Philipps Engagement bei dem geplanten Kreuzzugsvorhaben gewesen sein...

König Peter holte sich nun Unterstützungszusagen der Johanniter auf Rhodos und der Venetianer. Über Genua und Mailand reiste er weiter an den päpstlichen Hof nach Avignon, wohin auch der französische König Johann II. kam, um dort mit Peter und vielen Adligen das Kreuz zu nehmen. Papst Urban V. legte Peter noch die ehrenvolle Bezeichnung eines „Athleten Christi“ bei, autorisierte das Unternehmen zu einem offiziellen Kreuzzug, predigte das Kreuz, drängte in der Folgezeit unermüdlich die Fürsten Europas, sich Peters „Heiligem Krieg“ anzuschließen und stellte einen ebenso tatkräftigen Legaten bei. Aber auch Peter war unermüdlich und entfachte auf seinem Werbefeldzug, der ihn u. a. nach England, Prag (Sitz des deutschen Kaisers, der sich sehr angetan zeigte!) und Warschau führte, eine Menge Unterstützung, Zustimmung und Begeisterung. Doch all der Bemühungen und positiven Resonanz zum Trotz lag die Beteiligung schließlich weit unter den Erwartungen, zumal auch der französische König kürzlich verstorben war.

Fehlte letztlich zwar der europäische Hochadel, so kam doch unter Beteiligung vieler Ritter, selbst aus so entfernten Gegenden wie Schottland, ein mächtiges Heer zusammen, das 1365 in Venedig in See stach und sich auf Rhodos (dem nunmehrigen Sitz der Johanniter bzw. Hospitalier) mit der zyprischen Flotte vereinigte.

Es war dies eine geballte Streitmacht, wie sie seit den großen Kreuzzügen nicht mehr aufgeboten wurde, die insgesamt 165 Schiffe umfasste – darunter die großen Galeeren der Venezianer und Johanniter (Runciman 447f.)!
Wie nicht unüblich, wurde das Reiseziel erst auf hoher See kundgetan.

Da an der syrischen Küste, bis auf Tripolis, alle Städte in Trümmern lagen und mithin keine Operationsbasis boten, führte der „Athlet Christi“ – und es bedarf sicher nicht des Hinweises, dass auch Philipp von Braunschweig-Grubenhagen mit an der Spitze segelte – im Oktober 1365 seine Armada nach Ägypten und griff dort im tiefen Frieden die stark befestigte Stadt Alexandria an.

Hier hätten die Moslems in kürzester Zeit hunderttausend Mann mobilisiert haben können; so aber eilte ein Teil der Bevölkerung arglos an den Strand, um mit der vermeintlichen Handelsflotte Geschäfte machen zu können.

Der Überraschungscoup gelang, und die Soldaten Christi richteten ein ungeheures Blutbad an, mit dem Ergebnis, dass 20 000 Menschen umgebracht wurden, wobei, einmal so richtig im Blutrausch, die Religionszugehörigkeit der Opfer nicht mehr von so großer Bedeutung war.

Die Muselmanen leisteten erbitterten Widerstand und tätigten durch eins der von den Kreuzfahrern in der Hitze des Gefechts niedergebrannten Stadttore einen heftigen Gegenangriff, der jedoch abgeschlagen wurde.

Darauf stürzte sich alles auf das in jeder Hinsicht ungeheure Beutegut, das man, neben gut 5 000 Einwohnern als Sklaven, auf Kamelen, Pferden, Eseln (die nach getaner Arbeit ebenfalls getötet wurden) auf die Schiffe verbrachte, deren einige darüber zu sinken drohten...

In der Tat, der Kreuzzug war schon wieder zu Ende, denn all die gewonnenen Schätze und auch das eigene Leben wollte man nun doch nicht angesichts des aus Kairo anrückenden Mameluckenheers aufs Spiel setzen.

Im Abendland feierte man diese Großtat als Triumph und Demütigung des Islam. Der Papst war hocherfreut. Auch König Peter hielt einen Dankgottesdienst ab.

Innerlich war er gleichwohl verbittert, denn ursprünglich war geplant, Alexandria nach der Eroberung zu halten und gegen die Heilige Stadt auszutauschen. Mit dem so erzeugten Begeisterungseffekt würde man weitere Kreuzheere im Abendland auf die Beine gestellt haben.

Genau das versuchten sogleich der Papst und sein Legat, vor allem aber der Athlet Christi – schließlich musste er noch seine göttliche Eingebung erfüllen.

Dennoch blieb es dabei: weder ging der Sultan auf seinen Vorschlag eines ritterlichen Zweikampfes um die Heilige Stadt ein noch brachte ein ebenso aufwändiger Werbezug, mit abermals 500 Mann im Gefolge, die benötigten Kämpfer zusammen... Wie vor dem Kreuzzug wurde selbstverständlich Italien bei der Werbekampagne nicht unberücksichtigt gelassen, und es wäre doch schwer vorstellbar, wenn Philipp von Braunschweig-Grubenhagen hier nicht seinen Bruder Otto, zumal als „den berühmten Kriegshelden“ in dieser Angelegenheit aufgesucht haben würde – urkundlich ist er in Italien 1367 und 68 nachgewiesen.

Schon Rüdebusch (81) weist darauf hin, dass Philipp von Braunschweig-Grubenhagen kaum noch Bindungen zu Niedersachsen aufwies[359] und daher nicht als eigentlicher Niedersächsischer Kreuzritter anzusehen sei. Wohl aber könne es möglicherweise ihm gelungen sein, auf der Werbereise 1362-65 den Grafen Adolf VIII. von Schaumburg und dessen Bruder Bischof Gerhard II. von Minden für eine Kreuzfahrt zu begeistern.

Beide kamen zu spät, um an dem „Kreuzzug“ noch teilnehmen zu können. Während der Bischof allein den Strapazen der Seefahrt erlag, fiel sein gräflicher Bruder am 12. Oktober 1366 im Kampf gegen die Moslems in der Nähe der zyprischen Stadt Famagusta – offenbar im Rahmen der Kämpfe und Flottenangriffe zwischen den Zyprioten und dem ägyptischen Mameluckensultanat, die der Überfall auf Alexandria ausgelöst hatte.

Spätere Kreuzzüge gab es ganz im Gegensatz zur offiziellen Zählung noch reichlich, doch sie fanden nicht mehr zur „Befreiung“ des nun wirklich in Trümmern liegenden gelobten Landes statt, wenngleich Pius II. noch im späten 15. Jh. von allen europäischen Monarchen den Kreuzzug forderte. Den andauernden Kreuzzügen ins Baltikum haben wir ein Sonderkapitel gewidmet. Ferner hatten wir bereits an die vor allem im Mittelmeerraum (Nordafrika) operierenden Kreuzzugsligen unter Beteiligung päpstlicher Galeeren erinnert[360]. Auf dem europäischen Festland seien noch die fünf Hussitenkreuzzüge angesprochen, die auf Anraten des Papstes Martin V. stattfanden, obwohl Jan Hus als Ketzer und Rebell bereits zuvor auf dem Konzil zu Konstanz 1415, unter lang andauernden Qualen,

---

[359] Selbst zum Jahr 1413 wird noch ein Johannes von Braunschweig als Admiral des Königs von Zypern genannt.

[360] Nietzsche spricht in diesem Zusammenhang von der „höheren Seeräuberei“.

verbrannt wurde.[361] Zwar handelt es sich bei solchen Auseinandersetzungen um entlegene Konflikte, doch fehlt keineswegs immer der „regionale Aspekt". Jedenfalls, wenn man berücksichtigt, dass 1428 auch die Hildesheimer zum sog. „Ketzergeld" ihren Beitrag leisteten, das im Reich eingetrieben wurde, um die Hussiten zu bekriegen, und mehr noch, wenn wir hören, dass der Hildesheimer **Bischof Magnus** (1424-1452) zum Kreuzzug gegen die Hussiten (der allgemein in vorbildlicher Grausamkeit geführt wurde) seine Truppen ins Feld geführt hat, dem sich so manch frommer Hildesheimer angeschlossen haben dürfte.[362]

1538 ruft Paul III. zum Kreuzzug gegen das abgefallene England auf etc.

Nun braucht man zeitlich schon nicht weiter fortzuschreiten, um von dem Vorgehen im Namen des Herrn gegen die ketzerische Sekte der „Martinianer" (Lutheraner) berichten zu können – einer *Auseinandersetzung*, die auch in Hildesheim ein reichhaltiges Material bietet.[363] Selbst der Dreißigjährige Krieg weist noch Elemente mit Kreuzzugscharakteristik auf; doch vom Zeitrahmen her hatten wir uns auf das hohe Mittelalter im Wesentlichen beschränken wollen.

Heidenfahrt in die slawischen Gebiete

So genannte „Schwertmission"

Wir betrachten diese Thematik ebenfalls hauptsächlich in der Zeit der Orientkreuzzüge, lassen also die bedeutende ottonische Schwertmission (ohne eigentlichen Kreuzzugscharakter) weitgehend unberücksichtigt.

Ein Großteil der eroberten Gebiete war infolge einer harten christlichen Besatzungspolitik und der hierdurch verursachten erfolgreichen Slavenaufstände wieder verloren gegangen. Hier wurde nun angeknüpft.

Damit erwähnen wir ebenfalls nur peripher, dass es auch hier eine bereits reiche **Hildesheimer Vorgeschichte** gibt, indem z. B. schon Kaiser Ludwig der Fromme Ebo, den Erzbischof von Reims und späteren Hildesheimer Bischof, zur Missionierung der heidnischen Dänen, Schweden und Slaven beauftragt hatte.

Papst Paschalis II. hatte diesen, einen vom Heiligen Geist entflammten und vor Eifer brennenden Mann, 822 zum Legaten für die Völker des Nordens ernannt, die sicher auch sein Tun zumindest mit Zähnefletschen begleitet haben werden. Oft

---

[361] Jan Hus, dessen Lebenswandel selbst seine Feinde rühmten, wurde hier ausgerechnet von dem Papst (Johannes XXII.) verurteilt, dessen Schandtaten in hohem Maße dieses Konzil beschäftigten. Der Ketzer, der sich gegen Pomp des Klerus und Ablass gewandt hatte, wurde hier in Anwesenheit dieses Papstes sowie von 29 Kardinälen, 47 Erzbischöfen, 160 Bischöfen, Patriarchen etc. (zusammen mit dem Ketzer Hieronymus von Prag), ausgestattet mit einer „Schandmütze", mitsamt seinen Büchern verbrannt. Man suchte ihn nicht nur physisch zu ermorden, sondern möglichst gerade auch geistig zu vernichten.
Dem Delinquenten wurde übrigens noch ein Maultierkadaver mit unter den Scheiterhaufen gesteckt – um dem gläubigen Volk (der Herde) zu demonstrieren, wie der „Satan" stinkt. Im Unterschied dazu verbreiten Heilige (bis heute) bei ihrer Verwesung den wunderbar süßlich-wohlriechenden Duft der Heiligkeit, wie aus den Akten der Heiligsprechungskommission leicht zu beweisen ist.

[362] Gebauer, 245

[363] Hier verbot der kirchlich-orthodox geprägte Rat die neue Lehre bei Androhung der Todesstrafe durch Verbrennen oder Ertränken – auch dies ein Ausdruck der mit dem praktizierten Christentum etablierten Intoleranz.

genug kam es aber auch dazu, dass diese Glaubensboten, wie sie es selber sahen, dankbar so manchen Schlag für ihren Gekreuzigten entgegennehmen durften.

Dennoch wenden wir uns nun dieser Thematik in der Zeit der Kreuzzüge zu, als man „unter dem Zeichen des Leben spendenden Kreuzes“ gegen die Heiden im Osten ritt. Seither bot sich zur „Pilgerfahrt“ nach Palästina eine bequemere Alternative in der „Heidenfahrt“ in die slawischen Gebiete, deren Hauptanteil bekanntlich von den Sachsen getragen wurde.

Aufrufe zu einer derart gerichteten Kreuzzugsbewegung haben wir vom Erzbischof von Magdeburg um das Jahr 1108 herum. Kreuzzugsaufrufe ergingen an die christlichen Streiter aller Stände in Sachsen, Franken, Lothringen und Flandern, u. a. auch an den Bischof von Halberstadt, den Abt von Corvey etc. und riefen eindringlich zum Kampf gegen die heidnischen Wenden auf. Man solle, wie die „Gallier“ zur Befreiung Jerusalems, das Schwert gegen die Feinde Christi führen.

Um den angehenden Kämpfern im Zeichen des Kreuzes die Sache schmackhaft zu machen, heißt es: „Gott rief die Gallier[364], *um ihnen den Sieg über seine Feinde zu schenken.*“ Neben den positiven Verdiensten, die man sich im Heiligen Krieg erwirken würde, wurde mit fruchtbarem Boden gelockt, den es zu besiedeln gelte.

Wenngleich diesen frühen Aufrufen u. a. infolge innenpolitischer Wirren auch eine Nachhaltigkeit nicht beschieden war. so änderte sich dies nach dem Fall des Kreuzfahrerstaats Edessa (1144), denn das war ein gewaltiger Schock für das fromme Abendland, der überall die Kreuzpredigten entflammen ließ.

Dabei war es der redegewaltige Zisterzienserabt Bernhard von Clairvaux, einflussreicher als der Papst, der seinen Seelenfang auch über Deutschland ausdehnte und König Konrad III. Weihnachten 1146 das Kreuz zur Fahrt ins Hl. Land anheften konnte. Im Jahr darauf (1147), auf dem Reichstag zu Frankfurt, voller religiöser Erregung, verstärkt durch Bernhards Predigten und Wundertaten, erklärten ihm jedoch die sächsischen Großen, das Kreuz lieber gegen die benachbarten heidnischen Slawen nehmen zu wollen.

Bernhard nutzte die Gunst der Stunde und richtete seinen Appell an alle geistlichen und weltlichen Herrn im Kampf gegen die Feinde Christi im deutschen Osten, ja er tadelte sogar das bisherige Versäumnis (Rüdebusch, 11f.).

Das Ziel des Zuges war nicht die Mission unter den Wenden, sondern ihre völlige Vernichtung bzw. Ausrottung oder auch sichere Bekehrung (Reihenfolge!). Hauptsache, dass die hartnäckigen Heiden, die dem Evangelium widerstrebten, verschwinden würden.

Vom heiligen Bernhard stammt denn auch das geflügelte Wort:

„Im Tod des Heiden sucht der Christ seinen Ruhm, weil Jesus verherrlicht wird.“

Gedacht ist dabei sicher an die Vorstellung von Christus als „Siegergott“ gegenüber den unterlegenen und nichtigen Heidengötzen. Mit dem altbekannten Prinzip Tod oder Taufe (wie kommt einem das bekannt vor...) ging es ja auch nicht gegen Menschen, sondern gegen wilde Heiden, Kinder des Teufels und eben verabscheuungs- und vernichtungswürdige, kaum Mensch zu nennende Wesen.[365]

---

[364] So wurden die überwiegend aus Franken bestehenden Gotteskämpfer des ersten Kreuzzugs genannt – eine Bezeichnung, die man dann traditionell beibehielt.

[365] Roscher, 195, 285 / Nicht viel anders war zumindest anfangs die Sichtweise gegenüber den kulturell ja sogar höher stehenden „Sarazenen“.

Zahlreiche Mönche wussten nun vor allem in Norddeutschland (Sachsen!) hierfür die religiöse Begeisterung zu entfachen.

Das diesen Pilgern auf die rechte Schulter geheftete Kreuz unterschied sich vom einfachen Kreuz der Orientpilger, indem es auf einem Kreis stehend die Ausbreitung des Glaubens über die gesamte Erde symbolisierte...

1147 setzte ein angeblich 100 000 Mann starkes Heer unter Führung **Heinrichs des Löwen** und des Erzbischofs Adalbert von Bremen zum „Wendenkreuzzug" bei Magdeburg über die Elbe. Wenn zuvor der Obodritenfürst Niklot Lübeck überfallen hatte, so suchte er, umringt von lauter kampffreudigen Christenheeren, mit diesem Angriff einen Vielfrontenkrieg zu vermeiden, denn auch in Polen und Dänemark rüsteten sich Kreuzheere gegen die Wenden...

Unter den Hauptvertretern der sächsischen Geistlichkeit (darunter Abt Wibald von Corvey) vermissen wir Bischof Bernhard I. von Hildesheim (1130-53 / es ist damit keineswegs gesagt, dass keine Hildesheimer daran teilgenommen hätten). Ein schweres Augenleiden, das er sich, wie man glaubte, bei einer Reliquienerhebung 1144 in Goslar zugezogen hatte, könnte die Ursache gewesen sein (s. S. 114). Unter seiner Regentschaft wurden jedoch die Juden aus Hildesheim vertrieben.

Schon damals sah es ein Großteil des Adels als keineswegs sinnvoll an, dem Auftrag des heiligen Bernhards gemäß, die Heiden des Landes, aus dem man ja Nutzen ziehen wollte, zu vernichten und dieses Land zu zerstören. Nicht einmal ein Friedensschluss oder überhaupt ein Vertrag durfte laut Bernhards Weisungen mit den Heiden abgeschlossen werden – auch nicht „für Geld oder Tribute, bis mit Gottes Hilfe ihr religiöser Brauch oder ihr Volk vernichtet" sein würde".[366]

Das widersprach den Zielen der Fürsten, und sie hielten sich nicht daran. Heinrich der Löwe, der schon bei diesem Zug den Sitz des Bistums Mecklenburg nach Schwerin verlegte, führte noch mehrere Kriegszüge gegen die Wenden und unterwarf die Slawen Mecklenburgs und Pommerns bis zur Peene.

Es sieht so aus, dass Teile des Krodoaltars in der Domvorhalle zu Goslar als Beutestücke aus einem der Wenden-Kreuzzüge zu betrachten sind.

Erst darauf (seit 1158) waren Fortschritte in der missionarischen Bekehrungsarbeit zu verzeichnen. In diesem Zusammenhang ist die in Anwesenheit Heinrichs 1163 erfolgte Domweihe zu Lübeck zu erwähnen, wie denn mehrere Bistümer im slawischen Raum durch den Löwen gegründet wurden.

Um 1160 trat Bischof Berno, ein Zisterzienser aus Amelungsborn, als „erster rechtgläubiger Lehrer" in Mecklenburg auf (Schwerin / Doberan).

Somit erfolgten beinahe gleichrangig neben die Orientkreuzzüge nun auch jene in die Länder der Ostseeslaven...

Mit den Worten des Abtes Arnold von Lübeck (ebd., 253) galt es nun, in glühendem Eifer alles zu tun, „dass die Saat Christi Frucht bringend aufgehe und des Teufels Unkraut durch reiche Ernte ersticke".

Das Heidenbild der offiziellen Kirche und der christlichen Bevölkerung klaffte im Laufe der Zeit zunehmend auseinander.

Selbst Alexander v. Humboldt vermerkt noch, dass das gefährlichste Weltbild (z. B. ja auch ein von Hexen und Teufeln besiedeltes) diejenigen aufweisen, die die Welt nicht gesehen haben...

[366] Niklot kostete der Kreuzzug das Leben, und es kam zu der Massentaufe bei Dobin.

Also wurde dem ungläubigen Heidenvolk der Friede des Herrn oft von denselben Missionsbischöfen verkündigt, die in ihrer Heimat nach ebenso eindringlicher Predigt hoch gestellte und edelgeborene Männer (nebst ihrem oft zahlreichen Gefolge) mit dem Zeichen des heiligen Kreuzes schmückten, wie dies Arnold v. Lübeck (ebd. S. 255) vom ehemaligen **Abt von Loccum** Berthold und nunmehrigen Bischof von Livland berichtet.

1197 waren die deutschen „Pilger" noch in Palästina auf dem Kreuzzug des Hildesheimer Bischofs Konrad I. als Bischof Bertold bereits wieder das Kreuz in Niedersachsen predigte (wie dies praktisch jedes Jahr geschah), um Krieger für seine Heerfahrten, respektive seinen „Missionskreuzzug" an die Düna zu werben.

Papst Coelestin gewährte zur Förderung dieses Werks keinen geringeren Sündenablass als im Falle der Jerusalemfahrt, den die Beteiligten von Gott zu erlangen hoffen durften, und so machte man sich, „um die Scharen der Heiden zu überwinden" oder vielmehr, um sie „unter das Joch Christi zu beugen", zur Pilgerfahrt auf den Weg in ein neuerliches Land der Verheißung, dem man den werbewirksamen Namen „Marienland" beilegte – dazu weiter unten mehr.

Auch der **Hildesheimer** Bischof, der Berthold gar als **Weihbischof** einsetzte, unterstützte das Unternehmen, an dem sich auch der ruhmreiche Feldherr Heinrichs des Löwen, der Edelherr Bernhard zur Lippe (ein ehemaliger Domherr zu Hildesheim[367]) beteiligte.

In der folgenden Schlacht, an der Stelle der späteren Stadt Riga, wurde jedoch der Bischof und Heerführer erschlagen, und wie Arnold v. Lübeck hofft, hierdurch „mit Ehre und Herrlichkeit gekrönt, denn er glühte vor Sehnsucht nach dem Opfertode". Auch seine allein durch dieses „Martyrium" herbeigeführte Heiligkeit wurde sogleich offenbar und legitimiert, denn als die „Verehrer Christi" am Tage nach der blutigen Feldschlacht die Leichname der Gefallenen suchten, „fand man den Körper des Bischofs unverletzt und unversehrt, während die übrigen Körper wegen der Hitze voll von Würmern und Fliegen waren."

Durch den Verlust des Führers (!) scheiterte dieser Kreuzzug ebenso wie jene vorangegangenen in Palästina. Dennoch zwang das Ritterheer die Liven durch Plünderungszüge zum „Frieden" und zur Taufe (Rüdebusch, 85f.), sodass die Geistlichkeit frohlockte, denn zu „Satans Wut" würden die Slaven nunmehr „ihr Antlitz zum Herrn emporheben im Glauben".

Im Jahre 1209, auf einem besonders ansehnlichen Kreuzzug, sehen wir den **Hildesheimer Grafen** Ludolf II. von Hallermund, einen Halbbruder des Erzbischofs Albrecht II. von Magdeburg, auf der Kreuzfahrt nach Livland. Vielleicht hatte dieser angesehene Dynast eine Vorbildfunktion für andere vom Adel des Hildesheimer Bistums, denn auch sein unmittelbarer Nachbar, der Edelherr Dietrich von Adenoys (Adensen) und Graf Dietrich III. von Werder nahmen das Kreuz und zogen ins Baltikum (Rüdebusch, 95).

Im Jahre 1211 gehören die Edlen Helmold von Plesse (Burgsitz bei Göttingen) und Konrad von Warberg (Burgsitz bei Helmstedt) zu den vornehmsten Großen im Heer des Bischofs Albert „von Livland", der einem Bremer Adelsgeschlecht entstammt, und für den sich insofern die jedes Jahr in Norddeutschland betriebene Pilgerwerbung ausgezahlt hatte.

---

[367] Dieser Haudegen verstarb als Bischof von Semgallen.

So feierte denn die „bischöfliche Politik", bzw. die mit Hilfe der von ihnen zusammengebrachten Kreuzfahrerheere betriebene militärische Mission, „große Erfolge".[368] Man trieb die flüchtenden Heiden vor sich her, tötete, brandschatzte, raubte, belagerte, unterwarf und taufte – von den Bischöfen, die sich auch lt. Rüdebusch (S. 131) „durch große Kriegsfreudigkeit auszeichneten", als „Erfolge" an Seine Heiligkeit, den Papst berichtet. Eine weitere Steigerung hoffte die Interessengemeinschaft herbeizuführen, indem Livland nun offiziell als **„Marienland"**[369] deklariert wurde, was sich für die Pilgerwerbung günstig auswirken sollte: Mit demselben Eifer, mit dem die Gläubigen im Land des Sohnes (Palästina) kämpften, sollten sie dies nun auch im „Land der Gottesmutter" tun...[370]

Und hatte man hier sein Ziel erreicht, dann ging es gegen die Feinde Christi in die barbarischen Nachbarländer.

Wie in Palästina (oder auf der Iberischen Halbinsel, noch später auch in „Lateinamerika" und in anderen Gegenden der Welt), so wurde ein guter Teil der heimischen Bevölkerung ausgerottet, doch gleichzeitig gewann man zahlreiche Schäfchen hinzu, gründete eigene Bistümer, baute hier den Einfluss z. B. gegenüber der „häretischen" byzantinischen Kirche aus, betrieb seine „Familienpolitik" (Vergabe lukrativer Ämter, Aufgaben, Gebiete etc. innerhalb der eigenen Familie) und verhalf so dem eigenen Geschlecht zu sozialem Aufstieg, Ansehen und großer Macht. Während es sich so für einige Bischöfe lohnte, jährlich zwischen dem Baltikum und Niedersachsen, zur Anwerbung des Pilgerheeres hin und her zu reisen, mussten Letztere ihr Gut großenteils zur Finanzierung der Heidenfahrt der Kirche veräußern und hatten gute Chancen, ihr Leben für Gott zu lassen bzw. „den ewigen Lohn zu erwerben". Bevor der Sündenablass erfolgte, achteten die Bischöfe peinlich darauf, dass ein hinreichender Einsatz dafür erbracht worden war.

Vermögende, glückliche Heimkehrer gründeten oftmals Kirchen und Klöster, dotierten diese wohl oder tätigten andere fromme Stiftungen. Der Papst hingegen verbriefte „Metropolitanrechte" auch in Gebieten, die für das Christentum erst noch gewonnen werden mussten... Selbst ein päpstlicher Staat war in Nordestland entstanden.

Einige Verdienste bei den Bekehrungsleistungen, wobei auch so mancher Baum gefällt wurde (Wie erinnert das doch an die einstige „Sachsenmission"! Auch Karl d. Gr. hatte Heilige Kriege zur Ausbreitung des Christentums geführt...), erwarb auch der 1202 im Baltikum gegründete „geistliche Orden" mit dem beziehungsreichen Namen **„Schwertbrüderorden"**: Die „fratres milicis Christi" (militärische Bruderschaft Christi) entsagten in ähnlicher Weise wie die Templer allem Weltlichen und weihten sich dem Dienste Christi. Auf ihrer Kleidung trugen sie ein selbstredendes und zweifellos sinnfälliges blutrotes Abzeichen aus einer Kombination von Schwert und Kreuz, wobei sie (nach A. v. Lübeck, 257) mit ersterem für Gott kämpften...

1221 hatte sich der Edelherr Bodo von Homburg diesem Orden angeschlossen.

---

[368] vgl. Rüdebusch, 97

[369] Üble Schlachten wurden zwischen den Katholiken geführt, da auch der Papst „als Erbteil der Mutter Gottes" hier unmittelbare Ansprüche erhob. / Entsprechend wurde Spanien zum „Erbland des hl. Petrus" (sic!), und es stand unter dem Schutz des hl. Jacob.

[370] vgl. Rüdebusch, 122

Wie bei der „Sachsenbekehrung“ kam es auch hier immer wieder zu Rückfällen bereits getaufter „Christen“, von denen man dann blumig formuliert sagte, dass sie „wie die Hunde zum Gespienen zurückkehrten“.

Als rühriger Pilger unter dem Kreuz muss Graf Adolf I. von Dassel (Grafschaft bei Einbeck) erwähnt werden, der 1221 in Riga urkundet. Dieser Neffe des berühmten Reichskanzlers Barbarossa und Erzbischofs von Köln Rainald von Dassel (zu dessen Hildesheimer Traditionen s. S. 36) hatte einige Jahre zuvor (im Juni 1218) bei der Belagerung Damiettes mitgekämpft. Als er 1220 wieder in Niedersachsen urkundet, nimmt er erneut das Kreuz zu einem Zug über die Ostsee.

In dieser Zeit fordert eine „Kreuzfahrerbulle“ alle Sachsen zum Kampf gegen die Heiden in Livland auf – so genannte vom Papst geförderte „Schwertmission“...

Nachdem es 1223 zu einem Heidenaufruhr in Ösel und Estland gekommen war, entstand eine kritische Situation für die militärische Lage der Christen, wobei der Schwertbrüderorden schwer angeschlagen war.

Somit lag die Rückeroberung vornehmlich bei den „Pilgern“ und „Bischofstruppen“. Und immer noch führt der frühere Hildesheimer Domherr Bernhard zur Lippe, nunmehr im Greisenalter und in den Würden eines Weihbischofs, die Kreuzheere Christi gegen dessen Feinde im Osten.

Rührig war auf diesem Gebiet, und zwar „als Bischof in Angelegenheiten des Kreuzes der römischen und seiner eigenen Kirche“ (Bertram), unser **Hildesheimer Bischof Konrad II.** In seinem seit langem guten Rekrutierungsgebiet gelang es ihm in auffälligem Maße neben den „Sühnewallfahrten“ gerade den heimischen Klerus noch zu einer Fahrt in den Orient zu veranlassen, während es die Stiftsministerialität unter dem Eindruck seiner mitreißenden Kreuzpredigten und aus den genannten nicht ganz uneigennützigen Gründen nach wie vor vorzog, gen Livland zu fahren.[371]

Um seine Ziele durchzusetzen, griff Bischof Konrad II. nicht selten zu rigiden Maßnahmen: Den Edelherrn Dietrich von Depenau (Burgbesitz nordöstlich Hannovers, unweit von Burgdorf), mit dem er wegen ihm zu Lehen eingetanen hildesheimischen Kirchenbesitzes im Streit lag, exkommunizierte er kurzerhand wegen angeblicher Störung der Kreuzzugspredigt.

Auch an seinem Beispiel lässt sich eindrucksvoll veranschaulichen, in welchem Maße sich der Kirchenbesitz im Zusammenhang mit der für die Bestreitung der „Pilgerfahrten“ oder „Wallfahrten“ notwendigen Geldbeschaffung mehrte: Als sich die Familie dann entschlossen hatte, ganz ins Ordensland zu ziehen, ging so ziemlich der gesamte Besitz der Edelleute in hildesheimisches Kloster- und Kirchengut über. Auch die alte Stammburg Depenau erwarb unser Bischof.[372]

Aus einem weiteren hildesheimischen Dienstmannengeschlecht folgt der Ministerial Dietrich von Escherde 1224 im Kreuzheer des vorangehend genannten Bischofs Albert von Bekeshovede nach Livland.

1236 hielt sich sein Bruder Lippold II. dort auf und scheint nicht zurückgekommen zu sein. Offenbar folgte um 1240 auch dessen jüngerer Sohn Basilius dem Vater ins Baltikum.

Ebenfalls mit Bischof Albert zog 1224 der bischöflich-hildesheimische Ministerial Bodo von Saldern (Burgsitz bei Wolfenbüttel) und wird sich auch an dem großen

---

[371] Vgl. Rüdebusch, 126

[372] ebd, 182f.

Heerzug gegen Dorpat, die größte Festung Estlands, beteiligt haben. Deren Fall bedeutete eine endgültige Unterwerfung der Esten des Festlands. Dieses Ereignis löste eine abermalige Welle religiöser Begeisterung zum Kampf unter dem Zeichen des Kreuzes aus, in deren Folge die Pilgerfahrt des hildesheimischen Ministerialen Dietrich von Hachum (bei Bockenem) fällt.[373]

Interesse verdient das Ende des erwähnten Schwertbrüderordens, weil es im Zusammenhang mit dem vom Hildesheimer Bischof Konrad I. gegründeten Deutschen Ritterorden steht (s. S. 85): Denn nach dem Blutbad von Saule 1236, als die schwer gepanzerten Ritter wegen des morastigen Bodens ohne ihre Pferde kämpfend gegenüber der litauischen Übermacht schließlich erlagen und die meisten Livlandpilger dieses Jahres fielen – vermutlich darunter auch der genannte hildesheimische Ministerial Lippold II. von Escherde –, ging der Rest des Schwertbrüderordens in den Deutschen Ritterorden über.

Diese 1237 erfolgte Verbindung ergab ein Gebiet des Ordens, das in einer Länge von 800 km an der Ostseeküste Polen und Litauen vorgelagert war.

Aus einer anderen bedrängten Lage des Ordens vermochte die rechtzeitige Pilgerfahrt des Herzogs **Otto das Kind von Braunschweig und Lüneburg** (1204-52) zu verhelfen. Offensichtlich stand auch die Kreuznahme dieses Enkels Heinrichs des Löwen im Zusammenhang mit entsprechendem Drängen des Hildesheimer Bischofs Konrad II. (s. S. 168f.), der neben anderen Bischöfen mit der Aufsicht über die Einhaltung des päpstlichen Schutzes in dessen Landen beauftragt wurde.

Als Otto mit seiner stattlichen niedersächsischen Streitmacht 1240 im Ermland (der „deutschen Nordostmark") erschien, hatten sich die von einer Kette von „Zwingburgen" des Ordens zu ihrer „Bekehrung" eingekreisten Heiden gerade erhoben. Ihre prekäre Situation erkennend, waren sie zur Offensive übergegangen, hatten bereits einige dieser Festen genommen und belagerten nun die Ordensburg Balga auf das Hartnäckigste. Am frischen Haff gelegen, beherrschte die Burg den Zugang zum Nordosten.

Unter Nutzung von List und üblen Täuschungen richtete Otto unter den Slaven ein derartiges Blutbad an, dass „nicht ein Heide überlebt" haben soll. Die Ordensritter hingegen wurden somit aus verzweifelter Lage gerettet und ihre Herrschaft für die Zukunft gesichert.

Alsdann eroberte Otto die Burgen Schrangenberg und Partegal, deren Besatzungen bis auf den letzten Mann niedergemacht wurden. Darauf durchzog er mit seinen Panzerreitern, zusammen mit den Ordensrittern, noch einige Zeit das Land, bis dessen Bewohner den Mut zu weiterem Widerstand verloren, sich unterwarfen, Geiseln stellten, Tribut zahlten und sich taufen ließen...[374]

Damit hatte der Herzog zweifellos die besten Voraussetzungen zu seiner Sündenvergebung erzielt, die er besonders im Auge gehabt haben wird, zumal er vermutlich eine Sühnewallfahrt zur Buße für seinen Einfall in des Bremer Erzbischofs Land („geistliches Gebiet") angetreten hatte (s. S. 160-169).

Kaum wieder in der Heimat, empfing Herzog Otto 1241 aus der Hand des Bischofs Konrad II. von Hildesheim wohl zum dritten Mal das Kreuz – dieses Mal als Vorsichtsmaßnahme gegen neue Feinde des christlichen Glaubens, die

---

[373] Rüdebusch, 128

[374] vgl. Rüdebusch, 192

Mongolen, die zunächst Polen bedrohten und gegen welche der Hildesheimer Bischof das Kreuz predigte. Tatsächlich schlugen sie 1241 ein deutsch-polnisches Heer. Dieser Zug wurde gleichwohl nicht notwendig.[375]

Nicht unähnlich seinem Vater Otto war auch **Albrecht I.** („Magnus/der Große") **von Braunschweig-Lüneburg** (1252-79), der in Folge der Erbteilung das Braunschweiger Stammland der Welfen erhielt, ein überaus kriegsfreudiger Fürst, der von Kindesbeinen an bis zu seinem letzten Augenblick Kriege geführt hat.[376] Gleich nach seiner Regierungsübernahme, kaum 16 Jahre alt, bekriegte er in dem Kreuzzug Ottokars von Böhmen gegen Bela von Ungarn die Bischöfe von Hildesheim, verwüstete das Eichsfeld und nahm den Erzbischof Gerhard von Mainz gefangen. 1263 ereilte ihn dann aber dasselbe Schicksal als er nach Thüringen einfiel und nach unvermutetem Überfall, zwar tapfer aber unglücklich streitend, bei vernichtender Niederlage in die Hände der Söhne des Markgrafen von Meißen geriet. Erst nach eineinhalbjährigem Gewahrsam vermochte er ausgelöst zu werden. Wenn er unmittelbar darauf, im Winter 1265 / 66, „mit herrlicher Schar", wie die braunschweigische Reimchronik vermeldet, zusammen mit seinen erbitterten Feinden einen Kreuzzug ins Prußenland antrat, so hat es den Anschein, dass dieses Unternehmen, wie im Falle seines Vaters, eine Sühneleistung für verletztes geistliches Gebiet darstellt.

In einer gemeinsamen Operation war beabsichtigt, die aufständischen Prußen zu zermürben und letztlich niederzuringen. Groß angelegte militärische Operationen verhinderte allerdings der ungewöhnlich milde Winter und der dadurch bedingte zu weiche Boden. So wurde bei Königsberg vor allem die Festung Brandenburg angelegt.

Allein 53 Jahre dauerte der Kampf gegen die zähen Pruzzen / Prußen / Preußen, die blond und blauäugige indogermanische Balten und keineswegs Slaven waren.

Der mittels Fahrten ins Baltikum geführte Erschöpfungskrieg gegen die Ungläubigen (bis 1283 nach Sudauen, weiter gegen Semgallen und dann Jahr für Jahr gegen die Litauer) ließe sich noch reichlich fortsetzen, jedoch weniger unter regionalem bzw. Hildesheimer (und Braunschweiger) Aspekt, denn hier wird der Themenkreis, wie abgehandelt, im „hohen Mittelalter" vor allem durch die beiden überragenden „Fremdbischöfe" Konrad I. und Konrad II. getragen.

Spätere Kreuzpredigten in Stadt und Land wurden in nur noch der „gewöhnlichen" Größenordnung durch die Amtsnachfolger sowie durch die neu installierten Orden der Dominikaner, Franziskaner, Pauliner usw. getragen.

Das Zusammenspiel zwischen Ordensrittern, „Pilgern", Siedlern und Händlern, insbesondere intensiv gefördert durch die Bischöfe und Päpste – zur Eroberung allein des Prußenlandes sind mehr als 80 Bullen (Kreuzzugsaufrufe) der Päpste bekannt!–, führte zur nachhaltigen Unterwerfung der heidnischen Gebiete.

Dennoch wurde im Allgemeinen keine Ausrottungspolitik betrieben, denn wie es die weltliche Führung schon zur Zeit Heinrichs des Löwen sah, brauchte man

---

[375] vgl. Rüdebusch, 194 f./ Bertram, Bistum / ADB

[376] Seine fromme Gesinnung brachte er durch die Gründung zahlreicher Klöster zu seinem Seelenheil zum Ausdruck, wenngleich er mit den ihm benachbarten geistlichen Fürsten in stetem Streit lebte – selbst mit seinem Bruder, dem Bischof Otto von Hildesheim, geriet er zum Ende seiner Tage in einen Kampf, dessen Ausgang beide nicht erleben sollten.

Menschen in den großen Weiten, zum eigenen Nutzen. Die Pruzzen gingen im deutschen Volkstum auf und gewannen eine höhere Kultur, insbesondere gefördert durch die Hanse.

Die „Söhne der Finsternis“

Erster Versuch der Einführung der Inquisition in Deutschland

Seit Kaiser Konstantin, als die Kirche die Macht des Staates hinter sich wusste, kam es zur deutlicheren Ausprägung des Prinzips des staatlichen Glaubenszwangs im Namen der Kirche (s. S. 23).

Der hl. Augustinus bringt es später fertig, mit der Bibelthese „wer härter strafe, zeige größere Liebe“, die Züchtigung der Ketzer als Werk der Barmherzigkeit darzustellen. Augustins Devisen waren es denn auch, und nicht etwa die Ideale des Evangeliums, die zu Leitbildern während des christlichen Mittelalters und darüber hinaus wurden – anderenfalls hätten wir das Thema der Ketzerverfolgung nicht zu behandeln.

Bezogen auf die Hildesheimer Verhältnisse hatte **Bischof Bernward** die bischöfliche Gerichtsbarkeit bereits im 11. Jh. dezentralisiert (Verfügung v. 10. Okt. 1020) und auch einige Kanoniker mit bischöflicher Banngewalt ausgestattet.

Er hatte bestimmt, dass viermal im Jahr an verschiedenen Orten Synoden bzw. Sendgerichte abgehalten werden sollten, um die bischöfliche Gerichtsbarkeit im gesamten Diözesanbereich präsent zu halten (durch die mit dem Bann ausgestatteten Archipresbyter bzw. Archidiakone).

Die bischöfliche Sendgerichtsbarkeit vertrat der Hildesheimer Dompropst.

> Kurz darauf fällt in die Regentschaft des **Bischofs Azelin**[377] ein selbst für ganz Deutschland ungewöhnlich früher **Ketzerprozess – zu Goslar**, und damit in seinem Amtsbereich belegen. Hier wurde zum Weihnachtsfest des Jahres 1052, bei Anwesenheit des Kaisers Heinrich III. (des Erbauers des Goslarer Doms sowie des Kaiserhauses), eine Anzahl Ketzer feierlich gehängt. Zuvor hatte man sie ihres Aberglaubens wegen mit dem Kirchenbann belegt. Diese „Irrlehrer“ bezeichneten den Genuss von Fleisch als Sünde, untersagten sich das Töten von Tieren und lehnten auch den Kriegsdienst ab. Das hatte allemal genügt, um die Exkommunikation über sie zu verhängen. Nachdem ihnen sodann befohlen wurde, Hühner zu töten und sie sich aber weigerten, wurden sie als „Katharer“ aufgehängt.

Zur Ketzeraufspürung und -bekämpfung wurden besonders in der Zeit nach 1170 eine Anzahl ausgefeilter Gesetze erlassen. Schon 1179 hatten die Väter des Lateran-Konzils die Todesstrafe für ein vorzügliches Medikament zur Heilung der Seele erklärt. Zur Bekämpfung der Häretiker wurde jetzt mit Waffengewalt aufgefordert. Dabei wurden die Agitatoren in solcher Auseinandersetzung für die rechte Sache des Herrn mit den Privilegien der Kreuzfahrer ausgestattet: Hervorzuheben sind hier besonders die Erlasse des Konzils von Verona (1184), diejenigen des 4. Laterankonzils (1215), auf welchem Innocenz III. die Inquisition einführte, sowie die entsprechenden Konstitutionen Friedrichs II. von 1220.

---

[377] Für seine Teilnahme am Ungarn-Kriegszug war dieser erst unlängst vom Kaiser ausgezeichnet worden.

Hervorzuheben ist dabei der große Konvent von Verona (1184), denn unter der Anwesenheit des Papstes Lucius III. und des Kaisers Barbarossa wurde der Einsatz der kirchlichen und staatlichen Gewalt im Vorgehen gegen die Ketzer beschlossen. Hier wurde der Grundstein für die bischöfliche Inquisition gelegt, indem jeder Erzbischof oder Bischof in eigener Person oder durch den Archidiakon verpflichtet wurde, ein bis zweimal im Jahr jene Pfarreien zu besuchen, von denen man höre, dass sich daselbst Ketzer aufhalten würden – worüber die angesehensten Bürger oder die gesamte Bevölkerung vernommen werden solle.

Der Kanzler Barbarossas und Erzbischof von Köln, **Rainald von Dassel** – der berühmteste ehemalige Hildesheimer Dompropst – ließ jedenfalls, nach einer von ihm organisierten Disputation im Kölner Dom, drei der Diskussionspartner als Katharer verbrennen.[378] Als Dompropst hatte er schon in Hildesheim die bischöfliche Sendgerichtsbarkeit vertreten.

Nach dem Ende des deutschen Thronstreits erhandelten die päpstlichen Legaten auch vom angehenden **Welfenkaiser Otto IV**. die Verpflichtung zur Hilfe gegen die Ketzer, bzw. gelobte dieser am 22. März 1209 (anlässlich seiner zu Rom erfolgten Kaiserkrönung...), er werde es zur Ausrottung der Häresie an seiner Hilfe und kräftigen Mitwirkung nicht fehlen lassen (Kaltner 4).

Papst Innocenz III. wusste obige Gesetzgebung durchaus noch zu verschärfen: Nach dem IV. Laterankonzil (1215)[379], auf welchem neben der Inquisition die Einführung der Folter und die Albigenserkreuzzüge beschlossen wurden, drohte nun einem jeden Bischof die Entsetzung von seiner Würde, der den Ketzern in seiner Diözese gegenüber nachlässig erschien, sowie die Wiederbesetzung seines Amtes durch eine eifrigere Persönlichkeit – ein Meilenstein zur Disziplinierung der Gläubigen! Gemäß des Wortlauts sollten sämtliche Ketzer zu ewiger Infamie, als friedlos und der Acht verfallen, erklärt werden. Ihre Güter sollten konfisziert und nie zurückerstattet werden (ein auch recht ökonomisches Prinzip), da es ja schwerer wiege, die „ewige Majestät" als die zeitliche Majestät zu beleidigen...

Die Bestrafung der Ketzer wurde den weltlichen Behörden zur Pflicht gemacht – kein Blut sollte an den Händen der Kirche kleben!

Diese Ketzergesetze der Kirche übernahm nun auch anlässlich seiner Kaiserkrönung Friedrich II. (1220) – um sich selbst von dem gegen ihn vorgebrachten Häresieverdacht zu reinigen...

Um die seinerzeit „Ketzern" gegenüber an den Tag gelegte unglaubliche Brutalität verstehen zu lernen, muss kurz eine allen Verfolgern gemeinsame Motivation angesprochen werden: Es bestand schlicht die Sorge, dass Gott wegen einer Lästerung das ganze Land oder die Stadt mit Hungersnot, Teuerung, Seuchen oder sonstigen Plagen heimsuchen könne, wie solche Zusammenhänge noch aus viele Jahrhunderte jüngeren Kirchenordnungen unserer Region zu ersehen sind.

Dass sich diese Gesetze gerade auf die Verhältnisse in Deutschland beziehen geht aus dem Text direkt hervor, indem es Innocenz eben darum geht, dass „aus

---

[378] Ein junges Mädchen, welches man aus Mitleid zu schonen beabsichtigte, stürzte sich noch zusätzlich in die Flammen, als es von der Hinrichtung ihres Meisters erfuhr.

[379] Hier wurden auch Juden von öffentlichen Ämtern ausgeschlossen, und sie hatten in der Öffentlichkeit eine bestimmte Kleidung zu tragen – die geistliche Grundlage des Judensterns Hitlers...

Deutschlands Marken, wo beständig der echte Glaube geblüht, die emporwuchernde Häresie auf jede Art (!) entfernt werde. Es ging nun darum, dass einige von der Vipernbrut der Häretiker, durch vom Apostolischen Stuhle aufgestellte Inquisitoren oder andere Eiferer des orthodoxen Glaubens, aufgespürt und hingerichtet würden.

Allen, die sich bei der Gelegenheit auch gegen Hehler, Gönner und Rückfällige (in den angesprochenen Glaubensfragen) verwenden, wird versichert, dass sie damit ein gutes, gottgefälliges Werk vollziehen.

Gregor IX. verlangte die allmonatliche Verkündigung der Ketzerdekrete von den Kanzeln herab.

Für den Fall der Nichtbefolgung wurde allerorten mit Repressalien, wie mit der Exkommunikation und dem Interdikt, gedroht.

Dennoch nahm in der Folgezeit bis 1233 von den 22 deutschen ökumenischen Synoden keine einzige Bezug auf die Durchführung dieser Ketzerstatuten. Nur zwei, die von **Hildesheim** (1224) und Trier (1231) machten Gebrauch von der neuen christmilden Gesetzgebung![380]

Die neuen Vorgehensweisen gegen Ketzer hatten sich offenbar noch nicht im Bewusstsein der weltlichen und geistlichen Obrigkeiten verankert.

Zunächst war man da nur in Hildesheim weiter, wobei bemerkenswert ist, dass der überlieferte Hildesheimer Fall sogar noch vor dem Konzil von Toulouse (1229) liegt, welches hinsichtlich des neuen Glaubensgerichts, eben der **Inquisition** (s. S. 134), eine deutliche Verschärfung mit sich brachte.

> Einige Stichworte aus jenem Erlass: Die Bevölkerung jeden Orts, die Männer vom 14., die Weiber vom 12 Jahr an, sollen einen Eid leisten... in welchem sie versprechen, dass sie die Ketzer nach Kräften verfolgen und anzeigen wollen. Der Eid ist alle zwei Jahre zu wiederholen. Den Inquisitoren soll kein Haus verschlossen sein; der Beamte, der die Inquisition nachlässig unterstützt, verliert sein Gut und sein Amt; reuig zurückkehrende Ketzer werden deportiert und mit zwei farbigen Kreuzen gekennzeichnet – sie haben sich sonntags halb entkleidet und mit Ruten in den Händen in der Kirche zur Geißelung einzufinden, um vom Priester die Strafe zu empfangen etc.

Die besondere Fortschrittlichkeit des **Hildesheimer Bischofs Konrad II.** erklärt sich durch dessen Vorgeschichte und seine nahe Verbindung zum Papst und zu „Deutschlands erstem Großinquisitor" Konrad von Marburg (s. w. u.).

Als päpstlicher Kaplan gehörte Konrad II. zur „familia" des Papstes... Sein Amt als Pönitentiar entsprach ganz seinen Neigungen zur Durchsetzung strenger kirchlicher Grund- und Glaubenssätze. Insofern musste er der neuen Behörde der poenitentiaria apostolica, der obersten Behörde für das Buß- und Strafwesen in Rom zur Einführung des neuen Strafverfahrens in Deutschland, naturgemäß von erheblicher Bedeutung sein.

Auch als Bischof machte er stets davon Gebrauch, „Missstände" zu bestrafen oder Ketzerei zu entlarven, wie keineswegs nur die Prozesse gegen den Stiftspropst Heinrich Minnike vom Kloster Neuwerk bei Goslar oder jener gegen den Grafen Heinrich von Sayn zeigen. Darauf ist weiter unten noch zurückzukommen.

Beide Ketzerprozesse fallen in die genannte Zeitspanne, wobei chronologisch zunächst auf den heimischen Ketzerprozess einzugehen ist.

---

[380] vgl. Kaltner, 4, Hergemöller und. D. Müller, 45 u. a.

Der Ketzerprozess des Heinrich Minnike[381]

Heinrich Minnike war Spross einer angesehenen **Hildesheimer Bürgerfamilie** und Propst des Benediktinerinnenklosters (mit Zisterzienserregel) Neuwerk oder Mariengarten bei **Goslar**, im Bistum Hildesheim.

Da Minnike, der selbst dem Prämonstratenserorden angehörte, sich in Wort und Schrift durchaus abweichend von der kirchlichen Lehre verbreitete, war er auch von Konrads Amtsvorgängern schon mehrfach verwarnt worden, doch ohne seine eigentümlichen Ansichten geändert zu haben.

Eine ernstere Gestalt nahm die Sache allerdings sogleich an als Konrad II. im September 1221 zum Bischof von Hildesheim gewählt wurde, denn der „hatte (seinem päpstlichen Amt gemäß) seinen Eifer für die Reinhaltung des Glaubens auch im eigenen Bistum zu betätigen" (Bertram) und leitete sofort eine Inquirierung (Untersuchung) ein. Dazu begab er sich, von Klerikern und Laien begleitet, in das Kloster und befragte die Nonnen einzeln über die Person des Propstes und examinierte sie darauf auf ihren katholischen Glauben hin.

Das Ergebnis fiel nicht zu Gunsten des Propstes aus. Obwohl sich das Domkapitel zu Goslar für Heinrich Minnike verwandte, untersagte ihm der Bischof sogleich die Predigt und zitierte ihn, als er sich nicht fügte, vor sich und mehrere Zisterzienseräbte, die er ebenfalls zu sich entboten hatte. Nach dreitägigem Verhör durch das Tribunal wurde Minnike des Unglaubens für schuldig befunden – das Verfahren endete mit seiner Suspension und Amtsenthebung.

Wenn sich der Propst nun immer noch widersetzte, dann muss man dem Bischof, der ihn gefangen gesetzt hatte und an den Papst berichtete, doch zu Gute halten, dass er mehr Rücksicht nahm, als an dieser Stelle erforderlich gewesen wäre, denn nach der ihm ja bestens vertrauten Rechtslage hätte er allemal sogleich das Verfahren des Verbrennens in Anwendung bringen können (s. hierzu weiter unten).[382]

Nun aber waren die Nonnen weit davon entfernt, sich einen neuen „rechtgläubigen" Präpositus zu wählen.

Die Äbtissin und der Konvent von Neuwerk wandten sich an Papst Honorius III. und an Kaiser Friedrich II.: „Wie eine Lilie sei das Kloster emporgeblüht, bis von Eifersucht getrieben, nahe und entfernte Gegner, darunter der Bischof von Hildesheim, dasselbe mutwillig zu schädigen" begonnen hätten. Gerade letzterer würde ihr Kloster mit tiefem Hass verfolgen, ihren guten Ruf untergraben und ihre Privilegien mit Füßen treten.

Als reichsunmittelbares Stift sollten sie sich der Jurisdiktion anderer unterstellen; die wohl wollend eingeräumten kaiserlichen Rechte würden nach Belieben beseitigt.

Auch würde ihr freies Wahlrecht verletzt, indem der zweifellos fromme Propst zwangsweise durch einen solchen zu ersetzen sei, der sie an Leib und Seele schädigen würde. Auch „die Keime der Tugenden, welche die unermüdliche Lehrtätigkeit Minnikes in dem Garten unseres Klosters hervorgelockt habe, würden nun ausgejätet und dafür Unkraut gepflanzt", während sie zu alledem durch diesen Bischof weit und breit als Ketzerinnen in Verruf gebracht würden.

---

[381] Vorwiegend nach Kaltner und Hoogeweg a. a. O. – s. ferner Braun in Zeitschr. d. Vereins f. Kirchengesch. i. d. Prov. Sachsen, Jg. VI, Magdeburg 1909, S. 212f.
[382] vgl. Hoogeweg, 257

Friedrich II., als eher religiöser Freidenker bekannt, mochte sich schwerlich um das Gezänk um Glaube und Irrlehre bekümmern und übergab die Angelegenheit den bei ihm in Ferentino (wo der Kreuzzug besprochen wurde) weilenden Bischöfen. Unter diesen war nun freilich der Hildesheimer Oberhirte persönlich vertreten und konnte seine Sache selbst in die Hand nehmen...

Am 22. März 1223 beantworteten die geistlichen Würdenträger das Schreiben des Konvents von Neuwerk dahin, dass die Nonnen in ihrer Beschränktheit, die bereits an Wahnsinn grenze, verführt seien, denn den törichten Jungfrauen ähnlich, sei ihnen nach Gott Minnike das höchste Wesen geworden, dessen Gebote sie über die Regel des hl. Benedikt stellten.

Folglich wurden sie aufgefordert, den Propst fallen zu lassen.

Nicht viel anders verlautete unterm 9. Mai 1223 das Antwortschreiben aus Rom, in welchem sich seine Heiligkeit derart äußerte, die Nonnen sollten sich über die Absetzung Minnikes eher freuen; Minnike sei ein faules Glied, das vom Körper entfernt werden müsse.

Nun war es aber auch diesem gelungen, ein Schreiben aus dem Gefängnis heraus an den Papst zu richten, in welchem er bat, ihn einer Prüfung in Glaubenssachen zu unterziehen; werde er dabei überführt, so wolle er ewig im Gefängnis schmachten.

Und auch seine Bitte fand noch Berücksichtigung – man wollte angesichts seiner hohen kirchlichen Stellung doch wohl gern das Äußerste vermeiden. So beauftragte Honorius den wieder in seinem Bistum weilenden Bischof Konrad, den Inquisiten vor den Kardinallegaten Konrad von Porto zu führen.

Gelegenheit dazu bot der kaiserliche Hoftag zu Bardowiek, an welchem zahlreiche Bischöfe und Äbte Norddeutschlands anwesend waren, und wo Konrad das Verfahren vortrug.

Dabei brachte er u. a. folgende Anschuldigungen zur Sprache:

Der Tag der Wahl des Propstes werde in der Kirche feierlich begangen, und dieser habe dazu geschwiegen, wenn einige Nonnen ihn als den Größten der von einem Weibe Geborenen nannten – sie stellten ihn in schwärmerischer Übertreibung über alle Heiligen. Die Regel des hl. Benedikt habe er in einen Brunnen geworfen, den Nonnen aber entgegen dieser Vorschrift und jener der Zisterzienser erlaubt, auch außerhalb des Krankenzimmers Fleisch zu essen und Linnenwäsche zu gebrauchen.

Von erheblichem Belang musste es ferner sein, wenn Konrad vom Propst auf der Synode zu Hildesheim selbst die Behauptung vernahm, der Hl. Geist sei der Vater des Sohnes[383], und im Himmel gebe es eine erhabenere Frau als Maria, nämlich die Sapientia (Weisheit). Heinrich wolle darüber hinaus selbst einen gefallenen Engel (Teufel) gesehen haben, wie dieser Gott auf den Knien um Verzeihung bat – als vom höchsten Throne verstoßen, sei dessen Bestreben gewesen, zur Gnade Gottes, d. h. in den Himmel, zurückkehren zu dürfen etc.

Angesichts derart schwerer „Irrtümer" war es wohl nicht mehr entscheidend, wenn Minnike zudem den jungfräulichen Stand in der Weise erhob, dass er die Ehe als Ausfluss des begehrlichen Fleisches missbilligte, weshalb sie eben vom Bösen sein müsse.

---

[383] Weit verbreitet war im Mittelalter die Vorstellung, dass Maria durch Anhauchung des Hl. Geistes empfangen und darauf durch das Ohr entbunden habe; angesichts der zahlreichen Geschwister Jesu scheint der ewigen Jungfrau dies schon einige Male gelungen zu sein.

Der Papst empfahl nun dem Bischof am 23. Mai 1224, den irrenden Propst auf dessen eigenen Wunsch vor ein Glaubensgericht zu stellen. So wurde er endlich aus dem Kerker geholt und am 22. Oktober 1224 im Dom zu Hildesheim, im Rahmen einer Diözesansynode, an der auch der Kardinal von Urach, der ehemalige Hildesheimer Bischof Siegfried sowie weitere Prälaten teilnahmen, nochmals verhört – dabei jedoch als der Ketzerei überführt erklärt, als Häretiker verdammt, seiner geistlichen Würden für verlustig erklärt, und es wurden ihm seine priesterlichen Gewänder ausgezogen.

Es war dies der übliche, wenngleich in diesem eher ungewöhnlichen Falle besonders behutsam durchgeführte, Verlauf des Glaubensgerichts gegen einen noch dazu gehobenen Kleriker. Denn während mit Laien „kurzer Prozess“ gemacht wurde – ein Umstand, den Gregor IX. noch zu „verbessern“ wusste –, war im Falle häretischer Geistlicher ein aufwändiges Untersuchungsverfahren unter Anwesenheit einer bestimmten Anzahl von Bischöfen vorgeschrieben.[384]

Als Ergebnis eines solchen Prozesses musste der Kleriker zunächst abgesetzt und degradiert werden, um ihn dann dem weltlichen Arm ausliefern zu können. Der weitere Verlauf war, wie nun bei Minnike, vorgegeben und reine Formsache: Nachdem dieser seine „Torheiten“ nicht widerrief, überantwortete ihn Bischof Konrad dem weltlichen Arm, der gehalten war, ihn zu verbrennen. Heinrich Minnike starb auf Geheiß des bischöflichen Stadtvogtes am 29. März des Jahres 1225 in Hildesheim auf dem Scheiterhaufen.[385]

Übrigens hatte an diesem Prozess auch der als „Richter ohne Erbarmen“ berühmt-berüchtigte Konrad von Marburg, der damals, bald auch mit apostolischer Autorität bewaffnet, durch ganz Deutschland „predigte“ und auf welchen noch ausführlicher zurückzukommen ist, seinen Anteil.

Unser Bischof, der den Marburger Gesinnungsgenossen sehr zu schätzen wusste, wird ihn aufgrund seiner Gelehrsamkeit und Rechtskunde zu dem Prozess hinzugezogen haben. Seine Anwesenheit als „C. praedicatore de Margburg“ ist auf der Synode zu Hildesheim nachgewiesen (Kaltner, 95 / Henke, 46), und er nahm mehrmals an den Verhandlungen teil (Braun, 265).

Zwar ist dies der einzige überlieferte Fall einer Ketzerverbrennung aus jener Zeit in unserer Gegend, doch wurde im Falle häretischer Laien weitaus weniger Aufhebens gemacht.

Die beiden Konrade waren freundschaftlich verbunden, und einmal vor Ort wird man das Häresieproblem schon allgemeiner betrachtet haben. Wie hier von Konrad von Hildesheim wurde der Marburger auch von den Erzbischöfen von Mainz und von Trier zur Bekämpfung der in ihren Diözesen vorhandenen Ketzer herangezogen.

Berücksichtigt man die vielen päpstlichen Aufrufe zur Ketzerverfolgung, die an den Erzbischof von Mainz und speziell an **Konrad von Hildesheim** in noch dazu dessen päpstlicher Sonderfunktion ergingen und worauf wir noch weiter eingehen werden, dann wird man vielleicht annehmen können, dass noch mehrere solche Fälle

[384] Auf der Synode des Jahres 888 in Mainz wurde schon festgelegt, dass kein Kleriker einen über ihm stehenden verklagen darf, und dass ein Bischof nur dann verurteilt werden dürfe, wenn 72 (!) Zeugen gegen ihn aussagen. Gegenüber einem gewöhnlichen Ketzer hingegen genügte allein die Verleumdung durch seinen Todfeind.

[385] Kaltner, 95 / Hoogeweg 260

vorgekommen sind (vgl. Hoogeweg, 260). Und dies erst recht, berücksichtigt man, dass vornehmlich in den Bischofsstädten weltliche und geistliche Gewalt einander in die Hände spielten.

Für weitere Opfer spricht allemal eine Stelle der **Braunschweiger Reimchronik** (s. S. 203). Insofern ist es dann auch denkbar, dass der Hildesheimer Marktplatz, wo so mancher profane Übeltäter „zum Schwert begnadigt" wurde, und der in späterer Zeit mit allerlei Martergeräten und ztw. sogar mit doppelstöckigen Galgen „geziert" war, großartig inszenierte und glaubenssteigernde Volksschauspiele von Ketzerbränden („religiöse Brennpunkte") gesehen hat, wie dies von anderen Marktplätzen der Region nachweisbar ist.[386] Die Krönung des Prozesses war zweifellos der blutige Akt, der zumeist sehr rasch erfolgte, wenn nicht erst noch das nächste (Kirchen-) Fest abgewartet werden sollte. Mit der Hinrichtung – einem Anlass zur Freude, da ja immer das Böse vernichtet wird – wurde den Untertanen das Walten der Gerechtigkeit illustriert und zugleich demonstriert, wie die Autorität der Obrigkeit in der Lage ist, die gestörte göttliche Ordnung wiederherzustellen.

Der Garten Eden – von Dornen der Häresie überwuchert

Grundsätzlich schien es in diesen Zeiten einiges gegen kirchlich Untreue und Abweichler zu tun gegeben zu haben.

Von den Katharern, die sich für die besseren Christen hielten, hatten wir schon berichtet. Sie, aber auch weitere Gruppierungen, prangerten nicht nur die Verweltlichung der Kirche an, sondern suchten selbst einer von Päpsten, Konzilien und Kirchenvätern unverfälschten Lehre nachzuleben. Und dass sich die Kirche nicht nur in ihrer Praxis, sondern auch in ihrer Lehre weit von Christi entfernt hat, das zeigen uns beispielsweise die aufgefundenen Schriftrollen von Qumran und Nag Hammadi. Hier beeindruckt beispielsweise eine Apokalypse des Apostels Petrus, des „wahren Nachfolgers Christi" (durch welchen sich der Papst so gern legitimiert sehen möchte), der die erste Christengemeinde um sich scharte. Darin erinnert er sich der Kreuzigung Christi: Bei dieser Hinrichtung stand (der geistige) Jesus neben ihm und sprach zu ihm, während der leibliche Jesus mit angeschlagenen Händen und Füßen „froh und lachend" am Kreuz hing... (Skinner, 59 f.). Das ist zweifellos eine etwas seltsame Version der Leiden Christi – quasi als Augenzeugenbericht – und mit der offiziellen Kirchenlehre keineswegs vereinbar, offenbar jedoch authentischer!

Diesem Bericht nach ist nicht der leibliche Jesus auferstanden, sondern der geistige, wie es sich eben auch die Katharer etc. vorstellten, wie es aber auch Paulus in seiner bei Nag Hammadi wiederaufgefundenen Apokalypse schildert (s. S. 7).

Nun könnte man sagen, das ist gewiss eine Fälschung, doch die geistige Wiederauferstehung bzw. die „Auferstehung der Seele" vertritt Paulus, der eigentliche Begründer der orthodoxen Christenheit, sogar in der an Widersprüchen so reichen Bibel, indem er sagt (1. Korinther 15.42 f.): „Es wird gesät ein natürlicher Leib und wird auferstehen ein geistlicher Leib". Es ist dies eine Anschauung, die dem angeblich „kaum noch christlich zu nennenden" Glauben der Katharer (der „Reinen"/ vgl. S. 131f.) nicht unähnlich ist. Wenn wir im Korintherbrief des Apostels Paulus weiter lesen, „dass Fleisch und Blut das Reich Gottes nicht ererben

---

[386] Jedenfalls gilt dies für Hexenverbrennungen. Dagegen muß es übrigens nicht sprechen, dass in späteren Zeiten Hildesheims Hexen auf der Steingrube verbrannt wurden.

können...“, dann steht das im Gegensatz zum etablierten katholischen Mysterienglauben, wie ihn auch der hl. Bischof **Bernward von Hildesheim** auf seinem selbst geschaffenen Grabmonument zum Ausdruck bringt: „...ich werde am jüngsten Tage von der Erde auferstehen und werde wieder umgeben werden mit meiner Haut und werde in meinem Fleische Gott, den Heiland, schauen...“

Also, Petrus und Paulus standen gewiss Christus näher als der fünfhundert Jahre später philosophierende Augustinus, der die Auferstehung des Fleisches in die „ewigen Wahrheiten“ der offiziellen Kirchenlehre übernommen hatte.

Hier ließe sich noch vieles hinzufügen. Erinnert sei nur an die Apokryphen, die jahrhundertelang zu den heiligen Schriften zählten, bis sie von einem Konzil aus der offiziellen Kirchenlehre entfernt wurden – „wegen der Unsicherheit der Überlieferung“. Und so, wie man vieles weggelassen hat, so wurde anderes hinzuerfunden.

Die von der Kirche verfolgten Sekten (neben anderen Gruppierungen werden die von unserem künftigen Bischof ja auch bekämpften Albigenser und Waldenser hier zu erwähnen sein) hatten durchaus bibelbewanderte Mitglieder, die ihre Sache mit Gottes Wort wohl zu verantworten wussten. Sie leugneten folglich die Gegenwart Christi im Hl. Abendmahl[387], lehnten unter Berufung auf Marc. 16.16 die Kindstaufe[388] ab, die überhaupt ohne Öl und Speichel geschehen könne, und mochten auch nicht für ihre Verstorbenen im Fegefeuer opfern, da es kein Fegefeuer gebe... Dies hätte die Kirche nur erdacht, damit das Volk der Welt Güter zu ihnen bringen solle. Sie lehnten den Unfehlbarkeitsanspruch des Papstes ab und die angesprochene Verweltlichung der Kirche, die in zumeist zu offensichtlichem Widerspruch zur Lehre Christi stand:

> Angesprochen sei hier der „monarchische Episkopat“, während Christi jede Hierarchie ablehnte. Während Christus der Welt Güter verschmähte, nimmt der Papst dieselben mit Gewalt zu sich und vertut dieselben schändlich, anstatt sie den Armen zu geben. Getadelt wird das Wohlleben der Prälaten in Schlössern und in jedem Überfluss.[389] Getadelt wird die praktizierte Gewalt im Namen Gottes – indem die Bischöfe regelmäßig ihren Heerbann zusammenziehen, um mit dem König in den Krieg zu ziehen, während Christi die völlige Gewaltfreiheit postuliert. Getadelt wird, dass man als Christ getrost sündigen könne – dank der Sünden vergebenden Macht der Kirche. Getadelt werden kirchliche Intoleranz, Glaubenszwang / Zwangsbekehrung, Ämterkauf – um nur einige wichtige Punkte anzusprechen.

Doch den „Ketzern“ nützte es nichts, wenn sie ihren Standpunkt auch noch so gelehrt und anhand der „Schrift“ darlegten und mit der Wahrheit ihrer Lehre den Irrtum der Inquisitoren nachwiesen, denn denen genügte das Abweichen von der gerade vorherrschenden offiziellen Lehre der katholischen Kirche. Letztere machten sodann den Vorschlag, die Häretiker mögen ihre Rechtgläubigkeit bzw. die Wahrheit mittels des glühenden Eisens darzutun (als Gottesurteil).[390]

---

[387] Erst Innocenz III. hatte das Mysterium der sog. Transsubstantiationslehre in der Eucharistie, also der Verwandlung von Brot und Wein unter der Weihe des Priesters in den Leib und das Blut Christi, zum Dogma erhoben.

[388] Eine effektive Methode der Nachwuchsförderung!

[389] Wahrlich alles Andere denn ein Beispiel der vielbeschworenen „apostolischen Armut“. Während der höhere Klerus in Saus und Braus lebte, wurde dies von der Armut über die Kirchensteuer finanziert.

[390] Ungeachtet dessen, dass 1215 dessen Anwendung vom Heiligen Stuhl getadelt wurde.

Berücksichtigt man nun die breite gemeinsame Glaubensbasis, sowohl der verschiedenen Sekten als auch der Kirche, so nimmt es nicht wunder, wenn die Abgeurteilten noch aus dem lodernden Scheiterhaufen heraus von ganzem Herzen „die Hilfe unseres Herrn Jesus Christus, der hl. Gottesgebärerin und aller Heiligen" anriefen. Sie waren schlicht Opfer der Machtanmaßung der Kirche über die Gewissen der Gläubigen und wurden schon bei einer nur etwas freieren Anschauung erbarmungslos verketzert.

Wenn uns heute so manche Glaubensinhalte der hier Verbrannten abstrus erscheinen mögen, so sind sie dies oft nicht weniger als jene großenteils legendären und mystischen Lehren der „Siegerkirche", an die wir nur seit Kindesbeinen an gewöhnt sind.

Schon damals aber hatte die Stimmung gegen die Kirche einen gewissen Höhepunkt erreicht, wie daraus ersichtlich wird, wenn man vernimmt, dass der Erfolg eines „Irrlehrers" geradezu „aus der Verachtung" erwuchs, „welche das Volk gegen die Kirche und ihre Priester dermaßen beseelte, dass ihm jemand umso heiliger schien, als er von Hass gegen den Klerus erfüllt war" (Kaltner, 36).

Zurückkommend auf die vorangehend angesprochenen Ketzerdekrete, beginnend mit jenem des Konzils zu Toulouse 1229, ist abermals festzuhalten, dass vor allem diejenigen Gregors IX. seit 1230 gegen Ketzer in Deutschland verbreitet wurden, gegen welche die bisherigen geradezu mild zu nennen sind.[391]

Darin waren eine Reihe Elemente aus den für den römischen Kirchenstaat geltenden Konstitutionen enthalten, wie die Güterkonfiskation der innerhalb von acht Tagen mit dem Tode abzustrafenden Ketzer (wobei dann eben Orte und Körperschaften auf die hiesigen Verhältnisse zu übertragen waren):
Dabei fällt ein Drittel an den Denunzianten, das zweite Drittel an den Senator von Rom, das dritte Drittel wird zur Instandhaltung der Stadtmauern verwendet, die Häuser und Gebäude des Ketzers aber sind bis auf den Grund zu zerstören.[392]
Jedermann habe unaufgefordert und unter Androhung des Bannes die Ketzer zu denunzieren; bereits festgenommene Ketzer, auch wenn sie sich mit der Kirche aussöhnen wollen, seien in ewigen Kerker zu geben.

Diese Verordnungen wurden nun an alle Erzbischöfe in Deutschland versandt, wobei der oberste Religionshüter und Christi Stellvertreter deren feierliche Verkündigung **allmonatlich von den Kanzeln herab**, dem Volksmedium jener Zeit, verlangte. Nur so bringt man die mit diesen Dekreten verbundenen neuen Lehren in die Köpfe des Volkes, das ja, wie bemerkt, sogar unter Strafandrohung zur Denunziation aufgerufen wird – es wird also gar nicht erst gewartet, bis das Volk psychisch (durch die angewandte Zermürbungstaktik) so weit gebracht worden ist, dass es von sich aus nach Ketzern suchen würde, wie wir dies von anderen kirchlich initiierten Verfolgungswellen (insbesondere bei Juden- und Hexenverfolgungen) vielfach nachvollziehen können...

Für die Annahme, dass man in Hildesheim den päpstlichen Weisungen nachgekommen sein wird, haben wir alle Gründe. Die Zeiten waren offenbar vorbei, als Deutschland, um mit den Worten Gregors IX. zu sprechen, „noch wie ein Garten Gottes vom Wohlgeruche emporblühenden Glaubens und guter Werke erfüllt war".

---

[391] Das Konzil zu Narbonne (1233) wusste diese dennoch zu übertreffen.
[392] u. a. D. Müller, 321

Stattdessen wurde dieser endlich „von Dornen der Häresie überwuchert" (Kaltner, 33). Und gerade die Wahrung des allein selig machenden Glaubens hatte für **Konrad II. von Hildesheim** die höchste Priorität, denn er lebte „ganz ains hailgen und gotzvorchtigen Lebens", wurde dabei „vom Geiste Gottes geleitet" und „trug große Sorge für die geistlichen Dinge", wie den heimischen Chronisten zu entnehmen ist (Wildefuer, Bischofschronik / Bertram). Wir werden sehen, dass das auch schon vor seiner Zeit als Hildesheimer Bischof zutrifft.

Doch bevor wir sogleich den Heiligen Vater weiter zu Wort kommen lassen, muss näher auf den (auf S. 141) schon berührten **Konrad von Marburg**, den „Sucher der Ketzer und Beschirmer des Glaubens", eingegangen werden, den die Nachwelt mal als blutgierigen Fronvogt der Inquisition sieht, dann auch wieder als Heiligen und Märtyrer.

Vom Papst wurde er im Juni 1227 damit beauftragt, ihn bei dem Vorhaben, eine *Kirchenreform in Deutschland* durchzuführen, zu unterstützen – eine Aufgabe von größter Tragweite, die den Päpsten schon seit langem ein dringliches Anliegen war. Schließlich hatte man das Scheitern der großen Kreuzzüge und die vielen Rückschläge, die man im Heiligen Land und anderenorts hatte hinnehmen müssen, stets mit der Sündhaftigkeit nicht allein der Kreuzfahrer begründet. Entsprechend war man der Überzeugung, dass der dringenst zu erreichende Erfolg der Kreuzzüge nur aus einer geläuterten Christenheit hervorgehen könne.

Für eine derart verantwortungsvolle Aufgabe eines Visitators über die deutschen Seelsorger und Klöster konnte sich kaum jemand so gut eignen, wie gerade Konrad von Marburg, denn als ein Eiferer für den katholischen Glauben und mit der Ausstrahlung eines Propheten „leuchtete er (gem. Dietrich v. Apolda) mit seiner Predigt und Lehre in deutschen Landen, wie der Morgenstern vor anderen Pfaffen". Und wie notwendig hier eine Kirchenreform erforderlich war, das schrieb ihm Gregor IX. persönlich: „Der deutsche Klerus, welcher den Wohlgeruch der Tugend verbreiten sollte, verbreite den Geruch des Todes", denn es sei ihm hinterbracht, dass die Geweihten, ihre Würde vergessend, sich leichtfertig jeder Unzucht hingeben würden und ohne weiteres zu tun wagten, wovor Laien zurückschreckten...(Kaltner, 106). Abt Arnold von Lübeck hat auch eine Erklärung für all das gotteslästerliche Treiben gerade der Geistlichen, indem er glaubt, „dass der Teufel, weil er sich gegen den Höchsten nicht behaupten konnte, gegen dessen Glieder (die Pfaffen) umso heftiger in Wut entbrannte, dass er auch die Herde der Mönche anzufallen gewagt habe" und zu all den Übeln antreiben würde, auf dass sie sich vor Gott fortwährend befleckten – „weh Dir, Leviathan!"

Als „Visitator Monasteriorum Germaniae" war es nun also die Aufgabe des sittenstrengen Magisters, die schlimmsten Missstände innerhalb des Welt- und Klosterklerus zu beseitigen und etwa dafür zu sorgen, dass die Pfaffen so manchen Freuden des weltlichen Lebens entsagten und beispielsweise ihre Konkubinen abschafften etc. Wie es seine Art war, wird er rücksichtslos und unerbittlich durchzugreifen gewusst haben. Während seines Aufenthalts auf der Wartburg jedenfalls, wo er u. a. als Seelenführer und Beichtvater der heiligen Elisabeth agierte (s. S. 231), hatte er schon vor diesem päpstlichen Auftrag sogleich für eine Neubesetzung aller in den thüringischen Landen vorhandenen Patronatsrechte (tw. auch jener in Sachsen) sowie der kirchlichen Pfründen gesorgt. Zuvor hatte er dem Landgrafen die Tragweite einer möglichen Fehlbesetzung vor Augen gehalten:

Einem einzigen unwürdigen oder ungelehrten Priester eine Kirche oder auch nur einen Altar anvertrauen, sprach er, sei eine größere Sünde als sechzig Menschen mit eigener Hand zu erschlagen.

Also wurden sämtliche Patronatsrechte Thüringens ihm selbst übertragen. Und hier zeigt sich die wirklich tugendhafte Größe dieses Mannes, denn er blieb bei seiner asketischen Lebensführung, reservierte sich nicht eine hohe Kirchenstelle und bereicherte sich nicht durch auch nur eine Pfründe!– wer an seiner Stelle hätte so gehandelt? Die Frage ist umso berechtigter, als Kirchenreformen stets dort an ihre Grenzen zu stoßen pflegten, wo die eigenen Vorteile der Prälaten hätten angetastet werden müssen...

Zunächst aber war er in „Teutonien" ab 1213 als begnadeter Kreuzzugsprediger in Erscheinung getreten. 1227 aber, als Gregor IX. die Albigenser im Süden Frankreichs gerade (beinahe) vollständig vernichtet hatte, widmete dieser sein Augenmerk stärker den Häresien in Deutschland[393]. Dabei sieht er sich veranlasst, seinen Vertrauten Konrad von Marburg im Juni dieses Jahres wegen dessen Eifers bei der Ausrottung der menschlichen Schlechtigkeit, die er an den Tag gelegt habe, zu loben und erteilt ihm den Auftrag, die Ketzeraufspürung in Deutschland fortzusetzen (!), denn die Existenz der deutschen Kirche schien bedroht.

Dieser Mann von eisernen Prinzipien, die er gegenüber anderen ebenso anwandte wie gegenüber der eigenen Person, nahm aus den Händen des Papstes nunmehr das gewichtige Amt, als dessen Bevollmächtigter in Deutschland quasi die Inquisition einzuführen – eine Berufung, die ihm noch das Leben kosten sollte.

Diese Ehre ist zweifellos als eine Auszeichnung zu verstehen, nachdem er sich sowohl als „Beschirmer des Glaubens" als auch als „Sucher der Ketzer" (die zunehmend dämonisiert wurden) längst hervorragend bewährt hatte:

Caesar von Heisterbach, ein Freund v. Marburgs, berichtet von des Magisters (vermeintlicher) Inquisitionspraxis: So habe ihm derselbe von einem Ketzer erzählt, der sich auf dem Gang zur Verbrennung bekehrt habe. Daraufhin seien ihm die durch das Gottesurteil mit dem glühenden Eisen beigebrachten Wunden auf wunderbare Weise geheilt worden, jedoch wieder aufgebrochen als er sich durch seine Frau zum zweiten Male zur Häresie habe verleiten lassen. Ähnlich sei dann auch dieser geschehen, sodass nun beide heulend herumirrten, wieder eingefangen und dann in den noch glimmenden Scheiterhaufen geworfen wurden...

Dieses Glaubensgericht wurde also nicht von Konrad von Marburg durchgeführt, sondern von einem Namensvetter. Dieser aber findet unser besonderes Interesse, denn der wurde (lt. Beck, S. 8) **später als Konrad II. Bischof von Hildesheim**!

Der geschilderte Fall fand im Rahmen einer Ketzerverfolgung im Jahr 1212 zu Strassburg statt und war eine solche des Dekans zu Speyer, wobei vermerkt wird: „cum loquerer cum magistro Conrado decano Spirensi" etc. Es scheint sich offenbar um unseren Konrad zu handeln, der derzeit Dekan bzw. Domdechant in dieser Stadt war, und der sich an den haarsträubenden Ketzerprozessen des Rheinlandes bekanntermaßen aktiv beteiligte.[394] Schließlich mussten sich die „Irrlehren" aus

---

[393] Als vormaliger päpstlicher Legat diesseits der Alpen hatte er Gelegenheit, sich von deren Vorhandensein persönlich zu überzeugen.

[394] Vermutlich ist es eine dankbare Aufgabe, sich unter diesem Aspekt mit den rheinischen Ketzerprozessen näher zu befassen.

Südfrankreich auf ihrem Weg nach Alemannia in den rheinischen Gegenden zuerst verbreiten. Zudem hatte der Strassburger Bischof soeben aus Rom Dominikaner mitgebracht und in Strassburg einen Orden gepflanzt, dessen Dienste Konrad auch hier schon früh zu schätzen gewusst haben wird – insbesondere als man sogleich auf die hierzulande vorhandene Häresie aufmerksam wurde. Nicht weniger als 500 Ketzer mussten eingezogen werden, und nach ausgiebigen Disputationen blieben mindestens 80 Mitglieder der Sekte (wie es scheint Waldenser) treu.

Der Dekan zu Speyer scheint auch deshalb „geradezu das Haupt der Verfolgung" gewesen zu sein, weil die Dominikaner in Strassburg des Deutschen nicht recht mächtig waren, Konrad aber als Deutscher nicht nur mit der Sprache, sondern auch mit den anderen (z. B. den rechtlichen) Verhältnissen des Elsasses ungleich vertrauter war (vgl. Kaltner, 82f.).

Wer sich von den wenigstens achtzig glaubensfesten Sektierern nicht mit dem Urteil des glühenden Eisens reinigen konnte – es sollen sehr wenige gewesen sein –, wurde als überwiesen verbrannt...[395] Als sie zum Tode ausgeführt wurden, las man ihnen von der bischöflichen Pfalz herab noch siebzehn Artikel ihrer „Irrlehren" vor. An einer weiten Grube war der Holzstoß errichtet, auf dem die Unglücklichen verbrannt wurden. Ihre Güter teilten sich Obrigkeit und Inquisitoren.

Schon 1215 fand hier die nächste der weiteren Verfolgungen statt.

Zurückkommend auf Konrad von Marburg, so spielte das Gottesurteil mit dem „ferrum candens", also mit dem glühenden Eisen, das einige Schritt weit in den bloßen Händen zu tragen war (wie es auch in der weltlichen Gerichtspraxis, z. B. im Braunschweig des 14. Jh., noch mehrfach vorkommt), bei der Gerichtspraxis desselben keinerlei Rolle, wohl aber bei den Untersuchungen anderer Inquisitoren, wie eben im Falle wohl unseres künftigen Bischofs.

Neben dem Marburger betrieben auch andere Gottesmänner das Ketzergeschäft, wie die soeben erwähnten Dominikaner, in deren Hände Gregor IX. ganz offiziell die Inquisitionspraxis (inklusive der Abstrafung) gelegt hatte – und selbstverständlich sahen sie alle ihr Tun als ein Gott sehr wohlgefälliges Werk an!

> Ihr Vorgehen lief gewöhnlich derart ab, dass sie als wortreiche Wanderprediger in ein Dorf kamen, oft schon begleitet von einem wüsten Haufen Pöbels, der gern Menschen brennen sah. Die Einwohnerschaft wurde durch Sturmläuten zusammengerufen und sodann gepredigt. Darauf wurde den Dorfbewohnern eine „Gnadenfrist" von einer Woche gegeben, in welcher Zeit einjeder Gelegenheit hatte, seine Sünden zu bekennen und den Nachbarn anzuschwärzen. Den Mönchen erwuchs inzwischen eine ansehnliche Namensliste. Hatte man nur einen persönlichen Feind, so konnte man als noch so guter Katholik als Erster gefoltert werden – und „bekannte", wenngleich anfangs auch noch so „verstockt", alles was einem zur Last gelegt wurde.
>
> Oft wurde schon aus der versammelten Menge ein durch sein Aussehen „Verdächtiger" herausgegriffen und ins Scheinverhör genommen. War dieser insofern überführt, so wurde er unverzüglich seiner verdienten Strafe zugeführt. Zuweilen aber führte man die Inquisiten auch noch tagelang, in roten Röcken und mit Stricken um den Hals, mit sich herum, um überall Aufsehen und

---

[395] Caesar v. Heisterbach berichtet in seiner Art der Mirakel-Berichterstattung, weiß aber nur von zehn verbrannten Ketzern (s. Kaltner, 41f.).

Schrecken zu erzeugen und schließlich die Hinrichtung durch die höhere Zahl der Brände glänzender zu gestalten – zum Ruhme Gottes und anderen zur Abscheu. Konrad v. Marburg soll es einmal auf deren 190 gebracht haben.[396] Die Inquisitoren konnten übrigens kein Fehlurteil fällen, denn verbrannt wurde nur, wer gestanden hatte... Außerdem hätte der Allmächtige ein Fehlurteil zu hindern gewusst. Es war dies ein Verfahren, das das Denunziantentum hervorrief und förderte, denn diejenigen (die „Anschwärzer") wurden geschützt, ihre Namen blieben anonym, und sie konnten mit Milde rechnen...

In einer derart frommen Zeit wird es nicht verwundern, wenn auch Tote – im Nachhinein als Ketzer erkannt – wieder aus dem Gottesacker herausgerissen und verbrannt wurden.

Des Magisters Inquisitionspraxis wich also von der geschilderten ab. Auch der Anwendung der Folter kommt in seinen Prozessen offenbar nicht die große Bedeutung zu.

Dennoch hatten die Opfer keinerlei Rechtsmittel in der Hand. Beschwörten sie ihre Unschuld, so galt eben dies als Beweis des Schuldbewusstseins. Ja, der Marburger stellte gar denen, die mit dem Schwur der Unschuld den Scheiterhaufen bestiegen, die Märtyrerkrone im Jenseits in Aussicht...

Bei seinen Untersuchungen hatte er bald einige der geschilderten Mühen nicht mehr nötig, wie wir sehen werden. Andererseits konnte er sich, wohin er auch kam, auf den mit der Ketzerinquisition beauftragten und ebenfalls gegenüber dem Papst sehr dienstbeflissenen Dominikanerorden stützen.

In dem anfangs angesprochenen Schreiben des Papstes wird v. Marburg dafür gelobt, dass er sich um die Aufspürung der Ketzer so bemühe und aufgefordert, sich nach Gutdünken Gehilfen bzw. bewaffnete Helfer in diesem Geschäft beizugesellen.

Aus einem ähnlichen Schreiben Gregors, vom 11. Okt. 1231 an den „geliebten Sohn... und Prediger des Wortes Gottes in Deutschland...", mögen zur Veranschaulichung ein paar Passagen folgen (vgl. Kaltner,135): „Da es eine große Gnadengabe Christi ist, dass ihm von seinen Gläubigen auf eine würdige und wohlgefällige Weise gedient werde, so lobpreisen wir nach Kräften den Schöpfer, der seine Gnadengeschenke an Dir zahlreich gemacht und Dich zu seinem wohlgefälligen Kinde auserlesen hat!" Den frommen Werken v. Marburgs werde auch einmal die Größe des Lohns entsprechen (im Paradies). „Denn von Eifer für den wahren Glauben entbrannt, hast Du dich bereits daran gemacht, die Ketzer aus den deutschen Marken zu vertreiben, und von Abscheu gegen dieselben erfüllt, hörst Du nicht auf, sie aus voller Seele zu bekämpfen."

Sodann nimmt er Bezug auf einen Bericht über v. Marburgs Tätigkeit, den die Erzbischöfe von Mainz und Trier (ebenfalls emsige Ketzerverfolger), aber auch **Konrad von Hildesheim**, der voll des Lobes ist (u. a. Hoogeweg, 256), nach Rom gesandt hatten: „Glorreiches wird daher von Dir erzählt, und wir freuen uns über Deine Fortschritte!" Und eingehend auf das Verderben der Häresie in fast ganz Deutschland, wo jetzt „unter den guten Samen des Glaubens Unkraut gesät" sei, baut der Papst „mit Zuversicht" ganz auf v. Marburg, indem er fortfährt: „Du aber kämpftest mit all Deiner Kraft gegen diese Schlechtigkeit so erfolgreich, dass nicht nur zahlreiche Ketzer, sondern auch Häresiarchen, deren jeder in Deutschland zur

---

[396] Hausrath, 42

Ausrottung des katholischen Glaubens seinen abgegrenzten Bezirk hat[397], durch Dich vom Acker des Herrn sind ausgerottet worden!"

v. Marburg war also längst ein gewaltiger Bekämpfer häretischer Bosheit, von dem diesbezüglich also „Glorreiches" selbst dem Heiligen Vater im fernen Rom berichtet wurde! Es scheint nun nicht eben unwahrscheinlich, dass es Konrad von Hildesheim war, der noch als Bischof viermal in Rom weilte, der diese Verbindung zwischen Papst und Konrad von Marburg herbeigeführt hat, zumal die beiden Konrade nicht nur durch eine Freundschaft und Seelenverwandtschaft verbunden waren: Sie unterstützten sich gegenseitig bei ihren außerordentlichen Gerichten bzw. Exzessen (vgl. u. a. Hausrath, 17).

Da zu diesem Zeitpunkt kein Vorgehen v. Marburgs gegen Gewalthaber, wie später gegen die als „Häresiarchen" bezeichneten angeblich „ketzerischen" Grafen v. Solms und v. Sayn, bekannt ist, liegt hier offensichtlich eine Überlieferungslücke[398] vor. Und in seiner barmherzigen Art erteilt Gregor IX. noch folgende Weisungen an v. Marburg: „Damit Du aber diese... umso schrankenloser bekämpfen könnest, so wollen wir, dass Du dich mit der Untersuchung der Rechtsfälle nicht abgebest (!) und bitten, gemahnen und verpflichten Dich, unter Erlass deiner Sünden, dass Du dich zur Ausrottung der verderblichen Ketzer um taugliche Mithelfer, sei es woher (auch) immer, umsehest, so oft es notwendig ist den weltlichen Arm zu Hilfe rufest, und so... das Verderben der Häresie eifrig und tatkräftig auszurotten suchest." Das Schreiben schließt: „Damit aber Dir in Ausübung dieses Amtes nichts fehle, erteilen wir Dir kraft dieses Schreibens die volle Gewalt, ohne Zulassung einer Appellation, mit kirchlichen Zensuren (Bannfluch, Interdikt) gegen die Rebellen und Widersacher vorzugehen."

Zu den Verbesserungen seiner apostolischen und inquisitorischen Vollmachten, wie dem Recht zur selbständigen Gerichtsausübung, wurde ihm ferner gewährt, die Exkommunikation und das Interdikt verhängen zu dürfen. Nun galt es also, sich des verheerten Weinbergs des Herrn besonders anzunehmen, auch „das Unkraut vom Acker" desselben „auszurotten" und die „Schmach der Häresie" zu unterdrücken...

Zweifellos war v. Marburg, in seiner nunmehrigen Eigenschaft als päpstlicher Legat und Inquisitor, auch mit Eifer bemüht, die Verordnungen des Apostolischen Stuhls mit Leben zu erfüllen. Dazu verbündete er sich mit zwei erfahrenen Gehilfen, die auf diesem Sektor schon Vorarbeit geleistet hatten, nämlich mit den Laienbrüdern des Dominikanerordens, **Frater Konrad Dorso** (Tors) und **Johannes** (Hans) **„luscus"**, zu einem gefürchteten Triumvirat.

Wir hören von ihnen in den Elsässer Chroniken und den Wormser Annalen, die aus dem Jahre 1231 vom Ausbruch und Wüten der Ketzerverfolgungen am oberen und mittleren Rhein berichten. Über die Tätigkeiten unserer Wort-Gottes-Prediger verlautet es also in der Wormser Bischofschronik zum Jahr 1231: Es überkam die Stadt Worms eine „elende Seuche und ein quälender Urteilsspruch Gottes". Dabei wird ausdrücklich auf die Dominikaner Dorso und den einäugigen und einhändigen Schurken Johannes hingewiesen, die durch die Lande gezogen seien, um Ketzer aufzuspüren und diese verbrennen zu lassen.

---

397 Eigentlich ketzerische Glaubenslehrer / Häupter der Ketzersekte – später werden auch weltliche Große (quasi als Oberketzer oder Schirmer der Ketzer) als solche bezeichnet.

398 Es war zweifellos alles weit schlimmer, als es sich heute noch rekonstruieren lässt!

Ehemals selbst Ketzer[399], waren sie nun mit Apostateneifer bemüht, gegen solche vorzugehen. Sie bedienten sich dabei einer überaus wirksamen Arbeitsmethode, denn der kurzsichtige Johannes behauptete, „Ketzer" schlicht am Gesicht erkennen zu können. Mit dem Hinweis, es handele sich um einen Ketzer, schalteten sie die lokale Gerichtsbarkeit aus, und ohne jeden weiteren Beweis übergaben sie diese „Ketzer" den örtlichen Richtern, die sich genötigt sahen, jene zu verbrennen... Darüberhinaus hatten sie eine ziemlich vollständige Erfassungsmethode, indem sie sagten: „Es ist besser hundert Unschuldige zu verbrennen, als dass nur ein Schuldiger davonkomme".

Abgesehen von der damit verbundenen Ökonomie stand im Hintergrund solcher Anschauungsweise zweifellos die Furcht vor dem Zorn und der drohenden Strafe des Herrn, der über Stadt und Land komme, wenn auch nur eine Gottesbeleidigung ungesühnt bliebe. Die Rache des Herrn, aufgrund eines vermeintlichen oder auch verübten Sakrilegs (z. B. nicht an seine „göttliche Majestät" zu glauben), bedrohte stets die Christenheit an sich, weshalb stets die umfassendsten Maßnahmen an den Feinden Gottes und zugleich den Verbündeten Satans notwendig waren – eigentlich ihre Vernichtung. Nur so war die **göttliche Ordnung** wieder herzustellen – eine Weltanschauung (göttliches Weltbild), der jetzt Ketzer und Juden, einige Jahrhunderte später so manche „Hexe" etc., auch innerhalb des Bistums Hildesheim, zum Opfer fielen. In Anbetracht der zu vermeidenden Gefahr (des Strafgerichts des Allmächtigen) waren alle Mittel recht und alle aufgerufen, quasi im Auftrag Gottes gegen die Verursacher vorzugehen, wollte man nicht selbst zum Mittäter werden.

Wie im Falle der Hexenprozesse in der frühen Neuzeit gab es somit auch immer gleich Leute, die den Inquisitoren „sofort günstig gesinnt waren" und ihnen bei ihrer Arbeit halfen – bei der Denunziation oder bei der Heranschaffung von Brennmaterial usw. Ein weiterer Aspekt wird hier ebenfalls zu berücksichtigen sein. Denn waren die Verfahren erst einmal initiiert, fanden sich immer Personen, die ihre Nachbarn und Bekannten anschwärzten und glaubten, somit den Nachweis eigener Rechtgläubigkeit zu erbringen[400] – eben in der Hoffnung, es treffe diese und verschone daher sie selbst...

Angesichts einer derart erfolgreichen Tätigkeit für den Erhalt des einzig wahren Glaubens hatte man durchaus die Chance, vom Papst mit dem Ehrentitel eines „Kätzerquälers" ausgezeichnet zu werden.

Nach der wohl übertreibenden sächsischen Weltchronik von 1237 hätten unsere Glaubenskämpfer – ohne dass v. Marburg dabei erwähnt wird – wohl tausend von ihnen verbrannt. Die Annalen der Erfurter Dominikaner, die Gregor in seinen Generalangriff gegen die noch näher zu behandelnden „Kater- und Krötenküsser" einbezogen hatte, erwähnen fünfzig Personen, die sich aus Angst um ihr Leben schuldig bekannten und als Zeichen ihrer öffentlichen Entehrung das Haar scheren lassen mussten (und zur Beaufsichtigung oft ins Kloster geschickt wurden).

---

399 Gern erwiesen die Inquisitoren ehemaligen Ketzern, die nun besonders bemüht waren, ihre ehemaligen Glaubensbrüder zu verraten, besondere Milde. Einige stiegen dadurch gar in die kirchliche Hierarchie auf, andere nutzten ihr Insiderwissen selbst, um als Inquisitor tätig zu werden.

400 In einem überlieferten Fall hatte eine Frau praktisch ihre gesamte Verwandtschaft, mit der sie verfeindet war, ans Messer geliefert.

Die Zahl der Getöteten war sicherlich nicht geringer (vgl. Hergemöller, 21). Jedenfalls berichten alle *Quellen*, dass Konrad von Marburg zahllose Menschen verbrannt habe (vgl. Braun, 341).

Der (kurze) Prozess wurde durch die öffentliche Hinrichtung gekrönt, die bevorzugt an einem kirchlichen Festtag erfolgte. Inwieweit die Opfer auf dem Weg zum Scheiterhaufen noch mit glühenden Zangen „gezwickt" und unter einen Narrenhut gesteckt wurden, wie dies in der späteren Zeit der Hexenverfolgungen üblich wurde, lässt sich bezüglich unserer regionalen Verhältnisse nicht mehr sagen – vermuten müssen wir eine solche Praxis allemal. Während sie unter Flehen und Schreien allmählich lebendig verbrannten, evtl. auch erstickten, sang man unter Führung des Klerus das Lied: „Großer Gott, wir loben dich". Die enterbten Nachkommen wurden für drei Generationen für ehrlos erklärt, mithin waren sie zu bürgerlichen Ämtern unfähig – es sei denn, sie hatten selbst zuvor ihre Eltern als Ketzer zur Anzeige gebracht.

So ganz nebenher waren Ketzerbrände auch großartige **Schaustellungen kirchlicher Macht**, und sie bewirkten zudem eine Stärkung im Glauben und eine nachhaltige Disziplinierung des Volkes. Zu alledem wurde ferner der Glaube verbreitet, dass Schmähungen oder überhaupt „Vergehen" gegenüber Priestern unverzüglich durch Gott gestraft würden... Die Initiatoren aber gaben die Schuld dem Teufel und profitierten von den Verfolgungen. Oder sie wussten ihr Tun den Opfern anzulasten – ein ebenfalls gern genutzter Kunstgriff der „Apologie".

Hatten die oftmals selbst ernannten Inquisitoren, den Weg des geringeren Widerstandes beschreitend, anfangs „Ketzer" niederen Stands verbrannt, so wurden sie in ihrem Geschäft allmählich mutiger und nahmen die Obrigkeiten für sich ein, indem sie darauf hinwiesen, welche Vorteile ihnen aus ihrer Tätigkeit erwachsen würden, indem sie viele *reiche* Ketzer verbrennen würden. Beispielsweise wurden nämlich deren Güter zwischen dem Bischof und dem weltlichen ausführenden Organ aufgeteilt. Nach einer anderen Quelle hingegen bekam eine Hälfte die Obrigkeit, die andere aber behielt Dorso für sich (Kaltner, 138).

> 1231 kam es zu einer allgemeinen Norm zur „Güterkonfiskation", indem die Erbgüter der Gotteslästerer den rechtmäßigen Erben, die Lehngüter den Lehnsherren zufallen sollten. Die fahrende Habe der Hörigen aber falle an deren Herrn, jedoch nach Abzug der Verfahrens- und Verbrennungskosten.

Ehrenmänner wie Dorso und Johannes „luscus" oder die erwähnten Predigermönche der *Dominikaner* und ebenso der *Franziskaner* [401] wurden nun von den Bischöfen, in deren Funktion als Großinquisitor, berufen bzw. als deren Sendgericht eingesetzt und gewannen in ihrer Profession also eine rechtliche Stellung...

Dorso und sein Kumpan Johannes schlossen sich nun, um ihr Ansehen und ihre Macht zu verstärken, Konrad von Marburg an, der im Zenit seines Ansehens stand und den Ruf eines Propheten genoss, während die Predigermönche vor Ort in den einzelnen Städten Unterstützung leisteten.

[401] Die Hauptaufgabe der Dominikaner war die Bekämpfung der Ketzer und Ungläubigen.
In ihrem Eifer im Kampf gegen die Kirche des Teufels genossen beide geistliche Orden folglich den Ruf, die Hunde des Herrn oder die Bluthunde des Papstes zu sein – eine Eigenschaft, die ihnen zuweilen auch andere Orden, wie etwa derjenige der Zisterzienser, streitig machten. Entsprechend hatten die frühen Dominikaner als Symbol einen Hund mit einer Fackel im Maul.

Autorisiert durch die päpstlichen Bevollmächtigungen ging er voller Eifer ans Werk. Niemandem wurde dabei Gelegenheit gegeben, sich zu verteidigen – im Gegenteil! Vom Papst waren für Verteidiger und Hehler (die also einen Ketzer kannten, ohne ihn anzuzeigen) dieselben Strafen bestimmt, wie für die Ketzer selbst... Sofort hatte man sich als schuldig zu „bekennen", wurde dann als Büßer über den Ohren[402] geschoren und in der Kirche öffentlich gegeißelt. Ferner war an diese Strafe die Bedingung gebunden, Mitschuldige und auch die Ketzerschule zu benennen, in der man in den Irrlehren unterwiesen worden war, wollte man nicht doch noch verbrannt werden. Stellte man jedoch die ungeheuren Anschuldigungen in Abrede, so wurde man als „verstockter Ketzer" zum Scheiterhaufen geführt.

Es ist dies eine Gerichtspraxis, die Konrad dem kurz darauf erfolgten Beschluss des Konzils von Narbonne schon einmal vorwegnahm. Mit dem Vollzug des Urteils, bei welchem weder eine Verteidigung noch eine Appellation zugelassen war, wurde oft nicht einmal der folgende Tag abgewartet. Insofern ist folgende spätere Bestimmung bezüglich der Voreingenommenheit des Gerichts von einigem Aufschluss, wonach die Habe eines zum Verhör Geladenen (der sogar zu erscheinen bereit ist) nicht zu verteilen ist, bis dessen Schuld oder Unschuld festgestellt ist...

Aus jener Zeit, in welcher man überall Verrat am Glauben witterte und sich in Deutschland allgemein eine rege Inquisitionstätigkeit entspann, haben wir Nachrichten von Ketzerbränden aus den rheinischen Gebieten, aus Erfurt, Marburg, Trier... Auch die **Braunschweiger Reimchronik** hat da eine Notiz: „Bi dhen ziten moyte (belästigte) vil von Marburch brudher Conrat dhe lute an menger stat", also: „Zu jenen Zeiten belästigte Bruder Konrad von Marburg die Leute in stattlicher Menge" (Kaltner, 143). Einen Nachweis seiner Tätigkeit in Hildesheim hatten wir im Zusammenhang mit der Verbrennung des Abtes Minnike gebracht (s. S. 190).

Die Luziferianer und andere „Pestmenschen"- Kater- und Krötenverehrer

Fragen wir uns nun nach dem Glaubensinhalt und Kultus der von v. Marburg nachgespürten „Sekte", gegen die dieser seine Predigt, „voll der Salbung und des Heiligen Geistes", offenbar noch nicht mit dem durchschlagenden Erfolg gesetzt hatte, so sind hier mehrere Schreiben schmerzlichen Inhalts des Papstes Gregor IX. aufschlussreich, die übrigens auch gute Beziehungen zum **Bischof von Hildesheim** ausweisen: In einem solchen, unter dem 10. Juni 1233 an Konrad von Marburg gerichtet, schildert der Pontifex die Gräuel dieser heimischen Ketzer.

Zunächst aber noch ein paar Anweisungen dieses Obersten der Christenheit, über den Umgang mit den Glaubensabweichlern, an v. Marburg: „Falls jedoch trotz Deiner Predigt die Leuchte des Herrn... diese verpesteten Leute nicht mehr erleuchte, sondern sie verhärte, so müssen, wo leichte Mittel nicht mehr fruchten, starke gebraucht, wo lindernde Medizin nicht hilft, das faule Fleisch mit Feuer und Eisen entfernt werden." Sodann habe er gegen diese Ketzer, ihre Helfer, Gönner und Schützer die Gewalt des geistlichen und weltlichen Schwertes aufzubieten und alle Christgläubigen zu gemahnen, dass sie Christum gegen diese Feinde männlich verteidigen – gegen Verleihung der Privilegien und Ablässe der Kreuzfahrer!

---

[402] Sinn war dabei, die Personen unter öffentliche Aufsicht zu stellen – sie zu brandmarken. Die Kennzeichnung mittels farbiger Kreuze war noch nicht üblich.

Nachdem der Papst in höchster Anerkennung der gesegneten Tätigkeit Konrads gedachte, geht es ihm also darum, zunächst einmal das Kreuz gegen diese neue Pest in Alamannia auszurufen. Zur Bildung solchen Kreuzheeres bekommt Konrad alle Vollmachten. Denen, die sich anschließen würden, seien die Strafen für Verbrechen beinahe aller Art, jedenfalls noch für Mord und Brandstiftung (anders wird es mit Religionsfrevel aussehen), nachgesehen.

Auf Grund der besonderen Situation seien die zu entlarvenden Feinde des rechten Glaubens unter Anrufung des weltlichen Arms auszurotten. Und so ergeht, nur drei Tage nach dem eben zitierten Schreiben (13. Juni), ein solches („Vox in rama") an Friedrich II. und seinen Sohn, König Heinrich VII. – in einer zweiten Ausfertigung an den Erzbischof Siegfried von Mainz, den Bischof Konrad von Hildesheim und an den Magister Konrad von Marburg... Darin schreibt der Papst, es sei viel Weinen und Klagen vernommen worden, denn die Kirche beweine nun ihre Kinder, welche der böse Feind zu Grunde richte, denn „unsere ehrwürdigen Mitbrüder, der Erzbischof von Mainz, der Bischof von Hildesheim und Magister Konrad von Marburg, der Prediger des Wortes Gottes, unser geliebter Sohn, berichten uns in einem Brief voller Wehmut und Trauer, dass unter den Ketzereien, welche als Strafe der Sünden Deutschland heimsuchen, besonders eine ist, welche selbst unter adligen und sehr einflussreichen Gliedern der Kirche Teilnehmer fand. Diese Sekte ist ausgebreiteter als alle übrigen und abscheulich wie keine zweite..." Nicht nur der vernünftige Mensch, selbst die vernunftlose Natur solle sich gegen diese Pest erheben und **zu den Waffen greifen** (Kaltner, 162). Bei der Gelegenheit fordert der Papst die Herrscher auf, bei der Ketzerverfolgung als leuchtendes Vorbild voranzugehen und erteilt seinen beiden geistlichen Adressaten – also dem Mainzer und dem Hildesheimer Prälaten – dieselben Vollmachten, wie drei Tage zuvor Konrad von Marburg.

Gregors Zorn, in welchem er reichlich biblische Bezugszusammenhänge anklingen lässt, wie etwa den Untergang der Städte Sodom und Gomorrha im Feuer- und Schwefelregen oder den Höllensturz und apokalyptischen Endsieg Luzifers, richtet sich nun gegen die „**Söhne der Finsternis**" in Alamannia und fordert nicht nur die genannten Mitstreiter, sondern alle „Christgläubigen" nachhaltig auf, sich zu erheben, um Christus Beistand zu leisten und sich mannhaft gegen diese zu gürten.

Bei seinem Aufruf, der jenen zu den Kreuzzügen nicht gerade unähnlich ist, findet er, erfüllt von der Erhabenheit seines apostolischen Amtes, folgende Worte: „Wo bleibt der Glaubenseifer des Moses, der an einem Tage dreiundzwanzigtausend Götzendiener erschlug?[403] Wo bleibt der Eifer des Pinchas, der den Juden,

[403] Gem. Exodus 32, 25-28 und dem dortigen Bericht vom Tanz ums „Goldene Kalb". Doch etwas seltsam muss es angesichts der ja bedingungslos pazifistischen Grundhaltung eines Jesus anmuten, wenn dieser von der kathol. Kirche zum „zweiten Mose" stilisiert wurde. So mühen sich die unterschiedlichsten Stammbäume Jesu (s. die großartige spätromanische Deckenausmalung von St. Michael in Hildesheim), den christlichen Religionsgründer auf denjenigen der jüdischen Religion zurückzuführen. Ganz ungeachtet übrigens dessen, dass sein Vater ja der Hl. Geist (er selbst!) sein soll. Auch die ganze Legende vom Kindermord des Herodes und von der Rettung Jesu (Teil der „Weihnachtsgeschichte") wurde und wird gleichnishaft nur erzählt, weil eine ähnlich wunderbare Kindheitsgeschichte auch von Mose berichtet wird. So ist übrigens die Quelle vieler Geschichten in den Evangelien zu erkennen, indem eben deren Verfasser die in den alten jüdischen Schriften gemachten Verheißungen

zusammen mit der midianitischen Frau, mit einem einzigen Speer durchbohrte? Wo bleibt der Eifer des Elias, der vierhundertfünfzig Propheten des Baal... mit dem Schwerte erschlug? Wo der Eifer eines Mathatias, welcher entflammt für das Gesetz Gottes, am Altar den Juden tötete, der den Götzen opferte?"[404]

Diese Auszüge, so interessant sie auch sind, mögen genügen.
Dem Stellvertreter Christi (der von dessen Lehre offenbar durchdrungen gewesen sein muss) und „Knecht der Knechte Gottes" war es wichtig, dass ihn (und seine Mitstreiter) nicht der Vorwurf ereile, sie hätten es verabsäumt, wider diese Pestmenschen („pestilentes") die Ruten der Besserung zu schwingen. Und „weil das faule Fleisch amputiert werden müsse, damit es nicht auf das gesunde übergreife", gemahnt er die Vorgenannten, Erzbischof, Bischof (Konrad II. von Hildesheim) und den Magister im Herrn (Konrad von Marburg), gegen diese Ketzer sowie gegen deren Herbergswirte, Verteidiger und Förderer „die Macht des geistlichen und weltlichen Schwertes anzurufen, zur Ausrottung dieses verworfenen und verkehrten Volkes, welches den lebendigen Gott mit überreichem Schimpfe beleidigt..."

Und eben hierzu schreibt Gregor: „Wir aber, die wir die Aufgabe haben, das fruchtbare Wachstum (des Glaubens) zu mehren, werden gleichsam von der scharfen Spitze des Widerglaubens zerrissen; unsere Lenden erzittern vor diesem abscheulichen Gräuel, alle Eingeweide sind in Erregung..."

Von dieser, „den ganzen Leib erfassenden Unruhe" wurde der Papst also übermannt, nachdem er in dem ihm überreichten Schreiben „unserer ehrwürdigen Brüder, des Erzbischofs von Mainz, des Bischofs von Hildesheim sowie unseres geliebten Sohnes Konrad von Marburg, Prediger des Wortes Gottes" von den neuen, dem Christentum konkurrierenden, Irrlehren in Germanien erfuhr.

Die Aufgewühltheit des Pontifex wird allein anhand seiner Schilderung der Aufnahmeriten[405] der neuen Sekte, bzw. mit den Worten des Papstes „Seuche", erklärlich: Demnach erscheint Satan auf dem Ketzersabbat im Versammlungsraum der „**Luziferianer**" irgendwann in Gestalt einer Art Frosch oder Kröte (typisches Teufelstier)[406], zuweilen in der Größe einer Gans oder Ente, wobei dieses Untier auch schon einmal die Größe eines Backofens annehmen kann. In verdammenswerter Weise ist es von den angehenden Sektenmitgliedern auf das Maul oder gar den After zu küssen, aber so, dass Zunge und Speichel dieses Sendboten des Teufels mit Andacht in den Mund zu ziehen sind. Bald darauf – der Neu-Aufzunehmende schreitet voran – erscheint ihm ein Mann von verwunderlicher Blässe und mit kohlschwarzen Augen. Dabei ist dieser so abgezehrt und mager, dass alles Fleisch geschwunden und eigentlich nur noch die Haut um die Knochen zu hängen scheint – ein nur aus Haut und Knochen bestehendes Gerippe, wie es nur der

---

aufgriffen und danach ihren Jesus als eine überwiegend unhistorische, eben theologische Kunstfigur formten (vgl. R. Augstein in Der Spiegel, 21/1999). Auf eben solche Art gingen dann auch viele Verheißungen und Prophezeiungen in Erfüllung...

404 Christliche Vorbilder! Ausführlich bei Hergemöller.

405 Gem. der Dekretale „Vox in rama" von 1233 / vgl. Kaltner: Zacharias. Satanskult und Schwarze Messe. 1970, 52f.; Hergemöller; Gloger, 31

406 In der christlichen Tradition tritt der Frosch schon früh als Bild des Teufels auf. Beispielsweise erwähnt die Offenb. d. Joh. 16.13 unreine Geister gleich Fröschen – denn es sind Geister der Teufel... Aus solch religiösem Motiv hat man mancherorts Kröten und Fröschen den Garaus gemacht.

Unterwelt entstammen kann. Auch diese Höllengestalt ist zu küssen, wobei allerdings eine Eiseskälte zu verspüren ist, die von ihr ausgeht – vor allem aber schwindet bei dieser Begegnung die Erinnerung an den katholischen Glauben vollständig aus dem Herzen des Novizen...

In ähnlicher Weise wiederholt sich nach gemeinsamem Mahl das Szenario mit einem übergroßen schwarzen Kater (in der Größe eines mittleren Hundes), der mit bereits zurückgeschlagenem Schweife aus einer Statue (Bildsäule des Teufels), wie sie in solchen „Schulen" zu sein pflegt, rückwärts hervortritt. Ihn haben zuerst der Novize, dann der Meister, darauf alle Einzelnen, jedoch nur diejenigen, die würdig und vollkommen sind, nach ihrer Rangordnung auf das Hinterteil zu küssen.

Nach einem ebenfalls beschriebenen, außerordentlich einsilbigen, rituellen Wortwechsel zwischen dem jeweiligen „Meister" und dem Novizen, und wenn alle, auf den Knien liegend, ihr Haupt gegen den Kater hingeneigt haben, werden die Kerzen gelöscht und das abscheulichste Werk der Unzucht eröffnet, wobei alle, ohne irgendwelche Familienbande zu berücksichtigen, übereinander herfallen und sich in den perversesten Leidenschaften der auch unnatürlichen Schande ergehen...[407]

Im Gegensatz zum Heiligen Vater wollen wir hier auf die Einzelheiten orgiastischer Lustbarkeiten in den Versammlungslokalen dieser Gottlosen nicht näher eingehen (es war nicht unüblich, von den Lehren der Ketzersekten in der konfusesten und frivolsten Weise Bericht zu erstatten).

Nachdem der so außerordentlich gottlose Akt der Ruchlosigkeiten vollbracht ist und die Kerzen wiederum angezündet sind, tritt aus einer dunklen Ecke der Versammlungsräume dieser verworfensten aller Menschen der Obermeister (evtl. der Teufel in eigener Person) hervor und spielt seine satanische Rolle, wobei es besonders auffällt, dass er oberhalb der Lenden heller strahlt als die Sonne und daher den ganzen Raum erleuchtet[408], unten herum aber so struppig ist wie ein Kater etc.[409]

Von diesen „unglückseligsten aller elenden Menschen" weiß Gregor zudem, dass sie besonders gerade zu Ostern den Leib des Herrn aus den Händen des Priesters empfangen, um ihn im Munde nach Hause zu tragen und ihn dort, zur Schmähung des „Schöpfers", in die Kloake zu spucken – kirchliche Glaubensvorstellungen, die man problemlos auf vermeintliche Praktiken der Häretiker übertrug; Vorwürfe auch, mit denen in späteren Jahrhunderten die Hexenleute beschuldigt wurden, und die hier bereits vorgeformt waren! Beispielsweise finden wir zahlreiche dieser Elemente im deutlich jüngeren Hexenhammer wieder, so den Sabbat mit seinen wild ausschweifenden Tänzen, Teufelstiere und Teufelskult. Entsprechend beten diese Kater- und Krötenverehrer ebenfalls Luzifer an – daher ihr Name.

Letzterer galt ihnen als der eigentliche Schöpfer des Himmels, der zu Unrecht und nur mit Gewalt und List in die Unterwelt gestürzt sei. Und natürlich arbeiten die

---

[407] Anschuldigungen, die sich hundert Jahre später in den Templerprozessen wiederfinden.

[408] Eine Art Analogie zum Heiligenschein. Von Jesus (dem „Licht der Welt") berichtet Math. 17,2, wie er mitsamt den Propheten Moses und Elias im Lichterglanz erscheint: „...sein Gesicht leuchtete wie die Sonne etc." Entsprechend mußte auch Moses sein Haupt mit einem Tuch verhüllen, um seine Mitmenschen nicht zu sehr zu blenden, oder wieder als Kontrapunkt erhellte auch der Teufel mit seinem leuchtenden Horn den Hexentanzplatz auf dem Blocksberg.

[409] Kirchlicher Aberglaube führte dazu, dass man noch 1847 in den ersten erlegten Gorillas Ausgeburten der Hölle erkennen musste.

Luziferianer somit am Sturz des Herrn in einem apokalyptischen Endsieg, der in höchstem Maße das Christentum, mithin die katholische Kirche, gefährdet erscheinen lassen muss!

Diese Andeutungen weitgehend eingebildeter Ketzergräuel zeigen, warum sich Gregor mit allen seinen Mitteln bemüht, bei den Obrigkeiten zum Kampf zu blasen und anhand der herangezogenen überwiegend alttestamentlichen Kampf- und Rache-Theologie (auch der neutestamentliche schwertschwingende Petrus ist mit eingebaut) das unnachsichtigste Handeln als den Willen Gottes auszugeben.

Durch die Verbindung von Häresie, Idolatrie (Götzenanbetung) und Unzucht mit den grausamsten Bibeltexten bemüht sich der Papst, die Notwendigkeit eines neuen Kreuzzugs gegen die einheimischen Ketzer insbesondere der weltlichen Obrigkeit vor Augen zu halten.

Indem Gregor ausruft: „Ach, wer hätte je solches vernommen, wer dergleichen für möglich erachtet...", wird ersichtlich, dass ihm diese Inhalte zuvor durch die Schilderungen der hier berührten engen Vertrauensleute, also des Erzbischofs von Mainz, des Bischofs von Hildesheim und Konrads von Marburg zugetragen wurden. Hierbei mag nochmals an die besondere Stellung Konrads von Hildesheim erinnert werden, der in seiner Eigenschaft als päpstlicher „Pönitentiar" mit dem Ketzerstrafwesen in höchster Berufung betraut war und den wir (wie ja auch schon als solchen vorgestellt – S. 197) getrost als eifrigen Ketzerverfolger betrachten dürfen.[410]

Wenn aus dem Schreiben des Mainzers, des Hildesheimers und Marburgers auf den Stand der Ketzerei in Deutschland Rückschlüsse zu ziehen sind, so am ehesten auf die Diözesen bzw. Wirkungsbereiche der Angesprochenen, speziell aber wohl auf die Rheingegenden, mit welchen Gebieten sich unser Hildesheimer zweifellos auch besonders gut auskannte.

Ganz eigentlich aber dürfte das dargebrachte Szenario ein Spiegel der Verhörpraxis von Marburgs bei dessen inquisitorischer Praxis darstellen. Dank der päpstlichen Privilegien wird er sich mit eben den Verhören nicht übermäßig belastet und wohl stereotyp nach Kröte, Gerippe (alternativ auch „Neger"), Kater... gefragt haben... Dem Verhörten blieb ja nichts anderes übrig als sofort die abstrusesten Dinge, nach denen er gefragt wurde, zu bestätigen, da er ja anderenfalls als „verhärteter oder verstockter Ketzer" sogleich dem Scheiterhaufen überantwortet worden währe.

v. Marburg mag sich bei seinen Verhören durchaus um Korrektheit bemüht haben, im festen Glauben an die Realität von Hölle, Teufel, Unter- und Geisterwelt – bei seinen „Befragungen" bekam er ja stets die Bestätigung.

Das Zusammenspiel zwischen Theorie und Praxis stimmte (man brauchte also nicht einmal nur autoritätsgläubig zu sein), und man war ja bekanntlich in hohem Maße „gläubig". Man glaubte eben die umlaufenden Gerüchte über die furchtbarsten Schandtaten, die die Häretiker in den unterirdischen Gemächern begangen haben sollten ebenso, wie man von der furchtbaren Bildsäule Satans überzeugt war, die sich angeblich über einer Ketzerschule am Rhein erhob, auf Befragen Orakel erteilte und erst in sich krachend zusammenfiel als ihr ein Mönch das Kruzifix entgegenhielt...

---

[410] Hoogeweg, 256

Den Bericht an den Papst über die Luziferianer also „hat Konrad von Marburg unter Autorisation des Erzbischofs von Mainz und des Bischofs von Hildesheim angefertigt, und sie haben sich alle drei mit demselben ein unvergessliches Denkmal gesetzt“ (Hausrath, 44 / allerdings bringt Hausrath die Luziferianer zu Unrecht mit den Stedingern in Verbindung).

Wie sehr dem Papst angesichts solcher Horrormeldungen daran gelegen war, mit Nachdruck die häretische Bosheit in Teutonia aufzuspüren und die Ketzer, das „Unkraut auf dem Acker des Herrn“, vernichten zu lassen, zeigt, dass schon vom folgenden Tag (!), dem 14. Juni, abermals ein Breve Gregors an die bewussten Vertrauensmänner in Deutschland datiert. Auch dieser enthält die abermalige Aufforderung, in den Diözesen Kleriker und Laien anzuspornen, endlich gegen die Ketzer vorzugehen!

Vom **Hildesheimer Bischof** wissen wir, dass er um diese Zeit neben seinen Kreuzzugsaufrufen in den Orient, ins Baltikum, gerade jetzt auch gegen die Stedinger Bauern (denen er ein Hauptgegner war) und verstärkt auch gegen die Häretiker im eigenen Lande aufrief. Außer in Sachsen predigte er dazu auch in Thüringen, was angesichts der vorangehend geschilderten Predigtinhalte verständlicherweise erhebliche Unruhe in der Bevölkerung hervorrufen musste...[411]

Die beiden Konrade wirkten dabei sehr effektvoll mit dem Landgrafen Konrad von Thüringen zusammen.

Des Letzteren priesterliche Erziehung gehörte übrigens einst zu den Obliegenheiten des Marburgers, der den jungen Prinz so zu festigen wusste, dass derselbe die Ketzerjagd auch noch nach des Zuchtmeisters Tod tatkräftig und ebenso erfolgreich weiterführte – tw. zuständigkeitshalber zusammen mit dem Hildesheimer, wie wir sehen werden, denn zu des Letzteren Wirkungskreis als Kreuzprediger der Mainzer Erzdiözese gehörten auch die landgräflichen Lande.

Erst kürzlich hatte der Landgraf in seiner Fehde mit dem Erzbischof von Mainz das Städtchen Fritzlar in einem schrecklichen Strafgericht überfallen und dort am 15. Februar 1232 die Einwohnerschaft in einem grausamen Exempel, bei welchem er weder Weib noch Kind verschonte, niedergemacht und Brand gelegt.

Ob sein bald darauf erfolgter Eintritt in den Deutschen Ritterorden (1233) von ihm vorgenommen wurde, um diese Schuld zu sühnen und sich vom Bann zu befreien, wie dies kontrovers dargestellt wird, ist für uns unerheblich. Doch „von da an hingen **die drei Konrade** von Hildesheim, Thüringen und Marburg fest zusammen (wie v. Marburg, so wird auch unser Bischof in dem Konflikt vermittelt haben) und veranstalteten **gemeinsame Ketzerjagden**“.[412]

Möglicherweise hatte der Hildesheimer Bischof zu seinem Vorgehen auch aus Mainz eine Direktive erhalten, denn Gregor hatte in seinem mit dem 29. Oktober 1232 datierten Schreiben den Erzbischof aufgefordert, sämtliche Pfarrgeistliche zu ermahnen und glaubenstreue und im Gesetz Gottes wohl unterrichtete Männer in alle Teile seiner weiten Diözese (zu der ja das Bistum Hildesheim gehört) zu senden, um das Inquisitionsverfahren sowohl gegen die Häretiker als auch gegen deren Hehler und Gönner, überhaupt gegen alle der Ketzerei Verdächtigen, einzuleiten.[413]

---

[411] vgl. Rüdebusch 186

[412] Hausrath, 32 / s. w. unten

[413] Kaltner, 145

Es war nun sicher nicht notwendig, päpstlicherseits die Agitation v. Marburgs und seiner Spießgesellen zu autorisieren, wohl aber, indem Gregor sich an Kaiser Friedrich II. und König Heinrich wandte, war beabsichtigt, Widerstände bei den verschiedentlichen weltlichen Obrigkeiten, auf die von Marburg wohl immer wieder gestoßen sein mochte, zu brechen. Die empörten Reaktionen seiner Zeitgenossen verdeutlichen die tiefe Kluft zwischen dem tradierten Rechtssystem und dem nun rezipierten *neuen kanonischen Recht* – einem Ausnahmerecht, bei welchem nun „der Bruder den Bruder, die Frau den Mann, der Herr den Diener" zur Anzeige bringen sollte. So jedenfalls beklagt sich der Erzbischof Siegfried von Mainz. Doch eben dies war angestrebt: die Zerstörung engster sozialer Bindungen zu Gunsten der hohen Güter der Religion und des Glaubens.[414]

In seinem aufopferungsvollen Wirken für diese hohen Ziele wurde es Konrad von Marburg (nicht viel anders auch seinen Mitstreitern Frater Dorso und Johannes) bald zum Verhängnis, nunmehr bevorzugt Adlige und reiche Bürger in seine in krassem Widerspruch zu den deutschen Volksrechten stehenden Verfahren zu verstricken, denn längst waren unsere Gottesmänner nicht mehr daran, nur Leute niederen Standes zu verfolgen. Jetzt traf es auch bessere Bürger, Burgmannen, Edelleute, gar Grafen, mithin Landesherren! Sie wurden vor das Inquisitionstribunal zitiert, zumal sich mittlerweile das Gift der Häresie in den Gauen Deutschlands dermaßen ausgebreitet hatte, dass kaum eine Stadt, ein Dorf oder eine Hofmark gefunden wurde, welche hiervon nicht befallen währe...

Also ergingen gemäß den Statuten der Mainzer Synode (1233) Mahnungen an die Mitbischöfe und Prälaten, „bei unserem Herrn Jesus Christus und seinem Gericht, dass dieses abscheuliche Tollkraut vom Acker des Herrn ausgerottet werde", unter Befolgung einer Vielzahl von Verordnungen. Selbstverständlich sind die angesprochenen Ketzergesetze genau einzuhalten.

Gegen Hochadlige oder Mächtige, die auf die Vorladungsschreiben, auf die Festigkeit ihrer Burgen vertrauend, nicht zu erscheinen gedenken, ergeht der Befehl an den jeweiligen Bischof, das Volk unter Verleihung des Ablasses aufzufordern, sich mutig zu erheben und gegen einen solchen Feind des wahren Glaubens *die Schlachten des Herrn* wacker zu kämpfen.

Herren, die sich weigerten, ihr Land von den Ketzern zu säubern, konnten ja ehedem desselben für verlustig erklärt werden!

Auf diesem Gebiet der Kirchengeschichte konnte man auf einen reichen Erfahrungsschatz zurückgreifen, war doch beispielsweise der in völlig gleicher Weise inszenierte und über Jahrzehnte durchgeführte Kampf der katholischen Kirche gegen die Albigenser (Katharer Südfrankreichs) mit auch ein paar 100.000 Toten – und dem widerwärtigsten Vorgehen gegen den Grafen von Toulouse – gerade von Gregor IX. erfolgreich abgeschlossen!

Sehr aktuell wurden auch derzeit die Kreuzheere zur Vertilgung der Stedinger Ketzer in Norddeutschland ins Feld geführt (s. S. 161f.).

Und in der Tat, bei seinem Bemühen, die größte Ketzersekte aller Zeiten auszurotten (und nur auf Deutschland bezogen sollte sich die Situation noch einige Male wiederholen, so beispielsweise anlässlich der Hussitenkriege, Luthers Ketzersekte, Hexenverfolgungen etc.), suchte von Marburg im Frühjahr des Jahres 1233 seine

[414] Kulturelle bzw. ethische Errungenschaften durch das Christentum!

Opfer gar unter den Fürsten des Reichs. Die Grafen von Henneberg, von Solms, von Sayn, von Arensberg, eine Gräfin von Los/Loz und Andere mussten ihr fürstliches Haupt als Ketzer scheren lassen. Graf Heinrich III. von Sayn, „der Große“, soll als Häresiarch in der Ketzerversammlung auf einem Krebs durch die Lüfte geritten sein... Konrad von Marburg ließ den Sayner, der mächtig war, als grausam galt und ihm nun seine Burgen verschlossen hielt, wissen, er werde – offenbar mit Hilfe eines Kreuzzugs – ihm die Schlösser „einschließlich der *alten Frauen (Vetteln)*“[415] schon aufzubringen wissen.

Und noch mehr drängt sich die Parallele zu den Albigensern und zum Kampf gegen den Grafen von Toulouse auf, denn auch im Fall Heinrichs III. von Sayn traf es einen verdienten Kreuzfahrer, der sein Leben für Gott, den Papst und die Kirche aufs Spiel gesetzt hatte. 1215 hatte er zusammen mit Friedrich II. nach der Kreuzpredigt unseres Hildesheimers in spe das Kreuz genommen und ca. 1217-20 vor Damiette mitgekämpft!

Die Vollmachten zu solchen Kreuzzugspredigten erteilte ihm (dem Marburger) gern der Papst, da sich die herkömmliche bischöfliche Inquisitionspraxis als nicht hinreichend effektiv erwies, und mit Hilfe seines alten Vertrauten und Gesinnungsgenossen Konrad von Hildesheim schien es, als könnten sie zuständigkeitshalber auch den Mainzer Erzbischof gewinnen.

Der jedoch, der anfangs – wie die vorangehenden Schreiben bezeugen – dieses christliche Werk unterstützt hatte, spielte plötzlich in der gewünschten Weise nicht mehr mit: Um den Sayner der inquisitorischen Ausnahmegerichtsbarkeit zu entziehen, stellte er den Grafen anstelle des verselbstständigten geistlichen Ausnahmegerichts vor ein herkömmliches, also weltliches Rüge- und Leumundsgericht, das am 25. Juli 1233 in Anwesenheit des Königs Heinrich in Mainz stattfand.

Letzterer hatte als Statthalter Kaiser Friedrichs II. und als Teilhaber am konfiszierten Vermögen der Opfer v. Marburgs dessen Treiben mit angesehen, nun aber sah er sich veranlasst, sich schützend vor beschuldigte ihm nahe stehende Adlige zu stellen. Damit erfolgte nun eine Rechtsprechung, bei welcher einem luftfahrenden Riesenkrebs keine übermäßige Beweiskraft mehr zukam, auch an die Anwendung der Folter nicht zu denken war.

Der Marburger, über das Nichterscheinen vieler Geladener erbittert, predigte, ungeachtet der Gegenvorstellungen (!) des Erzbischofs Siegfried von Mainz (auch anderer bisheriger Befürworter der Inquisition, wie die Erzbischöfe von Trier und von Köln) gegen all diese Personen das Kreuz, die damit zumindest als vogelfrei erklärt waren! Ein Eindruck sei wie folgt vermittelt:

„Wo man sie betreffe, da solle man sie tot schlagen („tot slaen“),
und die anderen, die vor das Gericht
dahin kommen wollten...nicht,
über die gab das Kreuz Meister Konrad,
wie ihm der Babst befohlen hatt.
Wer sie deshalb erschlug oder fing,
dass er solchen Ablass empfing
als ob er gen Jerusalem zöge (queme).“

---

[415] Das durch die Lüfte Reiten sowie die in kirchlichen Traditionen seit Eva gepflegte Frauenfeindlichkeit bringen hier weitere Elemente der von der Scholastik allmählich entwickelten „wissenschaftlichen Hexenlehre“- vgl. Lehrmann, Hexen.

Viel deutlicher lässt es sich kaum zeigen, wie es die seinerzeitigen Prediger des Kreuzes (und keineswegs nur die!) verstanden, ihre Gebete unmittelbar als Waffe einzusetzen!

Das Scheitern des ersten Versuchs der Einführung der „heiligen Inquisition"

König Heinrich und die Fürsten aber nahmen öffentlich gegen die Inquisitoren Stellung und forderten von Marburg auf, endlich von seinen grausamen Inquisitionsverfahren abzulassen.

Als päpstlicher Legat ließ der sich aber von den hiesigen Bischöfen, wie wir gesehen haben, nicht einfach mundtot machen. Er war von der Richtigkeit seiner Anklagen nach wie vor felsenfest überzeugt und ließ sich keineswegs bewegen, den Grafen oder Andere freizusprechen.

Doch er hatte nun das Problem, dass die schon geschorenen „Zeugen" freier aussagten, weil sie im Moment nicht vor dem Scheiterhaufen zittern mussten; und andere, die als bisherige anonyme Verleumder nicht mehr inkognito auftreten konnten, zogen ihre Beschuldigungen voller Furcht vor den Mächtigen, auch vor der Rache des Sayners und dessen Freunde, zurück...

Dennoch, ungebeugt durch den Sturm des Unwillens, der gegen ihn losbrach, beharrte der Marburger auf seiner Anklage, ja er ließ sich nicht einmal bewegen, was zur Erhaltung der Ruhe das Nötigste gewesen sein würde, allein in Mainz von der Kreuzpredigt abzulassen. Das bedeutete ja nichts Geringeres, als sich aus dem Volk von Mainz einen bewaffneten Freischarenhaufen zusammenzupredigen, vorgeblich gegen die auf seine Vorladung nicht Erschienenen – nötigenfalls auch gegen die inländische Obrigkeit, also den König und die Fürsten der Versammlung, wie es die Erzbischöfe auffassten. Immerhin hatte der Papst Konrad von Marburg 1233 päpstlicherseits noch ermächtigt, „damit niemand bei einem so frommen und heiligen Werk fehle", selbst wegen „Mord und Brandstiftung Exkommunizierten" noch, sobald diese „für den König der Könige kämpfen wollten, die Absolution zu erteilen", also wenn sie das Kreuz nur gegen die Feinde in der Nähe nehmen und sich ihm mit den Waffen zur Verfügung stellen würden.

Von dem autoritätsbesessenen Marburger heißt es allemal zu Recht, dass er **„weder Könige noch Bischöfe fürchtete"** – eine Mentalität, welche seinem **Hildesheimer Freund** nicht minder zu Eigen gewesen sein muss: Selbst in dieser bedenklichen Situation blieb der ihm treu, trat auch als sein Verbündeter auf und suchte gleichfalls ein Kreuzheer zusammenzubringen...[416]

Doch wie Konrad von Marburg, so musste diese Art von Verfahren auch unseren Bischof in große Schwierigkeiten bringen.

In Frankfurt wurde die Entscheidung vertagt. v. Marburg, „einer der geistig bedeutendsten Männer seines Vaterlandes", musste mit einer Niederlage rechnen...

Der König und der Mainzer Erzbischof hatten ihm vorsichtshalber bewaffneten Geleitschutz angeboten, den der Marburger ablehnte. Auf dem Heimweg nach Marburg – das Kreuz predigend – wurde Konrad von Marburg 1233 in der Nähe dieses Orts, zusammen mit zwei ihn begleitenden Franziskanern, von zunächst

---

[416] Hausrath, 48 / Henke, 21, 27

unbekannter Hand erschlagen.[417] Es werden entweder schon bezeichnete und nach Mainz vorgeladene „Ketzer" gewesen sein oder Vasallen des Grafen von Sayn.

Nicht viel besser erging es bald seinen beiden früheren Weggefährten: Konrad Dorso wurde in der Nähe von Strassburg von einem vor sein Gericht geladenen Ritter kurzerhand das Schwert in den Leib gestoßen, während Johannes „luscus", „der junge lecker", bei Friedberg von einem weltlichen Rat recht offiziell aufgeknüpft wurde.[418] Auch anderenorts wurden die Dominikaner vermahnt, „die leutt nit so stracks und unverhört zu verbrennen".

Einem Stoßseufzer gleich vermeldet die Wormser Bischofschronik vom Tode v. Marburgs, dass somit Deutschland, dank göttlicher Hilfe (!), von diesem enormen und unerhörten Gericht befreit worden sei...

Ganz anders sah das natürlich der Papst, der auf die Schreckensnachricht hin in gleich drei an Siegfried von Mainz und Konrad von Hildesheim gerichteten Schreiben den Magister quasi als einen „Brautführer und Ziehvater der Kirche" hochstilisiert und gleichsam in Christusnähe rückt.

Entsprechend verflucht er **ganz Deutschland**, welches vom Schmutz und Frevel besudelt sei: „Und wenn der Herr nicht den Samen seines Segens zurückgelassen hätte, nämlich die überzeugten Männer und Eiferer im Glauben" (wie beispielsweise Konrad von Hildesheim), so sei es zweifelhaft, ob dieses Land jemals wieder auf den rechten Pfad zurückkehren könne...

Um aber diesen **„Garten des häretischen Schmutzes**" (Deutschland) wieder zu bestellen, befahl der Pontifex dem Mainzer Erzhirten, dem Oberen des Dominikanerordens in Deutschland und natürlich unserem Bischof, überall wo es ihnen nötig erscheinen würde, das Kreuz zu verkünden...

Nach dem Tod v. Marburgs hatten die Dominikaner keinen Geringeren als Abgesandten zur Berichterstattung beim Papst erwählt als Konrad Dorso, der sich also an die päpstliche Kurie begab.

Ein Nachklang seines Besuchs[419] stellte insofern jene Enzyklika dar, welche Gregor unterm 21. Okt. 1233 an alle Prälaten Deutschlands richtete.

Das päpstliche Zirkularreskript war in einer Art abgefasst, dass darin beinahe die Kanonisation Konrads in Aussicht gestellt wurde: Demnach habe der von Dienern der Finsternis verübte Tod Konrads, als dem Diener des Lichts und seiner Mitstreiter, die Kirche wie ein Donnerschlag getroffen, welche umso mehr hierüber trauert als sie sich früher über deren Kämpfe und Siege freute: „Welcher Hund des Herrn" (domini canis), heißt es, „hat mit größerem Maul durch sein Geheul die gewaltigen Wölfe erschreckt?" Wer hat mehr geeifert für die Freiheit der Kirche? Hat er nicht als ein wahrer Diener Mosis die Bosheit der Welt, wie ein zweiter Josua gegen Jericho (vgl. S. 30), mit Priesterposaunen umgeblasen, oder gekämpft wie

---

[417] In Marburg erhielt der famose Magister ein großartiges Leichbegängnis, was schon aus der Tatsache ersichtlich ist, dass er zur Seite seines Beichtkindes, der hl. Elisabeth, beigesetzt wurde. Auch bewahrte man ihm dort ein ehrendes Andenken, indem er mit dieser in die bald fertig gestellte prächtige Elisabethkirche überführt wurde (s. S... 234f.).

An dem Ort, da er erschlagen wurde, errichteten ihm die Deutschherren eine Gedenkkapelle...

[418] Um diese Zeit machte sich auch in Süd- und Mittelfrankreich verschiedentlich der Volkshass gegen die Ketzertribunale Luft.

[419] trotz der ebenso in Rom vorstellig gewordenen Delegationen der anderen Parteien – darunter Graf Sayn

einst Mardochäus gegen Amon?" Ein solches Verbrechen, wie die Ermordung Konrads, „eines Mannes von vollendeter Tugend und Herolds des christlichen Glaubens", könne überhaupt nicht nach Gebühr gezüchtigt werden.[420]

Jedoch, damit niemand meine, Petri Schwert sei eingerostet[421], verordnet Gregor noch etliche Strafmaßnahmen gegen die Mörder, verhängt auch das Interdikt für die Orte ihres Aufenthalts etc... All dies sei so lange in den Dom- und Pfarrkirchen zu publizieren (!), bis sie sich stellen würden.

Dennoch scheinen selbst dem Papst Bedenken an der Ausübung seiner Vollmachten gekommen zu sein, wie ein Schreiben vom 21. Okt. 1233 an Siegfried von Mainz, Konrad von Hildesheim und den Provinzial der Dominikaner Konrad aufscheinen lässt, denn er verordnet darin, dass künftig nur fromme, gottesfürchtige und rechtskundige Männer als Inquisitoren ernannt werden sollen, die nach den Verordnungen des Laterankonzils von 1215 und seinen Verordnungen von 1231 zu verfahren hätten, damit die Schuldigen bestraft, aber die Unschuldigen nicht verletzt würden. Der Papst trage dies gerade ihnen auf, weil, falls es überhaupt noch möglich sei, gerade sie *das Werk des barmherzigen Samariters* an der verwundeten deutschen Kirche noch am ehesten üben werden und können.

Zehn Tage darauf fordert er dieselben drei Vertrauensmänner auf, in den verschiedenen Gauen Deutschlands gegen die durch Konrads Tod ermutigten Ketzer mit gleichem Eifer das Kreuz zu predigen und verheißt allen, welche dasselbe nehmen oder dieses Werk mit persönlichen Diensten oder Geldbeiträgen befördern, die Vergebung aller Sünden entsprechend dem Ablass der Jerusalem-Kreuzfahrer.

Konrad von Hildesheim ließ sich das nicht zweimal sagen und befolgte diese Weisung sogleich in Sachsen und Thüringen (u. a. Henke, 30).

In seinem wie üblich großen Eifer erwies er sich als außerordentlich rührig und zudem erfolgreich, denn in Folge seiner Predigt in diesen Gebieten unterwarfen sich am 31. November 1233 die Mörder v. Marburgs dem weltlichen und geistlichen Gericht und versprachen, sich auf der Versammlung der Reichsstände, die am 2. Februar 1234 in Frankfurt abgehalten werden sollte, zu stellen (Beck, 38)! Gleichzeitig hatte Konrad II., nicht anders als Konrad v. Marburg, zum Kreuzzug gegen Häretiker aufgerufen und diese für vogelfrei erklärt – so weiß dies auch Bertram (Bistum).

Der Mainzer hingegen, der bisher mitgespielt hatte, sah die Dinge inzwischen anders.

Auf dem nun folgenden durchaus stürmisch verlaufenden **Frankfurter Hoftag** (2.–6. Febr. 1234) kam es zu heftigen Debatten über die Verfahren, wie sie v. Marburg geführt hatte. Ein Prälat rief in die Menge, v. Marburg müsse ausgegraben und als Ketzer verbrannt werden. Die entschiedene Mehrheit aller Teilnehmer wandte sich gegen diese Art der Inquisitionsprozesse und damit auch gegen die Repräsentanten der päpstlichen Inquisition. Für diese war es somit inzwischen

---

[420] Eine Heiligsprechung ist wohl aber nicht betrieben worden – obwohl einer der grausamsten Inquisitoren (der Spanier Pedro Arbués) noch 1867 kanonisiert wurde und ja auch Großinquisitoren und Inquisitoren zu Päpsten avancierten.

[421] Uneingedenk dessen, dass der Erzbischof von Bremen dieses Requisit in seinem Fundus verwahrte – als Reliquie hatte er es aus dem Palästina-Kreuzzug des Hildesheimer Bischofs Konrad I. mitgebracht.

gefährlich geworden, für des Marburgers päpstliches Inquisitionsverfahren das Wort zu erheben. So wagte dies nur der Bischof **Konrad von Hildesheim** und ein Dominikaner Otto, vielleicht ein Gehilfe des Hildesheimers, die hier nun vehement die römische Inquisitionspartei vertraten.

Entsprechend hatte König Heinrich sogleich bei der Eröffnung der Verhandlung den Hildesheimer Bischof für seine unmotivierten Kreuzpredigten zur Verantwortung gezogen und lenkte insofern gerade auf ihn den allgemeinen Volkszorn. Selbst höchst erregt, stellte er den Bischof Konrad wegen dessen erneuter Ketzer-Kreuzpredigten zur Rede und machte ihm die schwersten Vorwürfe, weil er gegen die Ketzer so viele mit dem Kreuz bezeichnet habe.

Doch der erklärte, innerhalb seiner Kompetenz gehandelt zu haben und verwies auf die ihm noch im Oktober zugekommenen päpstlichen Befehle. Darüberhinaus entschuldigte er sich damit, nur jene bezeichnet zu haben, die es selbst verlangt hätten, wofür eine rechtliche Befugnis vorhanden sei.

Mit anderen Worten hatte er also wie v. Marburg das Kreuz gegen die Ketzer im eigenen Lande, und zwar in Sachsen und Thüringen, gepredigt und gilt folgerichtig wie dieser als berüchtigter Ketzerjäger.

Der suggestiven Wirkung solcher Beredsamkeit, vielfach begleitet von imponierendenund mitreißenden Effekten, wie Massenpsychosen, konnte sich das einfache, kritiklose und leicht beeinflussbare Volk, das es ja zudem gewohnt war, jegliche Verhaltensnormen von der Kanzel bzw. von den Klerikern vermittelt zu bekommen, nicht entziehen; und dies umso weniger, als die Aufrufe nicht von nur regional bekannten Geistlichen inszeniert wurden – die unterstützten dies selbstverständlich lebhaft! –, sondern von hoch angesehenen Größen, die man real als heilige Männer ansah, die sich „für Gott" einsetzten!

Von Konrad v. Marburg ist bekannt, dass er, von Ort zu Ort ziehend, von einer großen Schar Volks begleitet wurde. Näherte er sich einer Stadt, so zog ihm der Ortsklerus bereits entgegen und geleitete ihn unter geistlichen Gesängen, mit Kerzen und Fahnen, umweht vom Duft des Weihrauchs an die Stätte seines großen Auftritts. Dort hielten die Geistlichen erst einmal eine feierliche Messe, die „missa de sancta cruce". Darauf wurde der Psalm 79: „Gott, es sind die Heiden in dein Erbe gefallen" gesungen. Die Messe schloss mit dem Altargebet zur Befreiung des Heiligen Landes. Dann erst begann die Kreuzpredigt. Sein Einsatz gegen die heimischen Häretiker dürfte analog verlaufen sein,

und im Falle unseres Bischofs, der von gleichem Hass wie der Marburger gegen die Ketzer beseelt war, wird das Szenario nicht viel anders gewesen sein.

Und dass man, selbst ohne den Aufruf großer Autoritäten, zu jeder Bluttat im Namen des Herrn gern das Kreuz nahm, haben wir im Rahmen dieser Darstellung wohl hinreichend aufgezeigt. „Wallfahrt", auch wenn es eine bewaffnete ist, „macht" eben „frei"!– von Sünden!

Wenn also auf die Vorstellungen unseres Bischofs hin, und unter dem so erzeugten psychischen Druck[422], Viele sich genötigt sahen und eben „verlangten",

---

[422] Die erhabene Umgebung (später viel Blattgold, denn auf den schönen Schein kam es an) des mächtigen und eben gewollt auch Macht ausstrahlenden, geweihten Kirchenraumes, ließen die Gewalt auch spüren, der man untertan war. Der Eindruck vom Bischof in seinem Ornat hoch oben auf der Kanzel, seine lateinischen Beschwörungen und Exorzismen,

von ihm mit dem Kreuz bezeichnet zu werden, so war er zweifellos dazu befugt, diese geistliche „Auszeichnung“ zu gewähren, denn als Legat des Papstes verrichtete er das Werk Gottes nach dem Willen des Heiligen Stuhls. Gerade er war ja als päpstlicher Pönitentiar in ganz besonderer Weise autorisiert und, ähnlich Konrad von Marburg, niemandem außer Gottes Stellvertreter[423] Rechenschaft schuldig!

Und so fuhr er denn auch fort, zusammen mit Frater Otto aus dem Predigerorden (Dominikaner), den Magister Konrad auf das Heftigste und Lebhafteste zu verteidigen. In dieser Beziehung stand er freilich nun recht einsam da.

Inzwischen traten auch ca. fünfzig bereits geschorene und noch nicht freigesprochene Ketzer (darunter die sechs Mörder v. Marburgs), in einer Prozession mit einem vorangetragenen Kreuz einherziehend, auf den Plan und fingen „in erbärmlichem Tone“, indem sie ihr Schicksal erzählten, über des Magisters Vorgehen zu klagen an. Die somit schon Gekennzeichneten beschrieben jetzt relativ frei und ungezwungen des Marburgers Taten, was die (beinahe) allgemeine Empörung noch steigerte: Dabei kam es zu derart tumultuarischen Szenen in der ganzen Stadt, dass unsere beiden Verteidiger Konrads bereits für ihr Leben fürchteten. Sie sahen sich genötigt, sich in Sicherheit bringen zu müssen, wobei es ihnen nur mit Mühe gelang, den Händen ihrer Gegner zu entkommen.

Einige Tage darauf aber, am 6. Februar 1234, hielt der König vor den Toren Frankfurts in Gegenwart der geistlichen und weltlichen Großen, öffentliches Gericht, wobei nun die Rolle der bisherigen Ankläger aufgrund deren überwiegender Unterdrücktheit oder Abwesenheit eine geringere war und die Inquisiten folglich zum Reinigungseid zugelassen wurden. Mithin wurden die geschorenen Ketzer alle freigesprochen und ihnen das Recht auf Ehre und Besitz wieder zuerkannt.

Graf Solms erklärte unter Tränen, nur aus Furcht vor dem Scheiterhaufen habe er sich für einen Ketzer ausgegeben. Darauf absolvierte ihn der Bischof Konrad von Hildesheim im Namen des Papstes und bat inständigst, er möge aus Liebe zu Gott, aus Ehrfurcht vor der Gegenwart des Königs, der Bischöfe und Fürsten sowie der ganzen Versammlung, endlich aus Dank gegen Gott, welcher seine Freisprechung so glorreich herbeigeführt habe (!), denen verzeihen, die ihn verklagt und verleumdet haben. Obgleich der Graf wohl willens war, sich zu rächen, tat er seinem Herzen Gewalt an und verzieh denselben mit Tränen in den Augen![424]

Gleich den Grafen erlangten auch die anderen infamen Ketzer ein weitgehend freisprechendes Urteil: Denen, die sich fälschlich aus Todesfurcht bezichtigt hatten, wurde für ihren Meineid eine siebenjährige Buße auferlegt etc.

Selbst die Mörder v. Marburgs wurden mit größter Rücksicht behandelt. Es wurde ihnen nur auferlegt beim Apostolischen Stuhl um Absolution zu bitten.

Mit einigem Erstaunen müssen wir jedoch gewahren, dass auf diesem hauptsächlich den Ketzerverfolgungen gewidmeten Reichstag keineswegs der

---

Gesänge, Bilder, Kreuze, Kerzen, Weihrauch – ließ ein Volk, das ein unglaublich hartes und karges Leben fristete und Lehmhütten oder Holzhäuser bewohnte, die verheißene goldene Himmelswelt hier summarisch schon mit irdischen Augen schauen...

[423] Dessen Unfehlbarkeitsanspruch wurde damit begründet, dass er vom Heiligen Geist geleitet werde.

[424] Das Opfer verzeiht dem Kirchenmann...

entlegenen **Stedinger** gedacht wurde, obwohl gegen diese gerade umfassende Kreuzzüge stattgefunden hatten und zumindest in weiten Teilen Norddeutschlands derzeit das Kreuz gepredigt und zu einem weiteren, unmittelbar bevorstehenden Vernichtungsschlag im Namen Christi ausgeholt wurde (s. S. 165f.).

König Heinrich rief die Inhaber richterlicher Gewalt auf, zwar auf die Unterdrückung der Häresie klug und energisch hinzuwirken, beim Rechtsprechen aber die Billigkeit vorwalten zu lassen. Auch die „Heimsuchung" wurde nun unter Androhung der Reichsacht untersagt. Er ließ ein großes Landfriedensgesetz (11. Febr. 1234) ausarbeiten, das die Ketzerverfolgung den ordentlichen *weltlichen* Gerichten zuwies. Und dies durchaus gegen die Vorstellungen der hohen Klerisei!

Zwar sahen auch unter ihnen Viele mit Entsetzen die Folgen der allgemeinen Verketzerung und waren gegenüber den Ansprüchen Roms abgeneigt, doch sie drangen nicht durch. So hatten die Verhandlungen zwischen den geistlichen und weltlichen Fürsten keinen Erfolg, woran unser Bischof seinen bemerkenswerten Anteil gehabt haben dürfte: Die Vertreter der Reichsgewalt zogen sich zurück, die weltliche Hierarchie tagte allein!

Damit schränkt die weltliche Rechtsprechung diejenige der Kirche ein – eine Situation, die sich einige Jahrhunderte später anhand des Endes der Hexenprozesse wiederholen sollte...[425]

Allerdings wandte sich auch der Erzbischof von Mainz in einer weiteren Synode gegen die Mönchs-Inquisition und übertrug die Ketzergerichtsbarkeit den Bischöfen.

Der Papst hingegen war empört! Beeinflusst von der Delegation der Dominikaner richtete er am 31. Oktober ein Schreiben an den Erzbischof v. Mainz und Konrad von Hildesheim, worin er von den Bischöfen verlangt, alsbald gegen die Ketzer das Kreuz zu predigen, um den moralischen Eindruck (den Sieg der dunklen Mächte), den Konrads Ermordung hinterlassen musste, zu verwischen.

In einem weiteren Schreiben vom 26. Juni 1235, das nicht mehr an den ja offensichtlich geläuterten Erzbischof von Mainz, wohl aber an den Erzbischof Eberhard II. von Salzburg, natürlich an unseren Hildesheimer Oberhirten und den Abt des Zisterzienserklosters Buch in der Erzdiözese Mainz (in welchen wir die Häupter der römischen Inquisitionspartei erkennen) gerichtet ist, äußert er sein Erstaunen darüber, dass sich zu Frankfurt niemand für den Glauben erhoben habe (womit er unseren Bischof nun wirklich nicht gemeint haben kann). Er halte es für eine Fahrlässigkeit, dass über die Söhne des Verderbens, welche Konrads „unschuldiges Blut" vergossen hätten, keine eigentliche Strafe verhängt worden sei, sondern diejenigen einfach an den Apostolischen Stuhl verwiesen seien.

Das zeige, dass man weder Eifer für den Glauben noch Ehrfurcht vor dem Apostolischen Stuhl habe – ein schlechtes Beispiel für das Volk! Auch hätte man sich im Falle einer Unsicherheit zur Fällung der Urteile an den Papst wenden sollen, den ja Gott als obersten Richter bestellt habe!

Durch denselben Konrad von Hildesheim, dem zu Frankfurt die schlimmsten Vorwürfe gemacht wurden, ließ er den Teilnehmern an den dortigen Beschlüssen, also auch dem König, für ihr eigenmächtiges Verfahren ohne Einholung der päpstlichen Entscheidung, einen strengen Verweis erteilen...[426]

---

[425] vgl. Lehrmann, Hexen, 179 f.
[426] Henke, 32

Ein Schreiben des Pontifex aber trug (erzwungenermaßen) der neuen Lage Rechnung und zeigt insofern einige Milde, indem es bestimmt: Die Verbrecher haben sich zu verbürgen, bei nächster Gelegenheit den Kreuzzug ins gelobte Land mitzumachen; sie haben eidlich zu versprechen, die Hauptkirchen des Landes, das sie besudelt haben... zu besuchen, und zwar bloßen Fußes, nur mit Beinkleidern angetan, einen Strick um den Hals und eine Geißel (Rute) in den Händen. An den Kirchentüren haben sie sich, wenn sich eine größere Menschenmenge um sie versammelt habe, während sämtliche Geistliche das Miserere (den Bußpsalm 51) singen, geißeln zu lassen; dann erst seien sie loszusprechen etc. Schließlich seien sowohl die Verbrecher als auch deren Helfer und beider Nachkommenschaft der Weihe, Ehren und Würden für unfähig zu erklären. Alle ihre Güter sollten eingezogen und darüber so verfügt werden, dass weder sie noch ihre Erben je wieder in ihren Besitz gelangen könnten. Eine Appellation wird dabei ausgeschlossen.[427]

Den Salzburger Erzbischof, den Abt von Buch und unseren Bischof aber beauftragte Gregor, gegen die Mörder mit der ihnen gegebenen besonderen Anweisung zu verfahren. Unter anderem hatten sie dafür Sorge zu tragen, dass sich die Mörder zu dem im März 1236 abziehenden Kreuzheer auch wirklich einschiffen und auch nicht eher zurückkehren würden, als bis sie dazu die ausdrückliche Erlaubnis des Heiligen Vaters erhalten hätten.

Daraufhin richtet er sein weiteres Interesse natürlich auf den nächsten Heiligland-Kreuzzug, sowie auf seinen Kampf gegen die lombardischen Städte und die Rebellen in Rom. Lediglich König Heinrich, den er für den Protektor der Mörder v. Marburgs ansah, ließ er noch exkommunizieren.

Die Deutschen aber beruhigten sich damit, dass durch Träume und Visionen erwiesen sei, Konrad werde in der Hölle von allen Teufeln gequält.

Damit war der erste Versuch, die „heilige Inquisition“ (das heilige Officium) auch in Deutschland einzuführen, für ca. einhundert Jahre gescheitert![428]

Den Lauf der Zeit vermochte man damit in Deutschland dennoch nur für einige Zeit aufzuhalten – dann erreichten unsere Vorfahren erneut die päpstlichen Schergen und Kanones. Immerhin handelt es sich dabei um jene päpstliche Einrichtung, die im Namen Gottes angebliche Ketzer, Hexen, Zauberer, Freisinnige, Atheisten, naturforschende Wissenschaftler, Mathematiker, konvertierte Juden und Mauren etc. aufsuchte und verfolgte – und das mittels einer Behörde, die gleichzeitig die Anklage erhob, die Beweisführung durchführte und das Urteil sprach...

Die Hüter des allein selig machenden Christenglaubens haben allein mit diesem Glaubensgericht in über fünfhundert Jahren ihres Bestehens (bis über die Zeit der sog. Aufklärung hinaus[429]) eine grausige Blutspur gezogen, in welcher nach weit auseinander klaffenden Schätzungen zwischen einer und zehn Millionen Menschen auf grausame Weise vom Leben zum Tode befördert wurden[430] – die meisten wurden

[427] Auffällig ist die nahe Verwandtschaft zu der von Innocenz III. über die Mörder des Hildesheimer Bischofs Konrad I. verhängte Kirchenbuße.

[428] Als „Kongregation des Glaubens“ ist diese Behörde noch heute existent.

[429] Noch 1859 wurde ein ital. Ehepaar wegen des Übertritts zum Protestantismus zu den Galeeren verurteilt.

[430] Hierin sind die nach Millionen zählenden Opfer, bedingt durch frühere Verfolgungen (Gnostiker, Arianer, Jacobiten...), Kreuzzüge, Religionskriege, Mission etc. selbstverständlich

im Rahmen eines großartigen und mit allerlei frommen Ritualen verbrämten Glaubensschauspiels[431] bei lebendigem Leibe verbrannt –, eher selten genoss ein Delinquent die Gnade, zuvor geköpft oder erwürgt zu werden.

Dieser unglaublich hassgeprägten kirchlichen Institution verdanken wir die Vermittlung solch ethischer Werte wie die Entwicklung eines ausgeprägten Denunziantentums, einer ausgeklügelten Folterpraxis unter Nutzung der perfidesten Mittel, wobei auch jeder Betrug erlaubt war, die Bedrückung des Volks durch Psychoterror, die Verhängung bestialischster Strafen für kleine oder auch keine Vergehen, die Verbreitung lähmender Angst, die Behinderung eines freieren Geistes und des Aufkommens der Wissenschaften[432] (nicht nur der Naturwissenschaften), Zensur, Berufsverbote etc. pp. Selbst die Reformatoren wurden infiziert...[433]

Derjenige aber, dem Gregor die Mission zugedacht hatte, dieses neue und jeder (ureigentlich) christlichen Ethik Hohn sprechende Rechtsprinzip eines außerordentlichen Gerichtsverfahrens in Deutschland einzuführen, scheint Konrad von Marburg „neben seinem Günstling Konrad von Hildesheim“ gewesen zu sein.[434]

Zunächst einmal war der Import dieser kulturellen Errungenschaften jedoch großenteils abgewehrt. Päpstliche Inquisitoren tauchten erst im 14. Jahrhundert wieder auf, die gemeinsam mit den Bischöfen vorgingen.

Erst seit den Zeiten Karls IV. (1346–78) gelang es, dieses Glaubensgericht erneut dem widerstrebenden Volksgeist aufzuzwingen.

Ein gewisser Durchbruch gelang sodann mit der 1484 erfolgten Publikation der Hexenbulle des Papstes Innocenz VIII. und dem 1489 folgenden „Hexenhammer“ seiner Inquisitoren Sprenger und Institoris... Zusammen mit der von den Scholastikern erarbeiteten „wissenschaftlichen Hexenlehre“ war damit der Grundstein für den Hexenwahn der frühen Neuzeit gelegt[435]– kirchlich–religiöse Fortschritte während der Renaissance, als man in allen anderen Disziplinen das „dunkle Mittelalter“ (das weder den Hexenwahn noch eine so ausgefeilte Folterpraxis kannte) hinter sich ließ...[436]

Doch nach diesem Ausblick zurück zur Situation nach dem blutigen Ende v. Marburgs: Es hörte jetzt der *Sturm* der Ketzerverfolgungen auf. Wohl aber dauerte

---

nicht enthalten, erst recht nicht die Verstümmelten, Vertriebenen und sonstwie Geschundenen oder sozial Mitbetroffenen.

[431] Predigten, Prozessionen, „Verhöre“ (selbst Tote wurden noch verhört), Gesänge...

[432] Vor dieser Institution gab sich beispielsweise ein Galileo Galilei der Illusion hin, seine Ankläger mit wissenschaftlichen Argumenten überzeugen zu können. Doch die Kirche glaubte ihren Anspruch auf Wahrheit auch in diesem Falle sichern zu müssen – der Ketzer, der das kirchliche Weltbild des Ptolemäus aus den Angeln hob und durch eigene Beobachtung dasjenige des Kopernikus verfocht, wurde erst hundert Jahre nach seinem Tod zur Erde bestattet. Immerhin wurde er dann doch schon 1992 von der Kirche offiziell rehabilitiert.

[433] Die totalitären Ideologen des 20. Jh. bedienten sich dieses in Jahrhunderten aufgehäuften Erfahrungsschatzes. Insofern darf dieser kirchliche Repressionsapparat der Inquisition als Vorläufer von Gestapo, KGB und Stasi gelten, wie selbst der Papst kürzlich eingestand (vgl. Der Spiegel 23, 1998). Die christliche Volksseele prägte seither ein Gemisch aus Duckmäusertum und Heuchelei...

[434] u. a. Henke, 18f.

[435] Besonders frühe Beispiele erfolgter Zauberer- und Hexenbrände übrigens in Hildesheim!

[436] vgl. Lehrmann, Hexen

die althergebrachte bischöfliche Jurisdiktion in Form des Sendgerichts an, und vor allem waren es die Dominikaner und Franziskaner, die durchaus weiterhin „Ketzer" durch das „**heilige Feuer**" (mit reinigender Wirkung) verbrannten; sie waren ja satzungsgemäß autorisiert, unabhängig von jeder weltlichen und geistlichen Gerichtsbarkeit zu agieren.

Diesen Vertretern beider Bettelorden, die sich überall in zumeist heftigem Kampf mit Bischöfen und Magistrat befanden, hatte Konrad II. von Hildesheim, seiner Gesinnung entsprechend, sogleich eine Heimstatt an mehreren Orten seines Bistums bereitet. Diese Kuttenträger kamen im Volk sogleich gut an, weil sie volkstümlich predigten und in selbstgewählter Armut lebten, gegen Luxus und die Ausschweifungen der Geistlichkeit wetterten. In vielen Punkten der Lehre Christi gemäß lebend, stachen sie gegenüber dem Klerus deutlich ab.

Unser Bischof, der um die Entdeckung und Verfolgung von Häretikern so emsig bemüht war, musste naturgemäß ein Förderer der gegen diese Gruppe kreierten Orden sein. So ließen sich in der Stadt Hildesheim Franziskaner 1223 und Dominikaner 1234 nieder – also gerade in jener Zeit, in welcher sich die Kirche in Deutschland mit Eifer der Bekämpfung der Häresie zuwandte (vgl. Hoogeweg, 255 / Henke, 46). Wir kommen gleich darauf zurück.

Angemerkt hatten wir es schon: Die Dominikaner waren ein wichtiger Bestandteil der kirchlichen Agitation, deren Hauptaufgabe vor allem die Bekämpfung der Ketzer und Ungläubigen war. Zu der ersteren Eigenschaft ihrer Inquisitorentätigkeit sind die Spuren zu vermutender Opfer aus dem Volke hiesiger Region vermutlich namenlos im Winde verweht (s. S. 192), und hinsichtlich des zweiten Betätigungsfelds stellten die Vertreter dieser Orden neben dem Episkopat eine weitere starke Stütze des Papstes bei der Kreuzpredigt dar, wie wir dies beispielsweise anhand der Stedinger gesehen haben. In beiden Fällen war die volkstümliche Predigt der Vertreter der Bettelorden eher verhängnisvoll für den weiteren Verlauf der Geschichte, denn sie verstanden es besonders erfolgreich, die bekannten Fabeln, mit denen Juden und Häretiker aller Art beschuldigt wurden, im Volke zu verbreiten – klerikale Judenhetze zu den Themen „Gottesmörder" und „Ritualmord" etwa, die noch in der ersten Hälfte des eben gewichenen Jahrhunderts ernsthaft diskutiert wurden oder das Einreden von Sünden und Höllenangst sowie ihr Geifern über die Umtriebe des Satans. Indem sie ihre Gebete nicht selten „als Waffe" einsetzten, verdanken wir diesen neuen Orden einen zusätzlichen Vorschub hinsichtlich des aufkommenden Hexenwahns.

Während es nun aber die weitaus meisten deutschen Kirchenfürsten ignorierten, dass der Papst Briefe über Briefe ausstellte, um die Ketzerverfolgung weiter im Fluss zu halten, kam dem vor allem der **Hildesheimer Bischof** nach. Dabei war der Hildesheimer in der Wahl seiner Mittel ebenso wenig skrupellos wie der Magister Konrad v. Marburg, wenn es galt für die Verbreitung des katholischen Glaubens zu wirken. So dauerte denn das Glaubensgericht nach dem Tod v. Marburgs in Thüringen und Sachsen an, „und wie früher Magister Konrad, so predigte sein Freund Konrad von Hildesheim nun in diesen Landen das Kreuz gegen die Mörder v. Marburgs sowie die Häretiker."[437] Er fuhr also fort, predigend durch diese großen

---

[437] Er verband diese Tätigkeit mit einer weiteren Aufgabe im Zusammenhang zur Heiligsprechung der hl. Elisabeth, der wir ein Sonderkapitel gewidmet haben (S. 231f.).

Gebiete zu ziehen und das Volk zu einem Ketzerkreuzzug zu sammeln bzw. aufzuhetzen. (Noch am 28. September 1235 hatte ihn Gregor IX. abermals aufgefordert, es auch künftig zu tun / Kaltner, 171).

Gegenüber einem päpstlichen Aufruf war für einen Bischof, und erst recht für einen päpstlichen Legaten, unbedingter Gehorsam (eigentlich ein sog. „Kadavergehorsam“) geboten. Angesichts seines Pflichtbewusstseins und Glaubenseifers stand es sicher außer Frage solch hoher Weisung nachzukommen, und das, obgleich sich „die Erregung, welche in weiten Kreisen durch das scharfe Vorgehen des Magisters Konrad von Marburg... hervorgerufen war... auch zum Teil auf unseren Bischof Konrad übertrug“ (Bertram, Bist.), bzw. uneingedenk aller heftigen Vorwürfe, die ihm ja eben deswegen auf dem Frankfurter Hoftag gemacht worden waren.

Doch um diese Art der Erregung muss er sich schon wenig bekümmert haben, denn in Zusammenarbeit mit dem jungen Landgrafen Konrad von Thüringen, der quasi das Erbe Konrads von Marburg angetreten hatte und nun dessen Pläne zu verwirklichen suchte, errang er auch weiterhin große Verdienste um den Glauben.

Zunächst einmal hatte der Papst, um zu verhindern, dass die Ketzerverfolgung ins Stocken gerate, den Landgrafen, der in den hessischen Gebieten die Ketzer eifrig verfolgte, am 20. Oktober 1233 in den Schutz des Apostolischen Stuhls genommen, die Ausführung desselben aber am 23. Oktober dem Hildesheimer Bischof übertragen (Braun, 352).

Diese setzten nun ungestört, als wäre nichts geschehen, ihre **Ketzerjagden** in der Erzdiözese Mainz fort und vertilgten alle Ketzerschulen in Thüringen, Hessen und Nassau, ja der Deutschordensritter ging in seinem Konvertiten-Eifer so weit, ein **Ketzerdorf**, Willersdorf im Siegen´schen, mit Stumpf und Stiel auszurotten, und er hauste gar noch ärger als damals zu Fritzlar (s. S. 208).

Ebenso zeitigte die Beredsamkeit unseres Bischofs Konrad – dem größten Ketzerverfolger neben Konrad von Marburg – bei der Kreuzpredigt gegen die Ketzer große Erfolge: Es gelang ihm, außer dem Landgrafen Konrad auch dessen Bruder Heinrich Raspe (späterer König bzw. „Pfaffenkönig“), den Markgrafen Heinrich von Meißen, den Grafen Heinrich von Askanien, den Herzog Otto von Braunschweig und die Markgrafen Johann und Otto von Brandenburg für den Kreuzzug gegen die heimischen Ketzer zu gewinnen, die vom Heiligen Vater am 11. Februar 1234 unter den Schutz des Apostolischen Stuhls gestellt wurden, mit dessen Ausführung am gleichen Tag Bischof Konrad von Hildesheim, Bischof Ekkehard von Merseburg und der zum Erzbischof von Magdeburg gewählte Abt Burkhard beauftragt wurden (Braun, 353).

Wenn es nun nicht im vorgesehenen Umfang zur Ausführung des geplanten Kreuzzugs gegen die Ketzer (in der Nähe) kam, so lag der Grund dafür in den Vorgängen der Frankfurter Versammlung (ebd.).

Dennoch sieht es so aus, dass ein (bis dahin bereits gesammeltes) Kreuzheer geringeren Ausmaßes gegen die **Stedinger** (s. S. 165f.) geführt wurde, welche deutschen Albigenser zur Ehre Christi bis auf den letzten Mann ausgerottet werden sollten, wie es auch Hausrath (S. 51) ausführt.

Seiner Leidenschaft als eifriger Kreuzprediger ist unser Bischof bis beinah an sein Lebensende treu geblieben und nachzuweisen. Noch 1241 ist er rührig im Kreuzzug gegen neue Feinde des christlichen Namens, nämlich gegen die Tataren (s.

S. 185f.), wie er sich denn bis zum Lyoner Konzil 1245 (vgl. S.171) und damit beinahe bis zu seinem Tode an den „politischen“ Kämpfen seiner Zeit beteiligte.

„Ebenso segensreiche Tätigkeit für sein Bistum...“

Dem „vielseitigen Wirken Konrads II. im Dienste des Papstes und des Kaisers entspricht eine ebenso segensreiche Tätigkeit im engeren Rahmen seines Bistums“ (Bertram, Bist., 228). Auch nach Lauenstein war „Conradus“ hier nun „beflissen, Gott nach äußerstem Vermögen zu dienen“. „Hier entfaltete der ehrwürdige Mann, vom Geiste Gottes geleitet, eine große sorgsame Wirksamkeit in geistlichen Dingen, vernachlässigte darüber aber keineswegs die Verwaltung der zeitlichen Güter“ (Bertram).

Da es sich um einen unserer Hauptdarsteller handelt, betrachten wir auch noch etwas diesen Part seines Schaffens.

Zunächst einmal hatte anlässlich seiner Bischofswahl massiv die Stiftsministerialität opponiert – unterstützt noch durch die Hildesheimer Bürgerschaft (die dem Bischof, wie es verlautet, „in jedem Recht und Dienst entgegen und rebellisch“ sei) –, die sich um ihr vermeintlich angestammtes Mitspracherecht gebracht sah und den Elekten daran hinderte, sein Bistum in Besitz zu nehmen... Schwere Unruhen waren die Folge, wobei man, um den Forderungen mehr Nachdruck zu verleihen, auch Kirchengüter mit Beschlag belegte oder sie verwüstete. Selbst gegen Geistliche scheint man sich vergriffen zu haben.

Konrad jedoch begab sich nach Weißenburg, wo sich gerade etliche Große des Reichs versammelt hatten und nahm hier die Hilfe des Erzbischofs von Trier und weiterer anwesender Bischöfe in Anspruch.

Die Forderungen der ebenfalls hier anwesenden Delegierten der Ministerialen wurden hingegen als „ungehörig und unerhört“ zurückgewiesen. Nicht anders äußerte sich der Papst (Honorius III.), der es nicht dulden mochte, dass sich die „Kirche solcher Knechtschaft unterwerfen“ solle.[438]

Weitere Unterstützung geht von König Heinrich aus, der in einem Erlass dem Bischof von Halberstadt aufträgt, jeden der schon geschehenen Wahl Konrads entgegengesetzten Widerstand zu brechen.

Damit allein war jedoch die Ruhe noch nicht wieder hergestellt, denn die Ministerialen scheinen vielmehr ihr Glück noch mit den Waffen versucht zu haben. In diesem Zusammenhang belagerte Konrad die Burg auf dem Werder bei Hildesheim. Kirchlicherseits wurden auch die Zuchtmittel der Exkommunikation den ritterlichen Widersachern entgegengestellt.

Erst ein verordneter Landfriede, der von den Bischöfen von Halberstadt und Minden, dem Abt von Corvey, Herzog Heinrich von Sachsen (der noch besonders von König und Papst zur Unterstützung Konrads aufgefordert war) und dem Herzog Otto von Lüneburg geschlossen wurde, hatte wohl den Effekt, die Vertreter des Laienelements niederzuhalten...

In seiner Weise hatte ohne Zweifel aber auch Engelbert, der Erzbischof von Köln zur Befriedung seinen Anteil, denn unser Bischof sah sich ihm zu besonderem Dank verpflichtet, wie aus seinem Schreiben an Honorius ersichtlich ist. Denn nächst Gott und dem Papst würde Deutschland nur dem Erzbischof Ruhe und Frieden

---

[438] Hoogeweg, 242 in Zs. d. Hist. V. f. Nieders. 1869

verdanken; nur die Furcht vor diesem gewaltigen Manne halte die Laien, die jede Ehrfurcht vor der Kirche verloren hätten, zurück, die Kirche anzugreifen...[439]

Dass sich Konrad gegenüber dem Stiftsadel wirksam durchzusetzen wusste, hatte er also schon bei seinem allerersten Auftreten auf Hildesheimer Boden eindrucksvoll demonstriert. Weitere Beispiele hatten wir im Zusammenhang mit seiner Kreuzzugswerbung aufgezeigt (S. 146f.).

Sein Streben ging dahin, die weltliche Macht des Bistums zu festigen. So löste er viele Vogteien ein, baute die „Pfalz oder den bischöflichen Hof" zu Hildesheim (gem. Wildefuer) „gar zierlich und lustig" und setzte die ausgesprochene Burgenpolitik einiger seiner Vorgänger (hl. Bernward, Hermann, Adelog...) fort, indem er Schloss Depenau erwarb, Schloss Rosenthal, einen Teil der Poppenburg sowie Türme der Winzenburg. Ferner erwarb er die kleine Grafschaft Lauenrode (mit dem Hämelerwald, den Bockmer- und Steinwedeler Holzungen); alles „unter merklichen Kosten, welche allerdings erst sein Nachfolger zu bezahlen hatte..." (Wildefuer).

Bei diesen weltlichen Aktivitäten scheute er sich auch keineswegs, seinen Widersachern mit bewaffneter Hand entgegenzutreten. So belagerte er Schloss Rosenthal, die Stadt Peine, zerstörte einen Turm zu Sarstedt (wo er dann selbst mit hohen Kosten ein Schloss baute) und auch das Dorf Empna, an dessen Stelle sodann die Stadt Gronau trat. Schloss Werder („die Insel") bei Hildesheim, ein Schlupfwinkel für Wegelagerer, wurde ebenfalls von ihm erobert und zerstört.

Bei seiner Mentalität ist es schon vorstellbar, dass ihm das gelang, woran viele seiner Vorgänger, besonders in harten Kämpfen gegen Heinrich den Löwen, „gearbeitet" hatten, nämlich die Herauslösung eines unabhängigen Bistums aus dem alten sächsischen Staatsverband: Auf dem Reichstag zu Mainz 1235 gelangte auf sein Betreiben hin das Bistum zur Unabhängigkeit von der Oberhoheit der Welfen. Zugleich erhielt seine Forderung nach der „Reichsunmittelbarkeit" die formelle Anerkennung.

Wenn wir um diese Zeit allgemein beobachten, wie sich überall in den Städten ein Streben nach größerer Selbstständigkeit bemerkbar macht, so erübrigt es sich beinahe darzutun, dass der Rat der Stadt Hildesheim in Konrad seinen Meister fand.[440]

Zurückkommend auf die unter seiner Herrschaft an verschiedenen Orten im Bistum Hildesheim angesiedelten Bettelorden der Dominikaner und Franziskaner, so traten mit ihnen neue Werte in das Bewusstsein des Volkes, denn vor allem die Jünger des Franz v. Assisi beabsichtigten, die ganze Namenchristenheit wieder mit „urchristlichem" (ja wohl eigentlichem christlichen) Geist zu erfüllen.

---

[439] Hoogeweg, 239 f. / Erinnert sei an dieser Stelle nochmals an einen anderen Erzbischof von Köln mit wohl recht verwandten Qualitäten: Rainald von Dassel sagte einmal von sich – damals noch Domschüler zu Hildesheim –, er sei das Verderben der Welt, „ruina mundi", welchen Kosenamen er daraufhin bekam; jedenfalls wirkte er über ein Jahrzehnt als harter und kompromissloser Falke in der Politik Barbarossas.

[440] Seit Konstantin hatte die Kirche, das einfache Volk verratend, sich mit der weltlichen Macht verbunden, die sie nun großenteils selbst repräsentierte. Entsprechend waren es nun gerade und vor allem die Bischöfe, die im Spätmittelalter wiederholt versuchten, ihre inzwischen emanzipierten Städte zurückzuerobern. Mit der Restitution der „geistlichen" Herrschaft endete sodann die Ära der städtischen Freiheiten (Beispiele bei Graus, 426).

Diese Kapuziner – „Barfüßer und (Buß-) Prediger" – verstanden es (lt. Bertram), Geistesfreiheit (?) mit Gehorsam, Frohsinn mit Entbehrung, Seelenadel mit dem Bettlergewand und heilige Ruhe mit stetem Kampfe gar wundersam zu einen...

v. Corvin drückt dies anders aus, wonach diese Mönche „knechtische Unterwerfung der Vernunft unter den blindesten Glauben lehrten und damit die zügelloseste Sittenlosigkeit trefflich zu verbinden wussten. Sie verbreiteten eine dicke Finsternis über die Erde..."[441], drohten immer rasch mit den fürchterlichsten Höllenstrafen und mit dem nahen Ende der Welt.

Der heilige Franz war von großer Einfalt. Er predigte in Demut auch den Gänsen, Enten und Hühnern, nährte sich an reich gedeckter Tafel von selbst gesammelten Abfällen, die er mitgebracht hatte, hegte die Läuse an seinem Körper und siegte vielfach über den Teufel.

Den Franziskanern gereichte gemäß dem Armutsideal das Betteln zum Daseinszweck[442], Schmach und Verachtung aber zur Ehre und zu ihrem Ruhm am Tage des Gerichts.

St. Domenikus vermochte sich vor frommer Inbrunst einige Fuß über die Erde zu erheben, doch er selbst war es, der förmliche Ketzerjagden anstellte – gerade sein Orden geriet zur päpstlichen Kampftruppe.

Nicht so ganz in das gezeichnete Bild will allerdings ein Mitglied dieses kämpferischen Ordens passen – er ließ sich erst später zu dieser Mitgliedschaft überreden – welches auch in Hildesheim einige Zeit gelehrt hat: **Albertus Magnus** (1193-1280), einer der wirklich großen Gelehrten seiner Zeit, der als Doctor universalis in die Geschichte einging. Auch die Hildesheimer Niederlassung wird er zu Fuß aufgesucht haben, denn auch er war von frommen Übungen beseelt, wodurch der Verkehr mit den Klosterleuten erfolgte, doch erhielt gerade er den Namenszusatz Magnus aufgrund seiner umfassenden Gelehrsamkeit.

Will man seine wissenschaftlichen Verdienste würdigen, so hat man zunächst die damals übliche vorwiegend theologische Richtung zu berücksichtigen und sodann die vorhandene Abhängigkeit von den aus dem Altertum eben gerade infolge der Kreuzzüge überlieferten Werken der Klassiker.

Albertus stürzte sich besonders auf die Schriften des Aristoteles, wobei es ihn wenig bekümmerte, dass es sich dabei um die Werke eines „Heiden" handelte.

Dabei war es schließlich sein Verdienst, als wichtige Neuerung, auch einen naturwissenschaftlichen Keim an den seinerzeitigen Hochschulen gelegt zu haben.

Außerordentlich bemerkenswert sind für jene Zeit seine ganz ungewöhnlichen naturwissenschaftlichen Abhandlungen. Beispielsweise hatte er nicht weniger als 600 Jahre vor Linné eine Pflanzenmorphologie entwickelt, die nur noch aus Bruchstücken aus den Vorlesungsheften seiner Schüler bekannt ist. In diesem Zusammenhang ist auf die angesprochene „Geistesfreiheit" zurückzukommen, denn nachdem er erkennen musste, dass seine Erkenntnisse immer wieder in den grundlegendsten Dingen der kirchlichen Dogmatik widersprachen, vernichtete er

[441] Entsprechend mühten sich später auch die Hildesheimer, dieses „Ungeziefer" wieder loszuwerden oder ihnen wenigstens „ein Gebiss ins Maul zu legen".

[442] Die Übersiedlung noch weiterer Kongregationen nach Hildesheim, die mit den Bürgern sodann zuweilen über das „wahre Leben" disputierten, führte denn auch sehr bald zu den Befürchtungen, die Neulinge möchten „nach Art der Mönche die Stadt ausplündern".

einen Teil seiner Arbeiten später selbst – unbedingter Gehorsam, bis hin zur Selbstaufgabe, gehörte zu den Mönchsgelübden...

„Naturwissenschaft“ (damals bestenfalls Arbeiten zwischen methodischer Erkenntnis und magischer Beschwörung) wurde als heiliges Experiment betrieben, das der Verherrlichung Gottes zu dienen hatte.

Dennoch, in Anbetracht der bis dahin beinah ausschließlich geübten theologisch-philosophischen „Wissenschaften“ ist es in der Tendenz nachvollziehbar, wenn er die Naturwissenschaft aus den Banden des Aberglaubens geführt haben soll; das jedenfalls ist die Aussage der Inschrift auf dem ihm gewidmeten Denkmal in seinem Geburtsort Lauingen in Donauschwaben.

Gleichwohl war es seine Betätigung mit Metaphysik, Alchemie und ähnlichen Sparten der Schwarzen Kunst, die ihn auch den Hildesheimern – wo er in seiner Mönchszelle des Dominikanerklosters St. Paul, im Brühl, tätig war – als großen Zaubermeister erscheinen ließen, den man beispielsweise bei der Suche nach dem Stein der Weisen oder beim Goldmachen wähnte.

Jedenfalls ist auch von ihm, dem späteren Heiligen, eine Menge Mystik überliefert und zusammen mit seinem Lieblingsschüler, dem großen und ebenfalls heiligen Thomas von Aquin, erfuhren der Dämonenglaube und das kommende Hexenwesen in scholastischer Feinarbeit, eine sehr wesentliche Förderung. Entsprechend kehren die Viten beider heiliger Gotteskämpfer deren intellektuellen Kampf gegen Juden, Schismatiker und diverse Häretiker heraus. Als ein begeisterter Verkünder des Gotteswortes ließ selbst Albertus Magnus sich für die Kreuzpredigt und Ketzerverfolgung verwenden. Auch findet sich seine Unterschrift unter einem Dekret, welches 1248 die Verbrennung talmudischer Bücher befiehlt.[443]

Kommen wir zurück zu Konrad II.:
„Er hatte dieser Stadt Hildesheim über 29 Jahr mit vielem Ruhm vorgestanden, welcher sein Ehren-Ruhm bleiben wird so lange diese Stadt steht“.

Das ist das Urteil Lauensteins (1734), der Konrads „Kreuzzugsermunterungen“ gerade einmal erwähnt und von seinen Ketzerverfolgungen nichts verlautet.

„Ein Vierteljahrhundert hatte er nun das Bistum segensreich geleitet, als er den Hirtenstab niederlegte“ (Bertram, Bist., 267). Als Stauferanhänger fiel er im Juli 1247 noch der Verbannung anheim.

Zunächst verblieb der „ehrwürdige Konrad“ (ebd.) mit wenigen Bediensteten noch in dem von ihm gegründeten Dominikanerkloster in Hildesheim, der Meinung, darin die übrigen Tage seines Lebens zu verschleißen (Wildef.), doch dann haben ihn wohl die nach seiner Resignation ausgebrochenen Unruhen vergrault – er beschloss sein arbeitsreiches Leben 1249 im Kloster Schönau bei Heidelberg.

Dort hatte er Gott Tag und Nacht, früh und spät und mit großer Andacht gedient. Offenbar war auch er von der Sorge erfüllt, Gott könne ihn im Augenblick seines Todes bei einer anderen Tätigkeit, als am Dienst an seinen Heiligen betreffen – Ausdruck einer nicht selten panischen Angst, in Sünde zu sterben.

Hildesheim aber erlebte jetzt das traurige Schauspiel einer Bischofs-Doppelwahl – ein Hildesheimer Schisma.

---

[443] Dass Juden kurze Zeit darauf, nämlich 1258, aus Hildesheim vertrieben wurden, wie in älterer Literatur behauptet wird, ist nicht unwahrscheinlich, zumal zu der Zeit furchtbare Gewalttaten aus Einbeck gemeldet werden (Gebauer, 178).

Zur Weihnachtsnacht des Jahres 1332

Ein ebensolches Schisma gab bekanntlich den Auslöser zu dem größten Frevel in der hildesheimischen Stadtgeschichte.
Schon lange nämlich war die einstige Gründung der Dammgemeinde in der Regierungszeit des Bischofs Konrad I. den Altstädtern ein Dorn im Auge. Denn als das Moritzstift 1196 vor dem Dammtor eine Kolonie Flamen, denen die Sturmflut alles geraubt hatte, sich ansiedeln ließ, erwuchs, unter den argwöhnischen Blicken der Hildesheimer, ihrem Handel eine spürbare Konkurrenz.

Eben deshalb hatten sie schon 1298 dem Rat der Dammgemeinde das Versprechen abgerungen, insbesondere den erblühenden Tuchhandel der fleißigen Flamländer einzustellen – was ein paar Jahrzehnte darauf als widerrechtlicher Akt wieder aufgehoben wurde. Unter Konrad II. wurden der Rivalin Hildesheims 1332 städtische Rechte verliehen, während der altstädtische Rat an seiner Politik der Missgunst festhielt. Während der Konflikt unvermindert fortschwelte, wuchsen die Spannungen von Jahr zu Jahr.

Ein vorläufiger Höhepunkt wurde erreicht, als die Dammstädter 1331 ihre Festungsanlagen ausbauten und mit dem Bischof gar noch eine weitere Vorstadt vertragsmäßig beschlossen wurde.

Da besiegelte der Rat der Altstadt ein gegen die verhasste Dammstadt gerichtetes Schutzbündnis und nahm fremde Ritter in den Dienst.

Ein auslösendes Moment für einen Frevel, der so manche Parallele in den Geschehnissen der Kreuzzüge widerspiegelt, bot sodann, wie angesprochen, ein erneutes Hildesheimer Schisma: Während nämlich die Anwärter um den Hildesheimer Bischofsstuhl mit Heeresmacht nach dem obersten Hirtenamt im Bistum strebten und es auch im Einsatz der geistlichen Kampfmittel nicht fehlen ließen, nutzten die Altstädter die entstandenen Wirren sowie die vorherrschende militärische Pattsituation zu einer schweren Attacke. Es herrschte die Konstellation, in der die Altstädter und die Dämmstädter dem jeweils anderen Bischof anhingen, wobei derjenige der Dammstadt derzeit gebannt war.

„Es war in der Weihnachtsnacht 1332, als, in der heiligsten und weihevollsten Stunde des ganzen Jahres, die Bürger Hildesheims, mit den ihnen verbündeten Rittern, plötzlich die Mauern der Dammstadt überwanden, in die Häuser und in die Kirche drangen und alles nieder machten, was ihnen begegnete: selbst das Kind in der Wiege, die in der Kirche St. Nikolai versammelten Beter und auch der Priester am Altar wurden erschlagen; die Häuser wurden geplündert, bald schlugen Flammen empor und schon war die ganze friedliche Vorstadt in ein Meer von Feuer verwandelt. Die Glut des Feuerbrandes wälzte sich auch zu Rainald von Dassels Johannisstift an der Dammtorbrücke – Kirche und Spital von St. Johann fielen der Flamme und der Plünderung zum Opfer.

Das war eine grauenhafte Heilige Nacht! Nichts als Trümmer und Leichen sah das Auge als am Morgen des hochheiligen Festes die Sonne die Gefilde am Fuße des Moritzberges beleuchtete."

Aufgrund der derzeit geschwächten Position „des Landesherrn" kamen die Hildesheimer mit einer Geldzahlung erstaunlich glimpflich davon. Ruhe aber gab es noch lange nicht. Die Bischofskandidaten hatten zuvor noch einige Schlachten zu schlagen, wobei man es nicht an den üblichen Verheerungen fehlen ließ. Bevor es zum Frieden kam, mussten die Hildesheimer noch ihren Blutzoll beitragen, aber auch die umliegenden Besitzungen der feindlichen Geistlichkeit wurden verwüstet und dabei besonders das Moritzstift bestialisch dem Erdboden gleichgemacht.

Schließlich entschied 1345 ein klarer Sieg die Bischofswahl, wobei zahlreiche Tote das Feld bedeckten oder in der Innerste versanken.

Zwar baute der neue Bischof den Hildesheimern nun eine weitere Zwingburg, die Marienburg, vor die Nase, doch nach zwanzigjährigem Kampf trat nun Friede ein, und auch das Interdikt, das 23 Jahre das Land bedrückte, wurde aufgehoben (nachdem der Kirchenbann schon ein paar Jahre früher von Rat und Stadt genommen wurde / vgl. Gebauer, 86 f.).

Obigen bemerkenswerten Vorfall beschreibt Bertram (Bist. 328) als eine „Katastrophe" und führt sie auf das Fehderecht jener Zeit und die widerstreitenden wichtigen Interessen zurück.

Dennoch bleibt anzumerken, dass man den Heiligen Abend nicht nur aus strategischen Gründen gewählt haben wird, weil gerade dann das Überraschungsmoment am Größten sein würde: Auch diese Darstellung unserer Kreuzzugsgeschichte zeigt, dass bedeutende Angriffe bevorzugt an den kirchlichen Hochfesten stattfanden. Man war es gewohnt, mit der Unterstützung der Heiligen zu kämpfen, in Kreuzzügen wie in anderen Kriegen und ebenso, wenn Christen gegen Christen kämpften und eben beide Seiten dieselben „Himmelsmächte" anflehten.

Sehr erheblich aber dürfte hineinspielen, dass die Gottesvertreter jener Zeit nicht nur die Waffen segneten, sondern zumindest über lange Zeiträume ihre Hauptwirksamkeit darauf verlegten, von den Kanzeln herab unermüdlich, wortgewaltig und in eindringlichster Form zu Kriegszügen aufzurufen, zu hetzen, zu nötigen... Etwa noch vorhandene Skrupel wurden auf diese Weise minimiert.

Ein solches Tun, mit den damit verbundenen vorangehend angedeuteten tatkräftigen Praktiken des Heidenkampfs (oder des „politischen" Kampfs wie der „Reichsheerfahrt" etc. – immer die Priester mit Kreuzen und Fahnen voran) vor Ort, dürfte die Hemmschwelle zu den brutalsten Gewaltakten, wie im Falle der Dammstadt, erheblich herabgesetzt haben.

Noch einmal sei ein solches Beispiel vor Augen gehalten, mit der schon berührten Eroberung der Stadt Iconium[444] durch Friedrich Barbarossa: Da „wurde *nach der alten Weise der Kreuzfahrer* keinem Heiden um Goldes willen das Leben geschenkt, Weiber und Kinder wurden nicht minder erwürgt, als die Männer, welche Waffen führten, und unermesslich war die Beute" (Wilken, a. a. O.).

Biblische Beispiele, etwa „alles töten" zu sollen „was Odem hat" (s. hierzu das Ende des „Ersten Kreuzzugs" S. 30), auf die man sich in solchem Tun berufen konnte, gibt es genug.

Nun könnte man entgegenhalten, die Zeit der Kreuzzüge[445] sei 1332 längst vorbei gewesen – mitnichten! Zwar war das Heilige Land längst verloren, doch nachdem nach 53-jährigem Ringen die Prußen/Preußen endlich unterworfen waren, ging es in alljährlichem Zug weiter gegen die Litauer... Diese Kreuzzüge wurden hauptsächlich von den Bewohnern Norddeutschlands getragen!

---

[444] ...wo noch kurz zuvor Heinrich der Löwe eine so großartige Aufnahme gefunden hatte.

[445] Man kann auch nicht sagen, dass bald jeder Kriegszug als Kreuzzug geführt wurde – immer noch gehört zu Letzterem der Aufruf des Papstes und ein komfortabler Sündenablass.

Schließlich ist noch zu erwägen, inwieweit nicht auch die in den Kreuzzügen geschaffene Schöpfung des Begriffs „Untermensch" hier im Falle der als fremd empfundenen Flamländer mit hineinspielen könnte.

Die Kreuzfahrer jedenfalls haben weder an ihren unterschiedlichsten Einsatzorten eigentliche (bzw. vorgebliche) christliche Tugenden vorgelebt noch in dieser Richtung im Abendland die Gewissen geschärft.

Vielmehr beförderte die kirchliche Praxis naturgemäß die Abstumpfung der wesentlichsten sittlich-ethischen Werte.

Grundsätzlich bietet sich an dieser Stelle und in diesem Zusammenhang die Frage an, was eigentlich eine Religion erreicht hat, die, wie es offiziell immer wieder betont wird, die Nächsten- und Feindesliebe predigte; und ebenso, ob sie nach dieser fatalen Zwischenbilanz in den folgenden tausend Jahren entscheidend weitergekommen ist.

Etwa derart fragt dies Lehmann (S. 149) nicht eben unberechtigt im Zusammenhang mit der blutigen Eroberung Jerusalems. Eben diese Frage bietet sich auch nach dem Ende allein der Heiligland-Kreuzzüge an, die allein nach modernen Schätzungen 2 Millionen Tote gefordert haben.

Wenn immer wieder betont wird, dass der christliche Glaube die Grundlage der Sitten und Anschauungen des Denkens der abendländischen Völkerfamilie bildete, dann musste es problematisch sein, wenn die Glaubensvertreter diese Völkerfamilie umfassend und mit allen Mitteln ständig zu kriegerischem Handeln aufforderten.

Insbesondere bezeichnend ist stets die Haltung der zumeist hochrangigen geistlichen Chronisten, die sich über all die im Namen Christi abgeschlagenen Köpfe, geschändeten Leichen und ermordeten Frauen und Kinder keineswegs empörten; wohl aber waren das Würfelspiel und die Sünden des Fleisches Anlass zu Klagerufen, Aufrufen zu Fastentagen und sittlichen Entrüstungen (vgl. Lehmann, 191 / derartige Beispiele ließen sich bis in das 20. Jh. reichlich mehren).

Jahrhundertelanger Heiliger Krieg war der Menschlichkeit der Gläubigen jedenfalls wenig förderlich. Stattdessen förderte man viel mehr kriegerische Auseinandersetzung (und damit Rohheiten aller Art), Intoleranz und Fremdenhass.

In diesem Zusammenhang sei nochmals auf die „sittlichen Werte" zurückgekommen, deren Hüterin nach eigenem Bekunden bekanntlich die Kirche ist. Dass dieser Anspruch mit der Praxis nicht korrelierte, zeigt allein die hier vorliegende Dokumentation zur Genüge. Moral, sittliche Werte, Ethik etc. ließen sich nicht schützen oder gar verbessern, indem die Kirche einen Weg fand, gerade die ursprüngliche Lehre Christi (bzw. das, was man dafür hält) nicht befolgen zu müssen, nämlich indem sie zu Heiligen Kriegen aufrief[446] und sodann ihre Gnadenmittel der Sündenvergebung derart einsetzte, dass ein Unrechtsbewusstsein für Mord und Totschlag gar nicht erst aufkommen konnte bzw. dass man sich sofort davon mehr als nur reinwaschen konnte.

Auch in diesem wichtigen Aspekt in völligem Gegensatz zur Lehre Christi stehend, wurde in seinem Namen zu Massenmorden aufgerufen, wobei Krieg als eine gottgefällige Buße vermittelt wurde, die die Menschen dem Heil näher bringe.

Zwar durfte im Christentum Gewalt nur in der richtigen und positiven Absicht ausgeübt werden, was man jedoch nicht gerade aus den mosaischen Kriegsgesetzen

---

[446] ...anstatt für den Erhalt des Friedens Sorge zu tragen.

herauszulesen vermag / 5. Mose 20f.), doch gelang es klerikaler Diplomatie stets, auch Angriffs- und Eroberungskriege als notwendige bzw. „gottgewollte" Maßnahmen darzustellen,

etwa um den bedrohten „Brüdern" gegen die Sarazenen (im fernen Orient oder in Spanien) zur Hilfe zu eilen, um „die Schmach des Gekreuzigten zu rächen"[447], oder die Kirche wusste ihre Existenz von den Ketzern (oder Hussiten, Hexen, „Martinianern" etc.) bedroht und sah sich zum Einschreiten genötigt...

Vielleicht befanden sich ja unsere Hildesheimer im Zusammenhang mit der Dammstadt in einer ähnlichen Notlage: Ihr angestammtes Gebiet war von Fremden besetzt, sie sahen sich ihrer Nahrung beraubt und in ihrer Existenz bedroht etc.

Ein Religionslexikon definiert Heiligen Krieg (allerdings unter Weglassung aller religiösen Aspekte – s. S. 127f.) als Krieg zur Abwehr der eigenen geordneten Welt gegen eine fremde gefährliche Un-Welt.

In diesem Sinne immerhin hatte man seine rechtmäßigen Ansprüche vor Augen, und zur sündenfreien Ausübung der notwendigen Gewalt bedurfte es nach christlichen Maßstäben nur noch der Legitimation durch einen Diener Gottes (an dem es nach allen Erfahrungen schon nicht gefehlt haben wird) oder besser durch Gott selbst. Dabei konnte man, nicht anders als in den Albigenserkreuzzügen, darauf vertrauen: Wenn die Tat nicht rechtens ist, wird Gott sie zu hindern wissen... Vielleicht lässt sich hier die Brücke zu dem sicher nicht zufällig gewählten Weihnachtsabend, evtl. im Sinne eines Gottesurteils, schlagen.

Wenn Bertram, wie eingangs erwähnt, die geschilderte „Katastrophe" auf das (weltliche) Fehdewesen zurückführen möchte, so scheint das doch kaum die halbe Wahrheit zu sein.

Vielmehr lässt sich konstatieren, dass die angesprochene kirchliche Praxis zu solch verhängnisvollen Erscheinungen wie der Abstumpfung der „Seele", der allgemeinen Gewaltzunahme bei gleichzeitig kultiviertem mangelnden Unrechtsbewusstsein sowie der Verrohung der Sitten, nicht gerade unwesentlich beigetragen, in diesem Sinne dann auch das Fehdewesen begünstigt hat. Entsprechend verschlimmerten sich unter christlichem Einfluss die sittlichen Zustände ganz allgemein im Verlauf des Mittelalters und noch in der frühen Neuzeit – und dies angesichts des heute kaum noch vorstellbaren allumfassenden Gesamtanspruchs einer allgewaltigen Kirche auf alle Bereiche des täglichen Lebens der Bevölkerung und bis in die kleinsten Dinge hinein[448], dem jeder Einzelne ausgesetzt war!

Auch in Hildesheim ist diese Feststellung nachvollziehbar anhand der sich verschärfenden Todesstrafen, wo jetzt auch Rädern, Pfählen, Vierteilen, selbst Sieden in der Pfanne etc. in Form von obrigkeitlich inszenierten grausam-raffinierten Massenspektakeln vorkommen, bis dann das Verbrennen von Zauberern und Hexen in Mode gerät.[449]

---

[447] Diese Formulierung wählte Innocenz III. nach dem Ausgang des Kreuzzugs des Hildesheimer Bischofs Konrad I., wobei er die „schwere Not der Christenheit" hervorhob.

[448] Bekanntlich bleibt es Gott nicht verborgen, wenn auch nur ein Haar vom Kopfe fällt...

[449] Eine Anzahl der schwersten Strafen wurde auf der Steingrube vollstreckt. „Fromme Regel" war es, dass „dem armen Sünder, der dorthin die schlimmste Leidensstraße pilgern musste,

Ebenso wird man in dieser Beurteilung bestärkt, wenn man sieht, mit welcher Grobheit und oft militanter Intoleranz dann auch die Auseinandersetzungen um die Einführung des Luthertums[450] von den jeweiligen Glaubensvertretern bzw. Glaubensfanatikern, zugleich den Vorbildern für die Gesellschaft, geführt wurden.[451]

Kleine Nachlese

Was haben die Kreuzzüge gebracht?
Wenn wir die gewaltige Bewegung allein der Heiligland-Kreuzzüge (inklusive derjenigen gegen die Albigenser) überblicken und uns vergegenwärtigen, welche unermesslichen Opfer an Gut und Blut die abendländische Christenheit im Dienst der Kirche bereitwillig dargebracht hat, um das Hl. Land zu erobern, so ist diese Frage sicher nicht unberechtigt.
Hier nur einige Punkte:

Dieser Blutstrom der Kirche und die Ausbildung des Heiligen Kriegs wurden bereits angesprochen, auch die Schaffung der heiligen Inquisition sowie des Begriffs des Untermenschen, des Denunziantentums und Kadavergehorsams (zu letzterem würde aber auch das Mönchtum mit der „Möncherei" allein genügt haben).

Alle Eroberungen im „Orient" gingen wieder verloren. Das Heilige Land lag schließlich wirklich in Trümmern. Die Feinde des Kreuzes triumphierten, während sich die Christen durch die glänzenden Siegesverheißungen der Kreuzprediger entsetzlich getäuscht sahen – das musste auch der Religion und dem Papsttum schaden. Andererseits vertiefte sich der Hass zwischen Christen und Muslimen sowie Christen und Juden. Ferner war ein Ergebnis der Kreuzzüge die Erstarkung des Islam aufgrund des Zusammenschlusses bisher verfeindeter Stämme etc.

Gerade der gegen Byzanz geführte Kreuzzug gab dem maroden Reich der Christen „Ostroms" den Rest und hatte zur Folge, dass man bald nicht mehr so weit ziehen musste, um gegen die Muselmanen kämpfen zu können; hatte man zuvor rein gar nichts von Türken gehört, so wurde nun auch bei uns die Türkensteuer eine gewohnte Einrichtung.[452]

---

auf seinem Wege noch ein Strahl der göttlichen Barmherzigkeit entgegenleuchtete: Fuhr der Karren am Kirchlein des St. Katharinenhospitals vorbei, so wurde dem Todgeweihten dort vom Priester das Allerheiligste enthüllt" (Gebauer, 220).

[450] Die Lehre jenes Reformators, der den Teufelsglauben und Hexenwahn sowie die Judenhetze keineswegs unterdrückte und den „Herren" empfahl, die in ihren „Bauernkriegen" nach Freiheit (nicht zuletzt auch von den Fesseln der Kirche) strebenden Landleute „totzuschlagen, wie tollwütige Hunde", wo immer man ihrer habhaft werden könne.

[451] Über den gesteckten Rahmen unserer Arbeit hinaus resümiert R. Augstein (Spiegel, 21/99), dass die Welt seit den Tagen des Jesus und des Paulus nicht vorangekommen sei: „Die Menschen haben durch die 2000-jährige Wirkungsgeschichte der Christus-Legende, vor allem aber durch das segensreiche Wirken der Kirche, keine höhere Ethik oder Moral erlangt."

Oder nach Steven Weinberg in Bild d. Wissenschaft 12/1999, S. 49: „Der Beitrag der Religion in der Geschichte war, es guten Menschen zu erlauben, Böses zu tun"– ein Prozess, der weltweit gesehen noch lange nicht abgeschlossen ist.

Darüberhinaus ist diese Feststellung noch zu kurz gegriffen: Allein die vorliegende Arbeit ist voll von Beispielen, die zeigen, dass die Geistlichen guten Menschen die bösen Taten nicht „erlaubt" haben, sondern sie nötigen sie dazu und stellten sie als verdienstlich dar.

[452] 1683 standen die Türken vor Wien.

Selbstverständlich brachten die Kreuzzüge Fortschritte in der Kriegsführung und Waffentechnik. Auch fand das Amt des Feldpredigers eine weitere Kultivierung. Besonders aber wurde das Ablasswesen herausgebildet, das sich zu der üblen Ablasskrämerei eines Tetzels auswuchs und nach Luthers berühmten Thesenanschlägen schließlich zur Kirchenspaltung führte.

Der Zusammenprall zweier Welten unterschiedlichen Glaubens erbrachte zwangsläufig, dass der bisher wie selbstverständlich unwidersprochen feststehende Glaube nun zufällig und relativ werden musste.

Das christliche Abendland erreichte jetzt aber auch so manches literarische Werk des klassischen Altertums, Bereicherungen beinhaltend hinsichtlich der Astrologie, der Alchemie und der Nekromantie (Totenbeschwörung), die schlicht zur „schwarzen Kunst" wurde. Überhaupt bestätigte und belebte dies den hiesigen Geister- und Teufelsglauben und festigte die Grundlagen für den zunehmend festzustellenden diabolischen Zeitgeist, der von den Scholastikern in ein furchtbares System gebracht, als Hexenwahn der Neuzeit Hunderttausenden einen qualvollen Tod zu verschaffen wusste.[453]

Wenn die Kreuzfahrer, im Gegensatz zu vielen Darstellungen, die Pest, die damals im vorderen Orient auch vielen Pilgern das Leben kostete, nicht nach Europa eingeschleppt hatten, so taten sie dieses doch mit der entsetzlichen Lepra, die jetzt in großen Epidemien Europa überzog! Diese „Aussatz" genannte Krankheit führte, über ein oft Jahrzehnte langes trostloses Siechtum, bei dem den Betroffenen praktisch allmählich am lebendigen Leibe die Glieder abfaulten, zum Zustand eines lebendigen Leichnams.

Auch Hildesheim hatte Siechenhäuser außerhalb der Stadt. Bevor es zur Einweisung kam, schloss der Betroffene mit dem Leben gänzlich ab: Nach einem feierlichen Totengottesdienst ließ man ihn, in eine schwarze Decke gehüllt, in die frisch geschaufelte Gruft hinab, warf etliche Hände voll Erde auf ihn, zog ihn wieder empor und führte ihn dem Leprosenheim zu – er galt dann als bürgerlich tot.

Selbstverständlich gibt es auch einige positive Aspekte: So weiteten die Kreuzzüge den Horizont, beförderten die Kenntnisse in Geografie, Arzneikunde wie allgemein hinsichtlich arabischer Wissenschaften (Zahlensystem, Algebra, Astronomie) und griechischer Philosophie.

Auch weitete sich der Handel, von zeitweiligen Unterbrechungen abgesehen, mit dem Orient aus und weckte neue Bedürfnisse (Seide, Teppiche, Spiegel, Parfums, Gewürze etc.), wie denn der Kontakt mit dem Morgenland in vielen Bereichen, beispielsweise der Wohnkultur, zu anderen Ansprüchen und Sichtweisen geführt hat.[454]

Doch wo liegt da die Verhältnismäßigkeit zum betriebenen Aufwand, zu dem unsäglichen Leid und der für damalige Zeiten einfach gigantischen Zahl der Opfer?

* * *

---

[453] vgl. Lehrmann. Hexen, 102 f.

[454] Häufig wird erwähnt, dass diese Einflüsse in ungleich stärkerem Maße aus den „Sarazenengebieten" Siziliens (kaiserliche Hofhaltung) und von der Iberischen Halbinsel her Mitteleuropa beeinflusst haben.

Exkurs:

Die heilige Elisabeth (1207 - 1231)

Im Gegensatz zu manch anderem Heiligen hat es sie wirklich gegeben. Wir wollen uns ihr ein wenig zuwenden, denn sie hat einen starken Bezug zu dem in unserer Geschichte wichtigen Konrad von Marburg, es existiert ein solcher zum Bischof von Hildesheim, und sie verkörpert eine Art Idealbild christlicher, eigentlich frühchristlicher oder auch mönchischer Frömmigkeit, Weltanschauung und Lebenseinstellung, wie sie prinzipiell so charakteristisch für die Religiosität vieler Menschen des Mittelalters ist.

Ihre Lebensgeschichte ist zudem ein leuchtendes Beispiel für die sog. Hagiografie, also die fromme Heiligendarstellung, die eng am Leben Christi ausgerichtet ist und dessen Wunder in veränderter Form mit der Heiligen im Mittelpunkt neu thematisiert.

Das veranschaulicht bereits ihre Geburtsgeschichte: Wie die Geburt Jesu, so wurde auch die ihre von einem Sterndeuter vorhergesagt, der prophezeite: „Ich sehe einen Stern, der leuchtet von Ungarn bis nach Marburg und von Marburg über die ganze Welt. Ihr sollt daher wissen, dass dem König von Ungarn in dieser Nacht eine Tochter geboren wurde. Sie wird Elisabeth heißen und heilig werden..."

Es war dies zweifellos eine tüchtige Weissagung, doch 150 Jahre nach ihrem Tod von dem Mönch Dietrich von Apolda aufgeschrieben, hatte sie nicht mehr den großen Neuigkeitswert.

Sie war tatsächlich eine Tochter des Königs von Ungarn, die schon als Kind in einer goldenen Wiege auf die Wartburg gebracht wurde.

Dort wuchs sie am Hofe des Landgrafen von Thüringen auf, wo sie im Alter von 13 Jahren Gemahlin Ludwigs IV. („des Heiligen") wurde, der zugleich Pfalzgraf von Sachsen war.

Bereits für ihre Spielgefährten war ihre Heiligkeit augenfällig, denn sie sahen oft, wie der Herr Jesus Christus zu ihr kam, sie grüßte und freundlich mit ihr spielte. Täglich wuchs sie an Tugenden, führte stets Gott im Herzen und richtete ihre Sinne, Worte und Werke auf ihn. Entsprechend verachtete sie Schmuck, Tanz und irdischen Tand und lebte im Verzicht um Gottes Willen.

Sie wandte sich ab von allem Irdischen, kasteite ihren geheiligten Körper, stahl sich zu häufigen Nachtwachen vom Bett ihres irdischen Gemahls hinweg, um den Bräutigam ihrer keuschen Seele zu suchen – wie sie denn bitter beklagte, dass sie die Zierde ihrer jungfräulichen Reinheit nicht bewahren konnte. Oft ließ sie ihren lauteren Körper daher von ihren Dienerinnen tüchtig und schmerzhaft geißeln.

Zur Förderung ihrer theologischen Bildung und zur Perfektionierung ihres heiligmäßigen Lebensstils wandte sie sich gemäß zahlreicher Darstellungen an Papst Gregor IX., der in Deutschland keinen Geeigneteren wusste und daher den berühmten und sittenstrengen Magister Konrad von Marburg ersuchte, sich um Gottes Willen der Fürstin anzunehmen.

Nach Braun (S. 266) ist es jedoch auch nicht unwahrscheinlich, dass dem Landgrafen der Marburger durch Konrad von Hildesheim empfohlen worden sein könnte.

Elisabeth jedenfalls war derart angetan, dass sie sich mit Bußübungen auf die Ankunft des „heiligen Mannes" vorbereitete und sodann vor ihm auf die Knie fiel.

Das sollte nicht ihr letzter Kniefall vor dem stets finster dreinblickenden Magister gewesen sein, denn Konrad, welchen der Eifer des Herrn verzehrte, wie der Papst es ausdrückte, war von strenger Lebensführung.

Wie ernst es ihm mit seinen Lehren war, das dokumentierte sein eigener Körper, der durch strenge Selbstzucht, Fasten, Kasteiungen gezeichnet und ganz mager war, was sein düsteres Erscheinungsbild unterstreichen musste.

Er lehrte sie Regeln, wie: Du sollst dich vor leiblicher Freude und Lust hüten, denn sie bereiten der Seele ewige Qual. Du sollst bereitwillig leiden, denn Gott hat vieles um unseretwillen gelitten. Du sollst alle Zeit daran denken, wie kurz das Leben ist – strebe deshalb immer nach dem ewigen Leben...

Also war Elisabeth stets in frommen Übungen, trug ein härenes Gewand unter ihren Kleidern, tat an fürstlicher Tafel oft nur so, als würde sie essen und war glühend in ihrem Verlangen nach freiwilliger Armut, zu der sich der Herr in seinen Evangelien bekannt hatte; sie verabscheute allen weltlichen Zierrat (denn die Welt war des Teufels) wie Unflat, und selbst die Fürsorge ihres Körpers setzte sie hintan.

So, wie der Magister ihr sogleich am Altar das heilige Keuschheitsgebot abgenommen hatte[455], so brachte sie andere Frauen dazu, ihre Keuschheit „unserer lieben Frau“ zu weihen.

Wie der Mönch und Schreiber ihrer Vita, Dietrich von Apolda, 1481 berichtet, wurde sie denn auch immer wieder für ihr tugendvolles Verhalten mit göttlichen Zeichen belohnt. Beispielsweise staunten einmal die Edelherren nicht schlecht, als sie mit eigenen Augen sahen, wie sie, die sie mit einfachen Kleidern erschienen war, plötzlich in den schönsten Gewändern strahlend und übersät mit himmlischen Edelsteinen dastand – selbst eine Krone kam noch vom Himmel herab, glänzend und wunderbar.

Eine Wendung in ihrem Leben aber bedeutete es, als ihr Gemahl, der Landgraf Ludwig, durch des Magisters Freund, den Bischof Konrad II. von Hildesheim, bewogen wurde[456] das Kreuz zu nehmen. Um die Schlachten des Herrn zu schlagen, hatte er sich auf den Kreuzzug Friedrich Barbarossas begeben, wobei er den Tod fand (s. S. 47f.).

Elisabeth geriet, auch angesichts ihrer noch unmündigen Kinder, auf der Wartburg in eine bedrängte Lage – zu unpassend für eine Fürstin musste man dort ihr Gebaren empfinden. Deshalb übertrug der Papst seinem Vertrauensmann Konrad von Marburg den weltlichen Schutz über die Heilige.

Diese hatte daraufhin am Karfreitag 1229 am Altar aller Pracht und Lust der Welt für immer entsagt und erwog nun, entweder für immer ins Kloster zu gehen, als Einsiedlerin ihr Dasein zu fristen oder sich ihren Lebensunterhalt von Tür zu Tür zu erbetteln.

Unter Tränen bestürmte sie den rauen Magister, zu Letzterem seine Einwilligung zu geben, doch der lehnte barsch ab.

---

[455] Immerhin war sie verehelicht, doch dieses neuerliche Gelübde war selbstverständlich das höherwertigere. Glücklich verheiratete Heilige sind in den Heiligengeschichten auch nicht bekannt. Möglichst selbstquälerische Entsagung war eben in der Perfektionierung christlicher Tugenden gefragt: Entsagung des Fleisches, der Welt, des Lebens...

[456] 1227 hatte ihm der Hildesheimer das Kreuz auf die Brust geheftet. Ebenfalls geschah der Eintritt Heinrichs, des jüngeren Bruders des Landgrafen, in den Deutschen Ritterorden für eine jährliche Rente von 300 Mark am 13. Oktober 1234 vor dem Hildesheimer Bischof.

Daraufhin glaubte sie, dem Rat Christi folgen zu müssen, also am Altar allem zu entsagen – Eltern, Kindern, Freunden und Bekannten, sogar ihrem eigenen Willen, und Gott verlieh ihr hierzu die Gabe, also alle Eitelkeiten dieser Welt zu verachten.

Ihr Seelenführer und Vormund Konrad überwachte streng ihre Gelübde, nur dass sie auch auf ihren Besitz verzichten wollte, gestattete er nicht. Man muss ihm zu Gute halten, dass er seine Schutzbefohlene von so manchem unbedachten Schritt abzuhalten suchte.

Nun erfolgte ihre Umsiedlung nach Marburg, wo die Königstochter ihr gottgeweihtes Leben zunächst in einer elenden, selbst gebauten Hütte fristete, die kaum Schutz vor Regen und Kälte bot. Dabei fastete sie, dass es ihre Kräfte überstieg und suchte sich durch Spinnen zu ernähren. Noch zum Geringsten zählte es, dass sie zwei Jahre lang ihren Körper nicht waschen durfte, um des Fleisches „Hoffarth" zu dämpfen. Selbst ihre getreue Dienerin, die sie seit Kindesbeinen an liebte, wurde durch eine solche ersetzt, die sie denunzierte – das hatte nicht selten Schläge zur Folge.

Konrad misshandelte sie oft so, dass sie Visionen bekam; und als sie einst wieder zu sich kommend erzählte, sie habe sich im dritten Himmel befunden, antwortete er: „so mus es mich ymer rewen, das ych sy nit schlug bis in den nündten chor" (Hausrath, 24). Sie ertrug es stets demutsvoll.

Kaltner (S. 119) schildert, wie die Liebe zu ihren Kindern dennoch in ihr glühte. Und als sie einmal glaubte, vom Magister die Genehmigung zum Betreten des Klosters erhalten zu haben, in welchem ihre Tochter Gertrud – die sie im Alter von zweieinhalb Jahren von sich entfernt hatte – sich aufhielt, da hatte sie die Tür zu dem Grundstück kaum aufgesperrt, als Konrad schon das Gelübdebuch zur Hand nahm und mit dem Kirchenbann drohte; Elisabeth und eine Dienerin mussten sich zu Boden werfen und wurden vom „Bruder Gerhard" mit starker Rute derart traktiert, dass drei Wochen später noch die Striemen bemerkbar waren. Nebenbei stand der grimme Magister und betete das „Miserere".

Doch Gott verlieh ihr die Gabe, selbst von der Liebe zu ihren reizenden Kindern endlich befreit zu sein, so dass sie diese bald nur wie andere Christenmenschen ansah. Sie pries diesen Erfolg schließlich als Gebetserhörung.

Zu immer höher gesteigerten Idealen freiwilliger Entbehrungen und Selbstpeinigung wurde sie zu dem ohnehin ausgeprägten Selbsterniedrigungsdrang getrieben. Bald war ihr sodann die Gnade beschieden, selbst die Verleumdungen der Leute zu genießen, womit nicht selten ihre Liebesdienste begleitet wurden. Etwa, wenn sie Aussätzige um sich versammelte, ihnen die ekelhaften Wunden und Beulen wusch und küsste und sich darauf demütig ihnen zu Füßen legte, auf der Erde saß oder in der Asche schlief...

Sie folgte damit dem Vorbild Christi, wobei sie, dem Zeitgeist entsprechend, die Erleidung von Hohn und Schmach als Verfolgung um Christi willen und an Christi statt verstand. Ebenso muss ihr die bekannte Devise, wie man sich auf Erden erniedrige, so würde man im Himmel erhöht werden, ein bestimmendes Leitmotiv gewesen sein – jeweils gemäß der Kirchenlehre ein weiterer Schritt zu höherer Seligkeit.[457]

---

[457] Braun berichtet (S. 268), dass „noch heute" (1911) der Kaiser von Österreich und der König von Bayern am Gründonnerstag zwölf Greisen die Füße waschen...

Letztere Andeutungen entstammen offenbar ihren letzten Lebensjahren, in welchen sie noch ein Hospital gegründet hatte, welches sie unter das Patronat des von ihr sehr verehrten hl. Franziskus[458] stellte.

Ihr Streben nach dem Ideal der höchsten Vollkommenheit bedeutete ein Übermaß des „Abtötens des Fleisches und des Sichselbstkreuzigens" und ein Ausharren im Leiden für künftigen Lohn, worin sie der Papst bestärkte.

Doch selbst ihren Zeitgenossen erschien ihre Praxis als übertrieben. Die damit verbundene selbstzerstörerische Lebensweise musste ihren frühen Tod herbeiführen: Eben vierundzwanzig Jahr, schied sie im November 1231 aus diesem jammervollen Dasein (dem „Jammertal"), und sofort strömte das Volk in hellen Scharen nach Marburg, wo selbst an ihrem Grab noch etliche Wunder geschahen.

Schon als ihr Leichnam bei Marburg in die Kirche gebracht wurde, da ehrte der Herr Jesus ihren Tod, wie Dietrich von Apolda berichtet, indem eine unzählige Schar der hübschesten Vöglein, die zweifellos die heiligen Engel waren, das Kirchendach bevölkerte; und in ergreifender Melodie erklang es in den Lüften: „Ich hab verschmäht das Reich der Welt und alle ihre Zierde...", wie man es damals zu singen pflegte.

Bei ihrem Leichbegängnis war es offenbar geworden, dass die Gebeine der Heiligen, deren hehres Bild voll himmlischen Liebreizes nunmehr ganz Deutschland entzückte, sehr gefragt waren.

So begehrten die Anwesenden die Glieder des heiligen Leichnams, den sie kurz zuvor noch verachtet hatten, zu sehen, zu berühren, zu küssen, Reliquien davon zu erhalten: Alle schnitten und rissen sich kleine Stückchen von ihren Kleidern, und als von diesen nichts mehr übrig war, schnitt man ihr Haare und Nägel ab. Eine Frau aber, die auch dazu zu spät kam, verstümmelte ihr die Ohren, und die Letzten schnitten sich selbst die obersten Teile der Brüste herunter, um sie als Reliquien aufzubewahren (Hausrath, 27): solch ein Schatz der Gnadengaben, ein unermesslicher Schatz (!), in dem der Arme Nahrung, der Reiche Ergötzen, der

---

[458] Sie betrachtete sich als dessen geistliche Tochter. Auch der hl. Franziskus erfuhr von ihren Werken und übersandte ihr seinen Mantel (Kaltner, 98). Dieser Meister heroischer Entsagung und selbstauferlegter Armut, der sich gern auch zwischen Aussätzigen herumtrieb und ihnen die Geschwüre küsste, war übrigens dereinst vor dem Sultan zu Damiette erschienen – „gerüstet mit dem Schild des Glaubens" predigte der „einfache und ungelehrte Mann" unerschrocken vor dem „wilden Tier" und erbot sich gar zum Gottesgericht der Feuerprobe.

Wurde der von ihm gegründete Orden zwar getadelt, auch ungereifte und unbesonnene junge Priester in die Welt zu schicken (beispielsweise „im Dienst der heiligen Inquisition"), so wurde dieser Nachteil doch aufgewogen durch den Dienst an den Armen.

Vom heiligen Franz jedenfalls wird in diesem Zusammenhang erzählt, dass der von seiner Predigt beeindruckte Sultan ihm viele Geschenke und Schätze anbot, und als er sie nicht nehmen wollte, sagte: „Nehmt sie und verteilt sie an die Kirche und an die bedürftigen Christen."

Doch der Diener Gottes wies sie zurück und versicherte, für die Bedürfnisse der Armen sorge die göttliche Vorsehung... (Pernoud, 278).

Wenn in Hildesheim auch das Armenwesen recht hoch entwickelt war – indem man in den Betroffenen eine Art Gottesgabe sah, die der Herr dargeboten habe, um sich in den verdienstlichen Werken der Nächstenliebe zu üben –, so sah man es dennoch keineswegs als das Recht oder die Pflicht der Christen an, deren Elend abzustellen (vgl. Gebauer, 236). Vielmehr wurde gelehrt, dass jeder in seinem „gottgegebenen Stand" zu verharren habe.

Sünder Vergebung und der Kranke Heilmittel findet – und die Kirche einen fortwährenden Pilgerstrom...

Konrad von Marburg predigte zu diesem Anlass vor den Volksmassen und betrieb sogleich ihre Heiligsprechung.

Gerade er hatte durch seine auch hier durchgeführten Ketzerjagden und -brände sowie durch seine aufwiegelnden Predigten die Volksstimmung mittels einer so herbeigeführten Ketzerpsychose aufgewühlt.

Diese Atmosphäre aus Schauder und Angst war der Generierung von Wundern zweifellos förderlich, wenngleich zudem Konrads Wahl zur Beschreibung ihres Lebenswerks auf seinen Freund Caesarius von Heisterbach fiel – Deutschlands berühmtesten Legendenschreiber.

Dennoch erfolgte die Kanonisation noch längst nicht automatisch. Konrad von Marburg, der wohl hoffen mochte, dass von dem beabsichtigten Glanz einer höheren Weihe seines bisherigen Schützlings auch etwas auf ihn zurückstrahlen werde, hatte sich beim Papst schon mehrere Absagen eingeholt, was ihn bei seiner unerschütterlichen Zielstrebigkeit jedoch nicht von seinem Weg abzubringen vermochte.

Nun aber, nach v. Marburgs am 30. Juli 1233 so plötzlich erfolgten Hintritt, betrieb Elisabeths Schwager, der Landgraf Konrad II. von Thüringen und einflussreiches Mitglied des Deutschen Ordens, die Kanonisierung.

Gerade der vom Kaiser protegierte Deutsche Ritterorden begabte in höchstem Maße das Marburger Stift und errichtete seine Kommende unmittelbar neben dem Hospital. Zudem war Konrad von Thüringen schon ausgezeichnet und als eifriger Ketzerverfolger (so hatten wir ihn als einen der „drei Konrade" < S. 208 u. 220 > bereits vorgestellt) unter päpstlichen Schutz genommen worden.

Für die Familie und den Orden wurde die Angelegenheit zur Prestigefrage – von Wichtigkeit auch zur Mehrung des klösterlichen Ruhms und der Einnahmen dieser Institution.

Letztendlich konnte der Heilige Vater dem Fürsten, der in dieser Angelegenheit mehrfach in Rom war, seinen Wunsch nicht abschlagen. Ihm musste es wichtig sein, das bisher stets staufertreue thüringische Fürstenhaus zu verpflichten. Zudem boten der reiche Orden und die bedeutende Dynastenfamilie die Gewähr dafür, dass die inoffiziellen Gebühren nicht gering ausfallen würden – noch lang sprach man von dem Bankett, bei dem über dreihundert Mönchlein zu Gaste waren, das Konrad von Thüringen bei dieser Gelegenheit gab.

Nun beauftragte Gregor IX. am 11. Oktober 1234 Konrad von Hildesheim als den Leiter einer von ihm einberufenen Heiligsprechungskommission.[459]

Diese setzte Konrad von Marburgs Arbeit fort, war folglich mit der Zusammenstellung und Prüfung der Mirakelberichte beauftragt und führte die Zeugenbefragungen durch.

Nur einige Jahre nach dem Tod der Heiligen waren (1234) bereits nicht weniger als sechzehn Totenauferweckungen zu verzeichnen – bedeutend mehr als seinerzeit Jesus aufzuweisen hatte[460]–, darunter die skurrilsten Fälle!

---

[459] Bisher hatte diese Funktion der Erzbischof Siegfried von Mainz ausgeübt, doch der hatte wegen seiner Haltung in der Inquisitionssache inzwischen den Unwillen des Papstes heraufbeschworen.

Eine Frau wurde beispielsweise nach ihrem in England erfolgten Tod an das Grab der Heiligen in Marburg gebracht – wo sie zum Leben zurückfand.

In einem anderen Fall war es auffällig, dass ihr Bild bei Köln unter einem (wohl zu Unrecht) Gehängten erstrahlte. Als sich nach gut einer Woche eine große Prozession unter Führung des Erzbischofs zu dem Galgen begab und man den Delinquenten darauf zum Hochaltar brachte, genoss dieser dort die Sakramente des Herrn und verstarb darauf selig und zu ewigen Freuden. Der Leichnam jedoch verschwand vor aller Augen, und man fand ihn wieder – zu Marburg, auf St. Elisabeths Grab.

Als der Hildesheimer Bischof und seine Beisitzer ihr Büchlein mit den protokollierten Zeugenaussagen zu Leben und Sterben der Landgräfin, zusammen mit ihrem Wunderverzeichnis, am 1. Januar 1235 an den Papst sandten, war deren Zahl bereits auf 129 angewachsen.

Nachdem diese vom Gericht der höchsten geistlichen Würdenträger am päpstlichen Hof zu Perugia geprüft und vom Papst approbiert wurden, erfolgte denn auch am 27. Mai 1235 durch Gregor IX. die Heiligsprechung.

Drei Tage vor ihrer feierlichen Erhebung grub ein Mönchsgremium ihren Körper im Rahmen der Vorbereitungen zu dem offiziellen Festakt wieder aus.

Der Leichnam wurde bei dieser Gelegenheit „ganz unversehrt und unverwest" angetroffen und erquickte die überraschten Leichengräber mit dem offenbaren Wohlgeruch der Heiligkeit.

Darauf kochten sie ihn, wie es bei bedeutenden Personen üblich war, so lange, bis sich das Fleisch löste, trennten ihr Haupt ab und präparierten ihren Schädel sauber heraus. Während die Gebeine in den Elisabeth-Schrein kamen, erhielt das Haupt ein eigenes Kopfreliquiar.[461]

Aus ihrem Schädel trank man gern Wein – zum Zwecke des Geburtszaubers. Für die Pilger hatte man auf die beschriebene Weise noch wohlriechendes Öl zu produzieren vermocht, welches sie gern in Fläschchen mitnahmen. Andere kratzten neben ihrem Grab ein Loch in die Erde, um sie zu Heilzwecken zu verwenden – auch diese wurde gern getrunken.

Bei der feierlichen Erhebung der Gebeine Elisabeths am 1. Mai 1236 in Marburg, in Anwesenheit des Kaisers Friedrich II., assistierte der Hildesheimer Bischof.

Dem Kaiser musste die Anwesenheit gegenüber dem Papst wichtig sein, denn gerade erst hatte er sich erlaubt, in einem gegen einen Juden geführten Ritualmordprozess nicht gegen den Juden zu entscheiden – eine unerhörte religiöse Laxheit, mit welcher er weltliche und (noch mehr) geistliche Kreise verstimmt hatte (vgl. Busse-Wilson, 315).

Die historische Ironie dieser posthumen Erhebung liegt also darin, dass Elisabeth nicht wegen ihres heiligmäßigen Wandels zu den Ehren der Altäre erhoben wurde, sondern dass dieses Verdienst das Ergebnis einer politischen Entscheidung war –

---

[460] Dieser wurde erst recht durch den heiligen Wolfgang überflügelt. Die Mirakelbücher des bayerischen Gnadenortes Inchenhofen verzeichnen die stolze Zahl von nicht weniger als 173 Totenerweckungen – heute allerdings sind solche eher selten geworden.

[461] Schon nach den ersten hundert Jahren waren die heiligen Knochen zur geistlichen Erbauung auseinandergerissen und verteilt: Wenigstens zwei kirchliche Einrichtungen beanspruchen für sich, ihren Kopf aufzubewahren.

gerade von denen erwirkt, die die Verstorbene zu Lebzeiten so gründlich missachtet hatten und welche sich mit dem Erfolg auch selbst feierten.

Schließlich war ihr Leben ein einziger Protest gegen jene Gesellschaft. Ebenso steht das über ihrem Grab errichtete Mausoleum in einigem Widerspruch zu der armseligen Hütte, die sie sich selbst aus Gründen der „allerheiligsten Armut" als Behausung gewählt hatte.

Der Mönch von Apolda ergeht sich in der schlüssigen Feststellung, dass der Glaube und die Wunderwerke St. Elisabeths die Ketzer und Juden fürchten lassen muss, denn nun sei deren Torheit und Blindheit bewiesen!

Ähnlich ließ sich auch der Heilige Vater vernehmen als er Elisabeth zu den Ehren der Altäre erhob. Er betonte, dass die Heilige durch ihre Tugenden und Wunder zur Vermehrung des rechten Glaubens beigetragen habe, indem sie den Ungläubigen den Weg zur Wahrheit gewiesen und den Sinn der Ketzer verwirrt habe.

Die Kirche aber sah in dieser Form einer selbstverordneten und bewussten allmählichen „Selbstvernichtung" ein Äquivalent (Ersatz) zum blutigen Märtyrertod (Woodward, 62).

Und für den Ort Marburg bedeutete all dies eine Entwicklung vom Dorf zur Stadt in kürzester Zeit.

Gerade von regionalem Interesse aber wird es sein, dass es der Bischof Konrad II. von Hildesheim war, der nach der Ermordung v. Marburgs am 30. Juli 1233 sogleich am 21. Oktober desselben Jahres zum Protektor des Marburger Stifts berufen wurde.

In Hildesheim wird die Heilige in vielfacher Weise geehrt – u. a. ist sie dort die Schutzpatronin einer Kirche mit zwei Türmen in der Oststadt.

* * *

* *

LITERATURVERZEICHNIS (Auswahl)

soweit im Text nicht näher angegeben

ADB = Allgemeine Deutsche Biografie, 1875ff.
Bach, Gerhard: Konrad v. Querfurt, Kanzler Heinrichs VI., B. v. Hildesheim, 1988
Beck: Konrad v. Marburg, 1871
Bernhardi, Wilhelm: Konrad III., 1883/1975
Bertram, Adolf: Die Bischöfe von Hildesheim, 1896
Bertram, Adolf: Geschichte des Bisthums Hildesheim, 1899
Borch, Leopold v.: Geschichte des kaiserlichen Kanzlers Konrad... 1879/1882
Bosau, Helmold v.: Chronika Slavorum, 1963
Braun, P.: Der Beichtvater der hl. Elisabeth u. Inquisitor Konrad v. Marburg, in Arch. f. hessische Gesch. u. Altertumskunde N. F. IV. 4. 1910 u. 5 1911
Busse-Wilson, Elisabeth: Das Leben der Heiligen Elisabeth, 1931
Corvin, Otto v.: Historische Denkmale (Pfaffenspiegel), 1995
Crusius, Irene: Institutionen, Kultur und Gesellschaft im Mittelalter, 1984
Csendes, Peter: Die Kanzlei Kaiser Heinrichs VI., 1981
Deschner, Karlheinz: Abermals krähte der Hahn, 1996
Deschner, Karlheinz: Der gefälschte Glaube, 1988 (und weitere Schriften)
Erdmann, Carl: Die Entstehung des Kreuzzugsgedankens, 1980
Fischer-Fabian, S.: Die Deutschen Caesaren, 1977/78
Gebauer, Johannes: Geschichte der Stadt Hildesheim, 1922 u. 1924
Gloger, Bruno: Kreuzzug gegen die Stedinger, 1980
Goetting, Hans: Das Bistum Hildesheim, 1973
Graus, Frantisek: Pest-Geißler-Judenmorde, 1988
Hauck, Albert: Kirchengeschichte Deutschlands, 1913
Hausrath, Adolf: Der Ketzermeister Konrad von Marburg, 1861
Havemann, Wilhelm: Gesch. d. Lande Braunschweig u. Lüneburg, 1853
Heinemann, Wolfgang: Das Bistum Hildesheim im Kräftespiel der Reichs- u. Territorialpolitik... 1968
Henke, E. L. Th.: Konrad von Marburg, 1861
Hergemoeller, Bernd-Ulrich: Krötenkuss und schwarzer Kater, 1996
Hoogeweg, Hermann: Bischof Konrad II. von Hildesheim als Reichsfürst. In: ZHV Nds 1899 (s. auch ebd. 1869)
Hucker, B. U./Schubert, E./Weisbrod B.: Niedersächsische Geschichte, o. J.
Jericke, Hartmut: Imp. Romanorum et Rex Siciliae / Kaiser Heinrich VI., 1997
Lappenberg, J. M.: Arnold von Luebeck „Chronica Slavorum", 1869
Laurent: Wilbrand von Oldenburg, 1859
Lehmann, Johannes: Die Kreuzfahrer, Abenteurer Gottes, 1985
Lehrmann, Joachim: Hexen- und Dämonenglaube im Lande Braunschweig, 1997
Leonhardt, Wilh.: Der Kreuzzugsplan Kaiser Heinrichs VI., 1913
Lübbing, Hermann: Stedinger, Friesen, Dithmarscher, 1977
Lüntzel, Hermann Adolf: Geschichte der Diöcese und Stadt Hildesheim, 1858

Meiners, Gerold: Stedingen und die Stedinger
Michels, August: Das Leben Ottos d. Kindes, ersten Hzgs. v. Braunschweig, 1891
Mueller, Daniela: Frauen vor der Inquisition, 1996
Münster, Theodor: Konrad von Querfurt, kaiserlicher Hofkanzler, Bischof v. Hildesheim, 1890
Naumann, Claudia: Der Kreuzzug Kaiser Heinrichs VI., 1994
Naumann, Claudia: Handelsgeschichte
NDB = Neue Deutsche Biografie, 1953 ff.
Neumann, Wilh. A: Der Reliquienschatz des Hauses Braunschweig-L., 1891
Nowak, Josef: Altfrid, Bischof von Hildesheim, 1983
Nowak, Josef: Bernward, Bischof von Hildesheim, 1982
Nowak, Josef: Hildesheim / Geschichten zur Geschichte, 1994
Oncken, H.: Studien zur Geschichte des Stedingerkreuzzuges. In: Jb. f. d. Gesch. d. Herzogt. Oldenburg Bd. 5/1896.
Patze Hans: Geschichte Niedersachsens, 1977f.
Payne, Robert: Die Kreuzzüge, 1986
Pernoud, Regine: Die Kreuzzüge in Augenzeugenberichten, 1975
Pertz, G. H.: Chronicon episcoporum Hildesheimensium, 1846
Riebartsch, Erich: Geschichte des Bistums Hildesheim..., 1985
Riley-Smith, Jonathan: Großer Bildatlas der Kreuzzüge, 1992
Röhricht, Reinhold: Beiträge zur Gesch. d. Kreuzzüge, 1878/1968
Röhricht, Reinhold: Deutsche Pilgerreisen nach dem heiligen Lande, 1889
Röhricht, Reinhold: Die Deutschen im heiligen Lande, 1894/1968
Roscher, Helmut: Papst Innocenz III. und die Kreuzzüge, 1969
Ruedebusch, Dieter: Der Anteil Niedersachsens an den Kreuzzügen und Heidenfahrten, 1972
Runciman,Steven: Geschichte der Kreuzzüge, 1957-60
Schefers, Hermann: Studie zu Einhards Heiligen- und Reliquienver, 1992
Schumacher, H. A.: Die Stedinger. Beitr. z. Geschichte der Weser-Marschen, 1865
Skinner, Stephan: Prophezeiungen / Nostradamus..., 1996
Stanelle, Udo: Die Hildesh. Bischofschronik des Hans Wildefuer, (1538) 1986
Stephan, H.: Zur Geschichte der Stedinger. In Oldenburger Jb. Bd. 46/47 (1942/43)
Swinarski, Ursula: Herrschen mit den Heiligen, 1991
Theodoricus (de Apolda)/Koessling, R.: Leben und Legende d. hl. Elisabeth, 1997
Thier, Ludger: Kreuzzugsbemühungen, o. J.
Transehe-Rosenstock / W. Lenz: Die ritterlichen Livlandfahrer des 13. Jh., 1960
Waas, Adolf: Geschichte der Kreuzzüge, 1956
Wilken, F.: Geschichte der Kreuzzüge, 1807 f.
Wolf, Hans-Jürgen: Neuer Pfaffenspiegel, 1990
Woodward, Kenneth L.: Die Helfer Gottes, 1991
Zimmermann, Paul: Das Haus Braunschweig-Grubenhagen, 1911

REGISTER

für den norddeutschen Raum
Landes- und Ortsnamen / Namen von Dynasten

Aus unserem Verlag

Joachim Lehrmann:

Herausragende Standorte der Buch- und Papiergeschichte in Niedersachsen

Die Frühgeschichte des Buchhandels und Verlagswesens
in der alten Universitätsstadt Helmstedt
sowie die Geschichte der einst bedeutenden Papiermühlen
zu Räbke am Elm und Salzdahlum

In modernem Zeitgeist gegründet, entwickelte sich die protestantische Julius-Universität sehr rasch zur drittgrößten Hochschule im Reich. Entsprechend namhafte Professoren (die mit thematisiert wurden) publizierten hier auf der vom Braunschweiger Herzog eingerichteten Universitätsdruckerei ihre überaus zahlreichen Werke. Hinzu kamen Veröffentlichungen aus einem weiten Einzugsbereich. Ausgestaltet wurden diese Folianten von dem namhaften Typografen Jacob Lucius, einem Meister des Holzschnitts sächsischer Schule, der bereits mit Lucas Cranach d. J. in Wittenberg zusammengearbeitet hatte und zudem das Klischeewesen revolutionierte!

Buchhandel und -verlag wurden von der Helmstedter Patrizierfamilie Brandes überregional betrieben – von „Niedersachsens" bedeutendster Verlegerfamilie des ausgehenden 16. Jahrhunderts!

Die Folge des außerordentlichen Papierbedarfs war, dass bald drei Papiermühlen der Welfenuniversität „zu Ehren" konzessioniert wurden, deren Zahl noch wuchs – darunter deren zwei von größerer Bedeutung bis in die Mitte des 19. Jahrhunderts. Thematisiert wird deren wechselhafte und faszinierende Geschichte, die mit landesweiten Premieren aufwartet. Ebenso die Arbeit braunschweigischer Pioniere bei der „Erfindung einer neuen Art von Holtz Materie" – ca. 100 Jahre vor der Erfindung des Holzschliffs.

Lehrmann-Verlag-Lehrte, 1994, 369 gez. S. (A4), ca. 380 Abb., geb.
ISBN 3-980 3642-0-8

Joachim Lehrmann:

Hexen- und Dämonenglaube im Lande Braunschweig

Die Geschichte einer Verfolgung unter regionalem Aspekt

Mit seinem Hexenwesen hat das Braunschweiger Land eine quellenmäßig gut unterlegte Geschichte eines verhängnisvollen Irrglaubens aufzuweisen, mit all seinen heute kaum mehr vorstellbaren Facetten, die einen großen Teil der Bevölkerung – weit mehr als sich in den Zahlen der Hingerichteten widerspiegelt – in Angst und Schrecken versetzt hat.

Diese regionalen Auswirkungen, immer wieder mit hautnahen Fallbeispielen einstiger Realität angereichert, werden in die allgemeine Geschichte der Hexenverfolgungen hineingestellt – bis hin zum letztendlichen Sieg der Vernunft.

Lehrmann-Verlag-Lehrte, 1997, 197 gez. S., Abb. ISBN 3-980 3642-1-6